该书出版得到以下基金资助，谨致谢忱！

1. 中国博士后科学基金面上资助（二等）《纳西东巴文及其师承危机研究》
   （资助编号：2012M511887）

2. 重庆市博士后科研项目特别资助（二等）《纳西东巴文及其师承危机研究》
   （资助编号：XM20120025）

3. 国家社科基金一般《四川地区纳西族东巴经整理与研究》
   （批准号：14BMZ027）

纳西东巴文及其师承危机研究

曾小鹏 著

人民出版社

责任编辑:马长虹

封面设计:徐　晖

图书在版编目(CIP)数据

纳西东巴文及其师承危机研究/曾小鹏 著. —北京:人民出版社,2021.7

ISBN 978 - 7 - 01 - 021911 - 0

Ⅰ.①纳…　Ⅱ.①曾…　Ⅲ.①东巴文-研究　Ⅳ.①H257

中国版本图书馆 CIP 数据核字(2020)第 034765 号

纳西东巴文及其师承危机研究

NAXI DONGBAWEN JIQI SHICHENG WEIJI YANJIU

曾小鹏　著

人民出版社 出版发行

(100706　北京市东城区隆福寺街 99 号)

中煤(北京)印务有限公司印刷　新华书店经销

2021 年 7 月第 1 版　2021 年 7 月北京第 1 次印刷

开本:710 毫米×1000 毫米 1/16　印张:28.25　插页:8

字数:540 千字　印数:0,001-3,000 册

ISBN 978 - 7 - 01 - 021911 - 0　定价:78.00 元

邮购地址 100706　北京市东城区隆福寺街 99 号

人民东方图书销售中心　电话 (010)65250042　65289539

序 一

和力民

绿柳神消困无风，街亭寂静待来人。当炎热的暑夏即将过去，凉爽的金秋就要到来之际，曾小鹏博士的著作《纳西东巴文及其师承危机研究》一书即将问世。这真是可喜可贺之事！

我先前读过他的博士论文《俄亚托地村纳西语言文字研究》。如果说那本论著是他对四川省木里县俄亚地区纳西族语言文字的个案调查和研究，那么，现在这本论著是他从理论高度把纳西东巴文放在世界古文字研究的大背景下，进行系统的理论分析和学术探讨。我想，这种从田野到书斋、从材料到理论、从感知到理性的研究路径，应该是学者成长的一条理性之路。在多年的交往中，我们相互学习，相互鼓励，早已成为亦师亦友的"同一条战壕里"的战友了。看到他从莘莘学子中的一员逐渐成长为让人尊敬的学者专家，我感到由衷的高兴。同时，畅读其大作，为他提出的一系列新观点而欣慰。

一、较强的问题意识

我们知道，研究学问最重要的是要发现问题，提出问题，继而解决问题。曾小鹏博士在论著中不断地提出问题，对于过去似乎不容置疑或者说理所当然的一些理论问题，他也提出了疑问。这是最为难得的。譬如，他认为，原始文字的创制，本来就不是出于记录语言的目的。他从语言与文字不相对应的关系中找到突破口，提出疑问。文字是人类借助语言思维的结果，文字是记录语言的符号。这在今天的确如此。但是在原始文字创造之初，语言只是手段，而不是目的。文字借助语言达到记事的目的。人们最初不是为了记录语言且使语言传世才创造文字的，文字也不完全是用来记录语言的。文字是符号，文字之前的图画和刻划符号都是符号。这些符号都是运用思维来记事，但不是出于记录语言的目的。所以，在文字创始之初，不完全是为了记录语言，而是要达到记事的目的。这样，便有了图画式省略书写的文字。多年来，我在考察和研究金沙江岩画中，不断地思考文字创始的问题。金沙江岩画是古人遗留在金沙江山崖石壁上的原始图画。它是人类创造文字之前的手迹。岩画与后来创造的文字之间有没有什么可以供我们思考的东西？这是我多年来一直都在考虑的问题。其次，纳西族的东巴象形文字的图画式省略书写的文字，傅懋勣先生称其一部分为图画字，把它与其他单个的象形字加以区别。那么，何以出现这种图画式的省略书写文字，一直以来都在困扰着研究古文字的学者们。曾小鹏博士的疑问和解答，是把东巴文省略书写记录的现象聚焦到文字与语言之间不同步不吻合的方面来考察。从而得出，造字动机是记事而非记录语言。这种讨论是有理据的。通读曾小鹏博士的这本著作，他提出的问题不仅就这么一二，而是问题连连。可贵的是他首先陈述原来理论的前世今生，然后在前人研究的基础上发现问题，用可靠的材料来证明自己的观点。其说理是令人信服的。

二、较新的田野材料

20 世纪 40 年代，李济先生给李霖灿的《么些象形文字字典》作序时，曾经说过："无论在记录科学或实验科学中，要是求他们不断的进步的话，我们最应该宝贵的是继续发现新的事实，材料的新，观念的新，方法的新，解释的新，都值得表扬。只有如此方能使一门学问继续进步。"

东巴文字研究已经有一个多世纪。自 19 世纪中叶，东巴文化得到学术界的青睐，首先引人瞩目的就是这种犹如图画的文字和经典文献。在审视全球人类遗传下来的古文字中，东巴文以其造字原始以及至今仍存活在现实社会中而备受研究古文化的学者们的关注。早年西方汉学家沙畹、巴果、洛克，我国著名的学者董作宾、闻宥、刘复、陶云逵、张琨、李霖灿、傅懋勣、方国瑜、和志武、周有光等，都对东巴文字的研究做出贡献。20 世纪 80 年代以来，纳西族聚居地的云南省社会科学院丽江东巴文化研究室，在和万宝先生的领导下，花了二十年的时间，先后延请十位饱读经书的东巴老先生，组织纳西族年轻学子，翻译出版了百卷《纳西东巴古籍译注全集》，首次把神秘的纳西东巴经典文化全面展示给世人。这为后来的东巴文字及其经典文化的研究打下了坚实的基础，提供了真实可靠的数据，也为全面认识东巴文化打开了门户。自 20 世纪 90 年代末，东巴文化传承的复兴活动在纳西族地区兴起，在乡村承传了已中断近半世纪的东巴经典仪式传统。在这样的前提和背景下，高校人文学科对东巴文化的传承研究日益重视。这当中，语言文字学科的研究更加瞩目。华东师范大学中国古文字研究所的王元鹿教授和西南大学汉语言文献研究所的喻遂生教授成为纳西族东巴文字研究的旗帜。这两个团队多年来为中国古文字研究尤其是纳西族语言文字研究培养了大批研究人才。多年来，喻遂生教授带领他的硕士生和博士生深入纳西族边远乡村，走村串户调查纳西族语言文字及其文化生活，带出一批又一批下得田野、入得书斋的年轻学者。曾小鹏博士就是其中的一位。正是这种田野工作的回报，使得他们在研究东巴文字走入瓶颈的当口，发现并打开了纳西族东巴文字应用上不曾被人重视的非宗教的应用性文献。从材料上填补了这方面的空白，拓展了东巴文字应用的广度，丰富了东巴文献的内涵。曾小鹏博士的这本著作，首先是在应用材料上做到材料的新。他的研究运用了过去由于调查资料限制而少见的俄亚纳西族地区的文字和纳西族日廊支系的语言文字，尤其是释译和研究了泸沽湖畔达祖村发现的两种东巴文书写的人情账簿，使人耳目一新。同时因新材料的介入，一些充满田野乡土气息的语言文字出现在他的著作中，并有了新的解释。材料的新带来认识方法的新。结合普通文字学理论和汉甲骨文、玛雅文、古埃及圣书字、苏美尔原始楔形文字的比较研究，他在书中不断展现出逻辑推理自然的连珠妙语。这是令人信服的。

三、文字应用研究的新视野

过去东巴文字的研究，往往把东巴文作为考古历史数据，忽略东巴文实际应用和未来发展研究。曾小鹏博士分析了汉字与玛雅字的异同，认为，汉字因从宗教类应用转到经济等社会文化生活的应用，所以当宗教仪式消失以后，仍然能应用和传承。他说，"我们认为，商周文明得以延续发展的内在动力，在于古文字由宗教文字的单一性质向着经济文字等多种世俗实用功能的转变，为文化的传播以及新思想的迸发提供了最重要的条件。"他从文字的社会应用功能上看到文字传承与宗教传承的联系和区别，并从教育人类学的视野，观察和分析了纳西族东巴文字的传承现状。他在这一方面的论证，与其说是说明论点，不如说是在提供最为真实可靠的论证材料。在这里，他亦喜亦忧，更多的还是忧。东巴文字传承的多向性已经成为现实。传统的宗教经典式的传承虽然还在边远的一些纳西族地区传承，但传统宗教的式微已经是不争的事实。城市旅游发展过程中，借助东巴文字的特色应用于商铺名称广告和其他的商业用途，扩大了东巴文的社会经济用途，然而缺乏制定有效的文字应用规则和制度。东巴文一旦应用于现实社会，其方言带来的不规范性和文字的多样性就出现了问题。可以看到，他还没有提出一套行之有效的办法。因为这些问题的出现时间还短，对于文字应用的层面还没有太多的研究。这需要一个时间段。何况纳西族东巴文字的应用，一方面需要语言文字学者的研究，制定出一个标准和规格，另一个方面还需要政府和法律层面来执行。这断然不是一两个学者的研究学说就可以解决的。但是，他在书中以真实案例来反映东巴文应用的现实，提出了问题，并把它放在新时代传统文字传承教育的视野下来审视，这是难能可贵的。我认为，这比起那些强调民族文化如何重要因此要传承的说教，更让人感到切合实际，对解决实际问题有所帮助。

四、探索还在进行中

比起人文社会学科的其他门类，语言文字学研究是一种比较枯燥和艰辛的工作。尽管东巴文字表象生动形象，东巴经典文本图像栩栩如生，但是从语言文字角度研究其规律特点，并非轻而易举的事情，还需要付出艰苦的努力。东巴文是以古典纳西语作为语言基础的古文字，除了文字形态的地域性特点外，还有地方语言的差异性。日廊支系的纳西语和东巴文与其他地方的东巴文的差异就更大。所以，就是纳西族学者，对不同地方的文字和方言的研究，必须花费较多的时间和精力。作为非纳西族学者，首先就是要学习纳西语，才能进一步理解和辨别各地方言和文字的区别和联系。在这方面，曾小鹏博士花费了很大的心血。他的博士论文就是对俄亚托地村的纳西语和东巴文的研究。这本著作中，他也是从语言和文字之间的关系中，做出有益的探索。其中不乏有新的发现。但是也应该指出，由于受到时间、地点、人物的限制，其中的一些字释和推理欠妥。譬如把纳西族打火镰用的点燃物说成是棉花，其实是火草；马槽的东巴文"槽"其实不等同猪槽；房子上多点其实不是房子多的意思，而是鬼往房顶撒石子；东巴文"秋千"之字被误释为木马；除秽仪式中用以除秽的树枝说成是柏枝，其实是杜鹃枝等等。另外，在东巴文字起源地望问题研究，较多受到前人研究的影响；说格巴文产生在纳西族迁徙下游的鲁甸还缺乏依据。但是，瑕不掩瑜，而且这些意见也只是我个人的看法而已。仁者见仁，智者见智。文化研究永远是在路上。只要是在前进，就值得赞扬和鼓励。可喜的是，曾小鹏博士已经与纳西族地区的东巴和文化人建立了良好的关系，从书中也可以感受到他对纳西民族的热爱和对纳西文化研究的执着追求。在此，祝贺曾小鹏博士的这本著作的出版。同时，期待他今后对纳西族语言文字的研究作出更大的贡献。

2018 年 7 月 12 日于丽江古城

序　二

"希望" 在田野上

喻遂生

　　曾小鹏君《纳西东巴文及其传承危机研究》稿成，索序于我，先睹为快之余，写下一点感想，权充作序。

　　书稿我浏览了几遍，主体部分为文字和传承两大块。文字部分主要谈东巴文的起源、东巴文反映的古代纳西社会、东巴文的造字思维与结构、东巴文的演进、东巴文与同类型古文字的比较、东巴文的性质等。传承部分主要谈东巴文的文化传承功能，东巴文的师承状况、师承危机及对策分析。书稿视野开阔，材料丰富生动，论述比较深入，有许多自己的看法，对于纳西学研究，有重要的学术价值。

　　我个人最有感触的是东巴文字符来源物调查和东巴个人访谈两部分。许慎说："象形者，画成其物，随体诘诎。"象形文字就是实物的写真，其中蕴含了许多古代历史文化的信息。但文字又不等同于绘画，古人"近取诸身，远取诸物"，通过认识、比较，抽象出事物的特点，将千千万万实物的三维图像，变成数量有限但又能识别区分的二维符号，其间蕴含着许多人类认知、思维和表达的奥秘，值得探索。2007 年，我指导邹渊写过一篇硕士论文《甲骨文器物字研究》，就是这方面的一次尝试。东巴文形貌比甲骨文更加原始，而且还鲜活地活在民间，加上与汉字的民族差异，其表现形式就更加形象生动，丰富多姿，而且充满独特的民族色彩。追溯东巴文的物质原形，对于探索东巴文字符的形成、理解东巴文的意义和正确解读经书，是有重要学术意义而又饶有兴味的工作。我以前曾想编一本东巴文和相应实物对照的书，曾见网上有一本叫《东巴常用字图典》的书，以为是字物对照图本，买来一看，只是丽江风光照片配上一些并不相干的东巴文，大失所望。现在小鹏部分地实现了我的愿望，令我十分高兴。

现有的东巴文字典，可能受休例篇幅的限制，也可能编者认为不少名物司空见惯不必赘述，对名物字的解释多十分简略甚至语焉不详。殊不知一辈又一辈新的读者，因为时间空间和民族文化的差异，对有些字理解起来颇为困难。如《纳西象形文字谱》1030 号："▢ ta^{55}。匣也。又读 gv^{33}，柜也。"说此字像匣子尚可，但与通常所见的柜子，则相去甚远。本书以照片为据，说字形"实则小立柜，放在经堂旁，里面可以放一些常用小器物，没有柜门，方便拿取"，这就好理解了。书中这类有趣的例子甚多，读者可撷取焉。东巴文、东巴经中还有很多名物字词需要辨析、考证、溯源，有的不难解决，有的还不是那么容易。如东巴经中有一种树叫 khæ^{33}pɯ^{55} 开贝，常和白杨、竹子并举，字形作 ✦（《纳西东巴古籍译注全集》5 卷 212 页）、✦（《全集》7 卷 10 页），《纳西象形文字谱》、《么些象形文字字典》有类似字形，但都不是开贝。《么些标音文字字典》收有："khæ^{33}pɯ^{55} 木名。"（67 页）洛克《纳西语英语百科词典》有："^{2}k'a-^{3}bbǔe 一种高大的乔木，过去用来焚烧死人。"（上册中译本 239 页）和学光《纳西语汉语词典》收有："kaibeel 一种坚果树。"（575 页）但这种树现在叫什么，学名是什么，图像如何，还需要考察。又如东巴经有一个似牛的动物字 🐂 gə^{21}，假借作"（用竹片）弹击、拦截（鬼怪）"（（《全集》44 卷 151 页））。

《么些象形文字字典》的 782 号收有此字："🐃 rwa^{33}gʌ^{11} 一种动物，不识其汉名，因么些人地域内无此种野兽，经典中叙述其他族中使用之动物有此名。以其弯角为特征。"这种动物虽为他族使用，但其地域想必离纳西族不会太远，而且肯定还存在，经过努力应该搞得清楚。汉文训诂学有重视名物研究和善于运用图谱的优良传统，我们可以借鉴其经验和做法，有计划地以《东巴文释天》、《东巴文释地》、《东巴文释兽》、《东巴文释草》的方式，对有疑难的名物字词（也不局限于名物）进行专题的研究，并将其图录编成专书，这对于识字、读经和了解古代民族历史文化肯定是大有裨益的。

东巴是东巴教祭仪的主持者，是创造和传承东巴文化的主体，但因为他们本身也是不脱产的农民，虽然在农民中有较高的威望，但在整个社会中，特别是在急剧变化的现代社会中，还是处于比较弱势的地位，受到的关注和支持不够。随着老东巴的去世，很多东巴文化的史料已湮没不存。尽管前修时贤和志武、李国文、戈阿干、郭大烈、和力民等先生在记录和研究东巴的生平、活动、传承等方面做了大量的工作，取得了令人瞩目的成果，留下了很多珍贵的材料，我们自己在《俄亚、白地东巴文化调查研究》中也做了一些工作，但相对于庞大的东巴群体和悠久的传承历史来说，学界投入东巴研究的人力还是太少，对东巴的研究还比较粗疏，对他们的生产、生活、传承、习得、思想和心路历程的细节还了解和记录得不够。小鹏用访谈的形式，通过东巴之口讲述他们自己的生活，真实可信，相对于常见的东巴小传，形式新颖，是十分可贵的尝试。希望小鹏今后继续进行这方面的工作，特别要追踪观察年轻东巴如何成长，观察东巴与社会变动的碰撞、调适，以及出现的问题、解决的办法等等，这对于东巴文化的保护和发展是十分重要的。

小鹏取得的成绩，在很大程度上得益于坚持不懈的田野调查。田野调查是民族研究的基础，这人人都懂，但实际做起来还是有去得多少和扎得深浅之分。20 世纪 80 年代有一首脍炙人口的流行歌曲叫《在希望的田野上》，我觉得可以借过来，改作"'希望'在田野上"，作为我们从事民族语文研究的座右铭。我本人不是民族专业出身，但在读大学时，学习过王福堂先生讲授的方言学，并和全班同学一道，在王福堂、徐通锵等先生带领下到山西太原做过方言调查，对田野调查有一定的认识和准备。研究东巴文以后，受到东巴文化的感召，很自然地和学生一起，走向了滇川之间的高山大川。我自己的感觉，下去以后，每天都有新的发现，每天都有新的收获，很多在书斋里百思不得其解的问题，在田野调查中很快就能找到解决问题的材料和线索。比如东巴文地契，以前只听老东巴说过，但除了李锡先生 2000 年刊布的一件宝山砖契，纸质地契一直没有见过。2003 年 10 月，我们在白地调查，新结交的纳西族年轻朋友和树昆，主动向我们提供了两件家藏的东巴文地契。后来我们在和树昆等朋友的帮助下，译释刊布了这两件地契，这是学界第一次发表纸质地契。这个"第一"，完全是田野调查和纳西族朋友的帮助所赐。我读大学前在农村当了 13 年知青，从事学术研究出道甚晚，加上在学校里有教学工作，除寒暑假外不可能长时间在外做田野调查，所以，我跑的地方还没有我的学生杨亦花、曾小鹏他们多，我很羡慕他们。小鹏多次深入俄亚、白地、泸沽湖等地，与当地东巴和农民同吃同住，虚心向他们学习，细心观察和体会他们的生活，用笔和镜头记录所看到的点点滴滴，所以才有这些很接地气、生动有趣而又具有说服力的图文资料，才有一本又一本的东巴文研究著作问世。除这些有形的成果外，我觉得我们师生在艰苦的田野调查中受到的考验和磨砺，在与纳西族父老乡亲相处和向他们学习的过程中所受到的教育和启迪，更是刻骨铭心，永生难忘，可以不断地化作前进的动力的。

愿与小鹏和年轻的朋友们共勉之。

2018 年 8 月 12 日于北碚

目　录

第一章 导论

在中国 56 个民族中，纳西族是个很特别的民族。一百多年来，一批批人类学家，将目光聚焦在东方古国的西南一隅，他们从世界各地辗转来到纳西族的村落进行考察，有的甚至尽毕生之力于其中。经过中外几代人的努力，终于在 20 世纪末，发展成为一门涵盖了语言、人类、建筑、艺术等多个学科的国际性"显学"——纳西学。

纳西族主要聚居地在云南省丽江市，还有不少的部族分布在滇川交界地带的崇山峻岭之间。总人口仅仅 30 多万，却创造了辉煌而富有特色的民族文化。东巴教是纳西族笃信的原始宗教，因其祭司被称为"东巴"而得名。东巴们平时既是田间劳作的普通劳力，遇到婚丧嫁娶时，换上袈裟又转换为沟通神鬼与世人的使者。更为重要的是，经过严格的父子代代相传，纳西传统的民族文化，借助东巴教的传承得以保留并发展。

本书将以纳西族最有特色的东巴文字为研究对象，从造字法、表词、字形的符号化演变等方面，研究文字符号背后所反映出的纳西先民对世界的认知与心智特征；继而以教育人类学的视野观察东巴经对人的教化培养，从教育内容、手段和实践等方面，分析个人如何通过东巴经的学习，获得人格的完整，发掘对现代教育改革可资参照的理论依据。最后，考察东巴经的传承历史和实际案例，分析传统民族教育如何保持自身特色的发展，达成多元文化力量的双赢与互利。

第一节 纳西族的社会历史背景

一、关于纳西族族源问题

纳西族是一个古老的民族。关于她的族源有不同的观点。一种认为，纳西族源于川滇交界或横断山地区的"夷系民族"。最早是由蒙默先生在其《试论汉代西南民族中的"夷"与"羌"》[①]一文中提出的，认为夷人早在汉代就在西南地区生存，后来成为该地区彝族和纳西族的祖先。郭大烈等学者也持此种观点[②]；第二种认为纳西是古藏人南迁的一支。李霖灿等先生亦持这种观点，李先生认为纳西经典的绘画艺术，显然与藏戏优美的语言反映出的文学特长有着很深的渊源[③]；第三种认为纳西是西北南徙古羌的后代。章太炎先生在为方国瑜《纳西象形文字谱》写的序中称为"羌之遗种"。方国瑜根据汉文史籍记载，进一步得出纳西源自南下的一支古羌——牦牛羌。

此三说可以概括为两种类型，第一种观点认为纳西族是土生土长的原住民，可以称为"土著派"，后两种一个认为来自藏族，一个认为是羌人的后裔，可称为"移民派"。两派都有自己的矛盾之处。

"移民派"内部尽管在来源地上有分歧，但在单一族源这点上是一致的，即持纳西族是由古代单一民族发展而来，或现今纳西族的主体是单一的。然而，愈来愈多的考古材料证明，云南从远古开始就有人类在此生活。拉玛猿（Ramapithecus）被认为是最接近于人类的古猿，主要分布在亚洲南部和非洲东部，迄今发现的地方还不多，但是在云南境内已有两次发现。1956 年在云南元谋上那蚌村西北发现的两颗牙齿化石，反映出比"北京人"和"蓝田人"更原始的特征，经古地磁法测定，距今已有 170 万年，这就是著名的"元谋人"，是我国已知的最早人类。"元谋人"以及后来陆续发掘的"丽江人"、"西畴人"等旧石器时代文物证明，"过去研究云南历史者惯于把远古时期云南描绘为'荒无人烟'的地区，认为各族人民都是从外地陆续迁来的。这一说法已经不攻自

---

① 蒙默：《试论汉代西南民族中的"夷"与"羌"》，载《历史研究》1985 年第 1 期。
② 郭大烈、和志武：《纳西族史》，四川民族出版社 1992 年版。
③ 李霖灿：《么些经典的艺术论》，《么些研究论文集》，台湾故宫博物院 1984 年版；丹珠昂奔：《藏族文化散论》，中国友谊出版公司 1993 年版。

破。"①

"土著派"虽然与西南横断山区有早期人类活动的事实相符，却忽略了纳西族与生活在其他地区的藏、彝、羌等民族的深层文化联系。从语言的亲属关系来看，纳西语划在汉藏语系藏缅语族彝语支下②，但是，又兼有羌语支的特征③。比如纳西语在元音松紧问题上，部分高元音上保存有松紧对立，但这几个紧元音在音色、舌位和口腔开口上和松元音有明显不同，而且同彝语支几个核心语相比之下，存在分布、来源上的不同，所以以多数学者倾向于把它们看成是不同的元音，这些特点与羌语支南支的部分语言有相同之处。《后汉书·南蛮西南夷传》记载："东汉永平中（公元58—75年），益州刺史朱辅宣示汉德，威怀远夷，自汶山以西，白狼槃木及楼薄等百余国皆朝贡，悉牦牛徼外夷也。"白狼槃木就是摩沙夷，乃纳西的先祖，其曾远赴洛阳，用夷语献歌三章，被《东观汉记》所收，称《白狼歌》。经后人研究，白狼音与今天的纳西音差别仍然不大，而且与藏语有一定的关系。

格里姆在他的《德语史》中说："有一种比骸骨、武器和墓穴更为生动的东西可以证明民族的历史，那就是他们的语言。"从纳西语与周边其他民族语言的比较来看，无论在语音、词汇还是语法等诸多方面都有不同程度的联系，有的还能反映出历史层次上的叠加。著名的的"藏彝走廊"④是连接"北部草原区"、"西南青藏高原区"板块和"云贵高原"板块的民族走廊，现今居住着藏、彝、羌、傈僳、白、独龙、怒、纳西等十多个民族，纳西族聚居的川滇地区，正好处于走廊的南段。纳西《送魂经》是在老人死去的葬礼上唱诵的古老经书，目的是让死者的灵魂能沿着一代代祖先迁徙的路线，回到最初的家乡，从而得到永远的安宁。这条"起祖"的路线大体上从南往北，经木里、宁蒗，渡过无量河，然后继续北上，沿途各站地名都是祖先们留驻过的地方。很多地名因为时代久远已不可考，但仍被一个不落地记录在经书中。李霖灿举了一个例子，可以说明纳西人对每一站的重视堪称固执：在永宁土司地泸沽湖边的大嘴（即今达祖）村住有一些么些（即纳西）人，他们是明代末叶丽江木姓土司派驻滇蒗戍卒的后代。他们的经书中记载祖先迁徙的路线中有一站就经过滇

① 汪宁生：《云南考古》（增订本），云南人民出版社1992年版，第7页。
② 戴庆厦、胡坦：《哈尼语元音的松紧》，《中国语文》1964年第1期；《关于纳西语的松紧元音问题》，《民族语文》1993年第1期。
杨焕典：《从纳西语中的紧松元音对立看汉藏语系语音发展轨迹》，《民族语文》1991年第1期；《再论关于纳西语中的紧松元音问题》，《纳西语研究》，当代中国出版社2004年版。
③ 孙宏开：《纳西语在藏缅语族语言中的历史地位》，《语言研究》2001年第1期。
④ 费孝通：《关于我国民族识别问题》，《中国社会科学》1980年第1期。

蒌，后继续南下到丽江，可是这个村的"起祖"路线从村里出发后，却非要"绕"到丽江之后再原路返回到滇蒌，才继续北上去往祖先之地。幸亏东巴们的守旧之功，才证明了这项迁徙记录是确切可靠的。

目前，主流的意见认为纳西族并非一源，而是多源的。"从各方面的材料看，纳西族虽然人口较少，但仍是一个多源的民族，除有川滇毗邻地区与横断山区土著成分外，还有北方南下的古羌人和藏地氏族部落的成分。"①

二、纳西族社会历史简况

纳西族在汉文史籍中称作摩些族，或写作摩沙、摩梭、磨些、麽些、摩挲、摩西等。如前文所述，应源于西北古羌族，是羌族中旄牛羌的一部分②。汉代以后迁至今川西南与滇西北一带。晋代《华阳国志》称这一族为"摩沙夷"。

唐代，已发展到川滇交界的金沙江中游及雅砻江等支流的广大区域。这里是唐、南诏和吐蕃三大政权频繁争斗的地区，纳西族在今宾川县建立过越析诏政权，后为南诏所灭。

南宋宝祐元年（1253），忽必烈率蒙古兵南渡金沙江，纳西首领阿琮阿良归顺，并派兵参战征服了大理国，获封"茶罕章管民官"，管理丽江的纳西族，实行父子相承的封建土司制度，这是纳西族纳入中央政权的开始。

1382 年，丽江土司阿得率众归附明军，得赐木姓。明承元制，世袭土管知府。历代木土司励精图治，吸收周边民族的文化，广交海内才俊。并多次平定周边叛乱，得到中央政府的信任与支持，明洪武十五年（1382）改丽江府，后改丽江军民府，领四州一县。丽江木氏土司的统治达到了最为辉煌的时期，人们称木土司作"木天王"。徐霞客在木增任土司时曾来访过丽江，并在游记中留下了对木府 "宫室之丽，拟于王者"之感慨。

清雍正元年（1723），延续了 471 年，22 代世袭的土司制度被终结，丽江府改土归流，委任流官杨馝到丽江任知府，木氏土司降为土通判，废除了旧的奴隶制度和繁重的苛捐杂税，开办学堂书院等，实行了一系列有利于政治、经济、教育发展的措施。这是纳西族社会历史上的大事，从此走入了新的历史阶段。

宣统三年辛亥（1911）秋，蔡锷在昆明起义，丽江盟会迅速响应。辛亥革

---

① 赵心愚：《纳西族族源及与藏族的渊源关系》，《纳西族历史文化研究》，民族出版社2008 年版。

② 本节参考了周汝诚、方国瑜、郭大烈等多位前人所辑史料，恕不一一标明出处。

命推翻了封建王朝的统治，纳西族地区经历了剧烈的社会变革，丽江由于地处云南经西藏至印度的茶马古道，商业和教育得到进一步的繁荣。

纳西族现有人口三十多万，主要居住在云南西北的地区，其中丽江有二十多万，迪庆州香格里拉县有 2.2 万，宁蒗县有 1.8 万，维西县有 1.7 万；此外，四川凉山州与云南交界的木里、盐源两县亦有近万纳西族，西藏还有一千多人。1936 年陶云逵估计有十五六万人，林惠祥则说有三十余万，陶先生亲自走访了不少纳西地区，他估计的人数比较接近实际，而林先生的数字差得有点多。据 1946 年云南省民政厅统计，全省"么些"仅 37890 人，这个数字也不可靠，因为 1920 年的《丽江地志资料》记录的仅丽江纳西族就不止六万。

新中国成立之后的几次全国人口普查的数据应该比较客观，1953 年第一次普查，全国纳西族有 143398 人，其中丽江县纳西族有 101365 人；1990 年第四次则达到了 278009 人，最近统计的人口是 30.88 万。总的来看，纳西族分布在滇、川、藏三省交界的大约 8 万平方公里的地区。

第二节 研究的缘起

一、选题的确立

我的博士论文是研究纳西东巴文的，题目叫《俄亚托地村纳西语言文字研究》。导师喻遂生教授提倡民族文字的研究，应该建立在翔实的田野调查基础上，尤其东巴文是纳西民间正在使用的活的文字，更应该深入实地获取第一手的材料。原因有三：

一是东巴经难以识读，需要东巴本人的帮忙。东巴经记录经文的特殊字词关系，加之方言、东巴个人秉性的差异，使得东巴经具有较强的地域性特征，甚至本村的东巴也不能读懂其他东巴写的经书，所以，东巴经一直被视为"天书"，一般人无法释读。如果我们不去村寨寻访东巴经的使用者，而是借助别人的翻译或者字典，至少对经书中字词的理解是有偏误的。

二是已经刊布的东巴经还未能收录所有地域的经书。白地、俄亚是目前纳西文化保存最为完好的地方，反而这些地方的经书还没有刊布。而且，东巴文除了经书等宗教用途之外，民间还用在书信、地契、账簿等方面。后者恰恰最能反映东巴文的现状，但是却很少受到文字学家的关注。因此，如果忽略了这些材料，东巴文的研究也是不完整的。

三是一种文字的生存背景，如书写的工具、材料、文字使用者的社会经济生活、语言等，都影响着文字的演进。古文字研究的最大遗憾就是，在今天的研究者而言，古文字所表现的古代社会已经变得模糊，甚至完全没有了痕迹，因此，当古文字材料被人从地下发掘出来后，字形所隐含的信息，即使不是完全不可领会，至少也存在相当的隔膜，进而带来理解上的偏差。而东巴文则不然，因为是仍在使用中，所以不少字的造字理据在代代相传中被保留了下来。其次，在一些偏远的地方，还保留了较为古朴的环境和生活方式，比较接近东巴文形成时的状况，因此，有些东巴文还能从这些地方找到原型，这对探索文字的字源比较有利。

在撰写博士论文期间，我跟着喻老师多次走虎跳峡到白地，骑马翻山进俄亚，常常在村里一住就是两三个月。先后四次进入俄亚，走家串户去寻访村里的东巴和他们家藏的经书，在大村生活的时间加在一起有半年。除了记录语言文字的材料之外，也拍摄了不少当地的建筑、家庭、宗教、劳动生产方面的照片和视频。有这么几个问题一直萦绕在我脑中：

（一）为什么纳西族能自创文字，而且不止一种。

世界上存在过的语言过万，但是能有自源文字的不足千分之一。纳西族人口不多，又偏于祖国西南的深山河谷之中，周边有藏、彝、白、汉等民族，纳西族既不照搬其他民族的文字，像藏族那样借用梵文字母记录藏语的音位而成藏文；也不是仿造其他民族文字，像借汉字部首组合成的方块白文、壮文、侗文等，而是另起炉灶，从最原始的象形文——汝卡文、东巴文开始，又衍生出玛丽玛莎文和音节文字哥巴文等多种类型的文字，如此奢华的文字配备，在世界民族范围内也显得十分抢眼。纳西族到底有哪些特殊之处？

（二）纳西族创造了丰富多样的民族文化，文字和东巴经在其中有哪些贡献？

我所接触过的纳西人，善良、豁达、自尊自强。尤其让我感受最深的，是那些一辈子生活在几乎与世隔绝的山里的东巴们，不仅没有一点山村野夫的粗陋，举止间透出的儒雅之气，每每让我暗自惊叹。

纳西族是一个有着深厚文化底蕴的民族，他们不仅善于吸收其他民族的优秀文化，而且还创造了独具特色的民族文化——东巴文化。东巴文化是一种宗教文化，是由东巴世代传承下来的古文化。其中，卷帙浩繁的"东巴经"内容极其丰富，哲学、历史、宗教、医学、天文、民俗、文学、艺术等无所不包，被誉为纳西族的"百科全书"。 2003 年 8 月，东巴古籍作为文献遗产被世界记忆工程咨询委员会批准列入《世界记忆名录》。由于东巴文化独特的魅力，一个世纪以来，先后有十多个国家的学者前来收集、调查、研究纳西东巴文化。20 世纪 80 年代以来，出现了研究纳西东巴文化的热潮，一个国际性的"纳西学"正在形成。

民族文化是铸就民族性格的主要力量。文字在形成、传承民族文化的过程里有着怎样的作用？

（三）东巴文被称为文字的"活化石"。这是因为它形成既久，但却发展缓慢，仍然保存了诸多原始文字阶段的特征，且还在民间使用中。以前学界多只关注静态的东巴文经书，对活态的文字面貌了解甚少，尤其对东巴文的应用性文献鲜有研究。当前，东巴文已经处于濒危的境地，这种文字的使用到底是什么状况？如果要保护并使东巴文成为纳西族的基本文字，有哪些问题需要解决？

此外，诸如东巴文的性质到底该怎样认识、东巴经对人的教化等问题，也经常在思考。显然，这些问题已经超出了语言文字学科研究的范畴，需要借助诸如教育学、人类学等其他学科的研究。越是想不明白，就愈发激起我探索的欲望。

　　非常幸运的是，我的母校西南大学就有一个"西南民族教育与心理研究中心"的研究基地，以张诗亚教授领衔的一批专家长期深耕于西南民族教育这块领地，善于运用教育人类学的方法来探索民族教育的深层问题。尤其让我兴奋的是，张诗亚老师不仅是教育学的权威，对古汉字、东巴文亦有深厚研究和独到的见解，已经培养了多位关于汉字教育、纳西文化教育方面的博士和硕士。无疑，张老师是带我走出迷惑的最合适的导师。经人引荐，我见到了老师并表达了希望请他做我博士后合作导师的愿望，老师欣然应允。令我非常惊讶的是，张老师竟然比我们还早了好几年就去过俄亚及其周边做过田野调查，对纳西文化也是如数家珍。听完我对博士后研究的设想之后，张老师马上谈了自己的看法。他认为我的课题应该从纵横两方面来展开。

　　首先，纵向方面是指要从东巴文的形成、演变，尤其要从东巴文由实物到文字，进而符号化进程中去梳理文字的动态演进过程，要从文字的产生中归纳出古人的思维特点，从文字书写的材料、传承的方式等多角度来审视其发展脉络；其次，横向方面要从单一的东巴文中跳出来，从世界同类型文字的比较中，提炼出文字演化的普遍特征；最后，再回过头来看东巴文所面临的师承危机，为文字保护提出合理化建议。针对我提出的自己在教育理论上的积累还很薄弱，很难像其他教育学的论文那样，对东巴文的教育功能做出深入探讨的担忧，老师鼓励我不必在意理论方面的问题，多做田野，紧紧抓住自己熟悉的文字这一项，用翔实的材料来论证。

　　经过几次较为深入的面谈，我们基本形成了一个大致的研究框架，主要内容包括如下几个研究主题：

　　（一）文字的起源、文字所反映的古代纳西社会以及思维模式；

　　（二）文字的结构；

　　（三）文字的演化，包括地域间的演化、符号化；

　　（四）东巴文与同类型文字的比较；

　　（五）东巴文的性质；

　　（六）东巴文在纳西文化系统中的功能；

　　（七）东巴文的师承危机。

二、研究现状

　　纳西文化及其相关问题的研究，涵盖了宗教、艺术、教育、语言文字等多个学科领域，尤其是从 20 世纪八九十年代开始，国外很多人类学家把研究兴趣集中到了纳族[①]之后，掀起了一场学术研究的热潮。可以说，纳西学研究的问题已经非常全面而细致了，而且也形成了比较可观的成果。但是，以东巴文的本体研究为核心，兼及文字的演化、师承、造字思维，以及同类型文字比较等方面来研究的成果还十分少见。具体而言，本书将讨论的诸多问题，有的要么还未充分研究，或者虽然已经有学者讨论过，但是结论还较模糊，甚至可能还有错漏。

纳西学发端于东巴文。19 世纪末期，西方传教士在云南发现了用一种奇怪文字书写的原始宗教的经书，于是找到几本寄回到了欧洲并引起轰动。被称为"纳西学之父"的美籍奥地利人洛克，在丽江生活了二十多年，翻译整理了大批东巴经，并对文字和词语有详细的考释，还编撰了《纳西语—英语百科辞典》。方国瑜和李霖灿是我国可以比肩洛克的两位学者，他们撰著的《纳西象形文字谱》（下简称"文字谱"）、《么些象形文字字典》是研究东巴文常用的工具书。我国第一篇研究东巴文的文章是闻宥于 1940 年发表的《么些象形文之初步研究》，傅懋勣也于同年开始先后发表了《维西么些语研究》，全面介绍了纳西语言的语音、词汇和语法。

近年来，学界对东巴文本体的研究做得比较细致。王元鹿自 20 世纪 80 年代开始致力于汉古文字和东巴文的系统比较，陆续发表了《纳西东巴文字黑色字素论》、《纳西东巴文字与汉形声字比较研究》等论文，1988 年又出版了《汉古文字与纳西东巴文字比较研究》一书，胜义迭出，是这方面不可多得的一部力作。喻遂生师陆续发表了东巴文研究、汉古文字特别是甲骨文和东巴文比较研究的论文数十篇，其中"纳西东巴文形声字研究"系列论文获 2001 年王力语言学二等奖。王、喻两位学者同时也培养了很多届研究东巴文的硕士、博士，如邓章应博士的《西南少数民族原始文字的产生与发展》系统描写了文字起源与发展；甘露博士的《纳西东巴文假借字研究》、胡文华的《纳西东巴文形声字研究及其文字学意义》等对某一类型结构的东巴文作了系统而深入的研究。

东巴文研究的方法也发生了一些转变。由之前的多偏重于字典的静态的理论，转向以东巴经等文献的活态用字为研究对象，甚至走向田野获得更为立体的文字研究材料。如张毅硕士的《纳西东巴经〈黑白战争〉字释及研究》、史晶英硕士的《东巴文仪式规程文献研究》、黄思贤博士的《纳西东巴文献用字研究》、钟耀萍博士的《纳西族汝卡东巴文研究》、和继全博士的《白地波湾村

---

① 纳族，是学界逐渐认同的，一个包含了纳西、摩梭等族群，在语言、民族文化上同根同源的更大的民族概念。

纳西东巴文调查研究》，以及拙著《俄亚托地村纳西语言文字研究》①等。喻遂生近年亦着力于东巴文应用性文献的整理与研究，发表了一系列的成果，开阔了东巴文的研究视野，对东巴文性质的界定提供了非常重要的材料。

文字与文化紧密相连，语言文字不只是记录、传承历史与文化的工具，还是民族文明的直接见证。文字比语言变迁的速度更慢，一些文化因素早已变了，可是其蜕形仍旧保存在字形中。"中国古文字中某些象形字和会意字，往往很形象地反映了古代社会活动的实际情况，可见文字本身也是很珍贵的史料。"②汉字文化学是揭示与归纳汉字文化蕴含的外在表现及其内在系统的新兴学科，成果也相当丰富，如刘志基的《汉字文化综论》、万献初的《〈说文〉字系与上古社会》等等。东巴文比起甲骨文而言，文字发展阶段更早，而与纳西社会的联系更直接，不仅文字仍在使用，一些地方还保留着文字创始时的面貌，因此，东巴文的文化研究更有条件。然而，东巴文化的成果尽管很多，但人类学家鲜有系统运用东巴文字形来研究纳西社会的，而文字学家似乎也不太关注文字背后的文化信息。我们只能零星地看到一些就几个字形分析纳西社会的论文，如和志武的《从象形文东巴经看纳西族社会历史发展的几个问题》、夏之乾《纳西象形文字所反映的纳西族文化习俗》、李国文《从象形文字看古代纳西族时空观念的形成》等。本书尝试运用田野调查所获得的影像资料，系联东巴文作系统对比，从中窥探纳西古人造字的思维模式。然后，结合我们采集到的俄亚、白地吴树湾、东坝和达祖的东巴文字表，以及《文字谱》的字形，考察文字在地域、时空中演进的特征，尤其注意其符号化进程和影响因素之间的关系。

文字的比较，尤其是同类型文字间的字形、造字理据的对比，是比较文字学十分重要的任务。我们可以发现，东巴文的研究，最早也是从与甲骨文的对比开始的。因为东巴文的发现，首先会引起古文字学家的兴趣，他们自然会拿已经研究得比较成熟的古汉字的特点来对比。不少学者将国内外这些同类型古文字作了系列对比，如张晓雯硕士的《甲骨文与古埃及圣书字象形字比较研究》、田玲硕士的《甲骨文纳西东巴文象形字比较研究》、陈永生博士的《古汉字与古埃及圣书字表词方式的比较研究》等，但是把这几种文字一起来对比的还没有。本书将以东巴文为主要对象，把甲骨文、苏美尔原始楔形文字、圣书字、玛雅文等五种文字的象形字从字义类型、体态等方面来作一对比。

东巴文的师承教育问题，是个较少被关注的课题。前贤多从东巴教的仪式、传统节日的角度来研究纳西族的教育问题，如廖冬梅博士的《节日的教育功能

① 曾小鹏：《俄亚托地村纳西语言文字研究》，民族出版社2015年版。为简便起见，后文凡提及该书，不再详细列明信息，只以"拙著"代。
② 于省吾：《甲骨文字释林》（序），中华书局2009年版。

探析——以云南纳西族的"2.8"节为例》、吴晓蓉博士的《仪式中的教育——摩梭人成人礼的教育人类学分析》。东巴经的师承危机、东巴文在使用中存在的问题，以及东巴经对人的教化作用等研究得较少。保护纳西东巴文化，首先是民族文献的传承，而文字的延续与发展尤为重要。试想如果汉字被拼音文字或者其他文字所替换，何谈中华传统文化的传承，民族振兴更是一句空谈。本文通过访谈等方式考察东巴文的传习现状，用问卷调查等方法调查文字在民间的使用状况，用语言学方法分析其优劣，总结师承危机产生的原因，进而为解决这一难题提供有益的建议与对策。

第二章 文字研究（上）

人类历史发展中，文字的出现，标志着其文明的进程已经达到了新的阶段。据专家统计，人类史前语言大约有 1.5 万种[1]，其中，能够独立创制的所谓自源文字，不到千分之一。因此，拥有真正自己的文字，这个民族的文化自豪感足以骄傲世人。当今世界，各个民族所使用的文字形式多种多样，如果细考其源流，却可以大致归纳出有限的谱系关系。

拉丁（罗马）字母是欧洲主要的文字形式，形成于公元前 7 世纪。拉丁、希腊字母由更早的腓尼基字母传演而来。腓尼基与阿拉马字母是三千多年前的"比拨罗字母"（Byblos）分别向西、东两个方向传播的结果。早在 3500 年前，地中海东海岸"叙利亚—巴勒斯坦"地区就诞生了字母，以商业为生的北方闪米特人为了记账的需要，将西亚苏美尔人的楔形文字（丁头字）与北非埃及的圣书字借来，加以改进成为记录自己语言的音节"字母"，"比拨罗字母"是其中现存能释读的最古的字母[2]。楔形文字和圣书字是 5500 年前，由人类两大文明发源地——两河流域、尼罗河流域逐渐形成的图形文字，比汉甲骨文（3300年前）形成的时期更早。

人类最早的图形（画）文字都来源于图画记事，字形与所表物象在人脑中的具象有直接的对应关系。文字是记录语言的工具。具体说，文字是记录语言中的"词"这一要素的书写工具系统。词是人类将所感知的事物经过大脑的加工而形成的概念化的产物，是意义和语音形式的结合体。文字记录词无外三种手段，我们把通过字形记录语言中词的意义的文字称为表意文字，记录词的读音的为表音文字，两者兼而有之的为意音文字[3]。一般来看，意音文字是表意文字进一步发展的结果，这与文字记录语音相较于语义而言，拥有更加便捷、

---

① 《我国濒危语言问题研讨会纪要》，《民族语文》2000 年第 6 期。
② 周有光：《比较文字学初探》，语文出版社 1998 年版。
③ 这只是逻辑上的可能。从造字角度上来看，甲骨文、东巴文等典型的表意文字，在所能找到的最早阶段的文字材料看，已经包含了相当的表音成分，不含表音的纯粹的表意文字系统其实还未发现。本文不作专门的文字类型的分类，行文中凡涉及此问题，径引比较通用的分类方法。

经济的优势分不开。所以，自从闪米特人完成由表义图形到表音字母的"伟大"创造之后，其他民族相继借来传演成自己民族的文字，这股潮流也一并席卷了更大范围，以至于两河、尼罗河流域的民族也放弃了祖先的图形文字，全面走上了表音的道路①。

综观世界范围内的文字演变历史，古老的表意和意音文字，要么如前述圣书字、楔形文字那样表音化，要么如中美洲的玛雅文字被人为消灭。汉字是唯一存活下来的表意体系的古文字，在三千多年的演变中，表音已逐渐成为文字的主要功能，而那些表意的字形经过自然的流播、讹变和历次整理规范之后，早已失去了表形的功能，而被当作了表抽象意义的义符，甚至是记号②。

作为一种自源的民族文字，纳西族东巴文一直是国内外学者最感兴趣的研究对象。原因有这么几点，首先，纳西族的东巴文是纳西东巴在长期宗教活动中，独立创造的③，介于图画和象形文字之间的文字。东巴文从字形的表意程度来看，比甲骨文、圣书碑铭体、楔形文字早期图形体等古文字更具图画性，这就好比地下考古发掘出了更早的文物；而且，自源文字的属性拓宽了文字比较研究的领域。其次，东巴文是仍在使用的"活"的文字，东巴主持的仪式要吟诵祖传的古老经书，用自制的纸笔抄写东巴经亦是东巴们平时必需的功课。所以，研究者可以通过东巴的帮助，对文字字源与东巴文献做出比较可信的释读。更为难得的是，在表意文字的基础上，纳西族又创制了自己的另一套表音文字——哥巴文。纳西民族古文字从象形表意到音节表音的演变链条，就像一个鲜活的标本，这是目前其他被研究的古文字材料所不具备的。纳西东巴象形文字的研究，不仅仅从纵深与宽度两方面拓展了普通文字学的研究领域，而且其一千多个原始象形文字所折射出来的先民的认知思维、社会背景，也是让其他相关学科十分感兴趣的。

---

① 这种文字的换用，除了本地相继被阿拉伯帝国占领的缘故外，与其多音节的语言特征也更适合于字母（表音）文字有密切关系。文字与语言的关系，我们将在后文详细论述。
② 裘锡圭：《文字学概要》，商务印书馆 1988 版，第 31—36 页。
③ 王元鹿：《纳西东巴文字与汉字不同源流说》，《云南民族学院学报》1987 年第 1 期。

第一节 东巴文字的起源

起源问题一直是最让人感兴趣，而且是首先要面临的学术问题。然而，由于历史太过久远，或者囿限于可资佐证的材料，很多基本问题成了悬案，研究者甚至唯恐避之不及，语言、文字的起源即属此例。纳西东巴象形文字（下文称"东巴文"）起源何时，也是有争论的。

纳西族东巴文字学家李静生认为，"东巴文字的创制年代和文字体系形成年代是两个概念"，从东巴文字个别古老字形本身所反映的信息，并结合纳西族迁徙的时间与地域节点来看，可能早在商周之际，就已经开始零星有文字符号出现①。这是比较可信的。我们这里讨论的是东巴文文字体系的形成阶段。

木氏土司的宗谱碑②有两处涉及文字。一处言其第十六世祖阿琮（宋理宗时）"生七岁，不学而识文字。及长，推诚服众，敦德化人，且制本方文字"。另一处言二十六世祖木泰（明）"不学识先祖所制本方文字"。阿琮"不学而识文字"的文字应该不是指东巴文，不然，何来"且制本方文字"呢？"本方文字"就是东巴文不会有问题，但是，文字不可能是由某一个人苦思冥想就能制造出来的。显然，后人为神化祖先而杜撰了阿琮造字的故事。木泰"不学而识"东巴文这条记录看似不可信，但因为东巴文多为"近取诸身"的象形字，退回至明代的话，其图画性无疑要更强，只要掌握了纳西语言、头脑机灵点的，旁边再有位东巴师傅稍加提示，认出些东巴文来应该不是什么难事。笔者曾经与达祖的几位纳西族朋友一起到白地走访，这几位从未学过东巴文，但是，在和树昆东巴的指点下，仅二十多分钟，就可以朗读一篇东巴小短文，连他们自己都觉得非常惊喜。所以，木泰"不学而识文字"的事不仅基本可信，而且说明至迟在公元 15 世纪前，东巴文已经广泛使用了。

文字产生时期的下限已经确定，最可能的上限点在哪里呢？

徐中舒认为东巴文和汉文、巴文同出一源，形成于公元前 16 世纪之前③。王元鹿拿古汉字进行了比较，否定了二者间的源流关系④，结论基本可靠，已为学界共识。

---

① 李静生：《纳西东巴文字概论》，云南民族出版社 2009 年版，第 5—16 页。
② 丽江木氏土司是纳西族历史上最重要的领袖，记录其宗族的历史也最为久远。该碑现藏丽江东巴博物馆。
③ 徐中舒：《论巴蜀文化》，四川人民出版社 1981 年版，第 47 页。
④ 王元鹿：《纳西东巴文字与汉字不同源流说》，《云南民族学院学报》1987 第 1 期。

　　经书和传说中有几则神话故事与东巴文有些关联。一则在《白蝙蝠取经记》里，纳西祖先崇仁丽恩女儿生病，派白蝙蝠飞上居那若罗神山请女神盘孜沙美赐予 360 本占卜经书的故事；另一则讲东巴教祖师爷丁巴什罗①从藏族喇嘛那偷学来经书，后又自创东巴文。丁巴什罗其实是藏族原始宗教苯教的教主——东巴先饶，而东巴先饶是源于古藏、滇地区诸多原始宗教中所一致尊奉的教主，反映了纳西原始宗教与藏族苯教密切的关系②，各地关于其人生卒年代相差极为悬殊，几乎是不存在的一个宗教人物③。浩如烟海的东巴经没能提供有价值的信息。

　　方国瑜、和志武认为东巴文应该形成于纳西族进入奴隶社会时期的唐初，并在宋代已流行使用④。论证的材料主要有两条，一是前述先祖阿琮的故事，二是一块位于香格里拉（原中甸）东巴圣地白水台的摩崖，上有丽江土司木高于明代嘉靖甲寅的题诗："五百年前一行僧，曾居佛地守弘能；云波雪浪三千陇，玉埂银坵数万塍；曲曲同流尘不染，层层琼涌水常凝；长江永作心田玉，羡此尚人了上乘。"落款是"嘉靖甲寅长江主人题释理达禅定处"。认为诗中所记的"五百年前一行僧，曾居佛地守弘能"即指"释理达禅定处"，而"释理达"就是纳西语的"什罗（萨勒）"，嘉靖甲寅（1554 年）上推 500 年是北宋仁宗年间。近年有学者考证，摩崖所称"五百年前一行僧"也不是"东巴什罗"，而是曾于唐代来南诏传教的印度古国佛教僧人"室利达多"。⑤元朝李元阳的《云南通志》也有这位僧人的传教记录⑥。因此，方、武二位先生所持的唐代东巴什罗白地造字说还缺乏可靠的证据。

　　东巴文的起源，既不能限定在某个人，也不该局限于某一地。东巴教与藏族苯教和其他民族的原始宗教有着共同的源流，纳西族亦有着漫长的南迁历史，考察其文字的形成，不能不考虑与其他宗教的相互关系和自身发展的历史，具体来说，这个问题可以分为如下三个小问题来论述：

一、什么人、因何目的创造了东巴文

　　东巴文起源的故事，与世界其他民族如出一辙，均带有明显的君权神授的

---

① 各地名称因方言的差异，又称作"东巴什罗、东巴萨勒"等。
② 杨福泉：《纳西东巴教文化发展史论》，云南大学出版社 2006 年版，第 50—53 页。
③ 林向萧：《丁巴什罗时代考》，《丽江志苑》第 6 期。
④ 方国瑜、和志武：《纳西象形文字谱》，云南人民出版社 2005 年版，第 41 页。
⑤ 和泰华：《白水台摩崖诗辨正引玉》，《中甸县志通讯》1994 年第 2 期。
⑥ 转引自杨福泉《纳西东巴教文化发展史论》，云南大学出版社 2006 年版，第 51 页。

色彩。苏美尔人视其楔形文字乃智慧神恩基所造，而古埃及人认为是图特神创造了自己的文字①。

汉文古籍中多有"史皇作图"、"沮诵、仓颉作书"的记载，《路史·发挥一》引宋衷注："图谓画物象也"，《尚书序》正义则云"仓颉造文字"，所谓的"图"与"书"应该差不多，就是初创阶段界于文字与图画之间状态的文字。三人均是传说中君王的史官，其中仓颉被后人演化为帝王。《易·系辞》更以"河出图，洛出书，圣人则之"来神化文字。

丁巴什罗是神，麦琮是帝王，而帝王亦代表着神来统领天下，所以，无论哪种情况，都没有超出人类关于文字神授的臆想。

文字的出现，一定是为了解决某种问题。苏美尔人的史诗作品中讲到，由于神的使者"嘴沉重，不能复述之"，恩美卡就把文字写在泥版上面来帮助记忆。东巴文首先是其祭司用来记录经书的书写系统，主要流传在无量河下游的若喀（汝卡）支系和金沙江两个大拐弯的纳西族聚居的西部方言地区；而无量河上游以及四川木里、宁蒗的摩梭人生活的东部方言区则没有这种文字，近些年发现了极少的占星经上有简单和少量的图画式文字②。西部方言区是纳西族南迁的上游地区。一说纳西族由无量河上游的水洛这个地方渡河之后，分为了东西两支，东部一支没有创制文字，而继续南下西迁的这支逐渐有了自己的东巴文。东巴文有 、py²¹字，是"经师"的意思，像其打坐念经之状，没有手持经书。这种状况就像今天摩梭人的达巴，东巴教祭司以前全凭记忆背诵经书。东巴文还有 pha²¹字，卦师的意思，女卦师手持卦书之形，相传卦书最初来自天上 pha²¹ndʑi³³sa³³mæ³³处，于是借 pha²¹为卦书、卦师、打卦之词。东巴经中的占卜类经书，与祭祖等其他类型比起来，由于没有连贯的故事情节，内容多是由代表吉或凶的星象、生肖、方位等组成的，记忆极为不便，亦为了在仪式或占卜中方便用来抽签算卦、查找星象等，所以，最早开始用图画文字记录星象、方位和生肖而成卜书，东部方言地区所发现的经书即属此类。同时，仍有不少卦师不认识文字，民间把这类没有经书的称作"桑尼"，"桑尼"这种全凭记忆的状况，其实是早期纳西东巴在没有文字阶段的常态。

---

① 拱玉书等：《苏美尔、埃及及中国古文字比较研究》，科学技术出版社2009年版，第30页。
② 宋兆麟：《摩梭人的象形文字》，《东南文化》2003年第4期；杨学政：《摩梭人达巴卜书及原始符号研究》，《史前研究》1986年第3、4期；刘尧汉：《一种罕见的象形文字》，《中国历史博物馆馆刊》1981年第1期。

　　总之，能发现的纳西族文字最早的用途是记录宗教经典，这与汉甲骨文极为相似。甲骨文卜辞主要是商王及贵族祭祀和占卜的记录。由专门的贞人（即卜师）刻写在龟甲兽骨上，甚至要把贞人的名字也记录下来，如花东卜辞"癸卯卜，亞奠贞，子占曰：叺用。"，"亞奠"即是为贵族进行占卜的贞人的名字。刻写在中美洲宗庙建筑的石碑上的玛雅文字，以及与神学密切相关联的楔形文字、苏美尔文等，无疑都证明了其象形文字浓厚的宗教色彩。我们有理由相信，文字创造的最初动机，多是为着宗教记录的目的。换句话说，文字创造的主力应该是承担着宗教职能的专门人群。

　　纳西东巴教是一种信奉万物有灵的原始宗教，事无巨细，都要遵循神灵的意志。现在，四川俄亚等地的纳西族仍笃信东巴教。各种节日不说，平时凡遇婚丧嫁娶，东巴都要来主持大小仪式，甚至哪家的牲畜不舒服了，主人家也会亲往东巴家来打一卦。因此，即便如摩梭人的祭司内部有比喳和达巴之分而不必通晓所有的仪式，一个东巴所要掌握的关于各类仪式进行的规程、使用的道场和法器等依然是很复杂的，更不用说多则十几天、少则半天的仪式中需要念诵的大量经了。据我们调查，俄亚的老东巴家里都有二三百本经书，一般的东巴也要能熟练诵读几十本，如果没有文字书写的东巴经，仅凭记忆是很难完全掌握的。东部纳西族（摩梭）的达巴所能背诵的经书数量，要远远少于有文字的东巴所掌握的经书。不难看出，祭司出于准确、长期记忆经书的目的创造了文字，而自从用文字记录经书之后，不仅让已有的经书得以传承，而且各地东巴还依据仪式的需要，又不断增扩或者新创许多经书。我们将在后面专节讨论文字如何保存并传承了东巴教的问题。

　　尽管东巴的职业对文字有迫切需求，其自身仍需具备相当的能力，我们才可以放心地把文字创始之功归在他们名下。东巴一词在纳西语是"智者"的意思。一般在十几岁时就跟着师父学习各种东巴技艺，经过好几年的艰苦学习，只有最聪慧、勤奋的孩子才能最后学成出师。遵循严格的父传子、舅传甥的沿传方式。李国文以"东巴知识结构"概括了一个合格的东巴需要掌握这些知识与技能[①]，择其要者，是能主持各种仪式的祭司，能诵读多达百部经文的经师，能看懂天文星象的卜师，能掐会算的卦师、能写会画的画师，能歌善舞的民间艺术家。集诸多智慧于一身的东巴，自然有一种由内而外的儒雅之气，其深邃的眼光、平缓的语调，透露出与普通村民迥别的气质。这种差别在与世隔绝的俄亚大村里，显得尤其突出，以致当我以一个外人的身份突然出现在那里时，仅凭彼此眼光的对视，也能八九不离十地识别出东巴来。象形文字来源于图画，

---

① 李国文：《人神之媒——东巴祭司面面观》，云南人民出版社1993年版，第45页。

当我们看看那些东巴道场里使用的最古老的木牌画、卷轴画之后，应该不会怀疑，在历史的某个节点，这些手拿画笔的祭司，会就着火塘昏暗的光线，将口耳相传的经文聚集到笔端，转化成栩栩动人的线条。

文字产生之前，人们通过实物、结绳、契刻等记事方式来辅助记忆，这个阶段产生了很多符号。如甲骨文表示数字的"一（一）、二（二）、三（三）、四（三）、十（丨）、二十（凵）、三十（凵）、四十（凵）"就可能是用作算筹、筹策的细棍之类实物的孑遗。这与东巴文数目字" 𝟏 、 𝟏𝟏 、 𝟏𝟏 、 𝟏𝟏𝟏 、 𝟏𝟏𝟏 、 𝟏𝟏𝟏 、 𝟏𝟏𝟏 、 𝟏𝟏𝟏 、 𝟏𝟏𝟏 、 ✗ "的造字意图十分近似；汉古文字"绝（𢆶、𢆶）"、"冬（𠗳）"是古人结绳记时的表现；契刻是古人造字之前最后的记事手段。各国考古出土的陶器上出现的类似文字笔画的刻画符号，有不少与后来文字中的某些字形极为相似，甚至与简化汉字也没什么两样，比如反映了仰韶文化的西安半坡、宝鸡等地出土的陶符"米、水、凵"等。文字学家对这些陶符的文字属性有过激烈的讨论①。目前，中外学者基本达成一致，即便这些陶符没有直接成为文字的起源，至少也启发了后人的造字思维。契刻之"契（𢪒）"，《说文》云："大约也。从大，从㓞。"其实，契字本是古时刻于木板之上，用于记录经济交易的凭证，从字的结构来看，此字所从之丯似木上刻划之刀痕，从刀，亦表示以刀从中一剖为二，为的是让商定契约的两方"各持其一，后以相考合"。《易·系辞》："上古结绳而治，后世圣人易之以书契。"郑玄注："书之于木，刻其侧为契，"在先秦典籍中，"契"常与"书"字并称"书契"，如郑玄《周礼·质人》中注曰："书契，取予市物之券也。"后人逐渐对二者不加区分，泛指文字性的文献了。

东巴文在纳西古话中作"森（木）究鲁（石头）究"，后人解作"见木画木，见石画石"，又作"刻画在木（板）石（板）的文字"，恐怕后一种说法，更能符合文字早期的普遍状态。

---

① 董作宾、郭沫若、于省吾等从字形相似度的方面支持陶符是早期文字的观点，而裘锡圭、高明、李学勤诸先生从符号是否记录语言来分析，否定了这些符号的文字性质，但是认为其中的某些符号被吸收到了后出的文字系统之中。

刻在石板上的藏文、东巴文经咒（俄亚）。

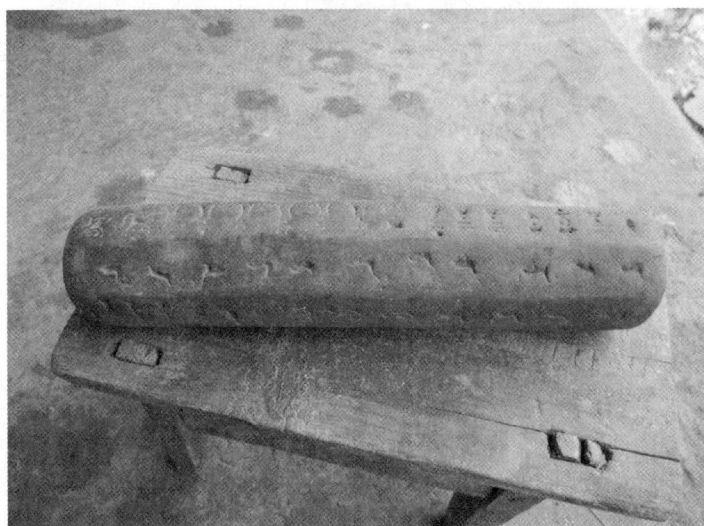

刻有各种人神图像的印模。（泸沽湖达祖）

  纳西东巴作为东巴教活动的组织与主持者，亦是东巴文化的创造者、继承者和传播者。他们出于宗教的需要，最有可能基于自身的素质，成为东巴象形文字的创造者。

二、东巴文的发源地

李霖灿曾就此问题做过详细的调查研究[①]。民国初期，李先生根据丽江鲁甸白罗岔家的祭祖经典所记述的"赶祖"路线为线索，一站一站寻访、核实迁徙路线上的地名，深入到永宁、盐源等地获取可靠的材料。最远走到木里土司地的无量河边，因对岸匪患猖獗而不得不终止。并将调查的情况绘制成图，我们略加补充如下。

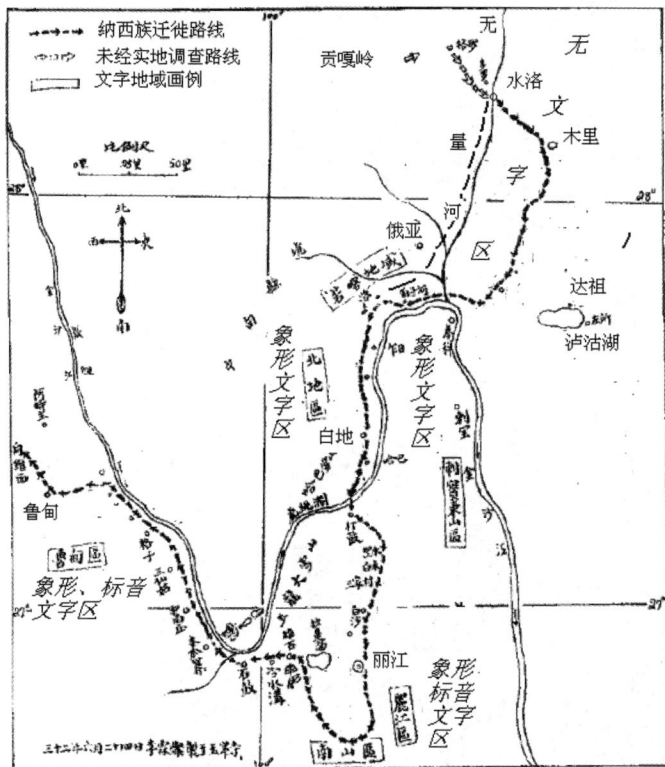

东巴文是纳西族祭司南迁中逐渐创制的文字，那么文字的发源地就应该在这张图上的某一个区域。李霖灿根据几个极有特色的东巴字的造字理据，推测出文字的发源地就在无量河边。首先，李先生以东巴文"南〰、北𐢞"二字为例，在纳西语中，"南、北方"是"水尾、水头"的意思。东巴文"水𐃊"字象水由源头流出之形，"北𐢞"乃截取水字表源头之半截而成；"南〰"则取水字下半截。人类的认知总是由具体而逐渐抽象的，抽象的"南北"方位概

① 李霖灿：《么些研究论文集》，台湾故宫博物院1984年版，第31页。

念发源于具体事物的指向。根据象形文字"近取诸身，远取诸物"的造字习惯，南北方位一定是以一条南北纵向流淌的河流为参照才行。无量河处在迁徙的上游，几乎同经线平行，正好符合这一条件。李先生另举东巴文"山△、村寨⋈"两字，根据其字形正好符合木里地区所见，而与丽江地区迥异的情形，因此推测东巴文"发源于无量河下游一带"。这一地带大约在图中北纬28度、金沙江N字大转弯附近，现属四川木里、云南香格里拉两县所辖交界地区，亦是纳西族汝卡支系生活的地区，李霖灿等学者亦认为若喀（汝卡）东巴字是东巴文更早期的形式①，因此，东巴文的发源地就是这一地域的汝卡地区。

当我们2009年再次来到洛吉村时，这里最后一位东巴已于前几年去世，经书也没有了。2013年我来到汝卡主要聚居地东坝村，在习尚洪东巴家做了详细的字形调查。从字形对比来看，不少字形从字源、造字理据等方面表现出较其他地区更为原始的特征，这里仅举一例，本文后面还将专门讨论此问题。

我们注意到，在刻画动物的耳朵等细节上，东坝显得十分仔细，而丽江则笼统不加区别，达祖、俄亚也基本不分：

野马：（东坝）-[谱0371]②-（达祖）-（俄亚）

虎：（东坝）-[谱0377]-（达祖）-（俄亚）

豹子：（东坝）-[谱0380]-（达祖）-（俄亚）

野猫：（东坝）-[谱0394]-（达祖）-（俄亚）

李霖灿的结论是基于实地调查所获的翔实材料，因此我们在没有更确凿的

---

① 李霖灿于洛吉村习文开东巴处搜集了若喀字（即汝卡字），见其《么些象形文字字典》。王元鹿有专文《由若喀字与鲁甸字看纳西东巴文字流播中的发展》（《华东师范大学学报》，2001年第5期）讨论过。

② 本书字形均注明来源，"谱"表示来自方国瑜的《纳西象形文字谱》，是丽江地区的代表字，字母后的四位数编号表示该字在书中的编号，编号后面的小写字母表示该字对应于"谱"字的下层字（f：附体字；y：异体字）；"典"表示选自李霖灿《么些象形文字标音文字字典》；"俄"表示俄亚，见拙著《俄亚托地村纳西语言文字研究》后附字表；兼采洛克所著《纳西语英语汉语语汇》的字形以作比较，由于该书未标号，所采字形的编号由该字所在页码和顺序组成，用"洛"表示洛克，如[洛0143—3]表示该字在洛克这本语汇的第143页，是该页顺数第三个字。此外，"泸"表示四川泸沽湖达祖村的杨兵玛东巴；"东"表示云南中甸县东坝乡的习尚洪东巴；"吴"表示云南中甸县白地村吴树湾的和树坤东巴。笔者的教育部课题《纳西东巴象形文字类编》收录了九个地方的字形，除了上述7种之外，还有从鲁甸和学东、依吉乡甲波村降初两位东巴的字形，此字形类编即将出版。

证据之前，基本同意李先生的意见。李先生认为纳西族南迁到无量河边的鼠罗（即水洛）时，一支渡过铁桥往东进入木里，另一支则继续沿河南下。前一支发展成今天纳西东部方言区，后一支为西部方言区，同时自创了文字。纳西族南迁的历史可能比李先生推测的情况要复杂得多。根据后来民族史学者做的研究[1]，纳西族历史上南迁的路线其实有多条，而且很多支系并不是结伴同行，而是分批南下。但是，这些材料同李霖灿所述文字发源地区的结论并不矛盾，总的来看，这一地区仍处在南迁的下半段，所创文字之后也逐渐扩展到了白地、丽江、鲁甸等其他西部方言区。

有学者认为近年发现的金沙江地区岩画是东巴文的前身[2]。尽管这几处岩画发现地正好处在李霖灿所述的文字发源地之内，但是，在没有做碳14测定其年代之前，仅凭几个动物图案与东巴文相似作为证据，还不能推导出二者的源流关系。何况考古已经证明，这一地区在西北游牧民族南迁之前，就已经有人类的活动遗迹，岩画只是其中之一。即便岩画的时代与纳西居民活动同期，也没有证据说明文字必出于其中。和力民先生是国内较早发现并对这批岩画做过实地调研的东巴学者，他谨慎地认为，金沙江岩画为纳西东巴文的创制提供了灵感[3]。

我们认为，东巴文的创造，不是一时一地能完成的，总数一千多个文字，经过了由少到多逐渐积累的过程。根据纳西族东部地区，亦即其历史迁徙的上游地区没有文字的事实[4]，大致推测出一个文字发源地，现有条件下尚不能确定到具体的地点。我们只能说，文字最初在这一区域逐渐形成，而且汝卡支系保留了更多的文字的早期形态。纳西族到达白地之后，东巴文化得到了比较大的发展，应该也继续创制了不少新的字形，并把文字传播到了丽江等地。

三、东巴文创造的时期

相对地理范围而言，考证东巴文发源的时间是更加困难的事情。因为文字的形成一定是个漫长的历程。甲骨文是最早的汉字形式，但其所处的商代晚期

---

① 参见前述"纳西族族源"部分。

② 杨正文：《最后的崇拜——白地东巴文化》，云南人民出版社1999年版，第9—22页。

③ 和力民：《和力民纳西学论集》，民族出版社2010年版，第162页。

④ 汪宁生等陆续在东部方言区某些村中发现了由少量象形文字记录的看日子经书,学者们基本认为那是受西部文字的影响，而自创的简单的象形符号，但是并不能达到西部东巴文那样的记录语言的功能。

并不是汉字创始的时期，因为从文字的成熟度来看，一定经过了更长的发展演变。而这个过程至今还没有任何文献材料出土，因此汉字创始期的上限还无法确定。

如前所述，东巴文是为了记录东巴经而创制的，所以，考证东巴文的起源时期，当然要以东巴经经文反映出来的内容信息为依据，辅之以文献记载的迁徙历史节点来共同框定一个大致的时期。

纳西族是古羌的一支，历史上受到藏、白、汉、彝等民族的不断影响。东巴经及其宗教文化，反映了东巴教是以纳西族的传统文化为其核心，融汇了原始苯教、藏传佛教、道教等宗教思想元素而形成的结合体。杨福泉[①]从东巴经中总结出两套神的谱系，一套神的序列是：盘神、禅神、董神、天地神、暑神等自然神；另一套多以四个音节的姓名为主，形象上多是身坐莲花宝座、头顶光环的神系，这都是明显源于苯、佛教的神灵。其实，从第一套的神名序列来看，其盘神、禅神、董神等诸神在苯教中亦能找到源头，盘神在东巴教中被称为"藏族之神"，禅神是"白族之神"，木仕华[②]从民族语音演变上推测，纳西语中"盘"的读音 $phə r^{21}$ 与藏族自称的古音 bod 有关。"盘 $phə r^{21}$"神在东巴经中有写作干，字形如木桩上绳索解开之形，$phə r^{21}$ 在纳西语中亦有"解开"之义，盘神在东巴教中作为"开天之神"恐怕与此有关。

《崇搬图》（创世纪）是纳西族关于人类起源的古老经典。我们也翻译过一册俄亚版《崇搬图》。开篇这样描述天地万物的开始：

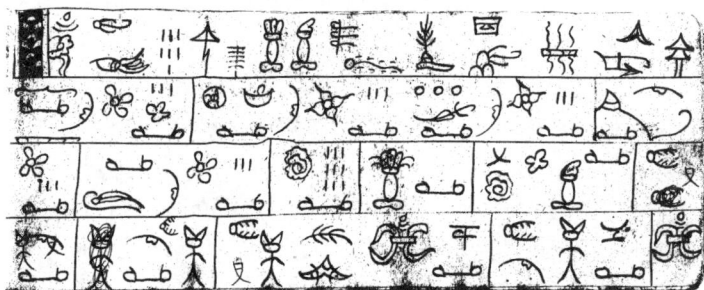

汉译：

很早以前，目利（天之种）董开始有世代的时候，目利董和勒基色开始结合的时候，有树会走路的时候，石头开口会说话的时候，（天一直下雨）地上稀湿的时候，（由于土很稀，使得）犁地的铧口（显得）很锋利的时候，天地还没有做出他（天地）的时候，天的影子和地的影子出来三样。日和月亮还没

① 杨福泉：《纳西族文化史论》，云南大学出版社 2006 年版，第 118 页。
② 木仕华：《纳西东巴文与藏文的关系》，《民族语文》2001 年第 5 期。

有做出他（日月）的时候，日的影子和月的影子出来三样，星星还没有做出他（星星）的时候，他们的影子出来了三样，山和谷还没有做出他（山和谷）的时候，山的影子和谷的影子出来了三样，三样出九样，九样出了个老爷爷，十样出了个老奶奶。真和强做变化，不真和不强出，出了依古阿格神，阿格神又做变化，出了一个白色的蛋，不真和不强做变化，出了个依古丁纳（凶鬼），凶鬼做变化，出了一个黑色的蛋，

汉译：

阿格做变化，生下一白蛋，白蛋做变化，孵出一白鸡，鸡没有名字，鸡自己取了个名字，名字叫额若额玛，额若额玛之神，在高高的天门口飞，在矮矮的地门口跑，当天还没有长高、地还没有长宽的时候，会飞的不能飞、会跳的不能跳的时候，长矛还未竖、宝剑还未横插腰间的时候，东巴不能和全村结亲戚的时候，铃铛的舌头还不能响的时候，额若额玛之神，从高高的山顶飞来，叼来三朵白云做了一个窝，扯了三颗青草垫在窝底，下了九对白蛋，一对孵出盘神和禅神，一对孵出了噶神和吾神，一对孵出了喔神和恒神，一对孵出了董神和色神，一对孵出了会做事的和会懂事的，一对孵出了一个裁缝和一个木匠。

经书一开头："很早以前，目利（天之种）董开始有世代的时候，目利董和勒基色开始结合的时候"，就提到了"（目利）董和（勒基）色"两位神，他们在李霖灿译的《创世纪》（又称"么些族的洪水故事"）中称作"阴阳神"[①]，在纳西先民的思想中，已经具有了阴阳交融而生万物的朴素唯物主义观点，作为"阴阳神"的"（目利）董和（勒基）色"两位神应该是最早的神灵。但是，在第二页讲述神灵出现时，却排在了"盘神和禅神"、"噶神和吾神"、"喔神和恒神"这三组之后。更有意思的是，在全篇中多次讲述了主人公"崇仁丽恩、衬红保白"两夫妻与"（目利）董和（勒基）色"二神的故事，却不再提及排

---

① 李霖灿：《么些族洪水的故事》，载《么些经典译注九种》，中华丛书编审委员会印行 1978 年版，第 26 页。

名靠前的三组神灵，这让人难免想不通。一种合理的解释是，第二页关于神灵排序的叙述是后来添加进去的内容，"盘 phɔr³¹"这个藏语词引入东巴教的神系之中后，按照同纳西语"散开 phɔr³¹"一词语音相似的缘故，被重新赋予了"开天之神"的威名，并取代东巴教"天之种"的董神而位居首位。但是，由于"董、色"与"崇仁丽恩、衬红保白"两夫妻的故事早已深入人心，无法更替，遂得以保留下来。东巴教多神崇拜、万物有灵的宗教思想，与原始宗教自身教义不够明晰稳固，因而容易广泛受到其他民族宗教的影响。

纳西经典随着东巴教的发展，后人在自己的理解之上，不仅对经文作了或大或小的修改，亦会根据需要，重新创造新的经书。达巴经是东部地区达巴口传的东巴教经书，据考察其口诵经全部约有一百一十七余册，但是，改革开放之后迅速减少到六十多册，目前，能背诵并释读的只有二三十册了。而西部有文字地区的经书数量则多出不少。我们调查的俄亚东巴一般都有一两百册，多的有五六百册。和继全调查称白地波湾村在 20 世纪"四清运动"之前，最多的东巴家藏经书可达千册[1]。数量上的差距，固然有文字便于记录并保留更多经书的可能，而后人不断增添内容，或者将其他宗教经典转换成东巴教的经书，这个过程也一定极大地丰富了东巴教的宗教内容和经典数量。

达巴教所尊奉的先师为丁巴舍兰，与东巴教借苯教祖师敦巴辛饶而成自己的祖师东巴什罗是同一个人物，只是语音差别而已。达巴教有限的口诵经中也有《创世纪》，从施传刚博士对《创世纪》口诵经的简介[2]来看，故事的男主人"曹直路衣衣"与东巴经"崇忍丽恩"语音相近，他的妻子"柴红吉吉米"与"衬红保白"不光语音相近，而且汉译过来亦都是"长竖眼睛的仙女"的意思。可以肯定的一点是，达巴口诵经与东巴经同源同宗。但是，我们没能找到更为详细的释文[3]，以便比较东巴经与达巴经中的神系关系。如果我们未能从达巴经中找到同样的神灵序列，从逻辑上，就可以把东巴文经书出现的时间上限划在公元 8 世纪吐蕃上层统治集团发起的"扬佛灭苯"运动之后。据史书记载，赤松德赞时期（公元 755—797 年）活埋了宫廷中的苯教大师马尚仲巴结，宣布苯教为逆端邪教，大批苯教教徒用马驮着大批经书向东逃亡到纳西族地区，在这里继续传播他们的教义，苯教与东巴教发生了第一次融合。藏族苯教的宗教思想几乎完全打乱了东巴教的体系，神灵序列的变化就是表征之一。

---

① 和继全：《白地波湾村纳西东巴文调查研究》，西南大学博士论文，2012 年，第 83 页。

② 施传刚：《永宁摩梭》，云南大学出版社 2008 年版，第 156 页。

③ 达巴经典的保护和研究已经提上日程，拉木嘎吐萨、杨福泉都在积极搜集和整理达巴教口诵经。

金沙江 N 字大拐弯地区本是迁徙路途上普通的一站,由于东逃的苯教教徒流落到这里,大肆宣扬其教义,东巴教在这里得到了迅速的发展。这个地区的白地被奉为东巴圣地,水甲村对面半山有个溶洞,当地人称阿明灵洞,传说是东巴教另一个教祖阿明什罗躲避官府追逃的修行之处,此洞遂成为各地东巴求取神的威灵必到之地。已有学者认为阿明可能就是那批从西藏逃亡出来的苯教经师中的一个。在白地附近地区,他们和当地东巴创造了东巴文字以记录经书,也正因为受到苯教经书文字的影响,东巴教、东巴经才借助文字的便利,避免了传统口诵经难记、易失传的弊端,得以保留并迅速得到发展。公元 13 世纪藏传佛教传入进来,再次给东巴教带来深远的影响。

现在,我们可以对以上问题做一个小结:东巴教是以广布于西南诸民族的自然崇拜、多神信仰为底层的宗教发展起来,尚处于原始宗教形态①的民间宗教形式。东巴经是纳西族祭司口耳相传的流传千年的宗教经典。公元 8 世纪受苯教东传的影响,东巴教吸收了很多苯教的思想。幸运的是,在金沙江 N 字大转弯以汝卡支系为主的地域,纳西东巴教的东巴祭司们逐渐自创了象形文字,这个时期大约是唐中期之后。进而借助文字的力量将东巴教发扬光大,也奠定了这个区域成为东巴教圣地的传统地位。然而东部方言区的达巴却未能发明自己的文字,只是后来受东巴经的影响,才用有限的几十个象形符号记录"看日子"经,终与文字失之交臂。

---

① 和力民:《论东巴教的性质》,《和力民纳西学论集》,民族出版社 2010 年版。

第二节 东巴文是古代纳西社会的形象描绘

沈兼士在《研究文字学的"形"和"义"的几个方法》[1]一文中指出："应用'象形'、'会意'两原则的文字，大都直接的或间接的传示古代道德风俗服饰器物……等的印象，到现在人的心目中。简直就说他是最古的史，也不为错。"东巴文与汉文字一样，都是"义寄于形"的象形文字，这种形义体系的文字，贮存了丰富的文化信息。

本节将充分利用我们田野调查所获得的经书、文字、实物材料，结合四川俄亚、云南白地等保留较为纯正的纳西生活习俗，来窥探东巴文中隐藏的那片斑斓世界。

东巴文最大程度地保留了造字之初纳西族的生活面貌。东巴文处于由图画向文字过渡的阶段，造字法以象形表意为主。因此，许多字形直接保留了实物的形象，同时，透过字形，我们可以从造字者的视角窥见过去的世界。对于东巴而言，学习祖先留下的文字，客观上起到了承继过去、认识当下的教育功能。

一、东巴文反映的宗教情况

1. 法冠

[东]py²¹[2]，祭，像东巴戴冠着袍端坐念经之状。此字在其他地区有作[俄 1211]、[谱 1211]、[泸]、、[吴]，字形如树枝做的"树人"。清光绪21年李福宝纂《丽江府志》卷一："择地为坛，植松、柏、栗各一，降豕供净米，请刀巴祝暇，名曰祭祖。"东巴祭祀道场常要用树枝扎成人形代表人神。

汉古文字"祭"与"祝"等字均是祈祷之义，祭字作""，像以手持

---

① 《沈兼士学术论文集》，中华书局1986年版，第4页。
② 除了标明出处外，本文中纳西语记音均采用俄亚方言，拙著《俄亚托地村纳西语言文字研究》有详细的词汇和语音调查报告供查阅。

祭肉之状，祝字作"辂、诏"，前字像祭司献祭肉于神主（示），后字像祭司跪于神主前祝祷之状。

俄亚东巴除秽仪式上扎的"树人"（左）。俄亚乡委夏东巴着东巴服照（右）。

东巴头戴五佛冠，纳西语 tsho^{33}kha^{55}，有专字作冠[谱 1243]、冠[泸]。

东坝东巴习尚洪展示他的五佛冠。

五佛冠。

西南诸民族祭司都有佩戴类似五佛冠的情况，应该是受佛教影响的产物。五佛冠又作五智冠、五智宝冠、五宝天冠、灌顶宝冠、宝冠。大日如来、金刚萨埵、虚空藏菩萨、诸佛顶尊等所戴之宝冠，皆为五佛冠。只不过东巴教将五神分别替换成自己宗教的内容。

2. 木偶

[泸]phu³³dv³³，东巴用松木刻成的人偶，像神灵，形状各异，用麻布包好，置于神箩中，摆放在祭祀道场。木偶种类繁多，[东]会跳之木偶，[东]

会笑的木偶等。

俄亚英扎东巴刻制的一组九个木偶，（下图）背面写上了每个神灵的名字。

3. 木牌

风鬼祭场。

与木偶类似，东巴道场还要用上表示神灵的木牌。这种木牌，有的经过了削刻，有的只是手绘而成。[俄 1216]ndiæ^{21}，吃素鬼。东巴仪式中，东巴要手绘三个木牌，如上图，左边三个代表三兄弟，是崇仁丽恩与竖眼天女所生的青冈树、松树、老熊、蛇等怪物，变成了以上三个鬼，分别叫 lo^{33}phu^{33}、lo^{33}ʂu^{33}、 lo³³ŋgæ²¹，合成 ndiæ²¹，只吃素，献的饭食不能有血有肉。右边用树枝做的 🌿 叫 ndiæ²¹xo²¹la⁵⁵tsi³³，献饭时要见血肉。此字在其他地域分别作 ※※※ [泸]、〣 [吴]、

🔣 [谱 1216] 少画了一个鬼牌。白地写作 🔣，为削制的木牌的侧面图。

4. 面偶

它是用大麦面团揉成各种神灵的造像，摆在东巴道场。🔣 [俄 1219]、🔣 [谱

1219]、🔣 [泸]、🔣 [吴]、🔣 [东]，仪式中代表鬼；🔣 [俄 1220]xa³³xi³³，面人，

🔣 [泸]、🔣 [谱 1220]。

面偶。（摄于丽江东巴文化博物馆）

泸沽湖达祖村的东巴教与喇嘛并行不悖，平时举行的宗教活动中，经常可以看到披着红袍的喇嘛与东巴围坐一起，各自拿着自己的法器念诵经文，东巴还经常吹起白海螺与喇嘛的大鼓相互配合，营造出庄重的现场气氛。喇嘛在举行仪式之前，要在现场用面粉揉成各种面偶布置在主人家的祖先牌位之前。东巴教的面偶与藏传佛教有着共同的源流关系。

东巴与喇嘛共同主持仪式。

喇嘛做成的面偶整齐摆放在供桌前（左）。喇嘛在和面做面偶。

5. 烧香

除秽仪式中要点燃杜鹃树枝条，烟雾缭绕，以示不好的东西都随烟飘走。

俄亚东巴在祖屋中烧香。

"烧香"字形作 [俄 1237]ʂu²¹mi³³、[谱 1237]。

在敬献鬼神时，俄亚在小瓦片或碗中盛放肉块和点燃的柏树枝，托袅袅的香烟带给天上的神灵，字作 [俄 1240]（khua⁵⁵ŋgu²¹，筐舺）、[谱 1240]、[泸]、[东]。

泸沽湖纳西族的铜质香炉。

春节的烧天香仪式。（俄亚托地）

俄亚烧天香仪式中点香祭祖。

　　与除秽仪式不同，在举行祭天、祭祖的仪式中，有一种很像佛教中烧香的仪式。这种香是在夏季时候，从一种名为"火草"的树叶上剥下的白绒，晾晒干之后，缠在细木棍上而成一种"香条 ʂu⁵⁵dy²¹"，此字文字谱记作 [谱 1236]，俄亚作　、泸沽湖达祖作 [泸]。点燃之后，祭拜人双手将香举在胸前，对着祖先和神灵的方向朝拜。

从一种叫作"火草"的树叶背面撕下白色的薄膜，捻成长线。晾晒干之后，与麻线混纺制成特殊的"火草布"。

6. 掷贝卜

占卜凶吉是东巴要经常从事的活动，东巴经中有 ﹏[吴]（掷贝卜），像碗中贝壳之状。下图是用于占卜的一种海贝，平时存放在用麻布做的口袋里。

掷贝卜是民间现在仍然使用得比较普遍的占卜术。这种占卜形式是受白族占卜活动的影响形成的。王国维在《观堂集林·释珏朋》一文中指出："余目验贝，其长不过寸许，必如余说五贝一系，二系一朋，乃成制度。古文字之足以考证古制者如此。"在古代，贝壳曾经受到多个民族的青睐。☒[俄 1285]（le³³bv³³bæ²¹mæ³³to⁵⁵，白族掷贝壳卜），☒[谱 1285]、☒[泸]、☒[东]。

7. 法杖与降魔杵

降魔杵☒[俄 1252]phy³³by³³；☒[俄 1254]mv³³thv³³，法杖。东巴仪式中降妖镇鬼的法器。东巴经有专门的经书《法杖经》来讲述其来历。降魔杵和法杖头两件法器一般以樱桃木制成，法杖棍则选用竹竿制成。二字在各地稍有差异：☒[谱 1252]、☒[东]、☒[泸] 、☒、☒[谱 1254]、☒[吴]。

全副"武装"的俄亚大东巴基册戈土，2009 年病逝（图左）。手持法杖与降魔杵的俄亚英扎东巴（图右，这根法杖已经留传了一百多年）。

8. 家神

纳西族火塘旁有一个两层的柜子（格固鲁），用来盛放生活的用品，上层则摆放象征家神的祭笼（下右图）。一般的烧香祭祖也在火塘边举行。

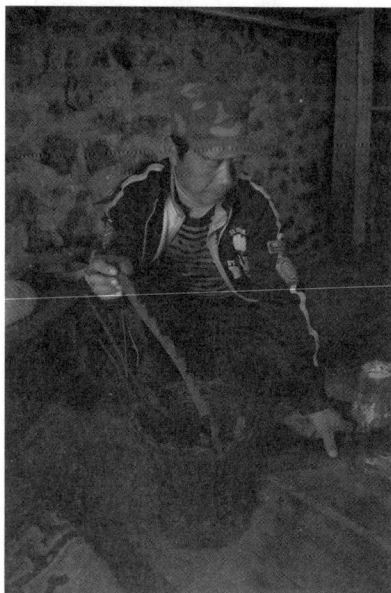

[俄1305]su^{55}tv^{21}，家神祭笼。左图为英扎解释祭笼里物品的象征意义。与丽江的观点不同，英扎不认为此物代表家神，而是表示所有的家庭成员，包括在世的。

9. 纳科（鬼域）

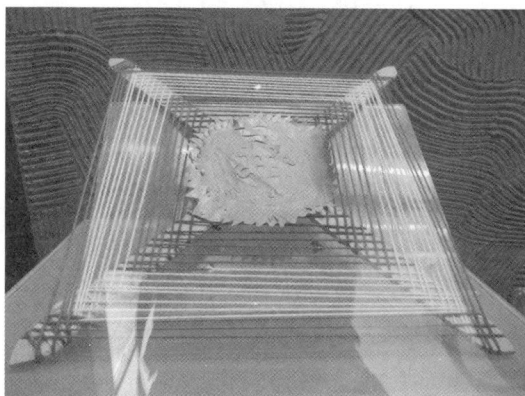

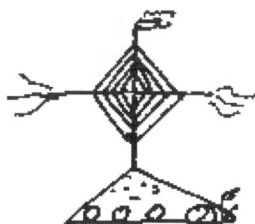

[俄1247]na^{21}khə^{33}，象征鬼域。

遇到女人不孕、小孩夭折，主人要请东巴来做仪式。仪式完成后，东巴要送主人家 na²¹khə³³，这是一种用多股彩线织成的护身符。东巴念道：你们（众鬼）最喜欢漂亮的东西，今天我们都送给你们，请你们原谅这个女人，让她顺利生下小孩吧。最后，东巴还要用面偶做的鬼、油灯等扎成一个花篮（上图右）送到山上，找到一棵能结果的大树挂上，求得神灵的保佑。

10. 笃梓

tv²¹ndʑi²¹，纪念死者的幡柱。家人去世，俄亚人会在家门前竖一根高约十米的松树，树尖留有少量枝条，顶上挂油灯。葬礼仪式完成后，要放倒并砍掉树尖的枝叶，挂上印有经文的白色幡旗（下左图），经幡的下端缝了一个口袋（下右图），里面装了肉食等祭品献给死者。这棵树一直树立在那里，以寄托哀思，如右字，名叫 da²¹dʑo³³。

作为一种宗教用途的文字，字形会更多地贴近宗教的各个方面。由于宗教的影响在各地不断萎缩，我们只能在比较偏远的地区才能找到文字所记录的实物，下面再举几例。

11. 其他法器

[俄 1274f1]çæ⁵⁵rər³³tsho³³（跳），东巴跳。东巴左手持象征太阳的板铃

（ [俄 1258]tsi³³rər²¹、 [谱 1258]），右手握象征月亮的手鼓。

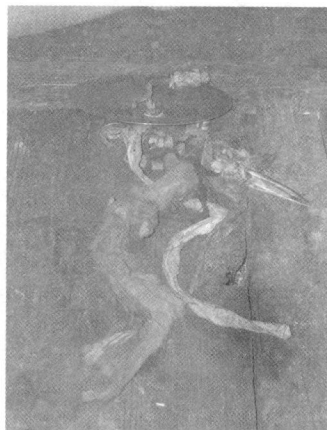

[谱 1258]tsi³³rər²¹，东巴用的板铃。常于手持处挂五色彩布，象征阴阳五行，再挂岩羊角，象征以此排解鬼患。但各地所系物品不尽一致。上图左为俄亚东巴用的板铃，系有铜钱、布条、鹰嘴和一支猴爪。图右则于牛皮绳上拴一铜质四环造型。

喇嘛和着铃声有节奏地念经。右为俄亚卡瓦村由丁东巴家的藏式板铃，内有铃舌（下）。

有理由相信，喇嘛作法念经时右手所持的板铃与东巴教的板铃有亲缘关系，只不过形式上有所区别，东巴用的板铃呈扁平状，更像一支小号的钹。

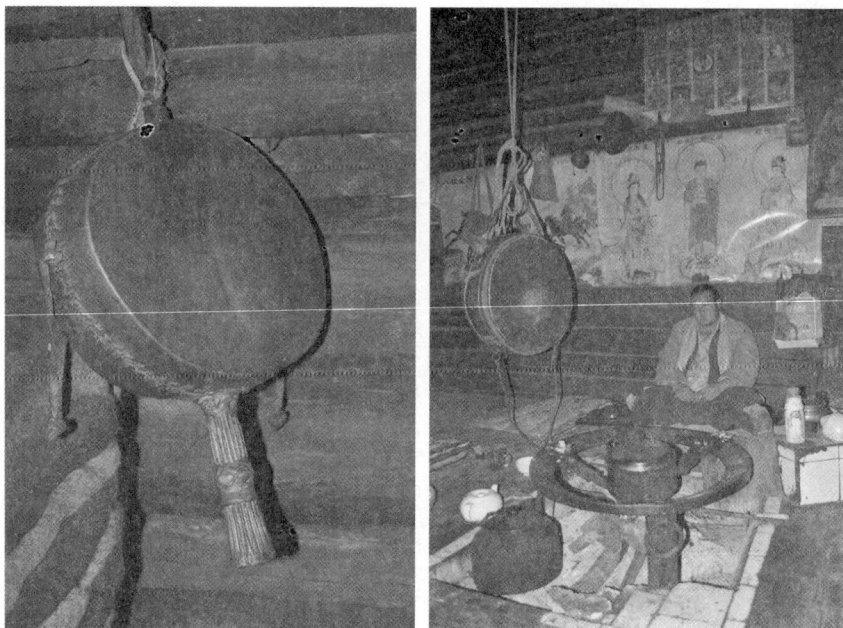

中[俄 1259]to³³mba³³ɾa³³，手鼓（图左）；图右为泸沽湖喇嘛敲鼓做法事。

东巴经规程类经书中有 字，提示东巴进行到此处要敲鼓。

东巴大鼓（ [俄 1107]、 [东]），与藏传佛教有关。

[东]bə³³diʷ²¹，法珠。

[吴]fv⁵⁵ze³³bu²¹kha³³，法螺，图右为吴树湾东巴和树昆在吹法螺。

戴法帽（![图符][俄 0818]、![图符][东]）的英扎东巴（图左）。法帽用于东巴仪式中，铁冠上插老鹰尾巴上的毛。图右为俄亚东巴执砍妖宝剑![图符][俄 1078]。

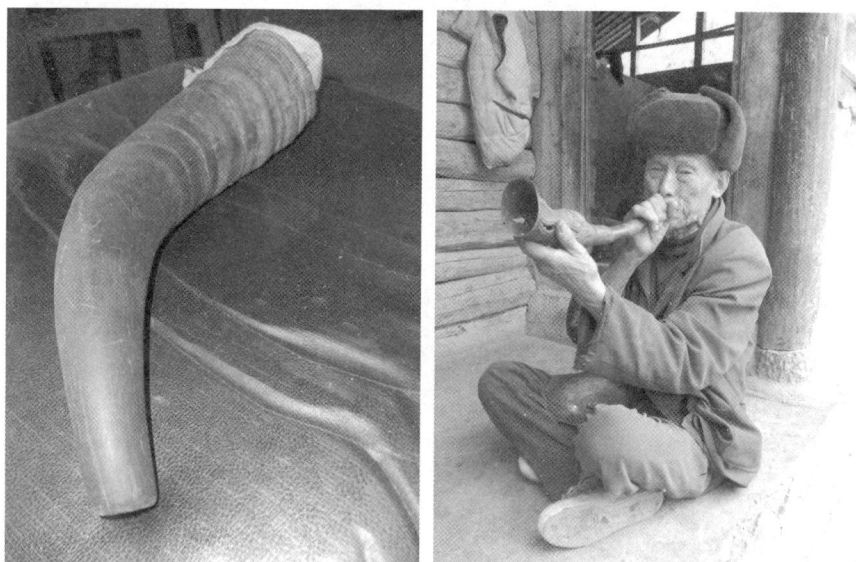

号角（![图符][谱 1090]，又作![图符]）多以牛角做成，右为泸沽湖藏式铜号角。

卡瓦村由丁东巴家的经堂，前放一个香炉（ ☒ ［泸］），后摆七碗祭水（ ☒ ［泸］）。

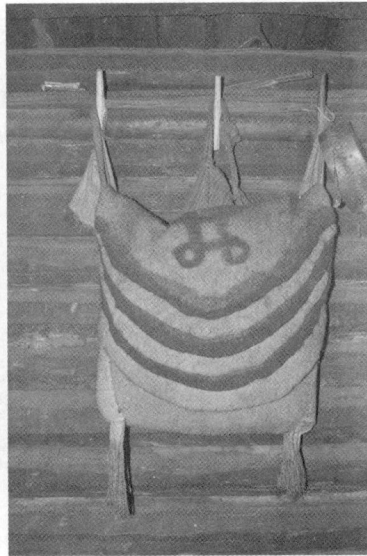

俄亚盛祭水的三连体木座铜碗（图左）；过去，东巴就是背着这样一个装了经书、法器的挎包（图右），到主人家主持仪式。

东巴经书是东巴最重要的工具，一般西部方言区的东巴手边至少会准备着二三十本经书，多的可达数百册。东巴文字中有很多直接反映经书有关的文字。

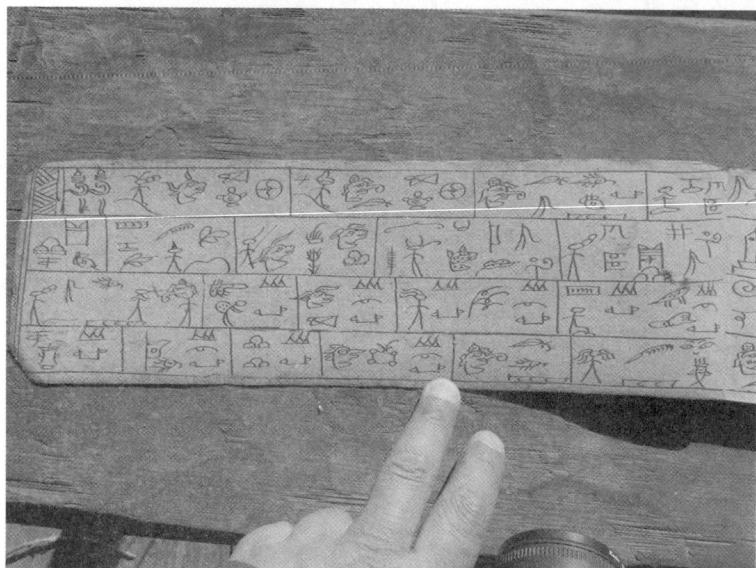

卡瓦村的经书。

俄亚东巴高土在楼顶抄写经书。 ［典 1175］、 ［典 1175y2］。

传统东巴经（the^{33}ɣɯ^{33}）用竹笔蘸墨抄写在自制的东巴纸上，从左到右书写，每页三到四行，中间用竖线分割经文段落。左边用针线装订成册，每册多到四五十页。▨▨[俄 1051]、▨▨[谱 1051]、✍[吴]、▨▨[典 1171]。

▨▨[典 1170]。由丁家有专门藏书的木柜，一般东巴则再用麻布包裹后存放在阁楼等干燥处。经书用夹书板和牛皮绳捆扎保存。

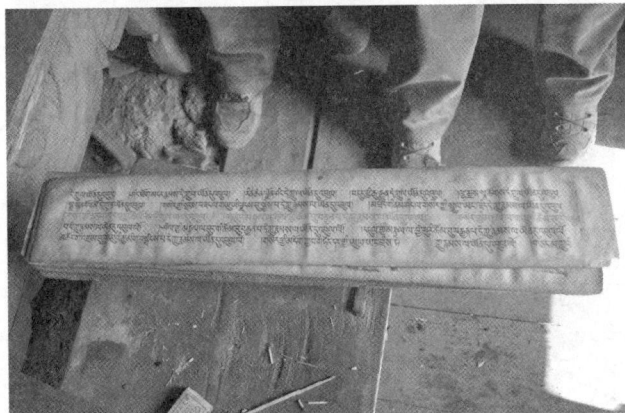

卡瓦东巴由丁家藏喇嘛经书。

东巴经的的文字和书写受到喇嘛经书（$bv^{21}di^{w33}$）的深刻影响。二者的区别在于，喇嘛经书都是单页，未经装订。

47

俄亚英扎东巴展示他画的长达十余米的"神路图"。

东坝习尚洪和他画的神像 $xe^{21}ti^{w33}$。(神起)

神像在举行仪式时悬挂，不用时卷起来成画轴状，字如■、■[谱 1058]、

■[泸]　、■[东]，白地作✳。

二、东巴文记录了纳西族过去的生活

东巴文产生于过去，传承到今天，从字形的世界里，我们可以发现纳西族一贯的生活习惯，许多流失的印象，从字里行间又能再现过往的影子。而在纳西族文化保存较好的偏僻古寨里，人们仍在重复着那样的生活，与文字中所记录的影像保持着一致。

1. 服饰

明代杨慎《南诏野史》（下卷）载："摩些，乌蛮别种，……男雉发戴帽，长领布衣，女高髻或戴黑漆尖帽，短衣长裙。"顾炎武《天下郡国利病书》（卷六八）引《云南志》云："麽些人身上色黑，男子发缕成索，白布巾包头，身著短衣足穿皮鞋，省垢不洗，常带凶器，内著黑大编毡，外披衣甲，……妇女妞发洗编，短衣赤脚，内披短毡。"史籍中所描述的纳西族衣食情况不尽统一，而且带有很明显的汉人对少数民族鄙夷的态度。尽可能地过滤掉这些偏差，通过与东巴文字的对勘，我们仍可以从中寻觅到古代纳西族的服饰特点。

先看头饰。男女都留长发，喜欢戴帽子。东巴文男女二字作"男🕺[谱 0450]、

🕺[俄 0450]"、"女🕺[东]、🕺[俄 0451]"，可见男女帽子形状不同，男字🕺戴的

是一种类似瓜皮小帽，🕺字是一种戴帽檐的帽子，而女🕺字，李霖灿先生考证即是文献中所述之"高髻"，头发盘在脑后，高过头顶。再从爷爷、奶奶字

作🕺[谱 0452]、🕺[谱 0453]来看，🕺可能也是一种后高前低的帽子，类似唐代的官帽，"高髻"就固定在帽子后面。男女年轻时候，头发都是编好塞在帽子中的，年纪大了之后，便比较随意，或披发，不再戴帽子，但字形上仍以帽子来区分二词。

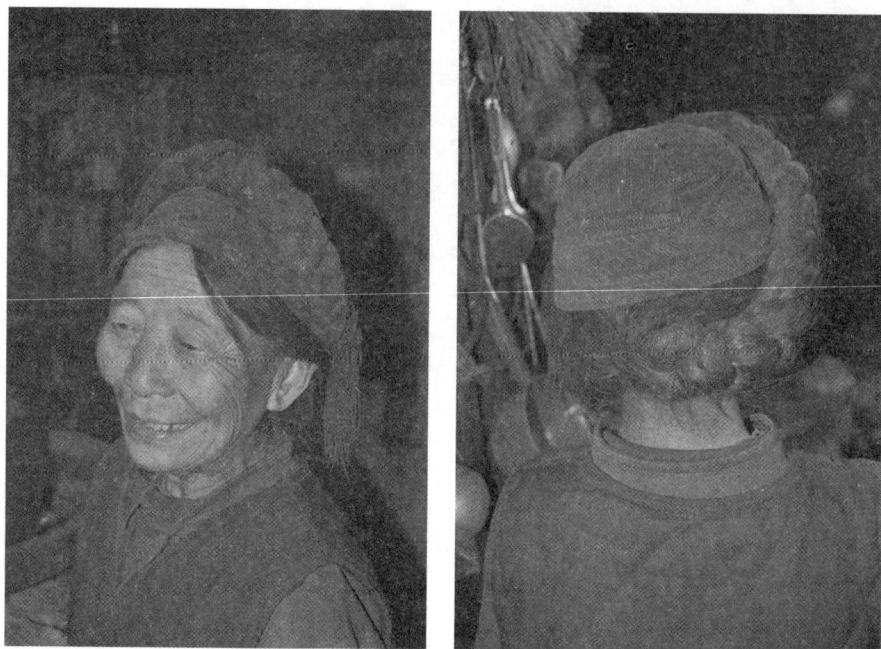

俄亚老年妇女仍习惯戴瓜皮帽，长发盘在脑后。

俄亚男人喜欢带有帽檐的毛毡帽。老年妇女或盘头，或散发。

如今，解放帽（dv^{55}dv^{33}）成了俄亚男女老少最常戴的帽子。节庆时则穿藏族的服饰。

再看衣服。"（男）长领布衣，（女）短衣长裙"应该是纳西族比较传统的装扮。

一身麻布衣，裹绑腿的俄亚人（图左）；节日盛装（图右）。

东巴文有"衣"字作 [谱 0805]、[东]，"披毡" [泸]、[俄 0807]、[谱 0808]。从字形看，形似传统长袍，又称大褂，其式样是左大襟式，左右两开褉，男女均扎绑腿，冬季则穿羊毛做的长衣以御风寒。至今俄亚人还常穿这种大褂。原料就是自产的苎麻和其他植物的茎叶，经过浸泡、抽纤、纺线、织布多重繁杂工序，做成宽约 13 厘米、长 160 厘米的布匹，几匹一卷，拼接起来做衣服，剩余的就作为馈赠亲友的礼物。

老人仍着传统高领长袍、裹绑腿、足蹬草鞋。

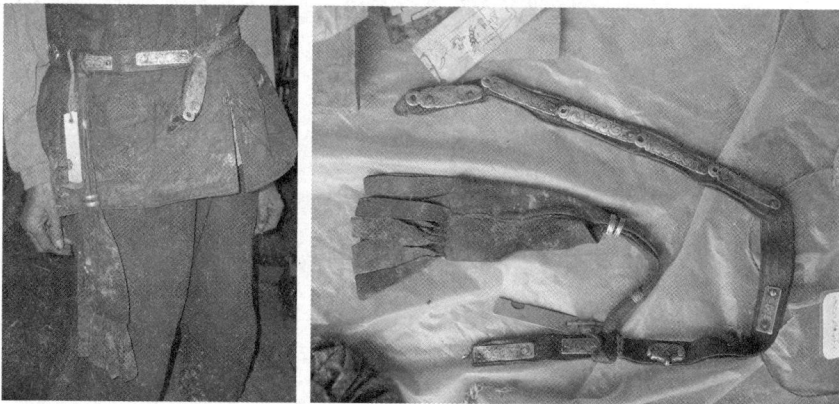

腰带（[东]）一般用织布做，兼有捆扎衣服和装饰的功能。图为俄亚以羊皮制成的腰带，配以精巧的铜饰。俄亚男女都喜好抽烟锅，旱烟袋也正好拴在了腰带上。

　　纳西族妇女的服饰变化较大，而且因地域不同而异。丽江纳西族妇女穿长过膝、宽腰、大袖的大褂，外加坎肩，腰系百褶围腰，下着长裤，披上她们最喜爱的服饰——七星披肩。宁蒗纳西族妇女穿短衫，下系长可及地的百褶裙，披羊皮，裹青布头巾，戴金、银、玉、石等制作的耳环和手镯。

　　图左为卡瓦村妇女着长可及地的百褶裙 [俄 0813]、[谱 0813]、[东]；图右为盛装的俄亚姑娘与穿丽江服饰的模特。

　　战士的头盔（俄亚），字作 [谱 0821]、[东]。

古代（俄亚）士兵的盔甲。［俄0809］、［谱0803］、［吴］、［东］。

英扎为笔者系束带（2010年俄亚新年）。新年的"烧天香"仪式尾段，所有的亲戚将彩色毛线做的束带（［谱0822］、［俄0822]）系在脖颈上。

尽管早在明代就已有穿皮靴的记载，但俄亚的百姓仍习惯穿自制的草鞋。字"[泸]"是东巴经师做法事所穿的镇鬼"黑靴"。

俄亚人自己打草鞋。

纳西人腰间常佩一把短刀 $\mathbf{天}$ [谱 0592]、$\mathbf{天}$ [俄 0592]。下图为"挟短刀"的俄亚男子。

佩刀既有装饰的功用,然而实用的成分更多。出入深山野林可以防身,平时杀猪宰牛也十分方便。2009 年我首次前往俄亚大村,途中借宿克孜村一户人家。大家盘腿围坐火塘边喝茶时，热情的男主人说要杀鸡招待我们，我正摆手推辞间，突然，他原地坐着没有起身，左手闪电般地逮住了身边寻食的一只大母鸡，几乎同时，右手从腰间拔出了短刀，噗地一声，母鸡就已毙命。将刀在鸡身上蹭干净血渍，迅速地插回了刀鞘。

热情的"刀客"。旁边是其儿子和母亲。

东巴文有字作 ✹[谱 0833]、✹[泸]，汝卡字作 ⊠。方国瑜释为"金领扣"，李霖灿搜集到民间的三种解释，亦不明其源。

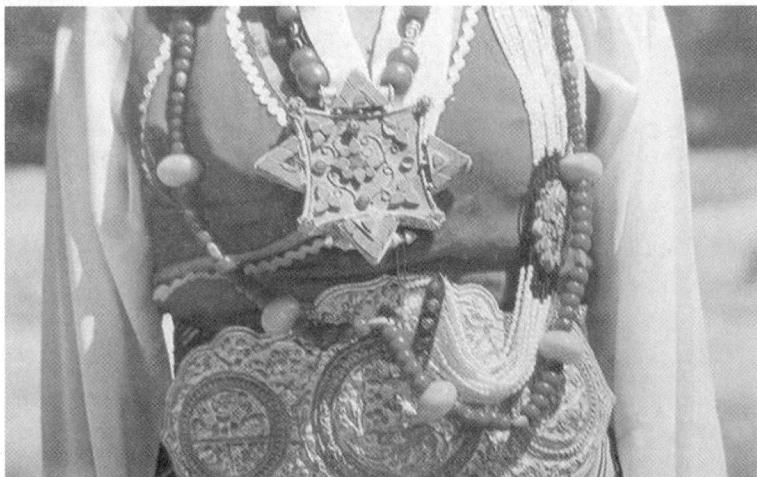

藏族挂在胸前的镶金配饰。

57

这件藏族女性佩戴的金饰，实物与东巴文几乎一致。纳西族服饰的确受到了藏族的影响。现在，一些地区的纳西族在过年或者婚庆时，直接去镇上购买纯藏式服装。但这款配饰我们在纳西族中还没有看到过。也许过去曾经用过，因而文字中留下了记录。

2. 习俗

夏之乾结合纳西民俗与文字材料，考证了纳西丧葬习俗的变化等内容[1]。文字形成既久，由于其本身的稳定性，为民俗文化研究提供了一定的线索。

（1）宗教习俗

俄亚婚礼中，东巴用拇指蘸酥油涂抹在新人的额头，以示祝福。

"祝福"字作 [俄 0704]、 [东 0704]。在葬礼中，有字作 [俄 0703]、 [谱 0703]，字形如东巴以松枝沾酒洒在主祭者的头上，表示将死者的贤能传给后人。

---

① 夏之乾：《纳西象形文字所反映的纳西族文化习俗》，《民族研究》1994 年第 5 期。

"人死，无贵贱皆焚之"，俄亚一直保留火葬（[俄0579]）的传统。

亲友在火葬处向逝者跪拜。

（2）饮食

受藏族生活习惯影响，纳西人劳累一天下来，要在火塘边打一罐酥油茶来解乏。早上起床出门干活前，全家也要围坐在一起喝一碗热气腾腾的酥油茶。酥油茶的做法，是将砖茶放入瓦罐烧开，撒点盐巴，经竹子编的滤斗过滤掉茶叶，倒入打茶的长筒形竹罐中，放入酥油，用力搅拌而成。

打茶的竹罐（![图][泸]），高约一尺余。奶和茶倒进去，![图][典 1574] 像上下抽打以使其充分融合。

煮茶的瓦罐。![图][典 1350]，![图][典 1349]字画煨茶时用竹棍搅拌状。

过滤茶叶的竹滤子 [俄 0897]；右为装了酥油的竹匣子[谱 1031]。

"琵琶肉"（[谱 0935]、[泸]），是纳西族传统美食。具体步骤是先"剔骨"，猪屠宰后将其内脏和骨头取出，保留完整躯体；（下图）撒入花椒面、食盐等佐料及白酒；将其开口缝合，在缝线部涂敷香油，并用木塞或玉米芯把猪鼻塞严；最后用石板或木板压上晾干，其状形似琵琶，故名"琵琶肉"。

61

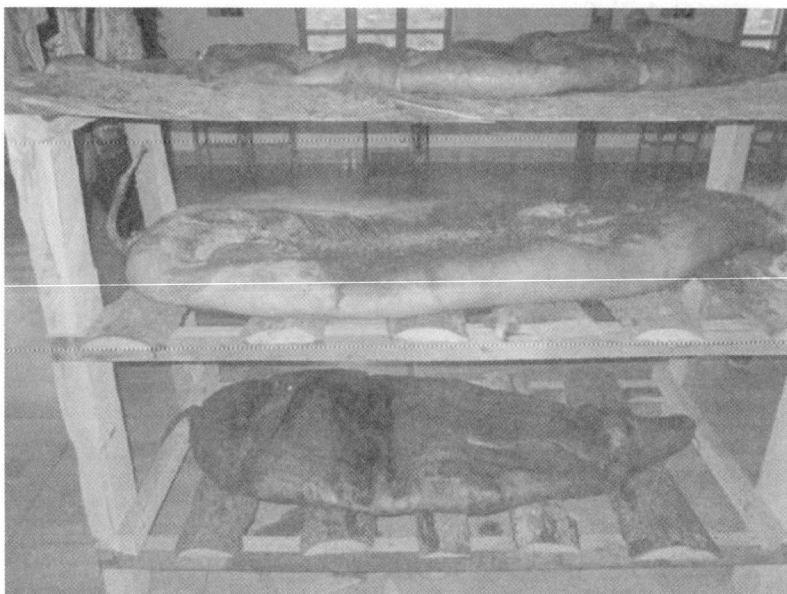

风干的琵琶肉。

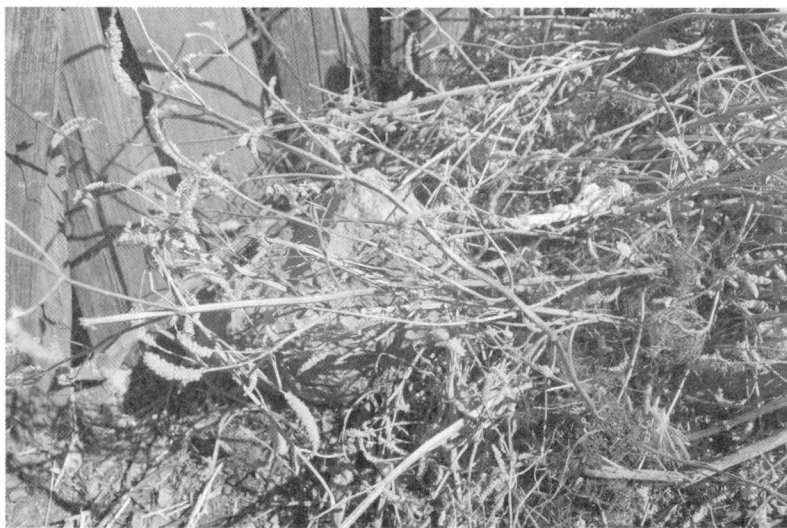

[东] khɯ⁵⁵dy²¹ 植物名，旧时熬粥喝，传说丽恩从天堂偷带来人间，

[谱 1180]。又转意"增加 dzu³³"，俄亚"增"字形音作" ndzʐ³³"。

纳西人善饮酒（），家里常备有自酿的苏里玛和包谷酒。

苏里玛（黄色）、包谷酒、琵琶肉的早餐。

酒曲（左）△[俄0920]；艾草编的锅盖（右）保温透气，最适合酿酒。

几家常打伙在火塘用大锅蒸煮粮食（[俄 0916]、[谱 0916]），放入酒

曲（△[俄0920]、[东]），用艾草编制的锅盖（[泸]）保温发酵（[俄

0919]、🖾、🖾[谱 0919])。最后，酒（🖾 [俄 0937]）储存在大酒坛🖾中。

俄亚村民自制蒸馏造酒。

竹编的锅盖（图左）。　　　　　　　酒坛（图右）。

酒坛分大小两种，小的酒坛叫 kə²¹，[字] di^{w21}，大酒坛。[字] di^{w21} 也引申作"大"一词。

（3）纺织

纺纱织麻布（[字]）是纳西妇女日常重要的工作，纳西经典《创世纪》中，人类的祖先崇忍丽恩的老婆衬红保白（[字] 象在织布之形）经常坐在织布机前。在《[字]》经中，字形 [字] 描绘了什罗坐在麻布之上，象征什罗的魂灵要踏上归家的路回到天上去。麻布制作的过程是：将大麻杆泡水后，剥下麻皮，撕成纤维，搓成麻线，再用传统的织布机织成麻布。勤劳的纳西妇女，几乎只要手里没有别的活，哪怕走在路上也不愿让自己闲下来，手里一定拎着个小竹篓，边走边搓麻线团。家家都有织布机，全家的衣服都来自这架木质的简单机械，多余的布匹还是馈赠亲友的礼品。

成捆的麻线。

边走边搓线 [俄 0611]、[吴]。

边走边搓线（[泸]），右图为手持的纺坠[俄 0795]、[东]和挎篮。

从字形看，另一个表"散开"意义的东巴文[谱 1117]，可能就是来自"纺坠"字，后来进一步符号化，而成"天解开"字，此字又作古[东]，常假借做"白"字，字源更难明。

搓毛线 [俄 0612]、 [谱 0612]。

 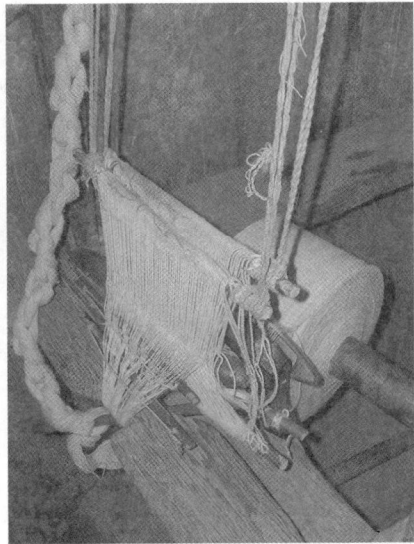

织布 [俄 0802]、 [泸]。

织布（[俄0613]，又省作 、 。）

织筬（图左） [俄0785]、 [谱0785]、 [东]；梭子 ×[俄0786]、 [谱0786]；

麻布也作为礼品，俄亚婚礼上新麻布堆在一起。

3. 用具

纳西族传统的生产方式是农牧业，生活基本能自给自足。文字亦可以体现生活的具体情境。

（1）农具

1）骡、马是农民必不可少的牲口，承担主要的运输任务。

用来驮运货物的马鞍 tɕi^{55}kha^{33} [俄 0829]、[吴]。

用牦牛尾做的穗子，配以红绳和马铃挂在马的脖子上。

东巴开丧经《献冥马》（《全集》57 卷 130 页）中详细述说了马的来历，其中有一段记录到："你梦见你的脸被火燎烧，那是牦牛尾毛制作的红线穗，将要拴在你的头额了。"

经书首节画了马头（残缺）和牦牛尾的穗子 正合此物之形。

犁牛仍然是山区主要的翻地方式。犁具在表示动词"犁"的会意字中有完整描述。字作 [谱 0623]，又作 。小牛长大后，主人要找块空地，教牛适应套着架走直线、转弯。一般采用一头牛来拉，也有二牛抬杠的。

俄亚委夏东巴全家在犁地。 ![图][俄 0848]、 ![图][谱 0848]、 ![图][东]。

在土地比较开阔的地方，还会使用两头牛来拉犁耕地，称为"二牛抬杠"，犁轭（ ![图][谱 0849]）起固定两头牛的作用。 ![图][典 1092]李霖灿云："牛鼻杆也，么些人以二牛并耕故画两条牛鼻穿杆之形，圆圈乃穿牛鼻之物，多以棕索做成，两直线乃指其杆身，长约五尺。"喻遂生师拍摄的这幅照片（下图）就是那种场景。

犁（dv³³，[谱 0847]、[吴]）。一副犁具主要有：犁架（图左）、驾担以及横置在牛尾下，起连接犁架功能的短木（图右）。

下图是整个犁具的手绘图。①

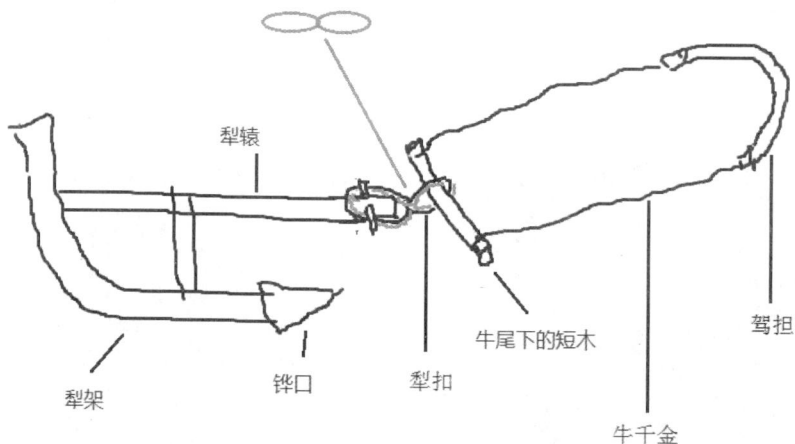

犁辕

犁架　　　铧口　　　犁扣

牛尾下的短木

驾担

牛千金

弯曲的驾担便于套在牛脖上。牛缰（[典 1092]i³³tʂɯ⁵⁵、i³³tɕi⁵⁵ [泸]），又叫"牛千金"，是分布在牛身体两侧，起连接驾担和那根牛尾下短木作用的

---

① 感谢喻师提供了自己上世纪 90 年代在纳西地区田野调查的照片。喻老师做过十年知青，了解汉族农村关于犁具的知识，且手绘该图给予解释。

绳索，纳西族一般用竹绳或藤索做成。李霖灿误将 ⌇ 释作"犁架联牛头担（驾担）"之绳索，犁架并不与驾担直接连接，而是通过犁扣（𝒫[俄 0850]）与牛尾下的短横木相连。右图短木中间拴着的短绳即是犁扣；

犁架中的犁辕（ndzֽ^{t21} ～ 、～）起到连接和传导动力的作用。由于字形讹变，与"虫"（～[泸]）字混同，添加表"惊怕"的义符 ⁑ "而成" ⁑

和 ⁑ "字。犁铧（tshŋ^{33}，字作 ∧[谱 0846]、∧[东]）。由于铧口金属锃亮，形如皑皑雪山，因此，在祭场中常摆一个犁铧，代表祖先祖先居住的圣地。祭署仪式东巴经《迎请涅补老端神》[1]中，⌘ 字画犁铧摆在神坛中之形。

2）耙、锄

东巴文记录了多种挖锄。各地因使用的环境与习惯而有不同，有的使用至今，或者已经淘汰。⌃mbo^{21}(青冈树)sֽ^{133}(木)tse^{33}pa^{21}，挖泥的木锹，青冈木做成。ᒋ[谱 0862]；⌂（俄亚）tsa^{55}kho^{33}ɾu^{55}、⌃[东]是挖槽的锄头。锄地的锄头叫做 tɕɔ^{55}tɕhi^{w21}，⌐[泸]、⌐[吴]各地写法基本一致。

⌐ [东]是挖槽的小锄。

---

① 东巴文化研究所：《纳西东巴古籍译注全集》（下文简称《全集》），云南人民出版社 1999 年版，第 5 卷第 151 页。

晒晒粮食使用的扫谷板 bæ²¹kho³³，▱[俄 0860]、▱[泸]①。

砍削木料的锛锄（图左），做房梁。

3）盛具

收获的粮食要首先晾晒干以利保存。▱[俄 0865]是谷堆 uo²¹ 之形，各地写法稍异，▱[谱 0865]、▱[泸]、▱[吴]、▱[东]。平时运输粮食是用动物皮毛缝制成的皮袋，坚实耐用。纳西人很善于用绳索，一条麻绳就把货物牢牢捆在马背上，背粮食也是如此。家里会有一个很大的谷仓盛放粮食。

---

① 此字是扫谷板正面之形，李霖灿▱[典 1140]作木牌解，和力民说以前白地村中各家轮流放牧大家的牛，用代表任务的木牌在家庭之间传递。

晾晒粮食的粮架 ka⁵⁵，[俄 0857]、[谱 0857]、[泸]、[吴]。
粮架的通风、占地小的特点适合平地偏少的山地环境，西南各族多用它。

俄亚地处河谷，房屋密集，空地狭小，楼顶平台成为粮食的晾晒场。

装粮食的皮袋 [谱 0864]、 [泸]。

 gu²¹，揹子（图左）。泸沽湖一人多高的谷仓（图右）。

存放粮食的柜子 艹[谱 0866]、廾[东]。

动物的皮还可制成供渡江的革囊（图左）tʂʅ^{t55}dv^{21} [俄 1150]、 [谱 1150]、 [泸]、 [东]、 [典 1220]。采自洛克《中国西南古纳西王国》所摄金沙江边渡江的水手和羊皮革囊。布袋（图右） khɯ^{33}tʂʅ^{133}。

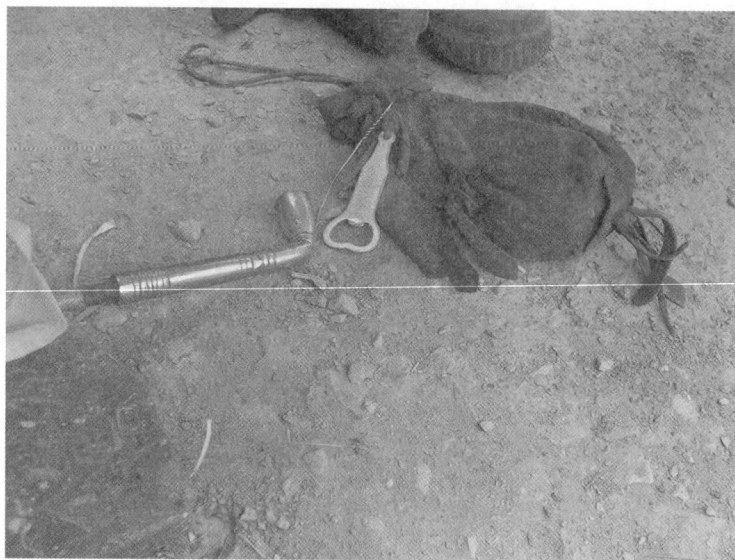

挂在腰间的皮囊 ndzæ³³dv²¹ [图]、[图][泸]，可用来装烟丝。

纳西族信奉万物有灵，自然界里各种天然的材料，经过他们灵巧的双手，会变成生活中的实用器具，今天看来，又是很珍贵艺术品。竹子被用来编织成各种用途的匣子，树木被做成木碗和木盘。

[图][俄 1031]ŋgo³³mi²¹（竹子）ta⁵⁵zo³³（小），小竹匣。[图][谱 1031]。图右为俄亚可以背的竹匣。

上图为葫芦 be²¹phy²¹，俄亚居民装酒用。外面装了竹编的笼子以防止倾倒和保护之用。◖[俄 0881]、◖[谱 0881]、◖[泸]。ᘉbe²¹pv³³是汝卡字形。从字形发展看，汝卡演变更加抽象。

✖[俄 1037]khə⁵⁵，竹背篓，口宽底窄。

传说是丽江木天王专门设计的。由于它底部小，背物的奴隶即使卸下来休息，也必须扶着背篓防止倾倒，只稍作停留后，就继续赶路。字形🐛🍃[谱 1037]已经渐失古意，俄亚等地还保留实物的特征：🦋[泸]、〣[吴]、🦋[东]。

盛放粑粑的竹匣，上面落满了烟灰。

🕸[俄 1039]mu²¹，簸箕，大的叫 dv²¹ʂv³³，晒簸。🕸[泸]、🕸[吴]、🕸、🕸[东]。

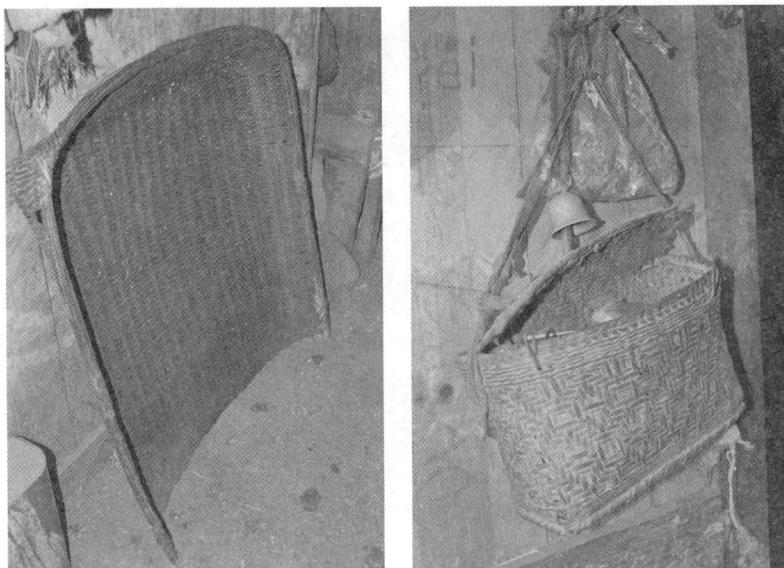

筛箕（图左）⊗[俄 1040]kə³³kə²¹、[谱 1040]（形声字）、[泸]；[泸]

挎篓（图右），俄亚猎人用。[谱 1035]，丽江字形显示为网兜，看出两地实物的差异。

各种形状的箩 dv²¹[谱 1038]、[泸]。

墙上的箩。

委夏东巴 80 岁的父亲用新竹篾编竹箩（俄亚）。

猪食槽▱[吴]，▨[谱 1004]、▨[俄 1004]是马槽；盛杂物的木盆（图右）。

如今俄亚当地用来称量粮食的量具（图左），用一截粗木挖空而成，叫"py³³升子"。▨[俄 1097]、▨[吴]、▨[东]；木制的量具（图右，摄于丽江东巴文化博物馆），升子▨[谱 1097]。

从字形▨、▨看，丽江博物馆所藏的量具还不是最早的模样，应该是如俄亚那样带把手的桶状形。在俄亚经书中，还有一个记录量词"石"的字"𐊀"，一石约合 30 冲。过去用来给木瓜家上交粮食而用的，差不多能装一皮口袋。目前，当地只有 50 岁以上的老人才可能见过，从他们口中描述的情况看，"𐊀"是一种平底锅状的木制量具，亦带把手。

木匣 ta⁵⁵，回[谱 1030]、⊡[俄 1030]、⊞ [泸]、回 [吴]、⊞ [东]。

见实物才知道字形像其侧面之形，非俯视之木匣，实则小立柜，放在经堂旁，里面可以放一些常用小器物，没有柜门，方便拿取。另⊡、⊞ 两字像顶盖可以掀开的箱子，我们推测是字形讹误的结果，除了丽江等发达地区外，至今其他纳西地区还没有见到木箱，各类物品要么挂在梁上，要么插在立柱上等，全家的衣物则挂在绳子或者横杆上，李霖灿释 ⋔[典 1231]字云："架竿也。么些房中门侧有木杆作架，以之放衣服被盖者。么些人傍灶向火而卧，晨起即将衣被放于架杆上，留灶边木炕以坐人。"这可能与纳西族保留的游牧民族习俗有关。

（2）炊具

下面再围绕厨房用具，看东巴文字记录的纳西古代生活。

首先是做饭的灶。丽江和达祖的东巴文基本一致，写作 ⋔⋔[谱 0877]、⋔⋔[泸]，像火塘上垒石而成；其他地方写作 ᗑᗑᗑ[俄 0877]、ᗡᗡ [吴]、ᗡᗡᗡ [东]，像三块石头呈三角状，这应该是最早最简单的形式。

　　了解灶的古代形制对东巴文字的考释亦有帮助。各地东巴文中有个⌐te³³字，又作⌐、⌐，字源不明。俄亚有一个与其形音相近的字⌐di^w³³，常用来表"放、置"义。"放、置"在其他地区又造有专字⌐[典1290f]（从锅⌐从锅庄石⌐，会"置放 tɯ²¹"义）。动词"置放"引申出"方位 tɯ²¹"义，李霖灿释⌐[典1639]："方位也、位置也、地位也、云画方位之所在。"让人难以确信。和力民先生认为字形⌐象铁匠打铁的铁凳之形（如下图左）。有的一边敲掉了，即成⌐形。（其实，有一种铁凳就是如⌐形，见下图右。）⌐字应该是东巴不明字源后，随意书写所致。

　　钟耀萍[①]认为：⌐乃汝卡字⌐的省写，⌐ "以石头所在的位置标示放置的位置和放置这个动作"，但并没有解释石头"⌐"之下的"⌐"为何，是石头堆放的支架之类的器物，还是抽象的"位置"符号？细考⌐字，实乃从⌐、⌐兼音和义的"亦声"字。我在白地与当地人谈到⌐字的字源时，他们为 te³³音的"放、置"义所想到的最常用例就是"往火塘里的灶上放锅"的"放"，纳西族以前的灶就是用三块石头摆成，东巴文灶的写法还保留了过去的形状：

　　⌐（俄亚）、⌐（东坝）、⌐（泸沽湖达祖）、⌐（谱）

　　⌐字应该是在⌐字字源难明之后，添加与"放、置"义密切关系的形符

⌐（灶）后，演变而来的加形字。⌐字造字在先，而非⌐字之省。

　　我们走访过的纳西家庭已经见不到这种石头垒的灶了，只是在野外露营才见有。现在普遍使用的是藏式铁三角灶。

---

　　① 钟耀萍：《纳西族汝卡东巴经初探》，《中央民族大学学报》2010年第3期。

铁架，⋔[谱 0878]、⋈[泸]、⌒[吴]、⌐⫙[典 1355y1]。

锅 bv^{33}，用来煮肉炖汤。ℰ𝟛[俄 0882]、ℰ[谱 0882]、ℰ[谱 0882]。

（俄亚）ŋgv³³一种炒麦子、苞谷的平底铁锅。

[典 1348]字在其他地方未见。前述俄亚字形中有一个同音字 ŋgv³³（量具"石"，一石约合 30 冲），细考其字形，与、有几分近似，字推测其本来是炒锅，又兼做量具的功能，后才逐渐被专门的量具替换。字取此物侧剖面之形，而、字则是俯视的角度。

在东巴文中有一种用一个字形记录几个意义有某种联系而语音没有关系的词的现象。如"[俄 1044] mi⁵⁵火"转意作"红 xy²¹"。"转意"是和志武首先提出[1]，方国瑜称这种表词方式为"一字数义"，王元鹿、郑飞洲称为"义借"等多种名称。转意和词义引申有相似性，新义和旧义间有着关联，但是，转意字的新义有新的语音形式，而词义引申却没有语音上的变化，如[俄 0921]

(kho²¹栅栏)，由于古时一个家族设栏而居，所以，该字又有"家族 kho²¹"

之义。转意和假借也有相似性，但是假借只借其形和音，本字与假借字在词义上没有关系，而转意字只承接原字的字形，语音没有关系，"本义和转义多是词义系统之外的某种事理关系"[2]。

、与字的这种关系比较特殊：它们读音相同，所以不同于"转意"字；意义上，所象之物一样。基于该物的使用功能不同，对应在语言中，而成了同音词，所以又不同于意义上无关系的"假借"字；字形上，通过取象角度而成两字，在词义上，"锅"、"（量具）石"之间在词义上又不是引申的关

---

① 和志武：《试论纳西象形文字的特点》，载《东巴文化论集》，云南人民出版社 1985年版。

② 喻遂生：《纳西东巴文研究丛稿》，巴蜀书社 2003 年版，第 72 页。

系，而是地位平行并列的同源词。我们把这种记录同源关系、同音词、字形上有联系的语言文字现象暂时称为"一物多词多字"。

树根雕刻成的小碗。

☒[俄 0901]khua^{33}，碗（小的）。象形。又作☒，形声。（大的叫 pa^{55}（小盆），又作♛，形声。）⌣、☒[谱 0901]、⌣[泸]、⌣[吴]、⌣[东]。

达祖人情账本①有字 W，第十四页有这样一个类似"W"的字，原句是这样的：▦▦▦，▣⊗（pe^{33}mu^{55}白酒）Ⲱ（si^{w21}三）⊱（tɕi^{55}斤）、Ⲭ（tshe^{21}ȵi^{33}十二）W。结合全书的文例，在记录礼品时有一定的格式，如前文第一页有"pe^{33}mu^{55}（pe^{33}mu^{55}白酒）xua^{55}（八）tɕi^{55}（斤）、ɾo^{33}khua^{33}（四碗⌣）"；同一页还有"pe^{33}mu^{55}si^{w21}tɕi^{55}、ɾu^{33}khua^{33}（白酒三斤、四碗⌣）。本书还有多处同一格式的"白酒…斤、…碗"的句子，碗字的写法主要有如下"⌣、⌣、⌣、W"，其实是由 ☒F0901]忽略底座而成的⌣快写而来，即"⌣→⌣→⌣→⌣→⌣→W"。

碗字俄亚作☒，是一种较小的碗，它以树根部长出的疙瘩为原料，手工雕制而成（下图左）；大的一种叫作 pa^{55}（小盆，下图右），也是木料雕刻而成，⌣[典 1263]。纳西族民间还在用 khua^{33} 来喝酒，而 pa^{55}在俄亚已极罕见，都

---

① 参看附录一《四川泸沽湖达祖纳西族人情账簿译释》。

改用外面购入的塑料或不锈钢盆了。

经书中"桶"字有多种写法，常见的写作 ⚬⚬ [谱0889]，文字谱该字又作 ⚬⚬，

有提手，当是引入外来水桶之后的后起象形字。其他地方的 ⚬⚬ [俄 0889]、

⚬⚬ [泸]、⚬⚬ [吴]、⚬⚬ [东]等都与上图近似，尤其是泸沽湖达祖 ⚬⚬ 字保

留了古形。古代纳西族妇女常去河边背水，用的木桶很可能就是以较大尺寸的

圆木挖空制成（下图）。桶有单耳和双耳两种，（⚬⚬ [典1354]画以桶接奶之形，

就是单耳桶。）一般来说，大的桶会挖出双耳的，小的则只需单耳即可。后来

逐渐被其他桶代替，而俄亚仍然使用它来捣辣椒，遂保存至今。

俄亚纳西族在做辣椒粉时，还在使用一种圆木挖空、单耳的擂钵。

木碟 dɛ³³⬭[谱 0907]（又作⬭）、⬭[典 1265]，李霖灿释曰"木碟子也，么些人有木制浅小之碟，以之作供神待客盛装果品之用，此像木碟盛物之形。"字又作⬭[典 1266]，以⫶（七 dɛ³³）注音的形声字。

以俄亚旧物来看，碗⬭与碟⬭外形差别很大，但是文字字形上却看不出差异。造字之处，二字本是有差别的，随着文字的扩散以及概念的类化，碗与碟外形的差异被作为盛具的共性所替换，遂选择了更长用的碗的外形作为代表这一类工具的形符，于碗⬭中添加表所盛之物的⬭，或者声符⫶而成碟字⬭、⬭，以区别于独体碗字⬭。

瓢（舀水）nɯ²¹ki²¹ka³³（（舀)pa⁵⁵，⬭[典 1306]、⬭[俄 0894]、⬭、⬭[谱 0894]、⬭[泸]。各地做法不一样，丽江多剖葫芦为之，俄亚以原木挖凿而成。

筷篮 pv⁵⁵dv²¹ɾv³³（筐）［俄 0900］、［谱 0900］、［泸］、［典 1344］。洗净的筷子（［典 1343］）放在竹编的筷蓝里，挂在火塘旁的房柱上。碗也是放在专门的竹蓝里（上图右）。

砧板 tər²¹ 在经书中也有两种写法，一类是［谱 0898］、［谱 0899］、［典 1351］；一类是［俄 0899］、［吴］、［东］。

上图是第一类字形记录的盆状砧板，由一块整木挖成，切肉时血水不会流出来。下图第二类显然是砍骨头时使用的墩子。杀猪宰羊后，会在地上铺一张席子，把墩子放上面以防肉块弄脏，和字正像此形。

　　木盘，🐛[典 1215]，又作🐛。李霖灿释文作"揉面之用"。东巴文

"面粉 ʥe³³biʷ²¹"字作⬭[吴]、✦[俄 0929]、⬭[东]、✦[泸]、✦[谱

0929]，又作✦，正像盘中成面粉之形。

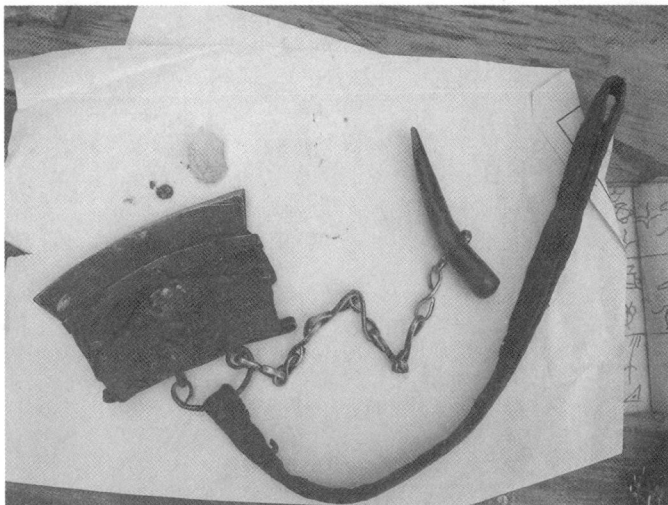

火镰 tse^{33}ma^{21}，一种打火工具。

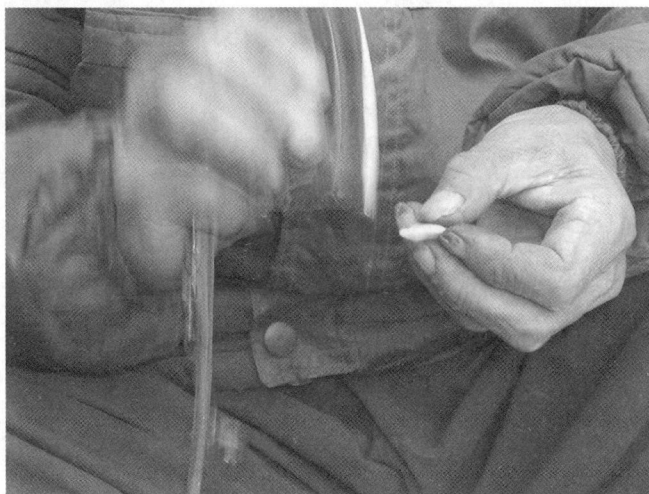

右手用牛皮裹着一块铁片，巧妙地撞击石英石，产生的火花再点燃裹在石英石上的棉花[①]。用它打火的动作叫 tse^{33}。 [俄 0880]、 [谱 0880]、 [泸]。

（3）建筑

纳西人善于建房，木里水洛地方的纳西族被其他民族称为"修筑碉堡的人"。丽江古城、俄亚大村的建筑群是纳西族建筑的杰出代表。各地因地势环

① 据说以前没有棉花时，用的是"火草"。

境而形成了不同的建筑样式，丽江是人字形屋檐的精致土木结构小楼，白地是最简便实用的传统的木楞房，俄亚由于多建在河谷缓坡，采用的是木石混合结构三层平顶碉房，就近从河边背鹅卵石，用混合的粘土垒成。东巴文建筑类字形，则保留了古代纳西民族居住生活的信息。

纳西语有一个词 mbe³³，指住户比较多的大村，东巴文用了一个房子作为形符，雪字为声符的形声字表示，🏠、🏠[谱 0988]、🏠[泸]、🏠[俄 0988]，经书中更在此字上添加一个声符 na²¹（黑、大）而成字组🏠[俄 0989]、🏠[谱 0989]，义指房屋接连，远看黑压压一片的意思，达祖🏠[泸]字在房子字内添加表示"多"义的多点状字符①表示房屋很多的意思。

俄亚大村全景。在河谷缓坡上，依山而建的平顶石头庄房一家挨着一家。

🏠[泸]、🏠[俄 0989]、🏠[谱 0989]，整个村子远看黑压压一片。

---

① 参看拙文《东巴文、甲骨文中的"多点状字符"》，《民族学报》2013 年第十辑。和力民先生说，房子上的"多点"表示"鬼往人家屋顶丢石子来招惹这一家人"。

　　楼顶的平台是晾晒粮食和老人孩子休息的地方。村里巷道狭窄弯曲，战时是很好的屏障，人员可以从楼顶迅速撤离到全村任何地方。

　　东巴文 ⊠[谱 0992]是村寨 uɔ³³的意思。各地读音与字形差别不大，⊠[俄 0992]、⊠[泸]、⊠[吴]、⊠[东]。字源解释众家迥异。方国瑜释此字"庄落也，截山（⊠[谱 0091]）之半取义。"李霖灿搜集到东巴关于此字的多种解释，又亲自到过木里一带，认为此字与丽江的人字形屋檐的房子截然不同，可能来源是俄亚平顶庄房（平碉）。碉是汉语词"石室"的意思，即用石头修建的比较坚固的建筑。汉族一般是用木头修建房屋，碉明显具有军事的用途。

　　木仕华认为 ⊠字是藏彝走廊中的"邛笼（碉楼）"[1]，说明纳西族造字之时所居住的村落中建有这种建筑。孙宏开亦从民族语音对应关系，论证"邛笼"是用汉字记录羌语"碉楼"的音读[2]。碉楼主要是西南地区藏、羌族为代表的建筑，来源于秦汉的"角楼"或"望楼"，《隋书·附国传》："其国无城栅，近川谷，垒石为巢而居，高者十余丈，每级丈余，以木隔之，基方三四步，上方二三步，状如浮图，于下置级开小门，从内上通，夜必关闭，以防贼盗。"碉楼用特制的粘土为粘合剂，里面可达十多层，墙上留有射击孔，楼顶设观察哨，

<hr>

① 木仕华：《巴东文 ⊠为邛笼考》，《民族语文》2005 年第 4 期。
② 孙宏开：《"邛笼"考》，《民族研究》1981 年第 1 期。

其主要功能是防御小股匪盗的袭扰和储存粮食，一般多建于村寨住房旁。由于其突出的特征，遂成为村寨的代表，东巴文字 ⋈ 源于这种碉楼式建筑。

白地的木楞房是纳西族传统建筑的代表，也不是 ⋈ 字所记的建筑样式。

羌寨旁的碉楼是防御和储存粮草的建筑，平时大家住在旁边的三层平碉里生活。（来自互联网）

木仕华不认为俄亚那些三层平顶庄房（或称平碉）是 ⋈ 字的来源，而是遗留在羌寨十余丈高的纯防御性的碉楼。因为羌语和纳西语中平碉房和碉楼的读音不同。比较让人信服。

纳西族有专门的祭村寨神仪式，经书中用 ⊔ ⋈ 或者 ⊔ [洛 0143-3]来记录村寨神。下图祭村寨神仪式中《除秽的来历》（《全集》3 卷 12 页）中第二行第一节："（秽鬼）会使供奉上方村寨神祭坛内插着的祭木、……沾染上污秽"。

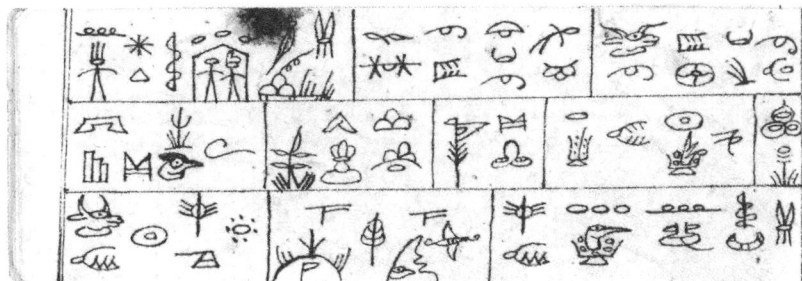

东巴文中，"围墙"义有两个字，卅kho²¹栅栏、⊔ kha²¹kho³³围墙。

卅字方国瑜释像以藤和柴棍做的篱笆，用以阻挡牲口或者野兽进入，旧时纳西氏族设栅而居，又引申作"家族"的意思。

东坝日树湾每家用木板做的篱笆和围成的院落。

篱笆可以防止牲口啃食地里的庄稼，也防止野兽袭击。

当地用木板做的篱笆墙。

　　[U]kha²¹kho³³是一种什么样的墙呢？从字形看，像一片片木板相连。附近彝族开荒种地，把大树划成一米多高的木板，将整个庄稼地围起来。我曾怀疑，[U]是不是表示用木板围起来的墙呢？逻辑上，前面已经有"墙"字，应该不会为一类事物来再次命名，那么，[U]和[卅]就应该有明显的区别才对，但一直未有确切的发现。直到我们看到经书中，[U]与碉楼[宀]并举表示村寨时，我才恍

然醒悟：纳西族迁徙的上游地区多深涧河谷，难得寻找到一块较平整的坝子建村落，石墙依着斜坡修建，由低到高，一级级像台阶，正如 𝗹𝗹 字所画之形。

羌族碉楼和住家围墙。（图片来自互联网）村寨（dʑŋ²¹uə³³）的典型特征是碉楼 uə³³ 和围墙 dʑŋ²¹，⨅ [洛 0143-3] 字形正是一幅古寨的模样。

碉楼仅为防匪患之用，但是盖一座碉楼的费用肯定不低。

　　俄亚大村的房子一般三层，最下一层是牲畜圈，二楼三楼住人。每层的独木梯可以抽掉，形同堡垒。

　　俄亚实际是根据地势条件，巧妙地将碉楼的防御功能和居家生活结合在一起，将整个村子作为一个防御的整体，几家在楼顶平台再建一个小屋作为退守之用，而且，房内每层供上下的独木梯抽掉即可阻止敌人上来。因此，已没有必要花费巨大的人力物力再建碉楼。🔲字记录的uɔ³³是纳西族的古语，义为小村寨，即座落在河谷缓坡上，仅有几户人家的小寨子，因为要防止土匪袭扰，所以建了碉楼。东巴经记载攻劫山寨的故事，字写作🏠[俄 0107]、🏔[谱 0107]，字中的村寨就建在背靠悬崖的缓坡上。

藏式平碉房顶也会加建一间小屋，实际上是把原先碉楼的功能结合进来了。（来自互联网）

东巴文⛰字由语言中的"墙 kha²¹kho³³"义由引申出"聚集 ʥo²¹"义。泸沽湖达祖（da²¹ndʐ̩²¹）村是 400 年前，由丽江土司派来与吐蕃打仗的纳西士兵发展而来，因为路途遥远不能回去，遂聚集到一起。村的名字有过"大嘴、大组、达祖"等几种，都是纳西语音译作汉语的，东巴文写作 ⛰，细考其义，da²¹有"跑"的意思，⛰字因为方言而读作 ndʐ̩²¹，取其引申义"聚集"，意思是"（丽江木土司的士兵）跑到一起的地方"。

李霖灿不明⛰字是围墙高矮相继之形，释⛰ [典 1531]字为"村中房屋相连之形"，是错把经书中保留的"围墙"的引申义"村寨神"当成了本义。⛰字以另一个引申义"聚集"和表示"多"义的（面粉 by²¹）组成会意字 [典1532]（ʥy³³拥挤），李霖灿依然不明其理。东巴经中有很多与村寨有关的故事记录，比如：

打劫仇人村寨　[俄 0995]、[谱 0995]、[泸]；

寨旗　[谱 0994]、[东]、[泸]；

小石城（宝山）　[俄 0992f1]、[谱 0992f1]、[泸]；

101

从上可以看出，由于字源不明，达祖的东巴仅把 ꪿ 字当作表示"村寨"的抽象符号，不知字形是碉楼的象形字，所以在写"打劫仇人村寨"和"寨旗"时，字中表示房屋的部分全换成了当地的 ⌂[泸]（房屋）。而 ꙮ 由于是会意字，（会"村寨 ꪿"和"石头 ⌂"而成）不必经过象形字这一环，所以才没用 ⌂。

纳西族定居到丽江坝子之后，建立规模较大的城市，东巴文 ▭[典 1533]（又作 ▦、▩）字像四方建有城楼的围城，这与汉甲骨文表"城郭"义的 ♦、✚ 如出一辙。

如前所述，各地的房屋样式区别很大，东巴文记录房子的字形在各地也呈现出不同的特点。

房子：⌂[谱 0972]、◿[吴]、⌂[东]——⌂[俄 0972]、⌂[泸]（木瓦）

板房：⌂[谱 0973]、⌂[东]——⌂[俄 0973]、⌂[泸]

草房：⌂[谱 0974]——⌂[俄 0974]、⌂[泸]

祖房：⌂[谱 0978]、⌂[东]——⌂[俄 0978]、⌂[泸]

土墙：⌂[谱 0981]——⌂[俄 0981]、⌂[泸]

可以看出，白地、东坝以及丽江以下地区都是人字形屋檐的样式，而俄亚和达祖则像蒙古包，可以排除东巴个人书写习惯的可能。达祖的房屋建筑与白地没什么差别，只有俄亚特殊一点，是藏式平碉，为何其文字房屋之形却如蒙古包呢？据俄亚和达祖村民自述，两地的纳西族的祖先都是丽江木天王的士兵，大约明代末期被派驻当地。有两种可能，其一，当时驻军居住的是帐篷，甚至后来很长一段时间都没换过；其二，记录房子的 ⌂ 类字形是较早造的东巴文，那时纳西族还没有定居，处于游牧状态，后来定居下来才开始建房，字形也替换成 ⌂ 类字形，而俄亚、达祖先民被派出去时，字形还未更换，两地与外地联系中断，遂保持至今。

用木板作瓦，上压石头的瓦板房 ⌂[谱 0973]、 ⌂[俄 0973]。

俄亚楼顶的烟窗还盖着瓦板。 ▭[典 1137]画木板相叠之形。

　　东巴经有多处提到，先祖住在"毡房"半耕半牧的生活。在《全集》第五卷《祭署仪式概说》经的第 4 页："母有好女儿的这一家，由男人在这里建了毡房，由女人在这里烧起了火。胜神桩栽在这里，胜神石竖在这里。畜和畜神养在这里，谷和谷神养在这里，牲畜牧放于高原，庄稼种在这里。冬天，白鹤的桥架在这里;夏天,野鸭的窝安在这里。主人家和能干的东巴们,"

"毡房"字写作,是用羊毛做的毡子做成的住房,"主人家"作,像男女主人在家,所居住的房子是典型的毡房。

当"房屋"字进一步演变成之后,"主人家"这个词也同步替换了。如《祭署·送署酋守门者》中,"主人家"(下图三行和四行)写作。(《全集》6卷89页)

如果这种假设成立,那么,至迟在400年前,东巴文的房屋字形仍然是帐篷状的。并且,房屋字的地域差异,也可以为东巴经的分域与断代工作提供一个显著标志。东巴经存在着地域与时间的差异。但是,由于经书的搜集没有明确的地域标记,加之东巴手抄之后并没有留下确定的时间,所以,对东巴经及文字的发展演变的研究带来很大不便。因此,东巴经的分域断代研究是学术界的一个热点。董作宾首创的甲骨分期断代研究大大提升了甲骨学的发展,纳西学者也希望找到适合东巴经的分域断代标准来。

丽江古城的民居是人字形屋檐，与 ⌂ 的房屋形式迥异。应该是纳西族定居丽江坝子后受到其他民族尤其是汉族建筑影响。

不管是俄亚的平碉，还是白地、丽江的木结构民居，纳西人都保留了传统的供奉祖先的"祖房" 🏠 sʅ⁵⁵(家庭)ndʑi²¹。丽江人把 ✩ sʅ⁵⁵当作家神供奉（俄亚人认为其象征家庭成员）。祖房以火塘为中心，它高于地面的平台型，用木、石围成，神龛（格固鲁）是用木制的立柜，上面供奉着代表祖先的"斯督"。祖房这里是全家的中心，大家平时盘腿坐在神龛下两边的木台上，晚上铺上羊毛毯子就当床。火塘具有炊爨、取暖、照明三个基本功能，由于这里供着神龛，各种宗教活动也在火塘边举行，无疑又增添了祭祀功能，因此，关于火塘的禁忌也比较多。

祖房（下图）供奉着神龛， ⌂ [谱 0979]、 ⌂ [俄 0979]、 ⌂ [泸]。火塘 ᨠᨠ [典 1355]是家庭的中心。中柱是支撑祖房的最大立柱，称天柱。 ⌁ [俄 1013]、 ⌁* [谱 1013]、 ⌁* [泸]、 ⊞* [东]。

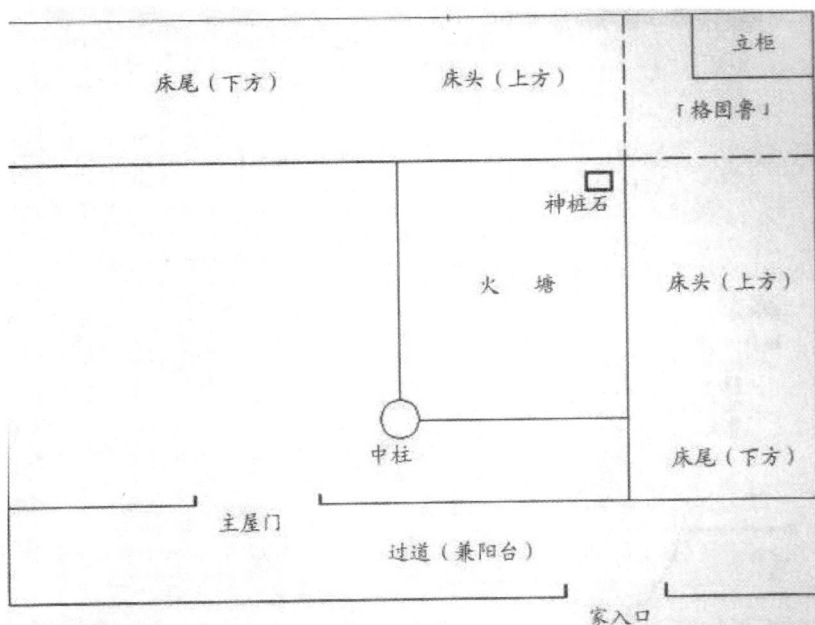

鲍江所绘俄亚大村祖房结构图。

纳西各地祖房布局大同小异，主要的元素如天柱、神龛、神桩石、床都是一样的。但是丽江已很少还有这样的火塘，白地这些年也逐渐用藏式的火炉来替代，不仅提高了柴禾的效能，以前满屋子的烟子和灰尘也大大减少。

　　火塘是全家的中心，吃饭、待客、祭祀等活动都在这块区域里。人们盘腿坐在火塘旁用木板搭起来的平台上，所以，东巴文的"坐 "字就是东巴盘腿打坐之形。凳子、椅子字在东巴文中都是后起的字形。

过去的纳西人不坐凳子，更别说靠背椅了。

平时就在地上铺垫些软和的东西坐下来。

或者干脆直接坐在地上。俄亚高土东巴（右）坐在地上打盐水。

也没有吃饭的饭桌，就是这样盘腿坐在火塘边的木台上吃饭。

甚至干某些活的时候，也是坐在地上。东巴文"铁匠"字作 ，就是坐在地上打铁之形。俄亚林青东巴坐在地上做木匠活。

高土东巴盘腿坐在小矮几（ ，从几从木）前抄写经书。

109

汉字的"几几"就是供人席地而坐时依靠的小器具。显然,纳西人还保留了古人的习俗。

火塘旁的木台晚上就是全家睡觉的床 tʂua³³。[谱 1025]、[泸]、[吴]、[东]。

火塘旁的墙上做了一排架子用来搁放经书、礼品等。

文字谱"高"字作 ⌐ [谱 1159]，⌐[吴]、⌐[俄 1159]、⌐[泸]、⌐[东]，各地写法差异不大。多数学者认为该字字源是在木杆上刻画横道以表示"高度"，因此把⌐归在造字法的"于形符字上添加抽象指示符号"的"指事字"一类。然而我们的研究统计表明，在文字早起阶段，还没有发现纯表抽象的"指示符号"参与到造字中来。俄亚英扎东巴解释该字"⊤"像高处放东西的隔板，引申作形容词"高"。幸好，这不是一个孤证。几十年前李霖灿先生在采访当时的老东巴时，就得到了详细的解释，"⌐（[典 1190]），高也。原象墙上高架板之形。么些人之木屋中，高处有长木架以承物。依此物而造本字，作'高'之意思用。"李书进而再收两字 ⌐⋀⋀[典 1191]和 ⋀⋀⋀[典 1192]，前字作"熏也，画熏架之形，么些人灶上有高木架，以之熏物，上画一高架之板以象形，下画一火⋀⋀⋀字以示意。"而后一字像架板上搁物以火熏之貌。东巴文流播过程中因字源不明而导致说解讹误，这是表意系统文字中普遍的现象。由此看来，⌐字是象形字已确定无疑。

独木梯 le^{55}ʥi^{21}，遇到紧急情况可以收起来。◪[俄 1010]、◪[谱 1010]、◪[东]。

此字对汉古文字中从"阜"类字的释解亦有启发，详见本文下节。

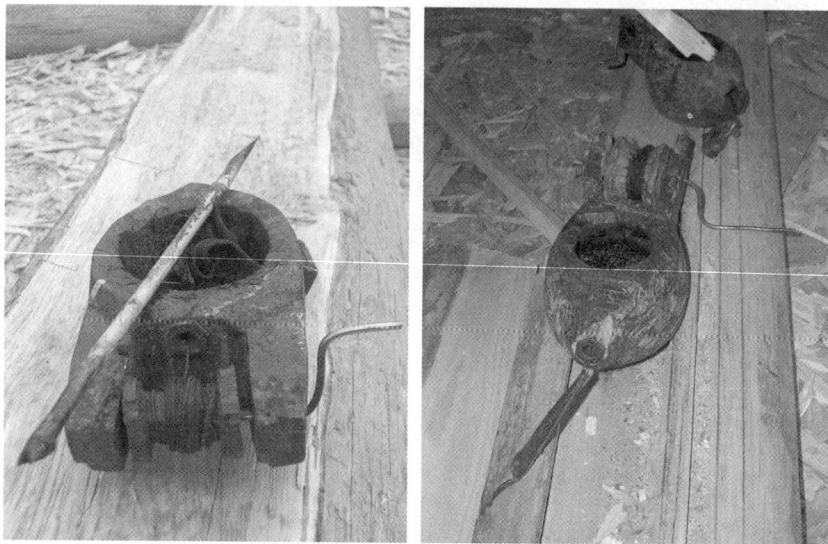

竹笔、从一块整木掏空做成的墨斗。 、[俄 0966]、[谱 0966]、
[泸]。

俄亚卡瓦村由丁东巴家的供桌。转义作"上供"和方位词"上 gə²¹"之义。
[俄 0164]、[谱 0164]、[泸]、[吴]、[东]。

上图是俄亚双人拉大锯划木板。东巴文中没有这种大锯，只见较小的锯子 fv²¹，⊞ [俄 0955]、⊞ ⊞ [谱 0955]、⊞ [泸]、⧧ [吴]、⊞ [东]。可知过去盖房的瓦板不是锯成的，而是斧头劈开的。

上图是木匠用的"木马 kæ³³"。

纳西语"秋千"读音与木马十分近似,东巴文✳✳[俄1020]、✗✗[谱1020]、
✗✗[泸]、✗✗[吴],★✗[典1232],李、方两位均释作"秋千"字,和力民亦
持同样观点,但东坝习尚洪说✗✗[东]字是木马。从字形看,秋千不太像,用来
荡的绳索太短,而且我在各地没有见过哪里有荡秋千,纳西族历史上是否有这
项习俗还未可知。但是说它是木马,也不能解释横杆下的半圈状是什么东西。

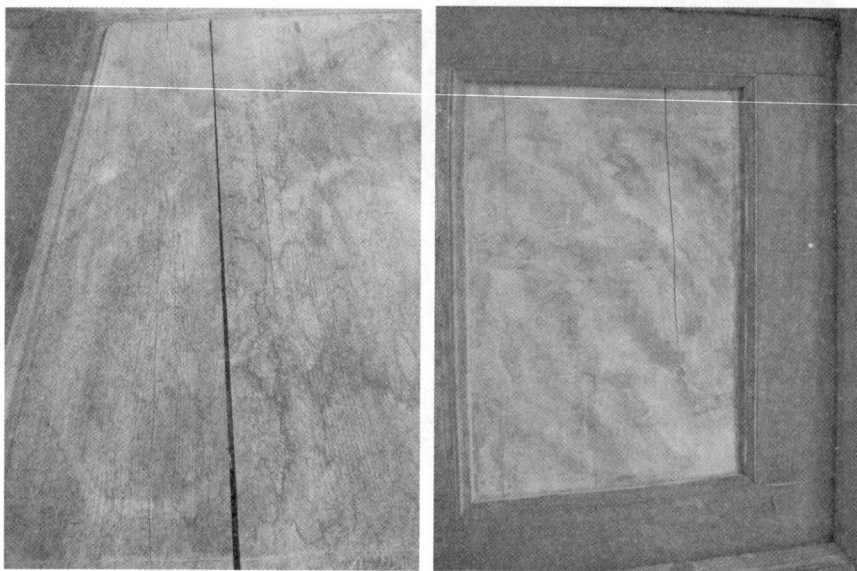

左图门板上的缝叫 khə³³⫶⫶ 、Ⅲ ;右图的叫 tse³³✓。

纳西语中,木板或者其他物品的"裂缝"分为两种,出现贯穿性裂纹,已
经完全裂开称 khə³³,造象形字⫶⫶[俄1015],像以斧劈开木板。有的地方写作
⫶⫶[谱1015]、⫶⫶[泸]、⫶⫶[吴]、Ⅲ[东];而✓tse³³是还没断开的小缝,白地吴树
湾音 tsi³³,字作Ⅲ。即在白地和俄亚,分别用两个字形来记录这两个词:khə³³⫶⫶
[吴]-tsi³³Ⅲ,khə³³⫶⫶[俄1015]-tse³³✓。李霖灿释⟨⟩ tse³³ [典1652]字"页也,
云象(经书)展开一页一页之形。然么些经典展开之形状与此不相似,尚待证
明。"李氏已怀疑此非书页展开之形,然而他所见到的东巴不能给他准确的字
源信息。木仕华怀疑⟨⟩"字形呈经籍打开状,两侧的曲线所示是否为捆扎经

书之绳索，待再考信。" 其实是 字的讹体，因不明字源，遂讹误。

□ pe^{33}，门闩。

从门的里外都可以旋转把手关门，防止牲畜进出。又作□。

其他地方差别不大，□[谱 1009]、□[泸]、□[吴]、□[东]。李霖灿所收汝卡字中也有一个音、形几乎一样的字□ pe^{33}[典 0595]，释为"吐也，此字有三释：一云象口中有苦物欲吐出之形，如此说法为正确，则画口之正面。一云象酒渣之形，读以黑点为酒渣，又一种为若喀地方之说法，云象盛米之木升（当地人称为'梆子'），长方形为升，黑点为粮米，此三种字源说法，似以第一种较合理。"木仕华"认为当是第三种说法较为合理。因纳西东巴文中很少用长方形表示口，而是用读以黑点为酒渣，又一种为若喀地方之说法，云象盛米之木升，长方形为升，黑点为粮米，此三种字源说法，似以第一种较合理。我认为当是第三种说法较为合理。因纳西东巴文中很少用长方形表示口，而是用 $\mathcal{C}$。斗以方形为主，而且字形源自纳西东巴文的若喀字，大多取其俯视的状貌和形的轮廓加以创新，有别于纳西东巴文的纵截而图示。如升 凵、字 … 盖么些人多注音字，字之原形，每每忽略之也。"木仕华认为东巴文表示人的"冂"没有李氏所谓的正面之形，这是很对的。木仕华同意其第三种"升子）的解释。如果李、木二位得以见到纳西族的门闩 pe^{33}，应该很爽快地放弃那三种解释。东巴文造字之初所取象之物，由于时代久远或者各地习惯不同，异时异地的东巴只能照抄照念，并不明白每个字的字源，一代代东巴就是这么跟着师傅背诵和抄写经书，不允许也不会多问哪个字的来源，因为他的师傅也不知道，问多了反而可能会惹一顿打。

汉字发展中亦有这样的问题。秦始皇焚书坑儒隔断了各国文字的连续，颁布统一的小篆给大家用。汉代的今文经学者靠的是老辈儒生凭记忆、靠背诵，口耳传诵前代经典。其弟子用的是后来通行的隶书字体记录的经文，他们不认可之前用战国古文记录的经书。今文经学派"因陋就寡，分文析字，烦言碎辞，学者罢（疲）老，且不能究其一艺。信口说而背传记，是末师而非往古"。对汉字的说解不仅"便辞巧说，破坏形体"，而且将谶纬神学混杂其中。于是，东汉许慎完成《说文解字》，利用他的"六书"理论逐一分析了九千多个汉字，揭示了汉字形体结构的系统，建立起汉字的形义体系。其目的有二：一是为解经服务，抵制当时解经"人用己私，是非无正，巧说邪辞，使天下学者疑"混乱局面，以达到"理群类，解谬误，晓学者，达神旨"的目的；二是要"同牵条属，共理相贯，杂而不越，据形系联，引而申之，以究万原"，通过对文字的说解归类，探索文字的本源。当然，这项任务必然要涉及造字法方面的内容，只不过以那个时候所见的有限的古文字材料和理论水平，许慎的诸多错误是完全可以原谅的。

东巴文比起甲骨文和其他同类型古文字而言，研究价值或者说优势在于其"活"的形态，正在使用并且文字创造之世的物质形态还一定程度地保留在民间，更不用说东巴文各地不断涌现的新创字离我们更近了。研究东巴文不应该忽略这些文字背后鲜活的生活场景，因为纳西民间保留的这些用具或者生活方式，也因正处于加速消退中而显得更加珍贵。本节通过实地田野调查所获得的材料来比对东巴文造字理据，目的即在于此。

116

第三节 东巴文造字与思维

原始思维是人类思维发展过程中的低级阶段，是认识现代思维的基础。

表意体系的象形文字，由于通过记事图画来表情达意，往往以观测者的视野，近取诸身，远取诸物，因此，字形本身就反映了造字者当时对事物的观察，以及大脑对观察对象的抽象思维的结果。可以"从古文字的内容考察原始思维的内容，从古文字的结构和范畴的概括抽象水平来考察原始思维的方式和特点，从古文字的演变考察人类思维的历史进程。从某种意义上说，古文字是对思维进行考古的工具。"①

汉字是最有代表性的的表意文字，围绕着汉字所蕴含的的丰富的思想、历史等文化信息，已经生发出新兴的学科，比如汉字文化学、字原学等。纳西东巴文是处在由记事图画向文字进化的初级阶段，比甲骨文还要"幼小"得多，因此，东巴文字保留了甲骨文已经丢失的、更原始的造字思维、造字结构，以及文字演变的初始面貌，所以，研究东巴文字的造字问题，不仅是探幽纳西先民的社会历史的活化石，于汉古文字的比较研究，乃至普通文字学的理论研究也有不可限量的意义。

一、纳西先民习惯运用形象进行思维

东巴文在纳西语中叫"森究鲁究"，是"见木画木，见石画石"的意思，也即通过对事物形象的描绘来创造的文字。过去，一些汉族知识分子讥讽这种文字为"牛头马面"，却不知道汉字同样走过了这样一个阶段。《易经》这样记载汉字的形成"仰则观象于天，俯则观法于地，视鸟兽之文与地之宜，近取诸身，远取诸物。"具体来看，东巴文的形象性体现在以下方面：

1. 图画性

打开一本东巴经书，给人以很强烈的图画印象，很难把这与常见的"书"划等号，但是东巴确实是逐字念出很长的经文。下面仅从五个类别来举例。

---

① 朱长超：《从古文字看原始思维及其发展》，《上海社会科学院学术季刊》1985年第4期。

（1）自然

[谱 0005f1]楚此角星　　[谱 0005f22]猴眼星　　[俄 0008]北斗星

[泸] 云　　　　　　　[俄 0013] 虹　　　　　　[泸] 雨

[谱 0017] 雪　　　　　[泸] 闪电　　　　　　[东] 旋风

（2）植物

[谱 0177] 树叶　　　　[泸] 花　　　　　　　[吴] 刺

[泸] 松脂　　　　　　[俄 0197]（高山）杉树　[俄 0201] 板栗

[俄 0210] 椒树　　　　[谱 0212] 藤　　　　　[俄 0228] 草

（3）人与动物

[俄 0450] 男　　　　　[俄 0451] 女　　　　　[俄 0452] 爷爷

[俄 0512] 官　　　　　[东] 鸟　　　　　　　[俄 0311] 燕子

[俄 0398] 岩羊　　　　[吴]爬壁虎　　　　　　[俄 0410] 虫

（4）用具、物品

[泸]羊毛剪　　　　　[东] 衣服　　　　　　[泸] 靴子

[泸] 粮枷　　　　　　[俄 0863] 风箱　　　　[东] 瓦罐

[泸] 神庙　　　　　　[东] 弓　　　　　　　[俄 1130]烟锅（烟斗）

（5）宗教

[泸] 鬼牌　　　　　　[东] 经坛　　　　　　[东] 法珠

[俄 1274f1] 东巴跳　　[谱 1293] 神名　　[泸] 暑神

上举诸例既有现实中的实物，又根据流传的神画像画出了神灵的形象。东巴文不仅能描写静态事物，事物的动态形象也能表达：

[泸] 风　　　　　　　[泸] 折　　　　　　　[谱 0187]（果实）掉落

[东] 飞　　　　　　　[谱 0559] 站　　　　　[俄 0581] 摔、跌

[俄 0582] 发抖　　　　[俄 0586] 匍匐　　　　[泸] 死

上举"站、摔、抖、匍匐、死"等动作是通过改变人的各种形态来表意，虽充分体现了造字者的聪明，但已显得捉襟见肘，表达的意义十分牵强。由于动态行为涉及多个维度的关系，单独一个形体很难表达出来，所以表达动态这类字要集合多个构件的"合体"字才行。如：

[泸 0] 栖息　　　　　　[泸] 啼叫　　　　　　[谱 0278] 捕

[俄 0842] 挖　　　　　　[谱 0851] 耙　　　　　[泸] 靠

[俄 0869] 舂米　　　　　[俄 0855] 切　　　　　[俄 0913] 煮

2. 多样性

由于形象思维是以所表达事物的外在形态来记录，而对同一个事物会因人、时、地、角度方式等的不同而产生字形上的差异，造成一词多字的情况。

与汉甲骨文一样[①]，东巴文人字的写法超过 80 种：正面的和侧面的、戴

帽子的、端着饭的、锄地的、放牛的、铁匠、长发端坐的

官、拿矛的、坐着念经的、挂拐的乞丐、手牵手的、坐着的、

---

① 甲骨文人、女等字的写法不下几十种。这部分内容将在后面谈同类型文字的比较中具体阐述。

靠着的、蹲着的、起身的、跪着的、磕头的、睡着的、生病的、死了的、上吊的、棺材中的、埋了的、被火葬的、水葬的、受惊的、逃跑的、行走的、躲藏的、钻洞的、拉石头的、跨刀的、背褙子的、挑担的、戴手铐的、带脚镣的、跳舞的、搓线的、劈柴的、疏通河沟的、砌墙的、砍柴的、犁地的、打猎的、骑马的、举、接、拣、拔、登、翻山、下山、踩、洗手、洗头、说、喊、笑、吹、吃、饱、饿、喝、抽烟、吐痰、麻风、跛子、怀孕、生产、尿、屙屎、对骂、打架、扛、推、抱、杀、缢，等等。

东巴文字形的多样性，是由造字者形象思维方式的结果。注意到了同一事物的多种表现形态，但未能从中抽取一般性的东西，东巴文正好反映出了原始思维这一重要特点。

3. 具体性

由于形象思维强调事物的个性特征，未能发现普遍的规律，因此，有些文字所表达的是具体的事物。比如前文所述的"裂缝"有两种名称，khə³³是指贯穿性、已经完全裂开的，tse³³（其他方言 tsi³³）指未断开的裂纹。分别用两个字形来记录这两个词，白地吴树湾是作：khə³³ [吴]-tsi³³ ，俄亚作 khə³³ [俄1015]-tse³³ 。同样是"奔跑"，野兽作 mbæ²¹，人作 nda²¹。等等。再举几例：

gi²¹指"弯得很厉害"，而 gv²¹指"有点弯"；

"惊怕"义在丽江只有一个音 $dz\partial r^{21}$，但是却有两个字形，一个是从虫[1]从 🐛 "的 🦅 $dz\partial r^{21}$[谱 0411]和从人从 🐛 "的 🏃[谱 0583]$dz\partial r^{21}$；

🧱tho^{21}靠，像靠着一面墙，又作 🪨，像靠着一堆石头。

文字是记录语言的，语言中词义的具体性是文字字形具体性的根源。纳西语很多词的意义就是说的具体的事物，比如：

🦅$kha^{33}z\eta^{21}xe^{33}x\mathrm{w}^{33}$，汉译作"健康"，纳西语是"耳聪目明"之义。

方位词"东西南北"在纳西语言和文字中分别具体事物，"北、南"是分别用一条南北走向的河流 🖋 的"水头 🏔 $xo^{21}gv^{33}lo^{21}$"和"水尾 〰 $zi^{33}t\varphi hi^{33}mi^{21}$"代表；"东"是"太阳出 🌅 $\eta i^{33}me^{33}thv^{33}$(出)"；"西"是"太阳落 ⊕ $\eta i^{33}me^{33}kv^{33}gv^{33}$(落)"；经书的"上下册"叫"头册 ✒ kv^{33}(头) 🪶 u^{55}(册)、尾册 ⋙ $mæ^{33}$(尾) du^{55}"；"前后"的"后"还是"尾 ⟵ (动物的尾巴)"；"上下"的"上 🔺"字源来自给神龛敬献祭品的供桌。

在时间词上，"春 ηio^{21}"字俄亚写作"湿润的泥土 🎨"，〰[谱 0060]、〰[泸]用"暖风"表达；"夏"是"下雨的时候"，写作 🌧、🌧；"秋"是"花开的时候" 🌼、🌺；"冬"是"下雪的时候" ❄、❄；"时间 $ndzi^{21}$"就是用"岩上滴水之状"的 💧 表达流逝的时光；"下午"是"太阳落了多一半" 🌄。

在性状词上，"红 xy^{21}"是火 🔥[东]的颜色，"辣 bi^{33}"是口中有火 👄[吴]，"铜 $æ^{33}$"是红色的锅 🫕 那样的材质；"铁 su^{21}"是斧头 🪓 那样的。

象形文字的字形注定是与具体事物高度一致的。人类发明语言的时候，早已经进入较高的抽象思维阶段，语言中的词义（即概念）就是抽象思维的结果。

---

[1] 方国瑜释 🦅 字为从虫颤动，我们考证实际是从犁辕（$ndz\eta^{21}$ 〰）从 🐛 "的形声字。参见拙著《俄亚托地村纳西语言文字研究》第 330 页。

比如"我"是第一人称代词，任何人都可以称自己为"我"，汉字假借表刑具的🈶字表达，东巴文我 ŋɒ²¹字写作🧍，像人用手指着自己，此字一看便明白意思；"他 thiʷ³³"字造🧍，像以手远指他人，估计因表意太过含混才添加表音符号"喝（茶）thiʷ³³🦅"而成🧍字。从这些例子能感受到，东巴力图尽量用一种具体的形象方式，而不是同音假借的手段，去为所有抽象概念创造出象形性的文字符号。

经书中常用首句读作"a²¹ɲi³³la²¹ʂ̩t³³ɲi³³"，一般东巴只知道大意是"很久很久的时候"，却不能解释每个音节的意思，和志本自己对这一句的解释是"（当人类连）'啊'还不会说的时候"，意即很久远之前。我们于 2008 年参加在昆明举行的"国际人类学与民族学联合会第十六届大会"期间，专门去拜访过和即仁老先生，他谈到纳西东巴经典中的这句话时，认为一般大家的翻译其实是靠不住的，"a³³la³³"是一位远祖的名字，全句的意思是"（当）'a³³la³³'还没（mu²¹）去世（ʂ̩t³³）的时候"。不管哪种说法谁对谁错，这句话都是用一件远古的具体事情作为参照，说明时间的久远。纳西东巴经用一个具体参照物来表达"很久以前"这个概念上，与汉语如出一辙，而且造有专字。"昔"有"久远"的意思，甲骨文写作🌊、🌊，像洪水滔天冲抵日月之状，其造字理据是用"曾经发大水的那一天"表达那残存在遥远记忆中的事件，"久远"之义遂明。世界上很多个民族均有自己的"洪水"神话，《圣经》里有"诺亚方舟"的故事，纳西最重要的经典《人类迁徙记》（又名"创世纪"、"崇搬图"）就讲述了类似的故事。

二、具有一定的抽象思维能力

抽象思维是人类区别于一般动物的显著特征。前述形象思维的论述中，无不折射出抽象思维的影子。例如表"时间"的"🌧"尽管是具体的"岩上滴水状"，但是前提是造字者已经从日月轮回中形成了抽象的"时间"概念。

语言的形成离不开抽象思维，记录纳西语经典的东巴文同样也反映了造字者已经用这一能力来看待世界。但是这一能力与较发达的现代思维比起来，明显能看出东巴文造字者当时的原始性。比如，东巴文已经有对兽的分类："⌒�III kha³³dʑŋ²¹（有角之兽）"、"⌒⊞III dʑiʷ²¹dʑŋ²¹（有爪之兽）"、"⌒⌒IIIkhua³³dʑŋ²¹（有蹄之兽）"和"ⵏⵏⵏIIIpər²¹dʑŋ²¹（有纹之兽）"，但是还没有"动物、植物、生物"的概念。尽管时间概念中"腊月、一月、二月"的名称只能用不带数词的短语表示，但是已经有了数字和一套完整的"数量名"的表达系统，如"三月"作 ⊞⌒sa⁵⁵（三）ua³³xæ³³，下图中达祖人情账簿中的

"\|\|（ua²¹五）ꓳ（xæ³³月）ꓴ（me³³份）✕（tshe²¹十）IIII（ru³³四）ꓹ（ȵi³³日）"、"\|\|\|ꟿȵi³³pi³³二升"等。

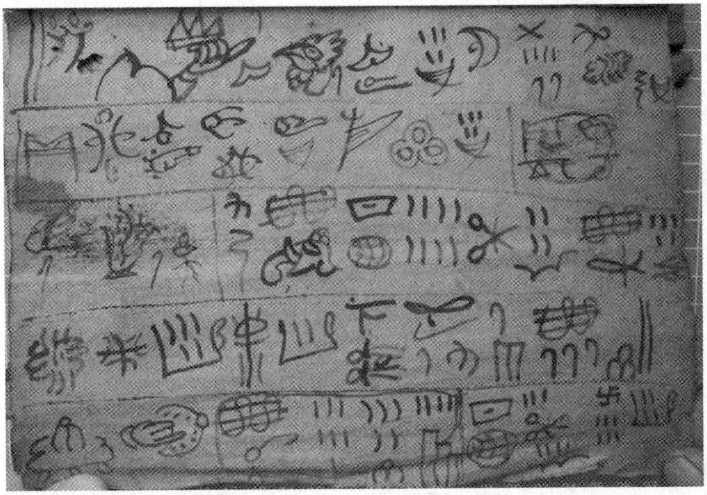

但是，我们相信纯碎的数的概念应该是文字出现之后才形成的。因为东巴经中还保留数量与实物不分离的状态。如俄亚《崇搬图》："（1）利恩五兄弟出生了，（2）吉蜜六姐妹出生了，"（下图第一行一、二节）

此处三人并排和数字"⫶ua³³五"表意崇泽利恩五兄弟；此处六人并排表意吉蜜六姐妹，并用"⫶tʂhua³³六"提示。

再如："额若额玛之神，从高高的山顶飞来，叼来三朵白云做了一个窝，扯了三棵青草垫在窝底，下了九对白蛋，（11）一对孵出盘神和散神，（12）一对孵出了噶神和吾神，（13）一对孵出了喔神和恒神，一对孵出了董神和色神，（14）一对孵出了会做事的和会懂事的，（15）一对孵出了一个裁缝和一个木匠。"（下图第三行第二节开始。）

字形表示如上文提到的九对蛋，放在云彩和绿草搭成的鸡窝中。oo字是一对蛋。显然经书成书年代还没有为量词"对"造专字。但是在达祖账簿所记录的时代，已经用 ȵʐ̩ʷ³³ 来记录语言中的量词"对、双"。"缝 tsi³³"字这里借作表示"双、对 ȵʐ̩ʷ³³"的集体量词，字形也很像一对摆放的两块木板，"双、对"形意俱显。数词和量词在文字中的出现，确立了数量观念在思维中的独立位置。

具体来看，东巴文反映的抽象思维能力体现在这些方面：

1. 状态

事物可以呈现有不同的状态，而不是一成不变地存在着，能够从现象中发现不同的阶段。

[泸] 阴、[谱 0032] 晴、[泸] 雨、[泸] 光明等是大自然的天气变化，再逐渐形成四季，但是没有形成"天气、季节"这样更抽象的概念。

"高 $\digamma$ ṣua²¹"字的本义是高处放东西的隔板"$\overline{}$"，引申作"高处"。"低、矮 xy²¹[谱 1160]"字是形声字，本义是"水往低处流"，引申作"低处"。"高、低"的意义形成后，可以组合成短语： ndzɿ²¹ṣua²¹高山。经书中这对反义词常一同出现，如《迎素神•跋》：在鲁甸好地方的中央，最高的山是特剑山，比这山稍矮的是坞毕山。（下图第一行第二节至第二行第一节。《全集》2 卷 47 页）我们发现在经书中，"高、矮"这对性状词主要还是用于表地势的语句中，可见其抽象义还发展不够充分。

"快 tʂhu²¹"的本义是"人行走得快"，是个形声字；"慢 xo²¹"字本义与"快"字正好相反，亦是形声字。词义抽象后，可以用在人以外的地方。如《迎素神•烧天香》：猎神的快马，放牧到野兽出没的地方。（下图第一行第二节至第二节。《全集》2 卷 102 页）书中直接用本义是"串珠 tʂhu²¹"的声符 ，没有用表"人行走"的形符 ，主要因为句中的"快"已经不仅仅用来表示人行走的速度了。

2. 属性

事物都有多方面的属性。东巴文来源于图画，字形以象形为主，但是，为节省笔墨，很多字却不把要表达事物的整体描写出来，而是选取最能代表该物的特点部分。

如鸟字 [吴]在其他地方则只选择其头部作 [谱 0270]，鸡字 [谱 0292]以鸡冠区别一般的鸟，野鸡 [谱 0294]头上有羽冠，斑鸠 身上杂色毛，鸽子 贪食有嗉囊，鸭子 是扁嘴的，老鹰 嘴尖成钩，等等，经过细致观察并从中提取各自的特征，为每种鸟创制了专字。

同为四个蹄子的兽类，家畜 ni^{21} 作 [谱 0336]，柔角示驯服之意， 字画其蹄子示其善跑，经书中读 $z\eta^{24}$(豹)la^{33}(虎)$bə^{33}tçhə^{55}$，相当于未驯服的野兽。家畜类里有：水牛 [谱 0359]、牦牛 [谱 0360]、犏牛 [谱 0361]是通过牛角区分；山羊 [东]的角和胡须不同于牛；狗 [东]的耳朵前倾示听话；马 [东]有长鬃毛；等等。另外，因为牛的种类很多，由造一个 [谱 0358]字表达总称"牛 yw^{33}"。

东巴文反映出纳西词汇系统中已形成初级的分类，但是进一步来看，有的还没有形成更高一级的类属，比如"兽"这一层类属在纳西语词汇中还没有形成。

颜色词可以反映人们对事物抽象属性的认知。纳西语的基本颜色词有红 xy^{21}、黄 $çi^{w21}$、蓝 $dzy^{33}xæ^{21}$（绿）、白 $phər^{21}$、黑 na^{21}、绿 $xæ^{21}$（绿松石）或 $z\eta^{t21}şu^{33}$（草色）这六种，有的学者把借自藏语的紫色也算在内①，也有学者错把"灰尘 "字当作"灰色"②。我们暂时只认可"红黄蓝白黑绿"，分析这几个文字及其使用，可以反映出纳西族颜色认知的不同进程。

"黑"字在早期应该是没有专字的。黑总是与具体的事物并称，如

---

① 白庚胜：《色彩与纳西族民俗》，社会科学文献出版社 2001 年版。
② 张凤：《东巴文基本颜色词之认知探究》，《淄博师专学报》2013 年第 1 期。

（xə⁵⁵ʥi³³æ³³na²¹，鬼鸡）、（pha²¹，豺，黑耳朵）、（[泸]断角黑鹿。

tʂhua⁵⁵na²¹kha³³ndv²¹）， 王元鹿称这种造字法为"黑色字素"（王元鹿 1988：88），黑色字素是原始文字脱胎于图画时代较近的反映，也是东巴文表意方式原始的表现。黑色是能被视觉感知的事物的属性，有些事物的主要区别特征就是其颜色属性，如"乌鸦"字全涂黑，这里的黑色字素就是典型的形符。东巴有时为了省力，常写成""，""也可以写在"鸟"字形体之外。""的字源其实就是炭块之形。随着黑色概念的进一步抽象，借藏文字形 na²¹转表"黑"一词。

"白"字 字源象绳解之形，假借作颜色字。[谱 1186]字下添加表"奶[谱 0930]"义的形符而成形声字，可见白色的起始义是"像奶一样的颜色"。后来"白"义抽象化，才用假借造了专门的白字 。

"黄"字 由"金饰 、、[东]"（见本章第二节"服装"项）引申"黄金"，再由"黄金"抽象出颜色义"黄色"。

"绿"意义在俄亚有两种语音形式，分别是 xæ²¹（绿松石）或 zɿ^{t21}su³³（草色），"绿松石"又音 a²¹（玉）zɿ^{t33}（草）。逐渐抽象后，选择 xæ²¹字作为绿色的专名。

"红"字由象形字"火 mi⁵⁵"转意作"红 xy²¹"而来，遂成表抽象义的红字参与造字，如 （tɕi^{w33}xy²¹，红土地）。

"蓝"字东巴文没有专字，这与蓝色义形成较晚有关系。有学者经过心理实验认为纳西族在"蓝"和"绿"上的认知存在混同[①]。东巴经里没有蓝这个字，纳西语丽江方言"蓝"色发 piə³³，但是俄亚方言所保留的纳西古语为ʥy³³xæ²¹（绿），说明纳西人眼中的蓝色其实是绿色中的一种，piə³³应该是后来才有的词。

上述这六个颜色词中，绿、黄、红、黑字形还保留了属性的原型，白色已没有原型，但有固定的假借字，这五个字记录的是纳西族的基本颜色词，蓝色长期混同于绿色之中，后来才在丽江等地区进一步抽象出来，而且语音形式上

---

① 张积家等：《纳西语颜色认知关系研究》，《民族语文》2008 年第 2 期。

也脱离了与绿色的关系，并借音近的"海贝"字而成蓝字。

美国学者伯林、凯（Berlin & kay，1969）通过对近百种语言的比较研究提出了一项被广为引用的经典性假说：尽管各种语言颜色词数量不一，对光谱切分的粗细和位置不同，但任何语言的基本颜色词都超不出以下十一个词的范围，并且形成如下层级序列：

第一级：黑、白

第二级：红

第三级：绿、黄

第四级：蓝

第五级：棕（褐）

第六级：紫、粉、红、橙、灰

伯林、凯认为，每种语言在拥有基本颜色词方面存在从上到下的优先序列，有下必有上，有上不一定有下。伯林、凯的假说同样适合对纳西族颜色认知的判断。

其实，不光颜色认知如此，数量概念也是逐步扩展形成的。东巴文数字1-10 写作：𝟏、𝟏𝟏、𝟏𝟏𝟏、𝟏𝟏、𝟏𝟏𝟏、𝟏𝟏𝟏、𝟏𝟏𝟏、𝟏𝟏𝟏𝟏、𝟏𝟏𝟏、Ｘ，百字作卐、𫝀、十，千字作米，我们推测纳西古人的数量观念，至少在"千"这一层是较晚出现的。百字在纳西族迁徙上游地区写作卐、𫝀，到丽江才简写成十。𫝀实际是佛教图标卐，来源于古印度梵文，在梵文中读作 Srivatsalaksana（音译：室利靺蹉洛刹那），意为"胸部的吉祥标志"。此处因梵文第一个音节与纳西语"百 $çi^{33}$"的音读相近[①]，遂假借来作"百"字。𫝀字在丽江后简写作十，而白地、俄亚、达祖未改，但是，以"十百为千"理据所造之"米 dv^{21}，千"字却在"𫝀百"字地区使用。分析其原因，可能"千米"字在纳西语言或者文字中原本是没有的，丽江人有了"千"的数量概念后，才造出了个"十百为千"的"千米 dv^{21}"字，又再返回流传到文字的上游地区，遂成𫝀、米字并用的局面。

3. 具体事物被抽象符号替换

当字形中表达实物的部分被抽象之后，文字使用者就会忽略这部分的表形功能，而用一个更简单抽象的符号（构件）来替换它。因此，考察文字演变中的抽象符号替换实体构件的现象，就是观察思维的演变。

---

① 纳西语古今语音在声母上有舌尖音与舌面音对应的关系。参见拙著语音部分。

东巴经中有字作"🐚)(🐚分粮食"、"🐟🐟分黑白蹄子"，所分的物品都是具体的实物。当"分"这个词被抽象之后，其使用语境就不再局限于对实物的分配，可以是钱财甚至是时间的分配，于是用抽象的圆圈代表所有被分配的事物，而成)(ᴑ、🐟字①。东巴文中用圆圈泛指一般事物的例子很多，如"踩⬦[谱 0778]"、"压⬦[谱 0779]"、"抵🗡[谱 1170f1]"等。

东巴文当字形表意不够明显时，东巴们会在字形上添加表示读音的声符来提示该字与所记录的词的联系。由于受图画式造字的习惯影响，声符的位置有很强的表意功能，其中一种情况就是直接去替换原字的某个形符或者义符。比如："✂ʐ̩^{t21}拿"字表意不容易让人明白，也可能看成是"接"或者"给"的意思。于是添加声符"🌾ʐ̩^{33}，青稞"来提示字的读音，而且为了保持新字的简便，用🌾直接替换了原字中人所拿的物品，而成🌾[谱 0607]字。

声符替换形符或义符，是以削弱字形的表义功能为代价的，应该有个逐渐演变的过程。如[0615]🌾(ndʐ̩^{33}吃)，以饭在人口中会意，丽江字写作🌾。这里用🍃代替抽象的食物，反映了思维的抽象。

古老的俄亚字形中，恰好为我们保留了诸多例证。👑[俄 0853](xo^{33}dʑi^{21})，（骨头）汤。象锅中炖肉、骨，骨(🦴xo^{33})、水（🌀dʑi^{21}）声。丽江以声符骨(🦴xo^{33})替换肉、骨，字作👑，亦声字。丽江🐛(甜 tɕhi^{21})字在俄亚写作🐛，🐛字是在会意字🐛(甜 tɕhi^{21})添加声符🐚tɕhi^{21}的形声字，声符在置向上还没有替换表示食物的形符，体现出俄亚字形的古老。而🐛（kha^{33}苦，此字丽江作🐛[谱 0772]，像口吐苦物之状。）字则与丽江字无异。这些字例反映出这样一条信息，即：在以原始形声字为代表的字形的简化过程中，用声

① 🐟字造字结构上是形声字，中间的🐚是声符。详见拙著《俄亚托地村纳西语言文字研究》第 185 页说解。

符直接替换表形构件而成新的形声字，俄亚还处在不彻底的阶段中。

4. 字义的不断抽象

字义就是文字所记录的词的概念，字义是人类抽象思维的结果，其表现形式就是一个字的概念外延持续扩散。而且字义的抽象化过程不是一蹴而就，更不是到了一个地方就停止不前，语言的词义是一个连续不断的过程，这一进程在文字的发展过程中贯穿始终。

前文讨论的"牛"的总称"⚘[谱 0358]ɣɯ³³"字，是在各类具体品种的牛的基础上来形成的。由于牛在纳西家庭中的重要价值，⚘字进一步成为"财产 o³³"的专字。又因为纳西凡有重要日子都要杀牛，⚘字又成了"祭牲 mu³³"的专字。

邓章应认为，在东巴文语境异体字表达精密化的过程中，多个核心意义一致的字符会类化成一个字符①。邓文举例说，东巴文表示动物的皮都各有专字，如🐟虎皮、🐐羊皮、🜨牦牛皮，牦牛皮类化为"兽皮"的专字。但是在一

册东巴经中 ，表达"蛇皮"的地方也用的是这个皮字，那么这个字形的意义已经扩散到了"动物皮"；东巴经中还在记述鬼皮、树皮的地方也用到这个皮字，显然，🜨字已经类化为所有事物的"皮"了。

前文已述，东巴文造字结构里有一类特殊的成分叫"黑色字素"，这是用李霖先生的"字素理论"来命名的。如"🦅乌鸦"字全涂黑，有时仅用一个"●"字符表示，如"☄"。"●"的字源其实就是炭块之形。在纳西语中，黑被赋予了新的色彩义，◣，黑（贬义）；↗，黑（褒义），两字读音一样，仅通过字形区别。在东巴文造字中，黑色又被赋予了更丰富的感情色彩，如：🗡吐苦痰、🦗巨毒、👑陈酒、🦅恶（黑）老鹰，"黑色字素"的意义几乎涵盖了所有不好的方面。

---

① 邓章应：《纳西东巴文语境异体字及其演变》，《中央民族大学学报》2009 年第 4 期。

三、利用已有认识去了解新事物的概括能力也有发展

认知心理学认为，人类总是通过形象思维能力观察身边事物，运用抽象思维能力寻找共性，从而加深了对事物的认识，给事物作出分类并形成初步的概念。重要的是，当遇到新的不认识的事物时，常采取隐喻的方式，会优先从已有的概念中挑选类似的事物去作比较，以达到新的更高的认识。这种从具体上升到一般，从有限认识到无限的过程，发挥的是人脑的概括能力。

tse³³ma²¹火镰，是一种原始的打火工具。纳西语把自然界的"闪电"称作 tse³³ma²¹（火镰）tse³³（打），并造专字，比喻闪电就像天神打火镰；、字把雷电比喻成折断的箭； 比喻天在摇晃；ŋi³³me³³mbo²¹(梁子)kv³³(高)thv³³(出)，日出。kv³³是人或动物的"头"的意思，山梁的顶端也似山头，引申作高处，再进一步扩展，将村庄的高处称为"村头"，相应的低处称为"村尾"。"尾"亦属此类，原本是指动物的"尾巴"，东巴文中有多个尾字，是兽尾，是鸟尾、是鸡尾、是孔雀尾，语言中抽象的"尾端"义选择了笔画简单且表意更明显的兽尾字，比如"水尾"等。我曾问过纳西寨子里的老人，一般以什么标准确定村子的村头与村尾的位置？他们告诉我说，村子里一般都有一条溪水穿过，依照水流的走向，进村的地方是村头，流出村子的为村尾。纳西东巴文的"南北"二字即将南北走向的江河字一份为二而成，水头代表北方，水尾是南方。

从东巴文中亦能反映先民的宇宙观，这种原始朴素的哲学观即来自现实生活的"转喻"。

东巴文的"天"字与帐篷状房屋字的屋顶部分有关：

[俄 0001]、[谱 0001]、[泸]、[吴]、[东]

而且各地的写法区别不大，表示"天"字造字理据的一致，即纳西先民意念中的天，就好像是宇宙这个大屋子的房顶一样。俄亚东巴经《崇搬图》记载：（1）东方，白海螺天柱竖建起来；（2）南方，绿松石天柱竖建起来；（3）西边，墨玉天柱竖建起来；（4）北方，黄金天柱竖建起来；　中间，白铁天柱竖建起来。（5）（6）神祖九兄弟用绿松石把天门修补起来，天门就穿通了，（7）

神女七姐们用"曾曾罕里美"大石头把地门封堵起来，地门就不穿通了，（8）这样，神祖九兄弟就开了天，（9）神女七姐妹就辟了地。（对应的经文见下图一、二行）

这个故事与汉文古籍《列子·汤问》记载的故事很相似："昔者女蜗氏炼五色石以补其阙，断鳌之足，以立四极；其后共工氏与颛顼争为帝，怒而触不周之山，折天柱，……"《淮南子·坠形篇》称天地之间有"九州八挂"。但是，

汉古文字的"天"最早却不是表示"苍穹"的。甲骨文天字作 ，王国维《观堂集林》："古文天字本像人形。……本谓人颠顶，故像人形。"那时天就是人的头部，由于头是人身上最高的部位，又产生了最高的意思，不知道到了什么时候，就干脆把苍穹称为天，并进而逐渐形成了自己的宇宙观。因此，至少在甲骨文时代，中原华夏民族还没有后来的"天"的概念。

纳西东巴教的宇宙论注重上中下三界，"上界为祖先、神灵的区域；下界为鬼魅的地方；中央界包括自然与人文两界，'史（署）'为自然野生世界的主体，人在此界依托自然经营文化生计。……神祖、史（署）、人、鬼魅各安其位，是为理想化的宇宙模型。"①但是天为何是 这种类似圆顶的形状，应该也是从实际居住的毡房推想而来。大量古史记载表明，古人最初是从房子或某种古屋宇想象到天与地的存在方式，比天如屋，认为那高高的、罩着地面的天也像房屋一样，有大柱支撑着，使天不下坠，地不下陷。根据这个信念，才创造了大挂撑天说。而我们前面从东巴文房屋字里已经发现，纳西族先民是游牧民族，住的就是用羊毛毡做的帐篷 ，东巴文"天"字正是截取"房 "字的屋顶部分而成。 [东]更像帐篷 的圆顶。

东巴文"山"字各地写作 [谱0091]、 [泸]、 [俄0091]，对于山

---

① 鲍江：《象征的来历》，民族出版社2008年版，第138页。

顶部分两横线所表为何，大多不能作出合理的解释。结合房￼、天￼二字，以及东巴文"高￼ṣua²¹"字的像高处放东西的隔板"￼"，引申作"高处"来看，￼字上两横线有可能表达的是山顶高处的意思。

　　总之，从东巴文的演进中，可以看到形象思维与抽象思维相互促进与影响，使人的思维能力不断朝着更高的阶段发展，从而扩大并加深了对世界的认识。

第四节 东巴文结构（造字）类型

文字的结构是文字学研究的重大问题之一。中国古代的知识分子很早就关注汉字的结构问题，力图从结构上对汉字进行解释。如《左传·宣公十二年》："楚子曰："夫文，止戈为武。"《十五年》："宗伯曰：'故文，反正为乏。'"《韩非子·五蠹篇》云："仓颉之作书也，自环者谓之私，背私者谓之公。"不知道是何人何时，总结出了六种汉字的结构类型，《周礼·地官·保氏》云："保氏养国子以道，乃教之六艺：一曰五礼，二曰六艺，三曰五射，四曰五驭，五曰六书，六曰九数。"汉代学者刘歆最先作了解释，他的观点记载在班固的《汉书·艺文志》中："古者八岁入小学，故周官保氏掌养国子，教之六书，谓象形、象事、象意、象声、转注、假借，造字之本也。""六书"之名说明汉字形体结构的基本理论已经初步确立。东汉许慎在《说文解字·叙》中首次对六书进行了阐述："仓颉之初作书，盖依类象形，故谓之文；其后形声相宜，即谓之字。……周礼：八岁入小学，保氏教国子，先以六书：一曰指事。指事者，视而可识，察而见意，上下是也。二曰象形，象形者，画成其物，随体诘诎，日月是也。三曰形声。形声者，以事为名，取譬相成，江河是也。四曰会意。会意者，比类合谊，以见指撝，武信是也。五曰转注。转注者，建类一首，同意相受，考老是也。六曰假借。假借者，本无其字，依声托事，令长是也。"许慎利用他的"六书"理论逐一分析了九千多个汉字，分 540 部首，揭示了汉字形体结构的系统，建立起汉字的形义体系。

从类型来看，中国文字学家的结构理论可以粗略地分为两大阵营，一类是以《说文解字》为基础的，我们可暂称为"说文派"；另一类则是在前者的基础上，借鉴西方语言学的有关理论，将文字放在语言系统中，从文字和语言的关系角度重新审视汉字的结构和性质。王宁先生的"汉字构形学"、李圃先生的"字素"理论，就是这一过程中形成的新的思想。后一类可暂称作"字（形）素派"。

两千年来的汉字结构理论，成为研究纳西东巴文最好的理论基础。周有光认为："纳西文字的造字和用字原理也可以用'六书'来说明。对一切自源和原生的文字，'六书'有普遍适用性。"[①]

西方学者最早将纳西东巴文字介绍给外界，但对东巴文字结构的研讨，则

---

① 周有光：《纳西文字中的"六书"》，《民族语文》1994 年第 6 期。

四川凉山州木里县俄亚纳西民族乡大村全貌（摄于 2009 年）

上二楼需登独木梯（四川俄亚大村）

巷道狭窄，各户相连，可退可守。
屋顶平台用于晒粮

挎腰刀、绑裹腿的俄亚男子
（摄于 2009 年）

早餐备有炖肉、猪膘肉、粑粑、白酒和苏里玛酒（俄亚大村）

火塘边祖孙三代（俄亚克孜村）

送喝完酒的老人回家（俄亚大村）

用整木掏空做成的捣辣椒罐、盐罐等厨具（俄亚大村）

木制的碟子（俄亚大村）

纳西传统的布服饰（俄亚大村）

俄亚大东巴基册戈土
(2009 年 5 月去世，本图摄于当年 3 月)

盛物的木匣（俄亚卡瓦村）

海贝卜（俄亚大村）

东巴法器

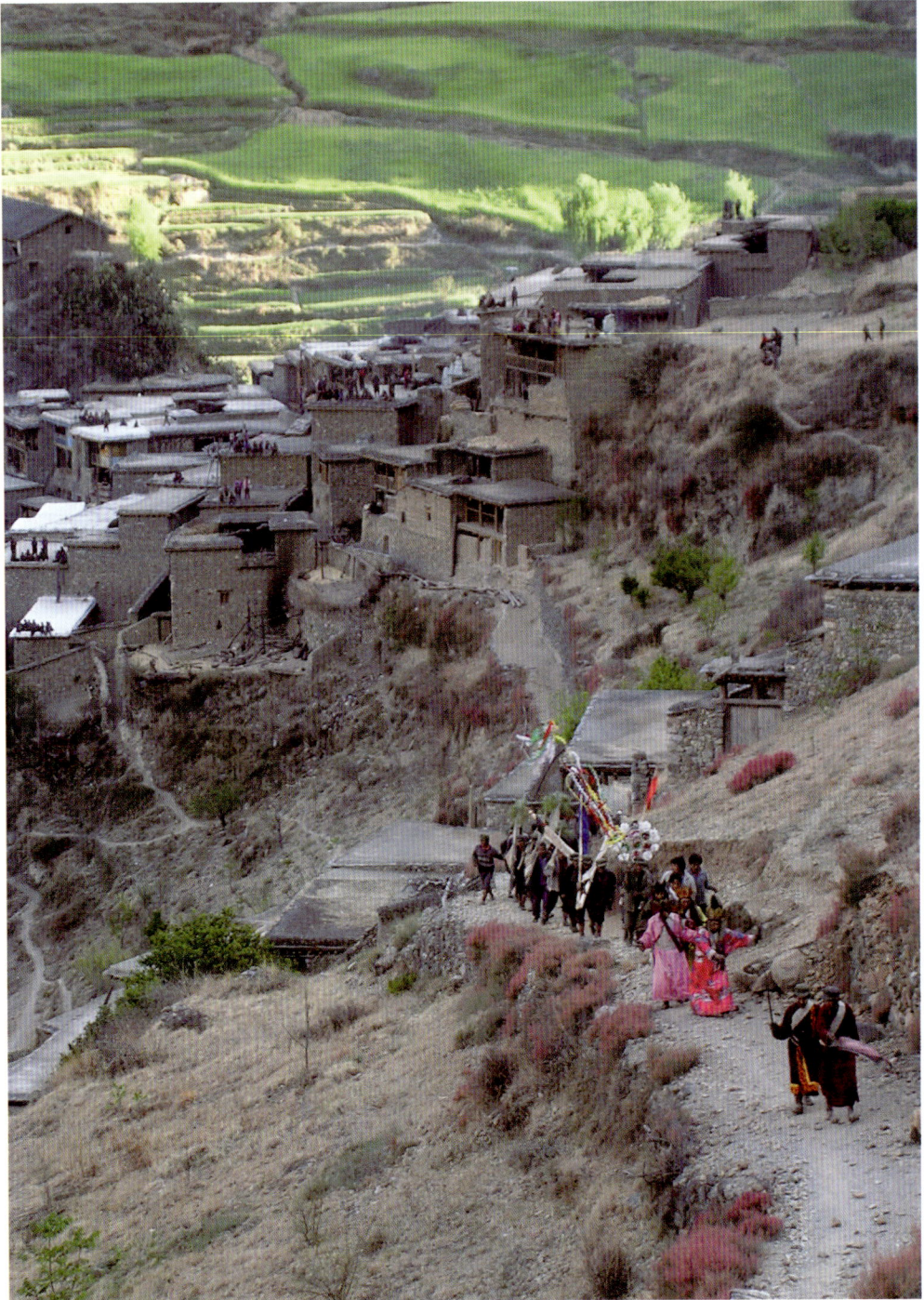

送死者上山火葬（俄亚大村）

主要是由中日学者来完成的。

公开发表的论著中，如章太炎《麼些文字汇序》（1935）、闻宥《麼些族的象形文》（1940）江应梁《论西南边区的特种文字》（1944）等都失之简略。方国瑜《纳西象形文字谱》最早以"造字的用意"归纳出东巴文的十种结构类型。

李霖灿《麼些象形文字字典》引言中（1944），有"论形字"一节，分"论形字与图画、论形字之字形变化、论形字之同音假借和论形字之经典特质"四个内容，比较简略地总结了东巴文的特点①。董作宾《从麼些文看甲骨文》(1944)、西田龙雄《汉字的六书与纳西文》(1966)等也仅仅是粗浅的比较。

傅懋勣发表《纳西族图画文字和象形文字的区别》（1982），把东巴文分为图画文字与象形文字两部分②。在此基础上，长期从事汉族语文改革工作的周有光发表《纳西文字中的"六书"——纪念语言学家傅懋勣先生》 （1994）及其《世界文字发展史》（1997/2003）和《比较文字学初探》（1998），再进一步进行了系统总结。

纳西本族人士和志武《试论纳西象形文字的特点》（1981）、李静生《纳西东巴文与甲骨文的比较研究》（1983）也对东巴文字结构有深入的探讨。

王元鹿发表《汉古文字与纳西东巴文字比较研究》（1988），全书是以王伯熙③的"文字记录语言的方式"、"文字的符号与语言单位"的"对应关系"、"文字的符号形式"为框架的，总结了象形、指事、会意、义借、假借和形声等六类造字法。喻遂生《纳西东巴文"六书"研究》（ 2004/2008 ）提出象形、指事、会意、形声、假借、借形六种结构类型，随着汉文字学者的参与，把东巴文字结构研究不断推向高潮。

在这些研究中，由于东巴文字和汉古文字在结构上确具共通性，很多学者，如李静生、王元鹿等，已经开始对二者进行多角度比较研究。更多学者开始就东巴文字某一结构做专题研究， 如喻遂生 《纳西东巴文象形字研究》（2002/2003 ）、喻遂生《纳西东巴文形声字研究纲要》（1995/2003 ）、甘露《纳西东巴文假借字研究》（2001）、李静 《纳西东巴文非单字结构研究》（2009）、杨正文《纳西族东巴象形文字的演变》（1999）等。

不同文字的结构比较研究也日渐兴起。范常喜《甲骨文纳西东巴文会意字比较研究初探》（2004）、田玲《甲骨文纳西东巴文象形字比较研究》（2007）、刘青《青海柳湾陶器符号与普米族刻划符号及纳西东巴文之比较》（2007）等。

---

① 李霖灿：《么些象形文字字典》，台湾博物院筹备处发行，1944 年版。

② 傅懋勣：《纳西族图画文字和象形文字的区别》，载《东巴文化论集》，云南人民出版社 1985 年版。

③ 王伯熙：《文字的分类和汉字的性质》，《中国语文》1984 年第 2 期。

随着汉字结构理论不断出新，学者也自然沿用各种理论来分析东巴文字。如郑飞洲《纳西东巴文字字素研究》（2003/2005）便利用字素理论来研究东巴文字结构。曾小鹏《俄亚托地村纳西语言文字研究》以"汉字构形学"理论为基础，提出了新的"造字—构字"模式，认为造字是动态行为，构字是对造字行为的结果的静态分析，主张只有兼从形式和功能的形式—功能法，才能说明汉字的造字法问题。并用这一新的"造字—构字"模式分析了以俄亚字形为代表的东巴文的结构，共总结出了"单形、合形、形义、形音、义音"五种造字类型，它们共有"表意、假借、意音、转意"这四种"表词方式"①。

正如拙著所述"'造字—构字'模式目前还只是一个大致的框架，里面确实还存在一些技术上的瓶颈有待突破。比如，同是'功能'，造字法下的功能，如何以一套新的逻辑形式来区别构字法下的功能等。"因此，本节旨在介绍东巴文如何通过字符的组合来表达词义，不作文字的结构研究，所以没有按照"造字—构字"框架来展开，仅作一般性的静态描写。东巴文动态演进过程中的特征如"符号化"问题，放在下一章作专节论述。

一、表意字

表意字以形符或义符记录词的意义。包括六书中的象形、指事、会意。造字法上，以"单形"、"合形"、"形义" 造的字，都属于表意字。

造字过程中，造字者用与物象相似的字符（字的构件）来体现构意（字的结构意义），我们就说该构件具有表形功能，一个字中表形的构件叫形符。如：（thv^{55}，踩踏。）字从人踩泥之形，" "为泥巴之形，为形符。

现实中的"形"有静态和动态之分，静态的"形"容易表达，事物都有形体，如东巴文（草）、（眼睛）；甲骨文（目）等，这是静态观察的结果；然而，动态的"形"却难以用静态的字形来表现，因为相对静态事物而言，动态增加了时间因素。以平面的文字，想表现出多维的事物运动的现象，难度是很大的。事物的运动同样能为视觉所见，并被重现于笔端，如："拔"作或；ly^{21}，看，又作；甲骨文（见）。不过，动态的"形"往往不是独体的字符所能表达的，需要借助多个字符的配合，上例的"看"字，东巴文以直线表示眼光，甲骨文以在人形上突出眼睛来表示。再如甲骨文字形

---

① 拙著第 107 页。

🏃 为人甩手奔跑之形，需再添加表示足迹的字符成 🏃、🏃字，表示出奔跑的动感来。或者对独体的字符进行"修改"而产生动感，这些字看似独体，其实不是独体，而是在独体字符之上添加了表意的成分，只不过修改的部分不是独立于原字符之外罢了，如 🧍（ŋy^{55}抖）[谱 0583]，又作 🧍[谱 0582y1]，把人体的四肢改成曲线，像恐惧发抖之形。如果发抖还有肢体的摆动之形可象的话，另一些动态行为就无法有具体的形可象了，比如"喊 🏃 ri^{t21}"、"看见 🐛 ly^{21}do^{21}"等，以线条表示肉眼看不到的"声音和光线"，"声音和光线"并不是抽象的概念，而是能被听觉和视觉感知的实实在在的自然现象，是造字者"意念中的形"。与"山、水、鱼、虫"等具体之形比较起来，这种"意念中的形"可以称为"广义的形"，这些字中的线条，与汉字中起某种标示作用的指示符号明显不同，如甲骨文中 ⺌（少）与 ⺌（小）相区别所加的点，🐍（旬）与 🐍（云）相区别所加的斜道，我们把这类描绘"意念中的形"的字符视为形符的一类，叫"广义形符"。

广义形符大致可归为以下几种情况：

1.表示声音。如：🏃 喊　🏃 笑　🦌 睡　🐦 鸣　🦌 吼

2.表示气味。如：🏺[谱 0924]饭香　🦌 麝香

3.表示视线和光线。如：　✦ 光　🔥 光线　🌙 月光

4.表示分隔。如：🗡 线断　🌊 分配　🏺(🏺 分粮食

5.表示摇动。如：🌋 地震　🐕 怕　🐛 惊怕　🧍 抖

6.表示运动的轨迹。如：⋮⋮⋮ 露水　🔨 下午　🚶 下　🦌 （兽）奔

7.用连续排列的的点，表示某种有节奏的连续行为。如：🐦 笑

🦌 争吵　🧍 唱

8.用圆圈、线条表示一般物品。如：✳分配 ⚲搁物架 ℞钻 ⺄靠

根据东巴文字符的数量，可以将表形字分为单形与合形两类。

1. 单形

由一个形符组成。字形与词所指称的事物有着直接的对应关系，词的音和义就是字的音和义。如：

🜨[泸]太阳 ⚘[泸]树 ᪥[俄 0275]翅膀 ⚘[泸]人

。。。[泸]星 ⚭[俄 0147] 炭 ⚲[俄 0228] 草 〜〜〜[俄 0339]虎纹

上举第二排四例字形记录的事物不是独体性的，采取"同体重复式象形"的方式造字，也属于此类范畴。单形字并不是简单的临摹所指称的事物，而是运用多种手段达到既准确而不繁琐的目的，这是文字与图画的外在区别。

（1）整体象形，画出所像事物的整体形象，如：

◠◠[泸]石头 ⚘[俄 0436]白海螺 ⎮[俄 0790] 针 ⚲[俄 0432] 鱼

⚘[泸] 人 ✂[谱 0783]羊毛剪 ⚲[东] 衣 ⚲[泸]蚂蚁

（2）局部象形，画出所像事物的特征性的形象部分，如：

⚲[东]大象 ⚲[俄 0299]孔雀 ⚲[俄 0361] 犏牛 ⎕[俄 0972]房

⚘[俄 0250]稻 ⎕[俄 0993]围墙 ⚲[谱 0294]野鸡 ⚫[俄 0300]乌鸦

（3）变体象形，改变字形的某部分，起到突出和夸张的效果，以表达某种行为或性状。这一类在"六书"系统中归为"指事"。

⚲[俄 0184]折 ⚭[谱 0054]月蚀 ⚘[俄 0553]我 ⚲[谱 0600]懒

⎯[泸]死 ⚘[俄 0582]发抖 ⚘[俄 0166]左 ⚲[谱 0156]熄

⚲[谱 0566]恳求 ⚘[俄 0713] 嘴 ⚘[谱 0718]舌 ⚲[东]思考

"折"字变树干弯折；"月蚀"从"月⚭"缺；"我、左"变"人⚘"手

的指向，反指自身为"我"，右手左指为"左"；"懒、发抖"变四肢为曲线；"死"字变人披发倒卧；"熄"翻到"[谱 0151]火把"字火苗朝下，会"烟火熄灭"义；"吐、舌、恳求、嘴、思考"字夸大"人"字部位表意，等等。变体象形字都是在某个基本字形基础上，采取改变原字的朝向、放大、缺省等等手法来表达相对抽象的意义。汉甲骨文亦有类似表词方式，"见"字将人的"目"放大，"欠"字放大人的"口"，"疒"字像人卧床；"队（'坠'的本字）"字像人从台阶坠落，等等。表意文字普遍都有变易形体来表意的造字手段，这是造字者为某些不能直接描画或无形可画的概念，让思维的结果融合在图画的技巧中而产生的。

2. 合形

由两个以上的形符，按照物象的情境组合而成。根据各形符彼此间的关系，有如下几种类型。

（1）辅助表意

各形符间有主次之分，次形符为主形符提供陪衬，离开了次形符，主形符会表意不完整，甚至无法表达。又称合体象形。以名词为主。如：

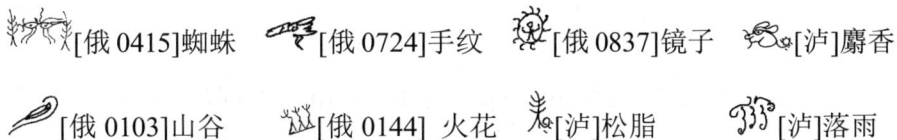

[俄 0415]蜘蛛　　[俄 0724]手纹　　[俄 0837]镜子　　[泸]麝香

[俄 0103]山谷　　[俄 0144] 火花　　[泸]松脂　　[泸]落雨

（2）会形表意

各形符按照实际情境组合，表达新的意义，不同于任一形符的意义。这些新的意义可以是：

1）某种状态：

[泸] 阴天　　[泸] 湿润　　[泸] 漏　　[吴]能干

2）某种行为：

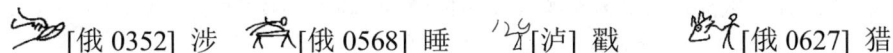

[俄 0352] 涉　　[俄 0568] 睡　　[泸] 戳　　[俄 0627] 猎

3）某种名物：

[俄 0510]铁匠　　　[俄 1330]女魔　　　[俄 0496]主人　　　[俄 0446]人

会形表意在传统六书理论中是"会意"的一部分。上述合体象形与会意都是由多个构件组合成新字，但却有本质的不同，细考字形与字义的关系，合体象形仍属象形，构件与构件的组合是"形合"，而会意字的各构件是"义合"的关系。前者是加法，后者是乘法。

（3）**广义象形**。由形符和广义形符组合而成。这一类其实就是上面"会形表意"下的一小类，只不过是由线条、点状、圆圈等表"意念中的形"的"广义形符"参与造字的而已。前贤一般把这类符号看成抽象符号，所以由它们组合的字大多被视作指事字。而把"会形表意"看作会意字。广义象形字也是会合两部分构件以成新的意义。

自然：

[0028]① 天摇　　　[0014] 露水　　　[0060] 下午　　　[0138] 烟

性状：

[0852] 辛苦　　　[0718] 盲　　　[1050] 冷　　　[0029] 晴

行为：

[0609] 笑　　　[0644] 绝后　　　[0260] 啼　　　[0834] 倒

名物：

[0633] 跛子　　　[0288] 布谷鸟　　　[0270]同胞　　　[0693] 脚板

据我们统计②，单形字占总单字数的 46.1%，合形字占总单字数的 35.3%。"单形"和"合形"二造字法统称表形法，也就是说，计占总单字数 81.3% 以上的东巴文是用表形法造字的。甲骨文"全功能零合成"（独体）占总单字数比 19.56%，"会形合成"占 38.04%，两项加起来将近 60%③。除掉我们在判定形符标准上的差异，东巴文在表形字上的比例是超过甲骨文的。

---

① 当字形举例在不涉及地域间的异体差异比较时，为行文简单，只标示该字在字表的序号。

② 参见拙著第三章第二节。

③ 郑振峰：《论甲骨文构形系统的特点及其演变》，《语言研究》2004 年第 3 期。

3. 形义

由形符加义符组合而成的单字。形符与义符的区别是一个争论中的学术难题。我们在分析了各家观点之后，认为应该遵从"字符在构形上的功能"的原则来判断该字符的性质①。形符是通过像某物象之形而表达物象之义的，而字形所像之物与字形在字中所表之义已无关系的，判为义符。

那么，"形义"字与"合形"不同的是"义符"，构件"义符"在整个字中是直接以字义参与构意的，比如：

多点状字符 ，由表"灰尘、杂色"的形符，引申出表"多数"义②，然后以"多、满"义的义符与其他形符构成新字，如：[俄 0346-2] 满、[俄 0913] 大户人家、[俄 0629] 骂、[俄 0026] 繁星、[俄 0616] 饱；

黑色字素引申出"毒、苦、不吉利"等抽象义，并作为义符参与构成新字，如：[俄 0012] 暴雨、[俄 0223] 毒草、[俄 0286] 乌鸦、[俄 0698] 胆、[俄 0711] 瘦肉 、[俄 1164] 鬼名、[俄 0900] 牢房、[俄 0629] 骂；

表示白色的假借字 ，作为义符构成的[俄 0293] 鹬鸰鸟；

表示红色的火字 与形符"锅"组成属性义的"[俄 0131] 铜"字；

表示"香"义的"花 "与饭碗组成"[俄 0849] 饭香"字，等等。

尽管义符在与形符在置向上具有图画性，但是都不是符合现实状态的位置关系，其功能都是仅提供一个抽象的意义。据我们统计，形义字的比例大约不到总字数的 2%。"单形"、"合形"、"形义" 造的字，都属于表意字。三项合计占总单字数的83.2%。

二、意音字

此类字的结构由意符（形符、义符）与音符（声符）组合而成。意符负责提示所记录的词义，音符则联系词的语音形式。"六书"中的"形声"是个宽

---

① 拙文《论汉字构形中字符的功能》，《汉语史研究集刊》（总第十七辑），2014 年。
② 拙文《东巴文、甲骨文中的"多点状字符" 》，《民族学报》（第十辑），2013 年。

泛的概念，实际上包含了很多"义符＋声符"的"义声"字。所以，如果在区分形符与义符的理论体系下，还是称为"意音"更恰当。

形声字是汉字发展过程中非常重要的一个现象。汉字经过了表形字这一初创阶段，逐渐发现要为语言中更多的无形可像的词语造出字形，如果仍然着眼于字形与词义的构形方法，已经不能走下去了。于是，转向到对词的物质形式——声音上来，"本无其字，依声托事"的"假借"字便开始大行其道。假借字本字与借字只有语音上的联系，借字与本字并行不悖，而且各自所记录的词的意义也会孳乳而成新的意义出来，于是出现了"一字多词"的局面，这在汉语以单音节词为主的远古时期带来了更加严重的理解混乱。字形与所记录的词只有语音上的关联，这与人们由图画演变出文字的长期过程中养成的，通过字形便知其义的心理形成极大的反差，那么，解决这一问题的办法，就只有给这个"只与词的语音有关而与词义无涉的字形添加一个表示词义的意符"最适合了。比如，汉古文字"师"写作 🐾，"集聚"的意思，"师"字被借来用于"动物"名，为了给这个词造一个专字，遂添加意符"犬"旁而成形声字"狮"字。孙雍长认为许慎"六书"的"转注"就是这种"加注意符"的构形模式①。

汉字形声字的来源有多个途径，有为本义、借义添加意符，也有为表形字添加声符，直至后来直接用意符与声符拼合成的形声字。我们将在下一章第一节文字类型比较里，详细对比东巴文与汉字等其他类型文字的有关问题。

东巴文形声字的来源有很多种渠道，喻师总结出东巴文形声字的类型有亦声、注音、加形和拼合四式。其中"注音"式是严格意义上最早的形声字，但由于材料所限，大量形声字还不好明确地归入其中。（喻遂生2003：P130）这四种类型亦即反映了声符在单字结构中同形符的关系。汉古文字从甲骨文、金文、战国文字、小篆，发展演变一脉相承，甲骨文还再分出五期、金文也是有细致的分类，因此，研究汉古文字有充分可靠的历时材料。然而，正如前文提到的，由于东巴经的传抄过程中，没有提供给我们东巴文清晰的时间序列信息，学术界正在寻找能够用来判别经书新旧的标准，因此，东巴文材料中的不少形声字，我们现在还很难确定到底是先有的假借字，还是最初就是由形符、声符一起组合成的。比如，"内 🏠khv²¹"、"外 🏠by²¹"二字，声符的位置有表意作用，可算"亦声式"，但在俄亚只写作" 🏠khv²¹、🏠by²¹"，这样的话，"🏠、🏠"又只能算"加形式"了。

---

① 孙雍长：《转注论》，岳麓书社1991年版。

因此，本节讨论东巴文意音字的结构，在没有确切明白字形产生先后之前，仅选择相对可靠的、有其历时演变线索的字形[1]，分析东巴文形声字形成的方式与理据；然后，将形声字意符（形、义符）和声符的结构功能类型，作一静态[2]的分析总结。

4. 形声

由形符和声符组合而成。必须强调，我们所提的"形声"是严格意义上的形符＋声符的组合。

（1）东巴文形声字来源方式

1）为明确形符的本义而增加声符。形符能自足地表达整个字的意义（词义），声符似乎是为增强表词功能而后添加的。如果去掉声符，原形符以亦可以单独记录那个词。这一类形声字在诸家形声字的分类中被称为"注音式"。如：

"乞丐 $xa^{33}me^{55}$"字作 [谱 0532]、 [泸]，像人蓬头持棍乞讨，俄亚添加声符而成 ；

"起（立）"字作 [谱 0564、 [泸]，俄亚添加声符作 ；

[谱 0269f1] ci^{21}（稻），从稻，"十[谱 1204]ci^{33}百"声。"稻"字容易与其他麦子类作物相混，声符可以缩小字义的范围。

其他还有如：[0098] $æ^{21}$（山岩）、 [谱 0553] $\eta\vartheta^{21}$我 、[0085] ko^{21}（深山）、[0925] $xua^{55}dy^{21}$(临时住宿的棚屋) 、[谱 0229] $s\underline{l}^{t55}$ 茅草。

其实我们发现，这类形声字中的形符有的是因为自身表意功能下降，才不得不用声符增强表词能力的。如 字是因为人形蓬头落魄的状态没有了，

---

① 我们必须再次强调，有一些字例并不完全可靠，如下述"拼合式"造字，亦不排除曾经先有假借，后增形符而成形声字的可能，只不过还未找到早起的例子。
② 所谓文字结构的历时与静态研究，前者是着眼于文字结构的动态演变，后者是对静态结构功能的共时的分析。详见拙著第二章。

字已经看不出是蹲还是起，等等。

2）因为形符的字义（所记录的词的词义）引申等原因，可表达的意义比较宽泛，那么，声符可以通过提示读音来起到限定表达范围的作用。如：

[俄 0116] $i^{33}bi^{21}$（江），ndz^{21}本是"江河"的意思，又可表"水"，声符" i^{21}，漏"提示此处用作"江"字。

[谱 0057y1] khv^{33}（年），fv^{55}为十二生肖之首，遂再生"年"义，声符"镰刀 $s\mathetc$ $s\textschwa^{55}kv^{33}$，又音 da^{21}"是会意字" 、 khv^{33}收获"的省略，汉字理论把这种现象称为"省声"。

[俄 0972] ndz^{21}房屋字引申出其他意义，需要声符分别区别，如[俄 0910] pv^{55}邻居、[俄 0912] [俄 0988]mbe^{33}大村。

3）为明确假借义而增加意符。"本无其字，依声托事"的假借字是所有表意文字必须经过的一个环节，东巴经中有很大比例的假借用字现象，当某个字长期被借来表达其他意义后，为了与该字本来的意义相区别，往往会给这个假借字增加一个与词义有关的意符。如：

"宽 pa^{21}"字在老的经书中均借"青蛙"字表达，写作[俄 1173]、 [泸]，丽江则添加一块横置的木板表示"宽"的义域，写作[谱 1173]。

$z\textrtailturnr^{21}$，山柳叶，象形。俄亚经书借作"仇人 $z\textrtailturnr^{21}$"。其他地方都添加表示人的形符，有的人形还手拿武器，写作 [东]、 [谱 0530]、 [泸]。

"你 nv^{21}"字在东坝写作 [东]，借黄豆字表抽象的人称，我们前文已述，汝卡字里保留了东巴文的早期形式，到了纳西族地区，都添加了人的形符而成 [俄 0555]、 [谱 0555]、 [泸]；

亲戚 $tho^{21}ndi^{33}$写作 [俄 0491]、 [谱 0491]、 [泸]，东坝是两个假借字 [东]；

"白 phər²¹"字经书中常借"于 phər²¹"，字象绳解之形。于假借字于上添加意符"奶"字而成[谱 1186]。

4）形符与声符直接拼合而成。喻师把这类叫作"拼合式"。裘锡圭认为最早的形声字不是直接用意符和声符组成，而是在形声字采取上述方式大量出现之后才开始有的，如近代的镭、锶等化学名词。（裘 1988:151）东巴文作为由图画进入文字不久的原始表意文字，不仅有大量的形声字而且有形声字的高级形式。如：

[俄 0543] diʷ³³ly²¹（一拃），是两臂伸展开的长度，形符单独不能表义；

[俄 0610] tɕhi³³（卖），从人，（tɕhi²¹，赶鬼的竹刺）声；

[俄 0609] xæ²¹（买），从人，（xæ²¹zʅ³³，金饰）声。

5）形符的字义是所要记录的词义的主体，声符通过置向指示字义的具体内容。喻师把这类称为"亦声式"，"亦声"是汉语传统"小学"中的术语，即"会意兼形声"，意思是会意字的一部分兼有表音的功能。如：

[俄 0088] so³³（巅）字中的声符放在山字的顶端，起指示作用；

[俄 0160] by²¹（外面），声符（面粉 by²¹）置于屋外，指示位置关系，而 khv²¹（内）字则声符置于屋内以示意；

[谱 0189] by³³（粗），本义是指树干的粗，声符置于树干处以示意；

东巴文声符位置具有多种表意功能，本质上是文字图画性的表现之一，将在下章专节讨论。

（2）形声字形符与声符的功能

具体而言，形符表达的意义有：

1）形符的字义是所要记录的词义的主体，声符起说明、限制的作用。如：

[0 俄 497] khv³³（偷盗）、[俄 0493] xuɯ²¹（富）、[俄 0427] tsho²¹（人类）、 [俄 0466] a²¹ȵi³³mi³³（表姐妹）。

2） 形符的字义与所要记录的词义有关联。如：![图]$[俄0485]khu^{33}$（母族），从人，![图]（kho^{21}，栅栏）声。旧时纳西族设栏而居，形符"人"是与"母族"的上位词。再如：![图]by^{21}（外面）、![图]khv^{21}（内），房屋是"内外"义的参照物。

3） 形符是所要记录的词的象征物，声符提示读音。这类字所记录的词义都是比较抽象的事物。如：

$[俄0435]$![图]$z\gamma^{t21}$祖先，从u^{33}祖先（象神主，供松枝，松树表示死者，字形![图]表示松树靠在某物前），![图]（$a^{55}z\gamma^{t21}$，猴子）声。

$[俄0732]$![图]$a^{21}xæ^{33}$魂魄，从麻线，![图]a^{21}绿松石声。经书载，东巴为病人喊魂仪式中，用麻线把它领回家，这跟线和魂灵建立起了密切联系，在这里代指"魂"。

4） 形声字声符主要是表音功能，但是，东巴文形声字的声符通过两种方式来参与表达字义：一是声符与形符首先是以会意字的关系组合，同时声符也兼有提示读音的功能，这是最严格的"亦声字"如：[谱0603]![图]lv^{21}（举），从人举石lv^{33}，石头亦声；![图][谱0607]$z\gamma^{t21}$（执）、[俄0609]![图]$xæ^{21}$（买）均属此类。二是声符与形符的位置体现字义，如上举![图]by^{21}（外面）、![图]khv^{21}（内）二字，声符（面粉![图]、镰刀![图]）与形符（房屋）在现实中不会有联系，当然也没可能构成"会意字"，但是在造字时，声符放在屋外与屋内，确实能给人一定的方位印象，再加上声符本身的读音提示，表意能力比单纯的没有置向信息的形声字要强一些。也可算较宽泛意义上的"亦声字"。东巴文形声字的形符与声符经常按照图画式来组合，"亦声字"是带有理据性的图画式，而更多的组合既无位置表意，更没有现实的关系，可以看成无理据性的，如![图]$a^{33}s\gamma^{t21}$（父亲），形符人字头部顶一根充当声符的"柴火"，就纯粹没有任何理据可言。形声字的图画式布局是整个东巴文图画式特点的具体体现，我们将在下一章专节讨论这个问题。

5. 义声

由义符和声符组合而成。东巴文的原始性，注定这类字在数量上，要远远少于"形音"。相比于以形表义而言，以义组合成新义，是文字发展进程中具有革命性的一步。

我们曾统计过俄亚东巴文的义声字有 35 个，经过再三比较，可能仍有部分应该划归上面的"形声"之下。真正的义符只有两个：

的本义是田地之"地"，常用作形符，如：[俄 0079]（田）、[谱 0085]（田埂）等。字义进一步虚化后，"地名"字中用来作义符，如：

[俄 0081-8] $lo^{55}nd\mathcal{z}i^{21}$（洛吉）、[俄 0081-30] $ki^{55}lo^{21}$（大理）

[俄 0081-18] $\eta go^{21}be^{33}$（丽江大研镇） [谱 0090f7]$a^{21}i\partial^{33}$（俄亚）

又可以用于"方位"词，如：[俄 0152] $ly^{55}gv^{33}$（中））， 字《字谱》又作 [谱 0163]， 从矛(ly^{55})放在四个蛋(gv^{33})的中间，声兼义，所添加的 为表抽象方位的义符。

"字来源于表"抖动 "义，曲线逐渐抽象为广义形符 "之后，常附着在动作行为的主体而成合形字，如 （害怕）。当 "具有了独立的"惊怕"义后，就开始作为义符参与组合，通过添加声符 $nd\mathbb{z}\chi^{t21}$（犁辕）而成[0394] $nd\mathbb{z}\chi^{t21}$ "惊"。

考察俄亚东巴文意声字，"形声"字共有 160 个，占占总单字数的 15%，"义声"字 25 个，占 1.8%，两项合计 16.8%。汉甲骨文形声字形音字占 3.8%，义音占 17.3%[①]。比较来看，意音字的总规模上基本相当，甲骨文多了 5 个百

----

① 郑振峰：《论甲骨文构形系统的特点及其演变》，《语言研究》2004 年第 3 期。但是，不同的理论模式与口径下，统计的甲骨文形声字占比并不相同，黄德宽统计数字是 29.34%，载《汉字构形方式:一个历时态演进的系统》，《安徽大学学报》(哲社版)1994 年第 3 期。

分点，但是义声字与形声字的比例恰好相反，甲骨文义音字占所有意音字的81.2%，而东巴文义声字只占 22.6%，尽管我们在判定形符与义符的标准上存在差异，甲骨文在更加高级的义声字上占据明显的优势是应该不错的。

东巴文意音字更多地依靠形符来组合，而且意符与声符组合具有一定的理据性。如果理据性不强，书写时也尽量依图画构图，这些特点说明了东巴文比甲骨文离图画更加接近。我们将在下章谈东巴文的性质一节中详细论述这一问题。

第三章 文字研究（下）

第一节 东巴文的演进

　　文字的演变是文字学研究的重大问题。涉及字形的繁简变化、新字的出现与旧字的消亡、造字法以及文字结构的变化等等内容。东巴文发源于纳西族迁徙路线的上游，然后逐渐向丽江、鲁甸等地区扩散，由于各地东巴彼此交流非常有限，由此东巴文又呈现出明显的地域特征。李霖灿从"地面上的演变"与"本身上的演变"两部分介绍了东巴文的演变特点[①]。王元鹿通过东巴文源头若喀字（汝卡）与作为东巴文发展最新阶段的鲁甸字进行对比，总结出了一些具有普通文字学价值的结论[②]。下面我们从几个角度来讨论东巴文发展演变过程中的问题。

一、东巴文的地域扩散

　　东巴文发源于纳西族南迁的上游地区，即汝卡支系所在的金沙江 N 字大拐弯区域，那里保留了文字的较早形态。后来文字传播到白地并得到迅速发展，白地也成为纳西东巴教的圣地。东巴文随着东巴教继续向南边传播，经大巨跨过金沙江后，在丽江形成了另一个中心。大约在明代时，丽江木天王的势力范围西扩到了维西之后，移民继续把文字也带到了这里，并且还在这里创制出了纳西族的第二种类型的拼音文字"哥巴文"。

---

　　① 李霖灿：《么些族文字的发生和演变》，载《么些研究论文集》，台湾故宫博物院1984 年版。
　　② 王元鹿：《由若喀字与鲁甸字看纳西东巴文字流播中的发展》，《华东师范大学学报》（哲社版）2001 年第 5 期。

沿着这条文字传播的路线，东巴文的使用及其演变发展有这么几个特点：

1. 经书数量与内容不断增加

20 世纪三四十年代，李霖灿实地调研后的统计数字说明，从文字的上游越往下游走，经书数量越呈现加倍增长的情况。洛吉中村的汝卡东巴习文开的经书有 80 到 100 册，而到了中甸白地和久戛吉东巴则达到了 352 种之多，继续南下到丽江，经书增加到 500 册左右，往西北再到巨甸、鲁甸，光从和世俊家中就统计到 620 册。经书数量不断增加，与宗教活动频繁、经济条件改善有很大的关系。白地是东巴文化的圣地，传说中的阿明什罗是东巴的祖师爷，那里曾经出过很多位有名的大东巴。而在巨甸也曾出现过公开授徒这种具有现代教育形态特征的"东巴学堂"。丽江坝子是纳西族的经济文化中心，自然也给东巴之间的交流提供了更大的便利。由于东巴教的兴盛，宗教活动比较频繁，东巴们往往会根据仪式的需要，增加新的内容到经书中来，甚至自创新的经书。"祭风"仪式是纳西族三大祭祀活动之一，本是为"非正常死亡"的死者举行的仪式，其主要祭祀的神灵是个名叫"达勒阿萨命（达勒村的阿萨姑娘）"的女魔。和志武考证达勒在中甸金沙乡与丽江隔河相对①。此外，在祭风经中被祭祀的另外六位女神，也都是生活在维西、丽江、巨甸、虎跳峡和大理等地，因此，经文中经常出现的也是描述丽江玉龙雪山的美丽诗句。丽江地区在清代"改土归流"之后，传统的自由恋爱的婚恋习俗被残酷的婚配制度所代替，在多种社会压力之下，当地不少年轻男女选择结伴殉情自杀，所以祭风仪式经常举行。而我们在上游的汝卡地区并没有发现这些内容，显然是后来的东巴新增进来的。

作为东巴教流传的一项传统，东巴重新创作新的仪式和经文，并书写成册，直到现在还时有发现。丽江东巴所的和力民研究员，本身也是一名东巴。因为每年都要为丽江的小学生举行成人礼仪式，于是从传统东巴经中抽取有意义的片段，结合新的内容重新写了一本经书。东巴经在流传过程中，因为各种原因会有部分经书被淘汰或者流失，同时又会有新的更有生命力的经书出现，并被大家所接受、使用，这也是东巴教虽历经磨难而保持活力的内在动因。

2. 东巴文新的字形时有出现、文字总量在增加

文字总字数随着记录语言的需要，总是不断有新的字形被创造出来。一个原因是记录语言更精确，需要有足够的单字来记录语言中的词。而且语言的发展本身就会创造越来越多的新词，比如新事物、新观念的出现等，客观上给文

---

① 和志武：《祭风仪式及木牌画谱》，云南人民出版社 1992 年版，第 134 页。

字总数以源源不断的助推力。下面分别简要论述新文字创造的情况。

（1）新事物出现而造新字

丽江由于交通更加便捷，许多新的事物也出现在语言文字中，如 ⟨图⟩[谱 0386]（骆驼）、⟨图⟩[谱 0142]（珊瑚）、⟨图⟩[俄 0971]（枪）、⟨图⟩[谱 1018]（城）、⟨图⟩[谱 1022]（庙）、⟨图⟩[谱 1024]（城堡）、⟨图⟩[谱 1103]（古筝）、⟨图⟩[谱 1105]（葫芦丝），这些字都是文字上游或者俄亚、达祖等偏远地区没有的新字。其实，每个地方的东巴都会自创一些新的字形出来，东巴文本来就是各地东巴们在长期不断相互交流，又独立发展的基础上形成的民族文字系统。

（2）造新字以替换假借字

星宿名"三星座 çy³³tho²¹"在东坝为假借字 ⟨图⟩[东]（又作 ⟨图⟩ so³³tho²¹），丽江造象形字。。°[谱 0007]，俄亚作⟨图⟩[俄 0007]çy³³tho²¹。

"北斗七星 ʂɿ¹³³xo⁵⁵"字在东坝有两种写法，一是用数字七 ⟨图⟩[东]记录星名的第一个音节，二是作 ⟨图⟩，画七颗星，并用 ⟨图⟩记录第二个音节。达祖作⟨图⟩[泸]，俄亚作⟨图⟩[俄 0008]，丽江造象形字⟨图⟩[谱 0008]。

"晒干 pv²¹"字在俄亚借音近的"蒸锅⟨图⟩[俄 0041]"字，丽江、达祖造会意字作⟨图⟩[谱 0041]、⟨图⟩[泸]；而上游的白地、东坝均无此字。

（3）改变构意

新造一个构意不同的字以替换原字，新字表意更加准确，或者体现造新字者的不同思维认识。

"阴天"字在白地作 ⟨图⟩[吴]、⟨图⟩[东]，像人头上顶着天，表意不明。到了丽江以下，则改作⟨图⟩[谱 0033]、⟨图⟩[俄 0033]、⟨图⟩[泸]，像天空布满云层。

"曙光 so²¹"俄亚借西藏字母转写作⟨图⟩[俄 0044]，丽江在造形声字作

[图]$[谱 0044]。

"日出 ŋi^{33}me^{33}（太阳）mbo^{21}（梁子）kv^{33}（高）thv^{33}（出）"与"日落 ŋi^{33}me^{33}（太阳）gv^{21}（落）"是一对相反的概念。白地汝卡字分别作：[图][吴]、[图][吴]，前字为字组，后字用声符"蛋"替换形符太阳；达祖作：[图][泸]、[图][泸]，后字通过涂黑太阳圆心来表示阳光暗淡；丽江作：[图][谱 0047]、[图][谱 0048]，用光线的指向表示太阳运行的方向；俄亚作：[图][俄 0047]、[图][俄 0048]，除了用太阳位置的高低示意外，添加声符表意。

"稀泥"字东坝写作象形字[图][东]，达祖添形符"土地"作[图][泸]，表意还是不够明白，丽江、俄亚再加"水"而成[图][谱 0130]、[图][俄 0130]。

（4）造新字以更准确地记录语言

文字脱胎于图画，从图画式的东巴经中，一部分独立出来而成新字。如汝卡经书中有一句经文写作[图]，讲述的大意是人们在阳光、月光下生活，东坝并没有专门的"光明"一词，更没有专字。丽江以下的纳西语言已经有了"光明 mbu^{33}"一词，并从经书中分离出太阳与月亮两部分来作为专字：[图][泸]、[图][谱 0035]（又作[图]）；此外，依象形法补充新字，如俄亚造了丽江等其他地方没有的[图]（李树）、[图]（桃树）、[图]（梨树）、[图]（狼毒花），丽江字里也有很多新造的植物类单字。为了记录表抽象意义的词，新造了形声字如[图][谱 0189]（粗）、[图][谱 0190]（细），用改变原字而造新字[图][谱 0156]（熄），等。

语言中的虚词只有语法功能，而没有可以描绘的理据意义，所以东巴经的虚词基本都是假借字。很多学者认为汉字的假借字也是一种造字，裘锡圭的新三书就把假借作为其中之一。但是，东巴文记录虚词的字形不全是假借字。黄思贤把助词[图]pu^{55}作为假借字[①]，据我们对俄亚纳西语言的调查，"pu^{55}"作为

---

① 黄思贤：《纳西东巴文献用字研究》，华东师大博士论文，2008 年，第 69 页。

标示补语的助词，其原始义应该来自动词"带 pu⁵⁵"，⚟字字形记录的本义正是"带、拿"，所以，助词⚟pu⁵⁵不是假借字，而是词义虚化的结果①。

（5）"声化"

新造字体现出明显的"表音"化趋势，有的学者称之为"声化"。

李霖灿发现鲁甸的东巴经中开始借用汉字的"上、下、犬"来记音，后来更是自创了全表音体系的新文字——哥巴文。王元鹿通过对东巴文两头（传播的源头与末端）字形的比较，认为鲁甸字的意音写词法已经相当成熟，并成为东巴文发展的最高峰。前文已经论述过意音字的形成方式，这里再就表音化归纳其几种类型：

1）在原表意字旁添加表音成分以增加表词能力。

会意字⚟（献 ʐu³³），像人向神灵敬献饭食，再加声符⚟（锥子 tɕu⁵⁵）而成⚟字。

"打猎瞭望"（xy²¹猎物 pa²¹瞭望）字俄亚是会意字⚟[俄 0628]，从人坐梁子上瞭望，加义符"眼睛"。丽江字⚟[谱 0628]添加声符⚟（ba⁵⁵）而成形声字。

"说 ɕə³³"字东坝⚟[东 0645]像人张嘴之形，丽江⚟[谱 0645]是广义象形字，俄亚添加音近汉字"下"作声符而成⚟[俄 0645]。俄亚的"唱 go²¹"字也是由⚟[谱 0647]添加声符而成⚟[俄 0647]。

2）直接将原表意字换成形声字。

"背阴之山 da²¹（⚟[泸]月光）phu⁵⁵"丽江作⚟[谱 0042f1]，画月光照山岩而有阴暗之义，俄亚造形声字⚟[俄 0042f1]，镰刀（da²¹）替换月亮并提示读音。

---

① 拙著：《俄亚托地村纳西语言文字研究》，第 78 页。

"撒种"（ʂər⁵⁵种子 phv³³撒）字丽江和达祖写作 🐾、🐾[谱 0624]、🐾[泸]，

俄亚改作从人，∕ri̍ᵗ³³（量）、Ʊphv³³（雄）声的形声字🐾[俄 0624]。

🐾[俄 0607]（拿 z̩ᵗ²¹），丽江作🐾[谱 0607]，从人，🌿（z̩³³，青稞）声。我们有理由相信，下面一组记录和手有关的动词的字，都是用声符来替换人手所持之物：🐾[俄 0777]（握 tʂʰᵢ̍ᵗ³³）、🐾[俄 0608]/🐾[谱 0608]（得到 diʷ³³）、🐾[俄 0609]（买 xæ²¹）、🐾[俄 0610]（卖 tɕhi³³）。

形声字声符逐渐替换形符，也是东巴文的声化表现，客观上既增强了文字表意的能力，又不致字形更加复杂。逻辑上来看，声符替换形符或义符，是以削弱字形的表义功能为代价的，应该有个逐渐演变的过程。如[俄 0615] 🐾（ndz̩³³吃），以饭在人口中会意，丽江字写作🐾。这里用🔴代替抽象的食物，反映了思维的抽象。

古老的俄亚字形中，恰好为我们保留了诸多例证。[0853] 🔥（xo³³dʑi²¹），（骨头）汤。象锅中炖肉、骨，骨（🦴xo³³）、水（🌀dʑi²¹）声。丽江以声符骨（🦴xo³³）替换肉、骨，字作🔥，亦声字。上述🔵（甜）字写作🔵，是一个会意字添加声符的形声字，声符在置向上还没有替换表示食物的形符，体现出俄亚字形的古老。而在🔵字中则与丽江字无异。这些字例反映出这样一条信息，即：在以原始形声字为代表的字形的简化过程中，用声符直接替换表形构件而成新的形声字，俄亚还处在不彻底的演化进程中。

3. 东巴文记录经书的疏密程度愈加紧密

一般来说，东巴文记录东巴经文是采取"速记式"的方法。就是经书中每格只写出部分文字，但是念诵的时候，却可以念出很多个字出来，甚至读了很长的一段经文了，却还在那一格没挪窝。原因就在于，东巴本就不是在照着经书读经，而是先就已经跟师傅把经文背下来了，其实也大可不必手拿经书来照

着念，经书只是起到某些辅助记忆或者提示作用。所以最初师傅把经文写在纸上的时候，就不是逐字逐句地记下来的，而是只选择经文中的关键字词，相当于我们今天的速记法。由于东巴经多是以神灵故事为主，具有很强的情节内容，所以，东巴在写的时候也尽量利用象形文字的图画性来构图布局，更可以节省大量的篇幅。如果不是事先已经学过并熟读经文，即使一字字来读这蜻蜓点水式的经书，也是不可能读下来的。我们在白地用了一个月时间，请老东巴和志本逐字逐句地翻译了《创世纪（崇搬图）》，该本经书共 36 页，下图是白地东巴经中的第八页，以及我们翻译时记录的手稿。

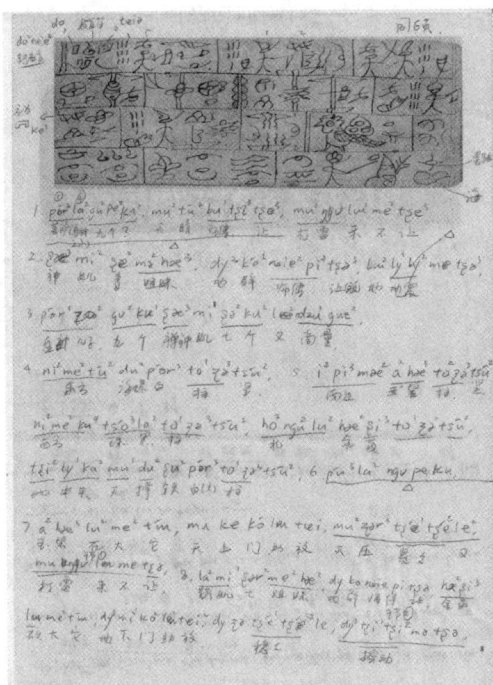

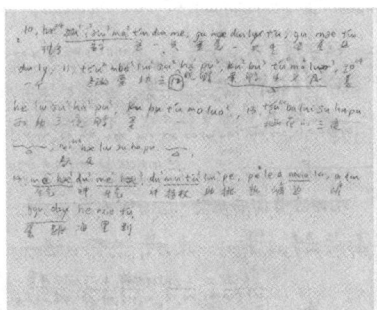

本页经书共 14 格 77 字，但是我们记录的经文却有 222 个词，记录比例是

1∶2.9，但这还不是密度最低的，如果整本经书统计下来，一定会突破1∶3.5。

由于先有经文，后才有经书，经师先已熟背于心，书写下来的目的，只是便于记忆，启发音读。同一部经文，由不同的经师写下来，往往因个人差异、喜好等的不同，而会在字数、字形等方面呈现不同的面貌。这样，即使全部认识了这种文字，不经东巴本人解释，别人几乎不能明白经书的内容。还有一种情况，就是过去的东巴经师在书写过程中，为防止别人偷学了经书去，在保证自己能识读的前提下，往往有意采取省略一些字等方法，故意让经书难以看懂，于是，外人就更是看不懂它们了。长久以往，东巴们已经习惯了这样一种不是照着书去念的诵经方式了。李静生当年曾问过在丽江东巴文化研究所工作的老东巴和云彩，他说：这种写得"疏散"的书，作仪时便于调整吟诵的拖音时间，以应仪式中的鼓点和节奏，书写得"太紧"，反而就不好诵读了[①]。

经书中有记录咒语的部分，由于诵读时不能出差错，东巴往往会一字不落地逐字书写下来。此外，东巴在书写完一册经书后，往往要在后面附上"跋语"，东巴文还被广泛使用在如地契、书信、账本等应用性文献中，由于这些文献的作用不同于经书，必须详细记录语词，差不多都是逐词记录语言的[②]。

这种紧密记录语言的抄写方式，成为处于东巴文下游地区的特点，鲁甸的东巴们甚至到了逐字记录经文的地步，下图是鲁甸东巴垛琪抄写的《迎素神》经中的一页（《全集》2卷27页）：

本页共13节139字，经文有184词，记录比例是1∶1.3。密度高过白地经书两至三倍。

直观比较白地和鲁甸两地经书，白地经书更加通过文字的图画式场景来表达经文的内容，如该页最后一格：

---

① 李静生：《纳西东巴文字概论》，云南民族出版社2009年版，第139页。
② 据喻遂生师《纳西东巴文应用性文献的语言文字考察》等文的统计，绝大部分都是100%地记录语言，剩下的也在93%以上，而且为了详细记录语言，假借字的使用率最低有58%，最高的竟达96%。

经文的大意是：菩萨很生气，用法杖将蛋挑到山崖边，蛋滚落到海里。经文有 22 个字，但仅用 8 个字，借助"菩萨、法杖、蛋、山崖、跳动的蛋和海"几个字构成的图画式场景，把经文记录了下来。

而鲁甸的经书就没有这样的构图和场景，字与字的书写顺序也比较整齐，基本与语言单位的线性排列一致。正因为不再依靠字与字之间的位置表意，每个单字的独立性才得以释放，象形程度不再那么重要，也为文字的符号化，进而为更加抽象的、表音系统的哥巴文的出现提供了可能。我们将在文字的性质一节再讨论此问题。

二、东巴文的字体演变

文字经过长期发展，在字形体态、字数、表词方式（即上文讨论的"造字结构"）等方面会连续不断地发生演变。本小节主要讨论纳西东巴文字体的变化特点，由于字体的改变与表词方式亦有紧密的关系，所以也会涉及到此问题。

一种文字的形体，与其书写方式有直接的关系。甲骨文是用刀在坚硬的龟甲兽骨上刻写的，所以笔画多以直线为主。而同期甚至稍晚的金文，因为是在较软的泥范上刻画，所以笔画受限制少，反而显得更加繁复、象形。如：

車：（一期甲骨）　（商代金文）

牛：（一期甲骨）　　（商代金文）

五千多年前的"丁头字"也是象形文字，后来改用笔头是三角形的"簪笔"在软的泥版上"压写"，表意性逐渐减弱，演变成了表音的字母（如下图）。

西方字母文字的雏形——腓尼基文字，就是从古埃及象形文字中借得一点字形，又从丁头字里简化了一些而来。

东巴文是用削尖的竹笔在东巴们自制的土纸上书写，直到今日，白地的东巴还沿用这一传统的方式。因此，形符仍然是现在通行的东巴文的主要构件。从造字结构来看，95%以上的文字是形符构成的，剩下不到 5%的文字其构件也是象形程度很高的"义符"。但是，一种文字传承了一千多年，尽管演变得很缓慢①，一定会有变化。加之过去东巴们彼此相隔遥远，交往不便，时间长了，写法就会有些不同。已有不少学者从简化、增繁、符号、讹变等方面研究过东巴文的演变问题②。由于他们所研究的材料多取自字典，不能区分这些字形所在的时代，所以得出的"简化"或者"增繁"的结论大多值得商榷。我们知道，东巴经的分期断代问题一直是学界倍感棘手的，在还未能找到可靠标准之前，需要谨慎选择研究的材料。俄亚、达祖的纳西族均源自 400 年前的丽江，语言文字同出一源，我们结合两地的田野材料和丽江字形对比，略论东巴文体态变化的问题。

1. 东巴文体态演变类型

（1）符号化

学术界对此概念的理解不尽准确③。王元鹿给的定义是"文字的符号体态由具体、写实向抽象、写意方向发展的现象。"（王元鹿 2009）我们重新定义为：符号化，是象形文字的构件或者整体的形态由具体、写实向抽象、写意方向发展的过程。此过程一般也是简化的结果。下面分别具体论述：

1）字形符号化是思维抽象的产物。

对事物的认识总是从具体开始的，当一类具有共同特征的事物被人们发现之后，我们习惯把它们放在一起。体现在文字造字过程中，就是用一个表示这

一共同体征的来自具体事物的形符，代表这一类事物。汉字甲骨文的 ⺘（又，

---

① 俄亚纳西族离开丽江近 500 年，两地的方言通话基本无碍，文字也有高达 85%以上的相同率。参见拙著《俄亚托地村纳西语言文字研究》有关章节。

② 王元鹿：《纳西族东巴文符号化简论》，《兰州学刊》2009 年第 11 期；刘悦：《基于异体现象描述的东巴文字发展研究》，华东师范大学博士论文 2010 年。

③ 裘锡圭将象形文字的形符"象形程度降低"视为"符号"，后又称为"记号"，参见拙著有关讨论。"符号"是语言学中有严格界定的术语，其具有两项属性：由形式与内容组成；且二者的结合是任意约定的。汉字"⺘（手之形）"演变到"又"，字形"又"绝不是任意的"符号"，其变化路径一目了然。而"鸡（雞）、欢（歡）"字中的"又"则被用来替换繁体字中的复杂构件，是名符其实的"记号"。由此看来，有的学者称汉字的"字符"为"构件"应该更为科学。王元鹿在为"符号化"下的定义中也有此疏漏。

表示手）、❘（止，表示脚趾）由具体的形符类化为"手部行为、人的运功"意义后，字形上便简化为象形度减低的符号性的字符。

俄亚字 ⿰mby²¹，"分配，分开"之义。◦◟[谱 1178]。)(字形表示"分"义，总是和"分"的具体对象一起构字表词，如)(字以圆圈表示泛义的物品，⿰ 字分的是 ⿰（kha⁵⁵，蹄子），⿰ 分的是财产（粮食），当思维进一步抽象，)(在文字中总是表示相对固定的音义，遂脱离出来独立成字，在白地有)(字，音 tʂua⁵⁵，"隔开"的意思。曾按：汉古文字中的"分"甲骨文作 ⿰，《说文•八部》："分，别也。从八，从刀，刀以分别物也。"《说文》又云"八，分也。"高鸿缙："八之意本为分，取假象分背之形，指事字"，汉古文字和东巴文在表达同样的意义上，恰好选择了几乎完全一样的字形)(，不是巧合，)(本就像"分背之形"，似以手分隔某物。

东巴文 "⿰[谱 0582y1]（ȵy⁵⁵抖）"字像人四肢发抖之状，曲线表达的是动态的抖动之形。当发现其他事物也有"抖动"的情况之后，"曲线"成为这一个现象的代表符号，于是新造了从 ⿰ "，⿰ndʐ̩t²¹（犁辕）声的"⿰ndʐ̩t²¹，惊"字；⿰ri³³ly⁵⁵ly³³，地震；等等。

2）书写过程的简化。

伴随着字形符号化的经常是字形的由繁趋简，具体表现有：

a. 连笔速写

W，达祖人情账本有这样一个类似"W"的字，常置于数字之后，如 ⿰（ro³³khua³³四碗）。我们判定是"碗"字，其写法主要有如下"⿰、⿰、⿰、⿰、W"，其实是由 ⿰F0901]忽略底座而成的 ⿰ 快写而来，即"⿰→⿰→⿰→⿰→⿰→W"。

"碗"字俄亚作 ⿰，是一种较小的碗，它以树根部长出的疙瘩为原料，手工雕制而成（下图左）；大的一种叫作 pa⁵⁵（小盆），也是木料雕刻而成（下图右）。纳西族民间还在用 khua³³来喝酒，而 pa⁵⁵只在俄亚老乡家有发现，但几乎没人在用它了。

还比如"篮子 [谱 1037]"，俄亚作 ，达祖则一笔连写为 。

b. 原描摹事物的曲线、轮廓，变为简单的直线。甲骨文因为刻写困难，多采用较直的线条来记录事物的主要特征，如 羊、羌、牛等，从字形的符号化程度来看，甲骨文已是很成熟的文字。东巴文比较起来，还处于相当初期的阶段，但已经有这样的萌芽。

曲线——直线：

（菌子）—— 、、、；　　（天）—— ；

（漏）—— [东]；　　（黄金扣）—— （黄色）；

轮廓——直线：

（后裔，从蛋破尾）—— —— [谱 0283]；　（耙）—— ；

（粮架）—— [东]　；　（筷篮）—— [泸]；

c. 由构图中独立出来。图画记事为了表达需要，描摹事物比较完整，场景也较丰富。记录更小内容的字形很容易从较大的构图中被截取出来。

、[谱 0718]是"舌头 çiə³³"，本是个从人（或口）从舌头的合体象形字，达祖字从中独立出来，而成 ，俄亚作 。象形文字本就来自图画记事，本来用一幅图来描述一件事情，图中的某些部分独立出来专门表达一个意义之后，就进入了原始文字阶段。此例独立过了头，几成记号。

其他的比如：

（拣）——　　； （拿）——　　； （握）——　　；

（织）——　　； （打铁）——　　； （塞）——　　；

d. 简化装饰性笔画等烦琐部分。图画与文字的的根本区别不在与文字字形的繁简，但是，成熟的文字一定是朝着趋简的方向发展。

[谱 0135]字本义是金领扣，四条曲线代表闪闪金光，借作"金 xæ³¹"。

俄亚写作 　，饰笔还在。达祖此字有两种写法， 书写在封面等地方，而

在正文中则简写作 　。再如：

（蒸笼）——　　； （瓦罐）——　　； （旗）——　　；

（尺子）——　　； （面）——　　； （署神）——　　。

e. 字形位置朝向改变。文字在流播中，因为后人不明字源，经常把字的位置写错，是该字离字源更远，遂成完全的符号。

te³³，又作 　， 字源不明。俄亚有一个与其形音相近的字 diʷ³³，

常用来表"放、置"义。"放、置"在其他地区又造有专字 [泸]（从锅 从

锅庄石 ，会"置放 tɯ²¹"义）。动词"置放"引申出"方位 tɯ²¹"义，李

霖灿释 [泸]："方法也、位置也、地位也、云画方位之所在。"让人难以确

信。和力民先生认为字形 象铁匠打铁的铁凳之形。有的一边敲掉了，即成

形。 字应该是东巴不明字源后，书写随意导致置向改变所致。和说可从。

（2）讹变

指文字的结构从有理据到无理据的变化。（刘：2010）汉字在隶变中，常有讹变的情况。"塞——塞、塞——塞"两字所从之"共"在小篆之前的古文字中是不同的构件，体现不同的构意，从隶书开始讹变混同后，构意尽失。东巴文讹变也有多种情况。

1） le⁵⁵，又作 　，沱茶。以前的茶叶都是压制成圆形形状的。俄亚有

✦le⁵⁵字，与此✦字应是异体关系，字源有不同说法。俄亚认为✦字是"折断"（le⁵⁵），树枝折断又未断开的样子。喻遂生师有专文（喻：40 页）考证✦字的字源是同音的"砖茶✦、✦"字，字上曲线表示此物为"喝"的茶，以区别于形近字"饵块"。并揭示了字形演变的轨迹：✦（圆形茶砖）→✦（上部变尖）、✦（上部出头）→✦、✦、✦、✦（变瘦变直，下横省略）→✦（右下笔拉平）、✦（加笔画）。"茶"这一说更合理些。今达祖字形可以补正这个观点，大致处在上述发展轨迹的第二至第三阶段之间，即✦→✦→✦。

再如"大"字，✦[谱 1161]，方氏以为"肥胖"之形。李霖灿以为乃大腹便便之人形，并结合各地字形描绘出其演变路径：✦、✦、✦、✦、✦。

（李：23）其实，该字在达祖写作✦di^{w21}，大酒坛的意思，✦更像，其左右两边各有一个提手，口圆。现在俄亚村里还有这种半人高的大酒坛（见下图）。因为相比起小酒坛（kə²¹zo³³）而言，"大"意由此而生。俄亚还保留了小酒坛的字形✦。（zo³³，音同"男子 zo³³，纳西语中"小"常用 zo³³，而"大"常用"母亲✦me³³"。这是母系社会的家庭关系在语言文字中的遗留。）

✦di^{w21}，大酒坛。

2) ⿰ gv²¹，弯腰。李霖灿作 ⿰ [泸]，认为是指事字，腰部弧线指示字意所在。按：疑不确。⿰字与表弯腰、驼背之类的字"⿰（bv²¹，匍匐、驼背。⿰[谱0586]"是一组同源字的关系。⿰分两笔画出下垂的两臂，而⿰、⿰一笔完成，就会在背部成一个圆包状，有的东巴自然会把⿰、⿰经过文字的"理据重构①"为⿰[泸]。

字形讹变的结果，不一定是字形的简化，理据重构的结果往往也带来字形的繁华。如"解"字作⿰[谱1118]，实际是由"散⿰[谱1117]"字讹变而来，字像一木棍上绳子散开之状。流传到鲁甸之后，大家已不明字源，只知道此字与解开绳子有关，于是添加一节绳子成⿰，却不知放错了位置，把木棍当作绳子了。

2. 东巴文体态演变的动因

文字是记录语言的，研究文字的演变，自然要从文字的实际使用中去寻找其发展规律。

（1）书写上的求便利、随意是直接原因

东巴并非专职的祭司，只有趁忙里偷闲的功夫，才在家中抄写经书，为了追求速度而省略或改变字形的笔画和结构，加之个人风格不同，往往一个村子里的东巴写出来的字都会不同。经过多年的累积，终于导致字形的突变。

---

① "理据重构"是王宁先生提出来的。汉字在传承中，因多种原因使字形发生改变，于是后人对字的结构产生新的解释，比如射字金文作⿰，像一手持弓，是个合体会意字，小篆作⿰，弓形变成"身"，箭形变成了义化构件"矢"，会以身体射箭的意思。又作⿰，把表示手的"又"变成了"寸"，在小篆里，凡是具有法度意义的行为，字从"又"的都变"寸"，射箭与礼仪规范有关，所以"又"变"寸"。从这类王宁称作"理据重构"的现象来看，表词方式的转变造成了字形的重构，从而改变了造字的方式。

（2）字形表意程度的下降是根本原因

文字在长期的流播中，象形字所记录的物象可能会消失或者改变，导致原字形无物可像；会意字的造字理据没有被后人理解，形声字随着语音的改变变得表音不准甚至不再表音，等等，都会造成字形与所记录的词语中间的关系出现脱节。东巴在书写中失去了理据上的约束，其抄写的结果就可能出现偏差，最终导致讹变。

（3）语言思维的抽象性，要求记录语言的文字具有一定的宽适度

人类对客观世界的认识，遵循从具体到抽象，一般到普通的规律。可是在创造文字的阶段，又都是为着记录某一个具体的目的，当这个概念被认知为具有某一类事物的共同特征之后，就会跨越原有的范畴而被用来记录这一类事物，导致字形中标注具体内容的构件被边缘化，成为字形变化的"高发地"。比如"人"一词，东巴文表"人"的字，其异体字极多，这也是为了表达"人"所具有的多方面属性而设，用帽子区别 ⚊ 男和 ⚊ 女；头发长短的 ⚊ 爷爷和 ⚊ 奶奶；不同服饰的 ⚊ 客人、⚊ 白族、⚊ 普米族；而盘腿而坐的长发男性是 ⚊ 官；等等，为适应语言中普通的概念"人"，而简化为"⚊"字。汉字的情况也与此相似。

（4）单字的象形性、行文布局的"图画性"仍然是主流

当我们翻看着一本东巴经，好似在看一本连环画册。我们看到，传承了千年的东巴文尽管体态发生了各类变化，仍然没有完全脱离图画阶段的某些特征。这也是文字学家在讨论东巴文的性质时颇感头疼的问题。给一种文字定性，不仅从文字的体态方面，也要从文字记录语言的方式（文字制度）去考量。东巴是纳西族里一类特殊的人才，能画能唱能跳，一些东巴的绘画技能已经达到今天专业画家的水准。东巴文是为着记录东巴经的初衷而创造，自然不可避免地将东巴画的技法与构图融入其中。我们看到东巴文中记录各类鬼神的文字仍然栩栩如生，如：⚊ 三尊神、⚊ 尤玛、⚊ 暑神、⚊ 女魔王；经书中大部分字形还保留着原始造字时期的面貌，如植物类的 ⚊ 柏、⚊ 核桃、⚊ 藤；动物类的 ⚊ 孔雀、⚊ 燕子，行为类的 ⚊ 站立、⚊ 摔、⚊ 做（农活）等等。

我们以经典"文字谱"所录《创世纪》中的一节为例[①]。

这一节讲述的大意是："衬恒布白命"她在织布的时候，斑鸠飞来歇在篱笆上，崇忍丽恩带来弓箭，瞄了三瞄，"衬恒布白命"口中说：射呀！射呀！赶快拿起来织布的梭子，向崇忍丽恩的手肘上一戳，箭就飞出去，正射在斑鸠的嗉子上。……

由于先有经文，后才有经书，经师先已熟背于心，书写下来的目的，只是便于记忆，启发音读。字与字之间通过图画性的布局，能够表达彼此之间的语义关系，而不是严格按照语序来记录语言，这样的一种文字制度，既可以防止别人偷书学艺，自己携带起来也要方便很多。

我们看到，东巴文单字为了图画性的布局，其体态的演变实际上是受制于这种文字制度的需要的。一个单字如果过于抽象，其于构图中的能力会下降，影响与其他字形"记录"东巴经语言的能力，这也是东巴文总体看来演变缓慢的主要原因。另一个重要原因是，一代代的东巴在传抄经书过程中，应该也是比较严格地遵循了祖宗的教规，和志武指出："宗教徒保持性强，墨守成规，惟世易时移，继续有发展，时有新义及新字，但大体保存其旧，从原来传至现在的经书，略可知初作经书之大概。"[②]我们在本章第四节谈东巴文性质的问题时，将更加深入地阐述这一观点。

---

① 方国瑜：《纳西象形文字谱》，云南大学出版社 2005 年版，第 504 页。
② 和志武：《纳西应用文字举例》，载《纳西象形文字谱》，云南大学出版社 2005 年版。

第二节 东巴象形文与同类型古文字比较

从世界范围来看，汉字是"寿命"最长的文字。从公元前 1000 多年前的殷商甲骨文开始，汉字一直没有改变表意体系的意音文字性质。但是，最早的人类成系统的文字却还要早过 2000 年。在公元前 3200 年的北非尼罗河流域，古埃及人已经有了自己的象形文字"圣书字"。而几乎是同一时期，两河流域的苏美尔人已经在泥版上使用一种原始楔形文字"丁头字"。中美洲的玛雅象形文字大约形成于公元纪年前不久，玛雅文明在 16 世纪被西班牙殖民者摧毁。二战之后，随着考古发掘了城址遗物，玛雅文字被破译，神秘的玛雅文明才重新被世人所知。

人类都是从图画寻找到文字创造的突破口，因此，古老的自源文字大多选择了表意文字的路线。西方学者对古文字的研究，多集中在考古发掘与古文字的破译上。国内学者则利用两千年来逐渐成熟的汉字理论，来研究各种专门文字的结构、与语言的关系等问题。并以此为基础，把汉古文字与它们一一比较，进而形成为一门新兴的文字学分支——比较文字学。这对于文字的起源与发展、文字与思维等文字学的基本问题是极有价值的。周有光的《比较文字学初探》、王元鹿的《普通文字学概论》、《比较文字学》为学科的发展提出了理论指导。目前，国内较有影响的研究机构有：华东师范大学中国文字研究与应用中心、西南大学中国少数民族文字研究中心和中国海洋大学文新学院，已经完成了多届硕博毕业论文，基本形成了"三驾马车"并驾齐驱的局面。尤其值得一提的是，亚述学家拱玉书、埃及学者颜海英和考古学家葛英会合著的《苏美尔、埃及、中国古文字比较研究》，材料翔实，所论述的关于文字起源、陶符的性质等问题，非常值得我们认真思考。

汉语"文字"二字意义有所分工，"文"字甲骨文写作 ，本义是"文身"；

"字"金文写作 ，本义是"生育、哺乳"。古人认为，那些画成其物的象形字才是"文"，然后通过"文"的组合才孳乳出新的"字"，二者共同构成了汉字系统。这一分类已经显示出了很高的文字发展观。"近取诸身，远取诸物"是表意文字的取象手段，而象形字是表意文字体系的基础。

前人已经分别把汉古文字与其他象形文字作了比较，本节将以东巴文、甲骨文、苏美尔原始楔形文字、圣书字的象形字为对象，比较它们取象成字的特征，分析社会、文化、心理等因素与造字构意的关系。

一、象形字比较

象形字是古文字的基础部分，前人为了研究它做过很多分类。唐兰的古文字造字"三书说"包含"象形、象意、形声"，在谈到为何要把同是依靠图像表达意义的"象形"与"象意"分开的问题时，唐兰认为"每一个象形文字，可以分化出很多的文字，它虽和独体象意字相仿，可总比后者发生得早，由于历史的看法我们也应该把它们区别成两类"。郑樵把象形字分"成生"与"侧身"两大类。唐兰"象形"一类依据取象再分作"象身、象物、象工、象事"四种。

王元鹿、黄亚平先生分别指导了几届硕士和博士论文，从造字、表词等方面，与甲骨文作了两两对比，也发表了详细的字表可供学界继续研究[①]。我们以这些材料为研究对象，按照文字的意义类别，从天文、地理、植物、动物、人及其行为、宗教、工具、建筑等八个方面，综合比较东巴文、甲骨文、苏美尔原始楔形文、古埃及圣书字、玛雅文的象形字。

1. 天文

天文（Astronomy）学是观察和研究宇宙间天体的学科，它研究天体的分布、运动、位置、状态、结构、组成、性质及起源和演化。本文为了分类的简便，凡地表以上的范围都算作此类，包括抽象的"天"，以及大气运动所形成的"云、雨、雷电"等。

甲骨文中有关天文的文字不多，可以大致例举如下：

月、 日（ ）、 云、 雨、 申（电）、 气、 虹、 日晕、 星、 晶（星）、 雹。

东巴文天文类字形很多：

天、 日、 月、 星、 北斗、 云、 虹、 雨、 雹、 雪、 电、 雷、 风、 气、 陨星、 日晕、

---

① 除非专门指出来源，所引用的楔形文、圣书字、玛雅文字形来自以下文献的字表：杨冬冬：《甲骨文与苏美尔原始楔形文字象形字比较研究》，中国海洋大学硕士论文，2010年；侯霞：《甲骨文与玛雅文象形字比较研究》，中国海洋大学硕士论文，2008年；陈永生：《古汉字与古埃及圣书字表词方式的比较研究》，华东师范大学博士论文，2010年。

月蚀。此外，东巴文有二十四星宿字，但每一宿在各地写法与读法都不统一。

玛雅文有：

月、云、金星。

圣书字表达天象类的字不多：

天空、闪电、雨、日、（）月、星。

楔形文象形字中天象字更少：

星、日、雨。（请注意，楔形字在书写时故意逆时针旋转了90度，因此释读字义时，要相应地将字形顺时针回转。）

归纳以上各种文字以成下表：

汉义	甲骨文	东巴文	玛雅文	圣书字	楔形文
日	、				
月				、	
天					
星	、				
雨					
气					

东巴文天文类字形最多，玛雅文最少。天象是古人最早观测的对象并因此形成了早期的历法，纳西族有自己的历法。至今俄亚的东巴还通过观测星象来决定新年的日子。纳西东巴经里有专门的"看日子"占卜经书，根据天象占卜吉凶，这也是东巴文天文类文字较多的原因。

商代观测"岁"星的运行而形成"年"的时间范畴。玛雅人有先进的"卓尔金历"来管理宗教等事务。比较这几种文字的天文类字形，可以看出"日、月、雨、星"有很大的一致性，尤其是三个"日"字中心都有一点，学者认为甲骨文中心一点是为了与方形或圆形符号相区别，但是很难解释东巴文、圣书字也是为了同样的目的而恰好选择了几乎完全一样的手法。我们认为中心那一点应该是有具体所指，而不是区别性符号。在许多民族的原始崇拜中，太阳象征着力量之神，而且都与驾车有关。中国远古传说中的羲和是一位太阳女神，《楚辞·离骚》中"吾令羲和弭节兮，望崦嵫而无迫"一句描述她帮太阳赶着马车的情景。古希腊神话中的神赫利俄斯是驾着太阳车的太阳神。东巴文认为太阳像一个火轮，所以还有辐条，而且中心代表能量的核心，向外呈弯曲状的线条可以表示热力四射之感。东巴文与圣书字的"月"字都在月牙字中部添加一半圆状图案，结合"日"字中心圆圈表示核心的构意，古人认为月亮也有一个核心，因此才在月牙上描绘出来。

太阳神。（图片来自互联网）

2. 地理

山川河流等是人类赖以生存的场所，很早就进入到了文字系统中。甲骨文字形有：

⛰山、⛰丘、岳、水、川、土、田田、泉、石、行。

东巴文：

山、深山、雪山、山岭、岗、水、泉、波浪、

山谷、水渠、海子、塘、土地、田、石、路。

玛雅文：

石头？、山、水、。

楔形文：

水、土堆、道路、山、河道分叉、沼泽。

圣书字：

169

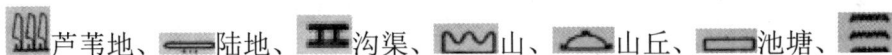

芦苇地、陆地、沟渠、山、山丘、池塘、水。

地理类字可归纳下表：

汉义	甲骨文	东巴文	玛雅文	圣书字	楔形文
山					
水					
土地					
泉					
路					
石					
丘					

东巴文与山有关的字特别多，这与纳西族生活在横断山脉的河谷地带有关，而且从纳西人的眼中看到的都是高山绝岭、高山牧场。其他四种文字的山字取山峰之状，楔形文字的山看似沙漠中隆起的沙丘。

"水"字构意各地不同，甲骨文、东巴文和楔形文都是取河道流水之形，玛雅文是池塘之状，圣书字取水波。

"路"字玛雅文取脚印而成，构意较为隐涩，其他文字径画道路之形。甲骨文和楔形文作大路相交的十字路口，东巴文作山间的羊肠小道，这种取象差别，直接反映了各文字地区的地貌特征。

"土"字甲骨文象土块之形，雷缙碚认为一横上部表示"范围之地"，土的本义是土地，而非物质的土[①]。东巴文土字土、田是耕种之地地，圣书字芦苇地、陆地是生长芦苇的冲积沙地，两种文字都是取象于具体的田地，因此我们认为甲骨文字中的不是土地的"范围"之形，而是北方具有直立特征的土壤之形，现在陕北、豫西还有供人居住的窑洞。

3. 植物

植物以粮食作物为主，说明这类文字是在定居之后，进入种植农业时期才

---

① 雷缙碚：《殷商甲骨文字构形系统形义关系研究》，西南大学博士论文，2012 年，第 398 页。

创造的。甲骨文：

草、 木、 果、 桑、 禾、 黍、 麦、 向日葵。

东巴文：

树、 林、 柴、 树枝、 叶、 花、 花蕾、 刺、 芽、 松、

柏、 刺树、 香树、 杉、 桧树、 板栗、 青岗树、 核桃、 柿、

野荔枝、 黄果、 梅、 李、 桃、 梨、 狼毒花、 椒、 藤、

榨油树、 柳、 山柳、 野杜鹃、 竹、 （川）草、 艾蒿、

烟叶、 山药、 蕨、 紫苏、 仙人掌、 苎麻、 五谷、 小麦、

大麦、 青稞、 稻、 苋、 黍、 苦荞、 豆、 四季豆、 姜、

向日葵、 南瓜、 蔓菁、 蒜、 菌子、 谷堆。

玛雅文：

花、 水百合花、 太阳花、 玉米叶、 五月花、 葫芦

玉米粒、 树叶、 弯折的树、 开放的花。

圣书字：

树、 百合、 纸莎草、 一丛带花苞的纸莎草、 芦苇、 莎草、

根、 谷物、 双粒小麦、 刺、 草、 蓓蕾、 根状茎、 谷堆、

一捆亚麻。

楔形字：

亚麻叶、 亚麻茎、 芦苇、 枣椰树、 树枝、 大
麦穗、 麦芽、 鳞茎、

植物具有明显的地域性，比如同样是"树"字，东巴文像松树，圣书字像

白杨树，楔形文则是枣椰树，甲骨文最抽象，仅概括地表现出树的干、根和枝条，说明殷人已有整体抽象的概念。一般都用整体象形的构字方式，玛雅文尽管受圆形框所限，也要画出弯曲的整树。

东巴文的植物类字最丰富，几乎所有能见到的都在文字中找得到。东巴本身就是农民，他们把日常所见到的"画成其物"，本也十分自然。而且东巴仪式中要使用各种植物的树枝、树叶，所以，经书和仪轨中对植物就要有所反映。而两河流域与古埃及自古就是沙漠干旱的条件，植物品种不多，植物字形多体现为具体的植物品种。

由于东巴文植物类字很多，单字字形上通过树叶和果实特征来作区别。合体字中还有很多通过添加声符的形声字（桦树），或者以树木生长的环境特征来区别的（杉树，生长在高山）等字。

汉义	甲骨文	东巴文	玛雅文	圣书字	楔形文
树木					
花					
向日葵					
草		（）			
叶					
麦					
粮食堆					
刺					

4. 动物

动物与人类的关系最为密切。人类很早就在岩壁上刻画动物的形体，驯养动物既是为了食物和协助劳动，还有祭祀的需要，商代就专门圈养用于祭祀的祭牲。纳西族原是西北游牧民族古羌的一支，羌字甲骨文作，乃西戎牧羊人，迁徙到西南地区之后，仍然保持了放牧的生活方式。比较几种文字的动物类字形，可以感受不同民族的社会历史。甲骨文动物字有：

猿猴、豕类兽形、牛、羊、犬、长毛犬、豕、公猪、马、犀牛、象、羊、鹰、张口之兽、虎、豹、兔、

魔、麋、鹿、隹、萑、凤、鸟、燕、鱼、龙、

张口之蛇形动物、（ ）蛇、蝎、蜘蛛、蛙、鳄、龟、

蛐蛐、熊。

东巴文动物字极多，而且各种动物有关的动词也有专字。仅举数例：

鸟、鸡、斑鸠、兽、牛、牦牛、绵羊、山羊、

狗、马、骡、猪、猫、鼠、虎、豹、狮、

象、犀牛、熊、骆驼、狼、狐狸、鹿、猴、

虫、蜘蛛、蜜蜂、蝶、牛蝇、蚂蚁、鱼、

蛇、龙。

玛雅文：

鳄鱼、啮齿动物、（ 、 ）蛇、百脚、鱼、

鹿、绑头带的猴子、豹（纹）、豹（头）、黄貂鱼骨、

大咬鹃鸟、鹿（蹄）、鹦鹉（眼睛）、鹦鹉（喙）、响尾蛇的尾巴、

负鼠、貘、兔、狗、狗、方鼻蛇、龟头蛇、

宽吻鳄、鬣蜥、蜘蛛猴、狐狸、鼠、双冠鸬鹚、雪

鹭、鹰头、猫头鹰、一种绿色的鸟。

圣书字动物字很多，仅举数例：

公牛、马、豺、狮子、豹、象、长颈鹿、

狗①、 山羊、 猪、 狒狒、 猴子、 秃鹫、 珍珠鸡、

麻雀、 蛇、 苍蝇、 鸭子、 乌龟、 鳄鱼、 蛙、

蜂、 蜈蚣、 鱼。

楔形文：

奶牛（头）、 牛犊、 公牛、 驴、 野山羊、 山羊、 鱼、

鳄鱼、 鸟、 蛇、 燕、 狐狸、 狮子、 鲤鱼、

海鱼、 狗。

动物的分布也具有地域性。甲骨文没有"骆驼、狮子"字，东巴文中没有狒狒、鹦鹉、长颈鹿，玛雅文中没有大象，圣书字和楔形文里没有老虎等。东巴文中的狮子、骆驼和大象等字，应该是受印度、佛教影响的产物。而甲骨文有大象字也说明，至少在商代，今天的中原还是有适合大象生活的自然条件，河南简称"豫"也是因为那里曾经是产大象的地方。

东巴文与圣书字的动物字最丰富，东巴文尤其更甚，不仅动物的品种最广，而且为动物的各种状态造有专字。分布最均匀的是"狗、鸟、鱼、蛇"四种动物。与人类最为密切的家畜动物"牛、羊、鸡、狗、猪"中，狗可能是最早与人类一起生活的动物，其他四种家畜是后来才驯化进入到我们生活中来的。

东巴文、玛雅文和楔形文经常用动物的头部来记录整体，圣书字取动物的侧面整体，甲骨文则从侧面或俯面，选取动物的头部或者整体来造字。

从字形描绘动物的细致程度来看，圣书字最为准确逼真。东巴文、玛雅文笔画更为细腻，尤其玛雅文的线条非常烦琐，加之可能是为了某种特殊的审美需要，导致各字形间的区别度不高，以致虽为象形图画文字，很多字仅从字形上不能辨别所像为何，这也是玛雅文传播不远，并最终迅速消失的内在原因之一。甲骨文与楔形文字形更加简洁抽象，尤其甲骨文善用线条来勾勒动物的躯

体轮廓，如 — 、 — 等字，可以看出甲骨文已经进到最为成熟的

文字阶段。而且从 — 、 — 字的异体比较也容易看出，甲骨文也走

① 采自"Egyptian Hieroglyphs"，The Unicode Standard 6.0。

过由繁到简、从实到虚的演化过程。较有代表性的动物字的比较见下表。

汉义	甲骨文	东巴文	玛雅文	圣书字	楔形文
牛					
羊					
猪					
狗					
马					
鹿					
狮					
鸟					
鱼					
蛇					
鼠					
鳄					
狐狸					

5. 人及其行为

"近取诸身"是原始象形文字最基本的构字方式。各类文字中与人有关的单字最多，不能一一例举，选择如下几组意义相近的字①，比较它们的异同。

汉义	甲骨文	东巴文	玛雅文	圣书字	楔形文
人					
男人					
女人					
老人					
官员					
卧					
分娩					
射					
荷					
杀					
斗					
喝					
抱					
走					

---

① 不同文字中很难找到字义完全一致的。意义相近，指的是兼从字形与字义基本相近的标准。表格中为了尽量把字形填满，甲骨文、东巴文可以不限于象形字，但必须在表意字的范围，不会选择形声、假借字来比较。

跑					
拿					
舞					
看		龟眼			
举					
尿					
死					
说		唱			

总的来看，甲骨文、东巴文和圣书字记录得最为详细而全面，玛雅文较少，楔形字最少，这可能是楔形文主要用于记录商品交易的缘故。从表现人的方式看，玛雅文最为细致，头像符是玛雅文主要的形体，呈圆角方块状，而且仔细刻画人的头部细节，即使画事物的全身，也被限制在这个方框之中。而甲骨文几乎不对人的头部作任何描写，除非为表达人的口、目的动作，字形才夸张地

以口、目代表整个头部（　　、　　）。

甲骨文一般用单线条表现人的侧面肢体，而圣书字描画人的外部正面轮廓，亦不对脸部等作细致处理。东巴文介于二者之间，用单线条表线人的正面肢体，头部则勾勒出轮廓。

这五种文字在表达人的行为时，都采取了强调该行为主体部位的造字方式，如"说"字，楔形文与甲骨文径画口形以及代表"所言之话"的线条；东巴文用这条抽象的线附于嘴部表示说的行为；玛雅文最为象形，除了画出张嘴之头像外，还附加了表示言语的点、线；圣书字以手指向口，没有附加表达看不见的、抽象的、代表"所言之话"的线条。声音、光线、气味等现象尽管不如其他物质有具体的形体可以把握，但在东巴文造字者的心中，亦是一种看不

见的"形"，于是在造字中运用点与线来表达，如：喊、光线、地震、逃跑等，甲骨文也保留了少数这类字，如"彭"字表"鼓声"的三斜线、

"（齐侯壶）、（说文古文）折"字表"折断"的"二"、"分"字表"剖开"义的"八"等。我们把这类表达"抽象的形"的字符称为"广义形符"①，圣书字中还没有找到这一类字符，楔形字也极少。"广义形符"本质上是图画性的体现，东巴文与玛雅文利用此类形符参与造字表意，是它们处于文字初期阶段所保留的图画示意方式的痕迹。

6. 宗教

五种文字的起源都与宗教活动有密切关系。如果楔形文字最初不是专门用来记录宗教，而是主要用于经济活动的话，到了阿卡德统治时期，苏美尔原始楔形文字则成了宗教寺庙的专属文字，并最终走向了完全没落。我们可以从象形文字中看到原始宗教的神灵、鬼怪、祭司等物象，东巴文还有数目众多的法器与道场字。因为本文仅限于象形字的范围，因此很多会意和形声结构的字形就没有选进来。按照鬼神、祭祀方式等类型选择一些代表字作对比。

汉义	甲骨文	东巴文	玛雅文	圣书字	楔形文
鬼神			日神 雨神 神 死神	神牛	
祭台	示	经坛	金字塔	祭台 神殿	圣坛

① 拙著《俄亚托地村纳西语言文字研究》，民族出版社2014年版，第143页。

				金字塔 祠堂	
祭法	帝、血、舞、骨、骨架、寮、岁、沈、熯	树人、笃梓	下颚骨（俘虏）	木乃伊 伤残 神杆 神杆	
祭器	鼎、爵 卣	鬼牌、降魔杵 法螺		节杖 杖、鞭	
祭品	牢			祭牛 祭鸭 供品 供桌 祭板	
占卜	卜	占贝 绳卜	念咒		

| 丧葬 | 残骨 | 火葬
埋 | | 棺材 | |
| 祭司 | 祝 | | 经师
巫师 | | |

从上表可以看出，多神崇拜是原始宗教的特征之一。有专门的祭司负责鬼神与人的沟通，占卜吉凶。巫师与祭司的功能往往集于一身，他们希望借助某种手段，使自己进入一种灵魂出窍的状态，以达到与鬼神对话的目的。祭祀活动要向神灵敬献祭品，尽管牛是贵重的家庭财富，仍然是普遍的祭品，殷人还有专门圈养的牛牲，多的一次可以杀 300 头[①]。甲骨文卜辞有杀俘虏作人牲的记载，甲骨文 伐（戈头）、熯（燎反绑之人牲），玛雅文 俘虏（下颚骨），圣书字 伤残（刀砍腿）等记录了祭祀活动中极端残酷的一面。楔形文象形字几乎没有宗教活动的记录，与文字的经济功能有密切关系。

从东巴文、圣书字和玛雅文中众多鬼神字来看，古人是信奉多神教的，而且这些神鬼都有具体的形象。东巴文是典型多神崇拜的原始宗教，经书中描绘了数百个自然神、鬼、祖先神等。殷人也是多神崇拜的，但是与纳西族等不同，字形中只有极少的几个祖先神的象形字，其余的都是用的假借字记录人名。说明在殷人的观念中，并没有具体的神灵的形象，或者至少并不重要。

文字也反映了葬制方面的信息。甲骨 字释作残骨。《说文》"葬，藏也。从死在茻中，一其中，所以荐之"。《周易·系下》："古之葬者，厚衣之以薪，葬之中野，不封不树，丧期无数。"殷人认为，人的灵魂可以与肉体分离，人死之后，灵魂可以回到自然，因此，把尸体投入河中，或者置于野外。 字正像尸体多日之后留下的残骨。"弔"字甲骨文作 ，《说文段注》"古者人民

---

① 甲骨文合集 14724 片。

朴质，死则裹以白茅，投于中野，孝子不忍见父母为禽兽所食，故人持弓助之（保护尸体）。"中原的土葬是春秋之后才逐步开始的。纳西族在改土归流之前也没有土葬，火葬（）是主要的方式，俄亚今天仍然沿袭着这一制度，

字是土葬的意思，显然为后起字。圣书字是棺材，用来存放木乃伊。古埃及人笃信灵魂不灭，法老王等贵族死后，采用特殊的防腐香料将尸体处理，日久即成干瘪的木乃伊。

7. 工具

包括农业、手工业中所使用的人造工具，在人类文明进程中起到了关键意义的作用。我们按工具的功用归纳以成下表：

汉义	甲骨文	东巴文	玛雅文	圣书字	楔形文
翻地	耒	犁 犁轭		犁	犁 犁轭 犁 锄
农具	辰 刀 乂	 叉 镰刀		锄头 叉 镰刀	镰刀
刑具	辛 幸			屠刀	
卧具	席 牀				
打扫	帚			拖把	

手工工具	工 斧	尺 风箱 墨斗 锤 锥 秤 斧 织机	穿孔器 梳 斧	斧 凿 天平	制陶工具 刻刀 木匠 冶 炼炉 泥 刀 织 布机件
书写	册 聿	笔纸 墨水瓶	墨水罐 书 写	书吏的 工具箱	泥版 滚印
交通	舟 车	船 溜索	独木舟	船 浆 帆 战车	浆 船
盛具	匣 豆 盘	量桶 簸	桶 盘 盘	箱 亚麻包 罐 石盆	石碗 灯

	富 盧 西 壶	✓ 蓝 ▢ 柜子	葫芦	杯子	罐 碗 簸 漏斗
炊具	皿 膚 高 皂 俎 曾	打火石 蒸锅	火石	杵和臼 锅 耙子	做蛋糕的容器 杵和臼 火炉 锅
兵器	戈 盾 戊 我 矢 弓	甲	盔 盾	匕首 箭	刀 弓箭
乐器	鼓 钟	笛子 大鼓		竖琴 叉铃	竖琴
猎具	擒 网 单	扣子			网

从农具字来看，除了玛雅文外，四种文字都有犁具字。甲骨文是人工翻地的耒，其余都是利用牲口牵引的犁架，大大提高了劳动效率，可见文字形成之时，人类已经定居在适合农业生产的地区，而且种植业有较高的水平。主要的交通工具是船，玛雅的独木舟适合在较狭窄的河道，纳西族的溜索是河流湍急

的峡谷最方便的工具，圣书字的船从字形来看，是适合远途航运的贸易商船。同时，也说明其聚居地一般靠近河流，一是有足够的水源可以保障农业与生活用水，而且也更加利于航运物资的集散。

在炊具字方面，楔形文与圣书字都有杵和臼、烤炉等字，说明其食物多以烧烤为主，便于存放与携带。今天的面包、蛋糕和馕等仍然是当地人的传统主食。而东巴文、甲骨文的蒸煮器物字，说明这里的食物烹饪以蒸煮为主，今天中国北方依旧以蒸煮面食为主，俄亚特产的红米也习惯蒸熟来吃。

与前面几类情况不同，楔形文工具类字形不仅字数较多，而且类型较广，尤其是代表了手工业水平的"工具、盛具、炊具"小类字，丰富程度不亚于晚了几千年的东巴文。可以想见，当时的手工制造水平已经达到了相当的程度。苏美尔人在两河流域创造了灿烂的早期文明。在书写技术、教育、文学、艺术、建筑、制造技术、数学等各方面都达到了相当的高度。美国学者塞缪尔·诺亚·克莱默在《历史始于苏美尔》中列举了苏美尔人所创造的 27 个人类第一，如最早的车船和文字、最早的学校、最早的植物技术、创造出历史上第一个农业村落、第一座城市等[1]。而创造文字的"乌鲁克时期具有不同于其后诸期的秩序，那是一个在广泛领域均发生了技术变革的时期，是美索不达米亚历史上最重要的发明时期[2]"。寺庙和政权掌管了国家主要的生产和贸易，由于接壤欧亚非的地理优势，对外经济交流活动非常活跃，"在某些城市甚至有远自印度而来的外国商人的移民区"[3]。多元经济文化的交融促进了当地的发展。此外，文字中有供书写用的笔和墨水，说明当时有过多种文字记录方式，今天我们发掘的只是未腐蚀的部分文献。这些类别的文字也反证了这样一个事实，只有当文明发展到一个较高的水平阶段，才有文字出现的可能。

书写工具对于文字的体态、演进都有密切关系，关于此问题将在下一节专门比较论述。

8. 建筑

包括人为修筑用于居住、宗教、防御等功用的建筑，按其功能分为以下：

---

① 杨冬冬：《甲骨文与苏美尔原始楔形文字象形字比较研究》，中国海洋大学硕士论文，2010 年，第 3 页。
② （英）克劳福德：《神秘的苏美尔人》，浙江人民出版社 2000 年版，第 200 页。
③ 同上，第 202 页。

汉义	甲骨文	东巴文	玛雅文	圣书字	楔形文
宗庙、宫殿	高 京	塔 庙	塔	殿 神庙	
围墙	郭	围墙 栅栏			城防
聚居地	亚		房基		
墙壁				墙	墙
房宅	房	牢房 灶房 碉楼	房 房	房 棚 厅 穹顶 谷仓	
窗					
门	户 门				
梯子	阜		梯		
院					
桥					

　　宗庙是举行宗教活动的固定场所。也许出于神圣的目的，希望在一个最为靠近神灵的地点以示虔诚，宗庙都选择在较高的地势上来建造。殷人在高地上建造高台来祭祀。纳西族东巴经没有自己固定的宗庙，字形中的塔为藏传佛教

的建筑。玛雅人和古埃及人修建的金字塔至今还在，而且后者的神庙建有很高的穹顶，显得更加威严壮丽。

至今，学术界关于早期城市的标准还不一致，但是，从甲骨文、圣书字、楔形文的城堡字来看，当时的城市是用带角楼的方形城堡围起来的聚居地。由于战乱频繁，即使选择一个地方定居下来，还必须修筑坚固的城墙来防御外敌的入侵。从前面工具类字形中我们已经知道，古埃及的城墙多以夯土垒高而成（、），这应该也是其它城堡选择的建造方法，因为在大部分地区，作为建城的材料，泥土总会比石头更容易取得。

古文字是记录人类活动的镜子，尤其是其中的象形字。从五种文字的对比中，可以看出各地自然环境、宗教信仰、生活习惯，以及思维方式的差别。彼此之间也有部分字形具有高度的一致性，体现了人类文明的共通性，也与象形字"画成其物"的取象方式有直接关系。同时，文字之间的对比，也可以为古文字的释读提供新的思路。

甲骨文阜 字与东巴文的 （独木梯）很像。《说文》：（阜），大陆，山无石者。《释名》释阜为"土山"。罗振玉认为其像"山陵"则失之更甚。古人因为没有见到比篆书更早的字形，解释都不正确。徐中舒《甲骨文字典》释阜字像竖立侧壁上挖的坑，古人穴居，阜是供人出入的台阶。徐说近是。远古人类曾经是穴居的，但是，到了青铜时代的商代，人们仍然住在这样的洞穴里，恐怕已经不太可能，况且甲骨文的 房、向、门字显然是地面上的建筑，偃师二里头发现的一号宫殿基址，其主体殿堂中间没有柱穴，前后檐之间跨度达 11 米，说明商代的建筑技术已经相当发达。那么，商代的民居建筑恐怕已经形成。字应该就是梯子的侧面之形，只是不一定是纳西族所使用的独木梯。高、京是商代建在高地的宗庙之形，阜 字则是阶梯。阶梯应该呈斜面，甲骨文因为刻写等原因，常有意把字竖起来。"陟 、降 "字是画人足上下阶梯，"队 "是人从梯上坠落之状。

东巴文象形字与其他四种文字比起来，文字数量比较多，字形的象形程度高，尤其是其中宗教类的象形字，字形上对事物的细节也表现得比较充分。这是东巴文作为宗教文字，以及受到宗教绘画的影响所致，也体现了东巴文脱离图画阶段不远的属性特征。

二、文字体态的比较

黄亚平先生用"写实、写意"概括了几种文字表现事物的方式，并把圣书字、楔形字、东巴文归为写实型象形字，古汉字作为写意型象形字的代表①。那么从这个标准来看，显然把玛雅文归入写实型应该没有争议。

文字体态的差异，是书写工具、文字用途、字形成熟度以及艺术审美等因素共同决定的。

1. 甲骨文

殷商甲骨文是用刀刻写在龟甲与兽骨上的占卜文字。龟甲是指龟的腹甲和背甲，其中以腹甲居多，骨则是指牛、羊、虎、鹿等的骨头，其中多数为牛的肩胛骨。殷人笃信神灵，逢事必卜，认为龟是通神的灵物，从南方的楚国纳入大量的神龟供祭祀使用。文字被认为具有通灵功能，因此刻在甲骨上，用来向天地、祖先、神祇表达求神者的思想和行为。龟甲、兽骨都是比较硬的材料，要在上面契刻文字，必须选择硬度更大的工具，根据出土材料来看，当时主要有青铜刀、锥，也包括玉刀、石刀等。

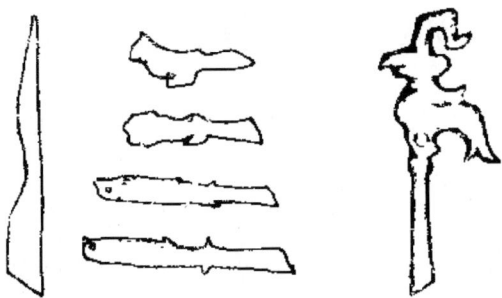

左为殷墟妇好墓出土的玉刻刀，右为铜刻刀。

从甲骨文 字可以看出，殷人已经使用毛笔一类的工具写字，而且在出土的甲骨上发现少量有用红色颜料写的文字，除了笔画的粗细不同外，字形与刀刻的差不多，因此有学者怀疑是先在龟骨上用毛笔写下卜辞，然后再用刀沿着笔迹刻下的。

---

① 黄亚平：《史前文字符号研究的基本观点》，《中国海洋大学学报》2005 第 1 期。

花园庄东地出土的龟甲及其上面的刻辞。(右图为放大局部)

从目前的材料来看,甲骨文应该是专为祭祀占卜而创造的文字。由于是使用刀在坚硬的龟骨上刻字,因此笔划多方折而少圆曲,字体风格劲瘦有力。尽量采用直线来描写事物的主体,如𠂉人、𢦏戈;或者用最具有典型特征的局部来代表整体,如𤘓牛、𦍋羊;或者用较直的线条勾勒事物的大致轮廓,如𠆢房、𠙴皿、𠂊家等。在书写的行款上,甲骨卜辞要受到占卜兆纹的限制,不能随意在哪块刻写,一般是上下排列,到了一定位置再另起一列,所以为了利用好有限的空间,一些较宽的字形改为竖立状,以节省所占用的宽度,如𩡩马、𤉡犀牛、𧰧象等。

稍晚于甲骨文的早期金文,"铜器铭文是按照墨书原本先刻出铭文模型再翻范铸造出来的。由于商周时期青铜铸造技术的精湛,铭文字迹一般都能够在相当程度上体现出墨书的笔意"[1],由于刻写的材料是软质的陶范,笔画圆润丰满,多肥笔,使得字形更加象形,如:佳𠁤(甲骨文)——𨾥(金文)、犬𤝗

---

① 马承源主编:《中国青铜器》,上海古籍出版社1988年版,第377页。

（甲骨文）——🐅（金文）。

在春秋、战国之际，社会发生了剧烈变革，旧的贵族逐渐为新兴的势力取代，文字开始扩散到民间，被广泛应用到宗教活动之外，文字的俗体迅速传播，使得战国文字之间的差异越来越大。秦始皇统一中国，书同文之后，小篆成为当时颁布的正体，但是，民间俗体字的力量依然强大，这一正一俗两股力量并不是哪一方压制另一方，而是相互促进，共同推动了汉字的普及与规范，让汉字延续发展至今。我们举几个汉字演变的例子，可大致反映汉字演变的过程。

正楷	甲骨文	金文	战国文字	小篆
刀				
立				
中				
莪				

2. 东巴文

东巴经书是东巴文的主要表现形式。纳西东巴将竹子削尖当作笔，蘸着烟灰调制成的墨汁，在自制的土纸上，用自创的东巴文书写古老的经书，这一过程保留至今。纳西文化最引以骄傲的东巴文、东巴经、东巴画、东巴纸都与此有关。东巴纸历史悠久，纳西先民结合实地资源，选择了澜沧荛花为原料。因采用浇纸技术并兼有抄纸法的特点，被誉为"造纸活化石"，纳西传统造纸工艺被列入国家非物质文化遗产名录。白地作为东巴文化的发祥地，所造的"白地纸"一直以来享有盛誉。时年 88 岁的和志本是白地的大东巴，也是白地纸的传承人，由于年事已高，他的儿子与儿媳在农闲时候还在家里的纸坊做纸。造纸过程分剥皮、浸泡、打浆、槽式抄纸、贴纸、晾晒、砑光等十个环节，东巴纸呈象牙色，耐磨、防虫蛀，较粗糙适合用坚硬的竹笔在上面书写，而且纸比较厚可两面书写。东巴纸做好后，要在模子里裁剪成一定尺寸后装订成册。东巴经一般长 30 公分，宽 12 公分左右，横置，左侧用针线装订，每页用笔线等分 4 行，从左往右书写，用竖线区分段落，没有标点。由于长时间在火塘边翻看的缘故，经书会变成古铜色，显得古色古香。（图片见本书附录）

东巴文因为是用硬的竹笔在硬纸上书写，因此线条粗细均匀，描摹事物，随体诘诎。东巴常将图画带进经书中来，比如封面、卷首等处经常会有装饰性的东巴画元素，甚至要精心着色。可以看出，东巴画与东巴文的密切关系。东巴文记录东巴经并不是逐字逐句的，所以东巴文书写不是作线性的排列顺序，总体上右行的顺序，字与字之间有上下、左右各种可能的排列关系。单字之间的界限不明晰，有的单字字形硕大，有的只有很小的一点甚至不容易发现。单字与单字经常会组合在一起，看起来像是一个单字的大小（我们称为"字组"），总之，东巴经所表现的东巴文显得很不整齐。如果不是谙熟经文，或者东巴本人的帮助，一般人是读不懂的。

东巴文的书写方法与今天的硬笔已经没什么差别。书写起来非常流畅，字形线条的曲直、粗细都可以随意把握，空间上也几乎不会受到什么限制。善于绘画的东巴，经常在抄到高兴时多画几笔，把事物的细节都表现出来，有时候又只简单勾勒个大概轮廓。和志本东巴善于画画，字也写得相当漂亮，因此，他写的经书中对动物字都写得特别细致传神。

也许为了给自己画的动物留够空间，和志本的这册经书只分了三行，里面的虎、马字都画出整体。有意思的是，这页经书中还有很多笔划相当抽象的字

形，比如 ⌒ 不、 ⌐ 白、 ろ 了等字，甚至也出现了汉字借字 上 。

傅懋勣因此把东巴文分为图画文字与象形文字两部分[①]。学者们基本同意，东巴文应该比东巴画出现得晚一些，因为至今没有经书的达巴，他们头上戴的五佛冠，举行仪式所用的挂画还是要自己动手准备。东巴经中的东巴文字形实际上可以分为两类，一类象形程度较高，超过了我们比较的其他四种文字中的任何一种，而且字形极不稳定，东巴会因个人的喜好，可以写的繁简不一，形

[①] 傅懋勣：《纳西族图画文字和象形文字的区别》，载《东巴文化论集》，云南人民出版社 1985 年版。

态各异；另一类字形简洁，符号性强，各地的写法基本固定一致，其抽象程度亦不亚于甲骨文。这两种东巴文字形实际上是文字发展不同阶段的产物，但是却一起出现在经书中并行不悖，"关公战秦琼"式的东巴文字现象，其本质上是东巴文记录东巴经的特殊方式等多项因素决定的，我们将在东巴文的性质一节讨论这个问题。

3. 玛雅文

古代玛雅人不仅有自己的文字，而且是世界历史上很少的几个能拥有自己的造纸术和书本的民族之一。据目前所掌握的材料，玛雅文有两种字体：手写体和雕刻体。手写体是用笔和颜料书写在陶器、墙壁和书本上；雕刻体则是用刀在石碑、台阶等石质材料上的。两种字体之间除了书写材料不同之外，字形并没有什么变化，可以看作同一种文字。手写体使用的笔也分为两种，一种是软笔，可能类似商代的毛笔，适合用在面积较大的墙壁和硬质陶器上。一种是硬笔，可能是芦苇秆，削尖后蘸墨水在自制的纸上书写。玛雅的纸的原料是当地一种无花果树的皮，整张切下后，经过浸泡、煮、晾晒、熨烫等程序将树胶去除后，裁剪成一面光滑的纸张用来书写。这种纸写的古玛雅文只有少量材料，在德国的德雷斯顿国家图书馆、西班牙马德里的美洲历史博物馆、巴黎国家图书馆和墨西哥国家考古研究所，至今保留着四本不同的玛雅折登式书卷，称为Codex，汉译"古抄本"。所记的内容多与占卜、日历、天象有关。

玛雅抄书者。玛雅文的"抄写"字作 ⌧⌧。①

雕刻体所刻的石碑、台阶等是出现在公众场合的建筑，是对古代君王的歌颂，因此，必须体现出庄严和华丽的风格，字体端正均衡，刀法雄浑大气，有

---

① 王霄冰：《玛雅文字之谜》，上海古籍出版社 2006 年版，第 106 页。

很强的装饰效果。与甲骨文和东巴文比起来，玛雅文的文献字体排列整齐，大小均衡，东巴经则比较随意，显得不够规范。

　　手写体与雕刻体都大量使用头形符与全身符来起到装饰效果，笔法繁复，近似绘画，但表意却多通过其中的抽象符来完成，因而其象形表意程度大大降低。而且，从古抄本的记录的内容来看，它也跟东巴经类似，没有逐词逐句地记录宗教内容，需要祭司根据记忆去补充省略掉的文字。"从这个角度来看，古抄本抄写者所追求的目标，并不在于文字方面的优美和规范，而在于他所要传达的宗教人文知识与各种文化信息。其传授的方式则往往是点到为止，字里行间会留下很多有待补充的空间。反过来，人们公阅读它们的时候，也就必须要有专人引路。"[①]因此，这种文献释读的难度不亚于纳西东巴经。下图是玛雅陶画中的学习场面，大祭司教徒弟读经。

　　玛雅文字形过于繁复难认，内容局限于记录君王功绩及其活动，文字的使用范围非常狭窄，仅限于居住在玛雅低地的族群内部。公元 9 世纪后，玛雅文不再出现于公众场合，只为少数的宗教人士掌握，用于记录天文、宗教内容，表音功能退化，更加难以适应记录语言的需要。当外来殖民者进入以后，轻易就把文字及其保留的记忆抹掉了。

4. 圣书字

　　圣书字是古希腊人给取的名字，意思是"神圣的刻符"，因为他们看到的埃及文字是刻在神庙墙上或石碑上的。其实最早的埃及文字是用刀刻在用来标明商品名称与数量的骨质标签上（见图一）。圣书字不限于刀刻，还可以用芦苇秆蘸墨水在一种莎草纸上书写，圣书字 🏛 是当时抄写员使用的工具箱（见

---

　　①　王霄冰：《玛雅文字之谜》，上海古籍出版社 2006 年版，第 108 页。

图二）。莎草纸是古埃及人发明的一种书写介质，原料是当地的一种名叫纸莎草的植物，经过剥皮、浸泡、碾压、晾晒过程后制成，它只能单面书写，可以卷成书轴，或者裁剪成片。大约在公元前 3000 年，古埃及人就开始使用莎草纸，并将这种特产出口到古希腊等古代地中海文明的地区，甚至遥远的欧洲内陆和西亚地区。

图一：骨质标签上的圣书字①是最早的古埃及象形文字。

图二：墓葬礼拜堂门浮雕，文字与图像互为补充。②圣书字 与浮雕中坐着的贵族高度一致。

比起其他几种文字来，圣书字更多用整体来表现事物，而且更加具象写实。

---

① 陈永生：《古汉字与古埃及圣书字表词方式的比较研究》，华东师范大学博士论文，2010 年，绪论部分。

② 陈永生：《古汉字与古埃及圣书字表词方式的比较研究》，华东师范大学博士论文，2010 年，第 60 页。

如![]男人、![]女人、![]老人、![]官、![]牛，等等。同样在骨头上刻字，甲骨文用单线条勾勒出主体，而圣书字则用双线条甚至多线条来描绘出外部轮廓，而且突出其特征来。陈永生详细对比了古汉字与圣书字的象形字，明显看出，"古埃及圣书字的写实性符号化[1]方式，可以表现同一个事物的不同细节，因此，取象于同一事物可以制造较多字符；相反，古汉字的写意性符号化方式，是一种去细节化的表达，取象于同一事物制造的字符就比较少。"而且，"圣书字写实性的符号化方式使得字符比较直观易识。……相反，古汉字写意性的符号化方式往往会使得一些古文字字符清晰度不高，甚至随着文字的继续简化某些取象不同的字符出现混同。"陈文还分析了两种文字体态迥异的原因，通过包括书写介质、文字成熟度等多个角度的对比，认为"黄河流域殷墟甲骨文以前的诸种陶器符号风格上以写意为主，是古汉字的写意性符号化方式的先导。考古发现的圣书字最早期文字材料中，字符以写实性为主，是圣书字写实性符号化方式的先导。也就是说，两种文字符号化方式的差异在早期文字甚至是史前符号中就体现出来了。"

圣书字一直有三种字体：碑铭体、僧书体和民书体。碑铭体起初是雅俗通用的，后来成为雕刻在金字塔和神庙石壁上，以及绘写在石器和陶器等器物上的庄严字体；碑铭体是装饰性的正体，僧书体是实用的草体，主要用于宗教写经。这两种字体的内部结构完全一致。民书体又称书信体或土俗体，它是僧侣体的简化形式。

碑铭体与古埃及艺术形式，如浮雕、壁画塑像等，在构图形式和内容上形成互补关系，每个字都经过精心雕刻，因此，以正面写实主义为基调的艺术风格也深深地影响或者限制了文字的体态（下图左）。

东巴文来源于东巴画，而且东巴画中经常附有东巴文作为补充说明，东巴经中也常有绘画。因此，东巴文与东巴画的关系，有点类似圣书字碑铭体与古埃及艺术形式的关系。

甲骨文的线性写意风格滥觞于中国史前的线性抽象纹[2]，成为文字后，甲骨文已经与绘画艺术分离，并且不存在类似图文互补的关系，因此，可以完全摆脱图画的限制。

僧书体开始与碑铭体的字形差异不大，随着流行起来之后，书写在莎草纸上的僧书体变成一门专门的书体，与碑铭体的圣书字差别很大了（下图右）。

---

[1] 陈文的"符号化"指的是事物见之于文字的过程，与我们常说的表意字字形符号化不是同一个概念。

[2] 刘志基：《汉字体态论》，广西教育出版社 1999 年版，第 30 页。

僧书字后来又进一步扩大使用范围，用于官方行政和法律文书，变成更加草率的手写体形式，称为民书体。而僧书字和圣书字主要用于文学与宗教文献，圣书字（碑铭体）使用了 3000 多年，由于其使用范围、功能一直固定，而且与浮雕等艺术形式保持着互补关系，因此，字形基本没有什么变化。从圣书字到僧书体，再到民书体的演变，非常类似古汉字由小篆到隶书的过程，秦始皇颁布的小篆是官方使用的正统字体，但是，由于民间公务繁忙，尤其是狱讼文书的数量太大，于是从政府机构的底层官员开始，将手写体写得比较潦草，以提高使用效率，隶书逐渐扩大使用的范围，获得官方的认可，并最终替代小篆。隶书被认为是汉字今文字的开始。

从中我们可以看出，不同文字间体态的差异，与不同民族间的思维、审美情趣紧密相关。文字的书写方式、功能用途等使用状况也限制或者促使文字形体的改变。

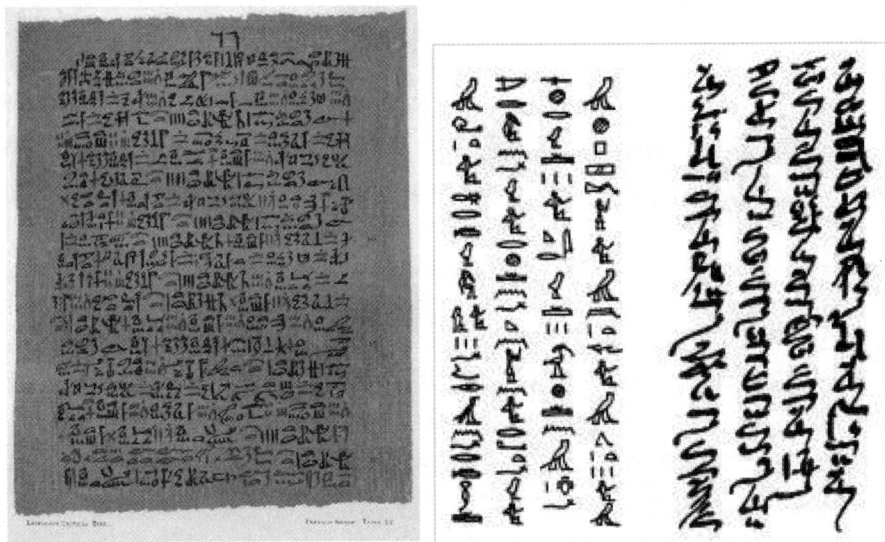

图左：古埃及莎草纸书写的《厄伯斯手卷》。

图右：左为碑铭体，右为对应的僧书体。

5. 苏美尔原始楔形文字

楔形字又称丁头字，是用笔头呈三角形的木棍、骨头等，在未干的泥版上"压"写而成（下图一），由于笔画像"楔子"或"丁头"，西欧人称为"楔形字"。但是，苏美尔原始楔形文字并不是用这种笔，而是采用当地产的芦苇秆，在泥版（▥）上划写的，写完晒干以后，可以存放很久。两河流域粘土丰富，因此泥版制作成本低，书写的空间要比其他几类文字更加自由。

图一：楔形字是用特殊的笔"压"写在泥版上的。（引自互联网）
图二：陶筹①

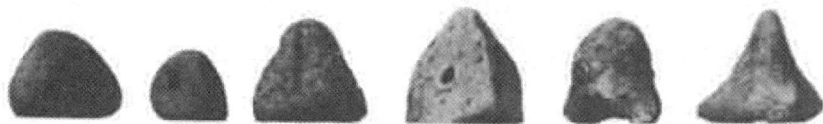

图三：乌鲁克出土的数字泥版②。

在发明文字之前，苏美尔人就用陶筹计数。陶筹呈几何形状，或动物、器具等形状的小型陶制物。（图二）人们在上面打孔或者压、划记号表示数量，或把陶筹包裹在空心泥球里保存。在泥球尚未变干变硬之前，用平印在泥球表面印上印迹，以示所有，后来被滚印替代。由于陶筹压出的形状不十分清晰，又占面积，遂开始用芦苇笔把陶筹画在泥版上，（图三）随着这一步，文字诞生了。"当人们第一次把陶筹压印在泥版上时，它的重大意义在于它萌发了人们造字的念头。从此，人们学会了造字，先以筹造字，不久就自然学会以物造字，进而以字生字，变化无穷。"③

最开始，原始楔形文字并不是完整地记录语言，而是选择性地记录语言中的名词和数词，这与文字主要用来记录商品及其数量的功能有直接关系。直到前21世纪的《史诗》成书年代，才完整地记录了语言。东巴文用于记录东巴

① 《苏美尔、埃及及中国古文字比较研究》，科学技术出版社2009年版，第153页。
② 《苏美尔、埃及及中国古文字比较研究》，科学技术出版社2009年版，第159页。
③ 拱玉书：《楔形文字起源新论》，《世界历史》1997年第4期。

经也不是逐词记录的，玛雅文记录宗教活动也是这样，但是这与原始楔形文字不完全记录语言的情况是不一样的，楔形文所记录的商品和数量是经济账目的，不需要其他的内容。而东巴经和玛雅宗教文献由祭司背诵在先，书写在后，记录的目的只是提示而已。

原始楔形文使用了 500 年后，书写的方式发生了改变，由"划写"改为"压写"，书写顺序亦从原来的自上而下，改成自左向右横写，字形也由直立改为横卧。这一变化类似甲骨文，前面已经例举过，只不过字形由横向改为直立。两种文字不顾字形因此而降低表意效果，换来的是书写整体的工整，也有利于在同样面积的材料上，放进更多的文字，这是文字作为记录事项的内在属性逐步超越以形表意的图画之后必然的结果。随着两河流域民族部落间政权的不断更替，语言发生了变化，文字也几经借用和省改，字形表意功能渐失，逐渐成为表音的符号，并最终成为腓尼基字母的源头之一。

三、文字形成的动因及其类型

文字的一般定义是"记录语言的符号系统"。"言者意之声，书者言之记。"（《尚书正义》）"声不能传于异地，留于异时，于是乎文字生。文字者，所以为意与声之迹。"（陈澧《东塾读书记》）文字的目的就是为记录口头语言，这似乎应该是人们的印象之中文字最大的功用。

图5-8 特奥提华坎宫殿墙板刻画(约公元600年)

"人们在发明和使用文字的初期，可能有意无意地就已经把它和口说的语言联系在了一起。图 5—8（上图，引者注）的这块在特奥提华坎的宫殿里发现的墙板上所刻的是一位神灵，他脚下的足印代表着行走。从他嘴里吹出的那个气圈就表示'说话'的意思，而圈子里面的一个个符号也就是他所说的话。这些符号有的好像贝壳，有的形似心叶，也许只被用来表示'话语'，不一定有什么具体的涵义。但从这个图像中我们可以看出，即使是自己没有发明出一套文字系统的特奥提华坎人，也已经意识到了手写的符号可以成为语言的书面表达方式，也就是文字符号可以用来记录口头语言的功能。"①

但是这些从口中"流"出的符号，不一定只能与"口语"划等号。亦可能是玛雅巫师所念诵的经文、咒语之类约定成文的内容，与交际性的口语还是不一样的性质。因为下面我们要分析的其他类型的文字，其最初都不是用来记录口语的。主要的功能都是满足帮助记忆的需要。

1. 文字形成之前的原始记事方式

在文字产生以前，先民曾采用实物记事、结绳记事、契刻记事、图画记事等原始记事方法。

（1）实物记事

借用实物作为媒介来帮助记忆或表情达意。简单的主要用于计数和计时。如用包谷粒、小石子、小树枝记数，如"豆选"。

景颇族"讲事"时以苞谷粒计算道理。

---

① 王霄冰：《玛雅文字之谜》，上海古籍出版社 2006 年版，第 73 页。

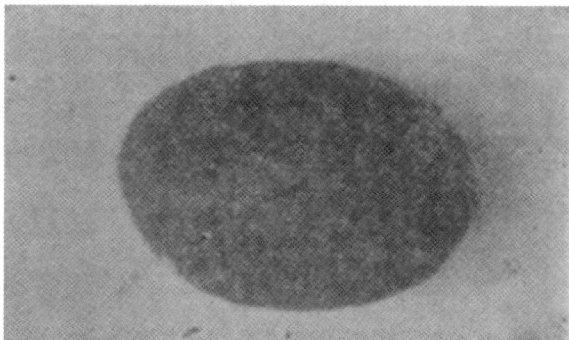

哈尼族典当土地凭证"可粒"①，它一块与典银等重量、烧过的鹅卵石。

复杂的可分为：以物表物、以物表意、以物表音三种。

1）以物表物。汪宁生把这类看作是后来"画成其物"的象形字的雏形。20世纪50年代，云南澜沧县拉祜族合作社用木片契刻夹玉米壳表玉米账，夹牛毛表牛账，夹鸡毛表鸡账②。下图是1927年云南盈江景颇族杨某婚姻纠纷所立欠据③：

实物：	表达意义：
三片牛角	三头牛
三枚铜钱	三面锣
一块枪形木片	一支火枪
两根红绸条	两块红绸
三根花布条	三块花布

2）以物表意是以实物象征某种意义。西南民族常用的表意物件是鸡毛、

---

① 汪宁生：《从原始记事到文字发明》，《考古学报》1981年第1期。

② 本节多处参考了喻遂生师的研究生课程"文字学"教案，恕不一一注明。该教案后重编为《文字学教程》，北京大学出版社2014年版。

③ 汪宁生：《从原始记事到文字发明》，《考古学报》1981年第1期。

火炭、竹箭、盐、茶叶、槟榔、草烟。鸡是鸟类，鸟善飞，故有快速之意；火炭代表火毒竹箭代表快；这些东西常被用以表示紧迫之事。盐和茶是人们喜爱的礼物；人们见面时互递槟榔和草烟为一种普遍的礼节，故这些东西常用来作为一种友好的表示。这几种表意物件，不同民族之间交往时亦常使用，已成为一种社会普遍了解的信物了。

3）以物表音，是借用实物名称的音。表示与之音同或音近的词的意义。景颇族的"树叶信"，其基本方法是把树叶或其他物件，固定地赋予某种意义，通信时，照要说的话的先后次序，把树叶等物件排列起来，用藤或绳子捆成一束送给对方。汉语有"年年有鱼（余）、开门大鸡（吉）、枣子（早生儿子）、花生（又生儿子又生女）"。下图是"树叶信"的注释。

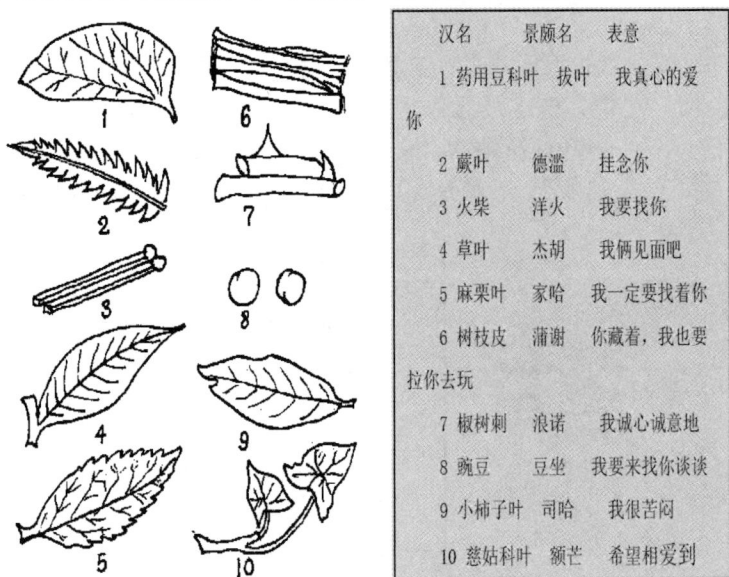

汉名	景颇名	表意
1 药用豆科叶	拔叶	我真心的爱你
2 蕨叶	德滥	挂念你
3 火柴	洋火	我要找你
4 草叶	杰胡	我俩见面吧
5 麻栗叶	家哈	我一定要找着你
6 树枝皮	蒲谢	你藏着，我也要拉你去玩
7 椒树刺	浪诺	我诚心诚意地
8 豌豆	豆坐	我要来找你谈谈
9 小柿子叶	司哈	我很苦闷
10 慈姑科叶	额芒	希望相爱到

以上三种实物记事，以物表物类似词的本义，以物表意类似词的引申义，以物表音类似词的假借义。后者是实物记事的高级阶段。

（2）结绳记事

主要用于记录数字，以帮助记忆。

汉民族早有先民结绳治事的传说，《易·系辞下》：上古结绳而治，后世圣人易之以书契，百官以治，万民以察。孔疏引郑玄注：事大大结其绳，事小小结其绳。古文字字形中也留下了痕迹。如"冬🪢"在甲金文用例中都是"终了"的意思，其构意正是古人结绳计日，每隔一定天数就用刀切掉一结，🪢就像切到最末的绳结之形，甲骨文"绝"字作🪢、〣，正像切绳之状。

第三章 文字研究（下）·

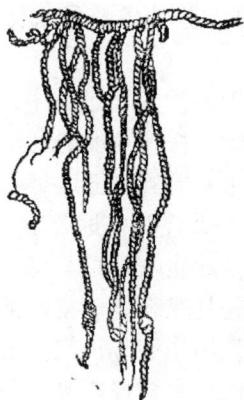

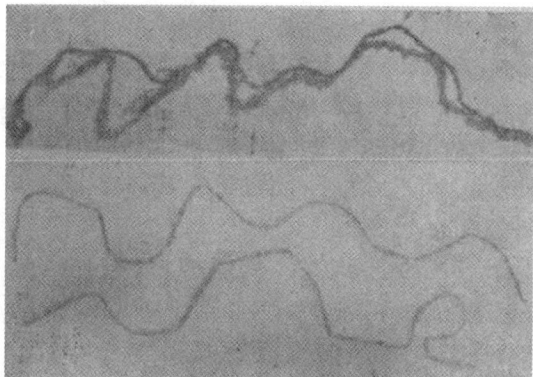

古秘鲁人的结绳记事①（图左）。哈尼族的结绳可以起契约的作用。哈尼族买卖土地，用同样长短的麻绳两根，田价多少元即打多少结，双方各持一根作为凭证。云南省博物馆藏有这样麻绳一对，绳甚细，长约 68 厘米，其上各打九结，两根绳子的结与结间距离是完全一样的②（图右）。

（3）契刻记事

用刀在竹木骨角或者陶器等材料上契刻记事。

民改时期，景颇族看木刻回忆旧仇。③

汉字"契"所从的 𡗡 就像用刀刻划记事的符号。解放前的独龙、景颇族

---

① [德]格罗塞著、秦慕晖译：《艺术的起源》，商务印书馆 1996 年版。
② 汪宁生：《从原始记事到文字发明》，《考古学报》1981 年第 1 期。
③ 汪宁生：《从原始记事到文字发明》，《考古学报》1981 年第 1 期。

还在木片上刻画深浅不一的凹槽来记录财务，或者刻一些抽象符号来传递信息。

尽管世界各地出土的陶器刻符形态不一，但均是于制作陶器过程中，在泥胚上刻画的简单、抽象的图案。汪宁生考察了傣族制陶过程，发现遇到下列情况，偶尔会在泥胚上作出标记：（1）做好器坯后有时为了提醒自己这是刚做好的，便在底部随便划几道，以免和已干的坯相混。（2）做坯时中途有事离开，便用手指甲在器坯壁上划一直道，表示拍打到这里，下次接着再打。这一刻划在下次拍打中往往被消灭，但亦有留下痕迹的。（3）若几家合烧一窑，常在自己器物底部作出符号，以免彼此相混。这些符号一般是用指甲划出交叉形，也有划一直道或几道平行线条，并没有什么含义，只要认出是自己产品即可，而且同一个人这一次作的符号和下一次作的符号，也未必相同。总之，这是一种随意刻划，只是为了不与他人相混即可①。与西亚出土的早起陶符功能类似，由于陶符大多形状简单，多为单独使用而缺乏组合，不大可能记录语言，因此经过多年的性质争论，学者们倾向于认为是记号的可能性更大，这些记号代表的意义包括陶工、工场、顾客、容量、生产陶器的个体家庭的标记等等。

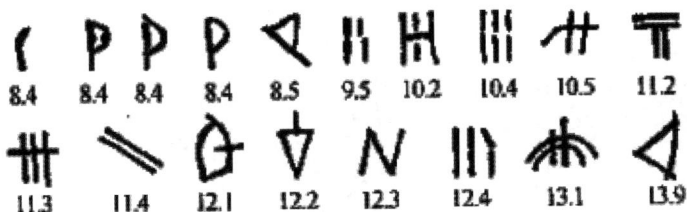

图一：叙利亚斯威哈特出土陶器上的刻划符号。

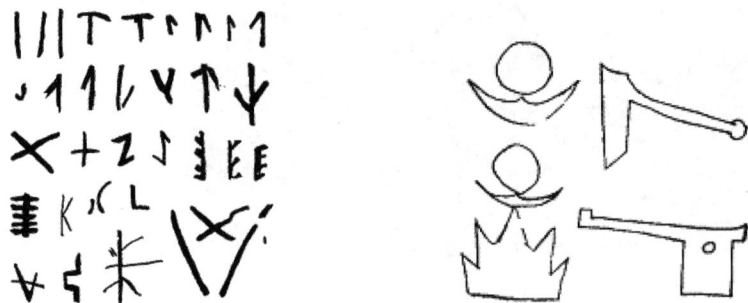

图二：西安半坡仰韶文化上的陶器符号。图三。

当然，陶符中一些广为大家接受的符号，后来也被吸收到了文字当中，比

---

① 汪宁生：《云南傣族制陶的考古学研究》，《考古学报》2003 年第 2 期。

如代表数字、族徽、王名框、动物图腾等的陶器图案。如上图三是山东莒县出土的陶缸上的四个图案，学者认为可能后来分别演化成"旦、岳、斤、戊"。

（4）记事图画

用来传递信息、进行交际的图画。记事图画由原始艺术的图画为基础，通过添加表意符号而表达特定的含义。"玛雅文字中也有很多抽象性的符号，很可能从一开始就直接取象于记事用的实物。"①

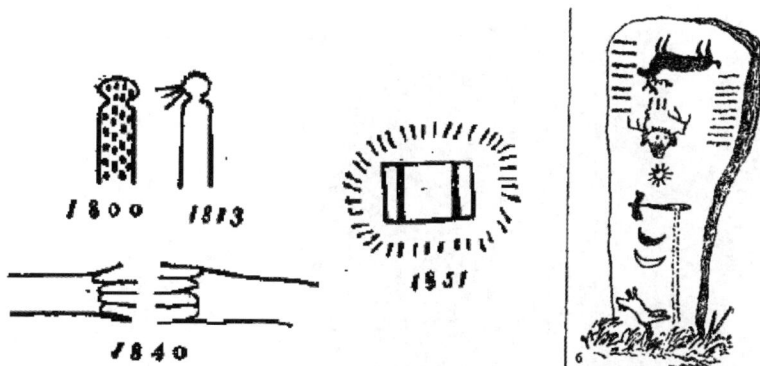

左上图记录印第安部落遭到天花和百日咳；左下记录两个部落握手言和；中图是交战的部落围坐在地毯上谈判。右图是印第安头领墓碑上的图画铭文：此头领名叫奥达（鹿，倒写表示死亡）。经历七次出征、九次战斗，在一次连续两月的出征时被斧头劈死。

从以上各地原始记事的使用来看，力图表达的是有关族群的历史、契约和某些区别性记号。而作为人际交往的口语的记录材料（比如书信等），所见并不多，原因可能是这些材料多属于私人之间，不容易保留下来的原因。

2. 文字的主要功能

上述原始记事方式涉及范围颇广，上至部落首领，下至普通百姓日常生活；既有记录首领的功绩，普通人也借以交流信息，说明社会的每个阶层都有使用文字的需求。但是，正如我们在第二章"文字的起源"中论述过的，文字的产生是相当艰巨的工程，需要由特殊的一类人群才能创制，零散的民间人士的单打独斗，最多可以发明几个有意义的记号，于成系统的文字所要求的条件还相差甚远。据拱玉书等的研究，世界上出土陶符的地方多没有衍生出后来的文字，甲骨文与各地的陶符也明显不是一个系统的。但是，陶符，尤其是其中的象形陶符与计数功能的陶符，却与文字有着相似的形体，体现出文字是在吸收了多

---

① 王霄冰：《玛雅文字之谜》，上海古籍出版社 2006 年版，第 72 页。

种史前记事手段，以图画文字为主要源头而发展起来的记录文字的系统工具。下面我们试图从各类文字的早期使用状态中，去分析文字形成的根本动因。

甲骨文主要是商代后期在安阳殷墟①出土的，记录占卜的有字龟甲和兽骨。总数达到十五万片的甲骨中，绝大多数是记录商王或贵族求神祭祖仪式中占卜内容的卜辞。一条完整的卜辞包含叙辞、命辞、占辞和验辞四个部分。叙辞又称前辞，即此次占卜的时间和贞人。命辞又称贞辞，是占卜所问的内容。占辞即商王看了卜兆后所下的判断。验辞是证验之辞，为事后补刻的内容。

甲申卜，殼，贞妇好娩嘉。王占曰：其唯丁娩，嘉。其唯庚娩，弘吉。甲申卜，殼，贞妇好娩嘉，不其嘉。三旬又一日甲寅娩，允不嘉。三旬又一日甲寅娩，不嘉，唯女。

从这片卜辞来看，是贞问妇好生孩子的时辰。其中"王占曰：其唯丁娩，嘉。其唯庚娩，弘吉。"这一句是商王的口语。其他内容均是当时语言的书面形式。

除了卜辞之外，甲骨文还有不少的非卜辞，比如在甲桥位置记载了卜用甲骨的来源、收存情况的刻辞，都是与占卜内容没有什么关系的记事刻辞。上述验辞、六十甲子表等具有记事文字的性质。总之，甲骨文记录了当时的占卜事件，反映了有关国家制度、阶级关系、军事、农业、畜牧业、手工业、商业、

---

① 此外，继殷墟甲骨后，又陆续在陕西周原等地发现甲骨，一般认为周人与商有亲源关系，文字是从商族学过来的。

交通，以及医学、天文、艺术、思想等方面的原始面貌。甲骨文的使用者是商王与贵族身边负责处理占卜和祭祀的贞人，贞人是掌握了文字的特殊群体，充当了神与人沟通媒介的角色，逐渐形成为涵括卜、巫、史等功能的贞人集团，文字是治理国家事务的重要工具。

原始楔文可能起源于商品贸易过程之中。最早的苏美尔文献是出土于伊拉克南的乌鲁克城邦遗址，那里出土了近 5000 块原始楔文泥版，85% 是有关经济活动的记录，另外 650 块属于词表，记录了"人、官职"等 15 种常见事物的名称，有学者认为这是当时用来教书认字的教材。但是，这种文字的使用与传承同样局限在很小的范围，"（文字）抄写员是经过是经过高度训练的官僚或专家。他们肯定是大权在握因为当时绝大多数人士文盲，甚至最高层也是如此。…这种职业通常在家族之间流传，而且，正如人们所预料的那样，极少有关于女抄写员的记载。"① 与由宗教祭司为主创的东巴文、甲骨文不同，在苏美尔，当时的公共机构如寺庙、宫廷管理着重要的生产中心，而文字就在频繁的贸易交往中被创制出来。两河流域很早就有发达的农业和手工业，加上方便的交通条件，这里有当时世界上最为兴盛的海外贸易与内部贸易，出土的泥版文书记录了当时贸易的盛况。如果我们把东巴文和甲骨文看成是宗教文字的话，楔文显然应当是经济型的文字。到公元前 2000 年左右，阿卡德部落统一了苏美尔地区诸国之后，苏美尔楔形文字自此走向没落，转变为一种宗教文字。

也许是受到苏美尔楔形文字的启发，古埃及王国的统治者利用文字来管理国家。最早的文字记录是在阿拜多斯古墓中发现的骨制、象牙或者木制标签，上面记录了商品的名称、产地和数量，这些标签上也常常有纪年王室活动的铭文，如征服异国、登基纪年等，但它们主要的目的仍是纪年。埃及早期文字的证据和稍后的铭文都证明，文字是为了适应国家管理的需要而产生，文字的主要功能显然是经济管理②。

中美洲古文字在早期的"使用和当地的艺术特别是图化的传统紧密相连。各民族的文字在早期阶段几乎都以图画的配文形式出现。或者直接作为图画的一部分嵌入其中，二者融为一体，不可分割。文字不仅出现在雕塑、壁画、陶器等各种艺术品上面，而且字体本身也保留了极强的图画性。"③

---

① [英]克劳福德：《神秘的苏美尔人》，浙江人民出版社 2000 年版。

② 拱玉书等：《苏美尔、埃及及中国古文字比较研究》，科学技术出版社 2009 年版，第 317 页。

③ 王霄冰：《玛雅文字之谜》，上海古籍出版社 2006 年版，第 53 页。

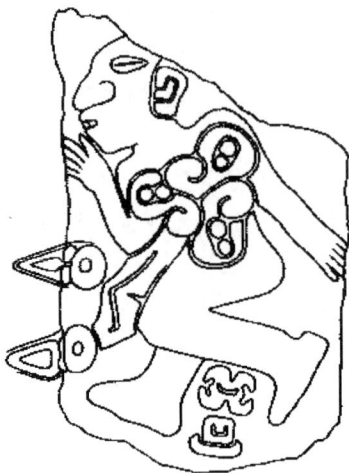

　　左图画中人的两腿之间刻着两个符号，被认为是此人的名号，同时也是他的出生日期这一天的名称。[1]右图这幅出土于萨奇拉的石刻作品，表现的是一对夫妇成亲的画面，上图是两个新人，下图相对而坐的是双方的父母。在图画图边框上写有一串文字，据考证有可能是参加婚礼的亲友的姓名符号，图画中间还有表示新人所属的部落名称及地名的符号(家长座下的山形符)，并在他们的脑后部位标有各自的姓名符号。[2]而且包括玛雅文在内的中美洲文字在早期都用来记录流行该地的"卓尔金历"，这种历法与古代占卜祭祀十分密切。

配有东巴文说明的《神路图》（部分）。俄亚东巴英达次里手绘。

---

① 王霄冰：《玛雅文字之谜》，上海古籍出版社 2006 年版，第 53 页。
② 王霄冰：《玛雅文字之谜》，上海古籍出版社 2006 年版，第 61 页。

东巴文起源于宗教的图画，我们在很多东巴画中也经常发现作为配图说明性质的文字，而且在无文字地区的达巴手中，也有用十分稚嫩有限的文字符号写成的占星经书。

东巴文因其记录东巴经而得名。其实也已经逐渐具备了记录纳西语言的能力，因此，很早就被用以记录跋语、书信、地契等实用性文献。但是，由于东巴文宗教性的局限，极大地限制了这方面的发展。事实上，文字被用于宗教以外的情况，只是作为宗教祭司的东巴脱下袈裟之后，以一个普通农民的身份，利用自己所掌握的文字技能附带完成的行为，并有意不让这种技能流失到无关的人员那里去。这种局面客观上阻碍了东巴文的传播与发展，文字的活力不强，字形演变的速度较迟缓，导致今天随着东巴教的衰退，东巴文也颇有唇亡齿寒之感。

"（玛雅）文字在社会功能上带有较强的局限性。文字在中美洲的古代社会中一直都是少数人掌握的特殊的文化工具，直接服务于政教合一的酋邦国家的统治阶层，用来记录君王的政绩，为他们歌功颂德。文字作为普通的交流工具的职能基本没有得到发挥，一个最明显的例子就是，在本地区出土的大量文字作品中，找不到一封书信或公文，而且像契约类的经济类文献也极少见。文字在计会功能上的这一局限性，不仅限制了它的椎广和发展、从而也抑制了自身的生命力。"[①]玛雅文字的传播只限于居住在玛雅低地的族群内部，用来给君王树碑立传。因此，当公元 16 世纪西班牙殖民者毁灭了寺庙和僧侣，玛雅文字迅速消亡。

依照这些文字最开始的功能特征，我们就可以把原始文字大致分为两种类型：宗教类和经济类。宗教类文字包括纳西东巴文、汉甲骨文和玛雅文；苏美尔楔形文和埃及圣书字属于经济类文字。

宗教类文字的主要用途是记录宗教经典，或者与宗教有密切关系的历法与王族祭祀活动。尽管也有记录宗教之外的用途，但不是文字的主要功能，这一特点体现在两个方面。

首先，记录的内容上来看，大多还是与宗教有间接的关系。如甲骨署辞中有关卜龟来源的记录、甲子表、习刻等都直接服务于占卜活动。东巴抄写完经书后所写的跋语，虽常有个人情感的抒发，但都是基于自己的宗教活动而言。这种文字即便被用于宗教之外，也常被打上了深深的烙印。达祖的人情账簿，从书写习惯、格式到装订形式，与一般东巴经并无二致。

其次，宗教文字只为祭司掌握，极少有宗教之外的人使用。宗教文字用于

---

① 王霄冰：《玛雅文字之谜》，上海古籍出版社 2006 年版，第 52 页。

记录非宗教事务的情况，多是宗教祭司临时或者偶尔为之。纳西东巴除了出门在外临时写几封家信，或者帮村里邻居写个地契，或者临时记点事情以防忘记，等等，几乎很少有主动用来创作诗歌、日记、家谱等的情况。我们曾努力在俄亚、白地、达祖和东坝搜寻东巴文应用性文献，但是所获甚少。我们在俄亚遇到的委玛，他本人不是东巴，但是也学过些东巴文，在他家除了看到抄写的经书之外，也并没有见到其他写的东西，他把这些经书称为"历史的书"并用汉字写在封底，标价 50 元出售已补贴家用。我们能明显感受到他对东巴文及经书的虔诚之心，似乎东巴文只能用于东巴教的经书，别作它用既无多大必要，也有损东巴文的威严。

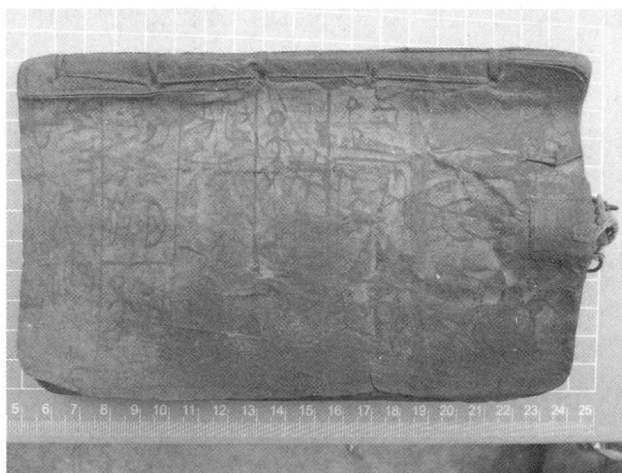

达祖占星经。

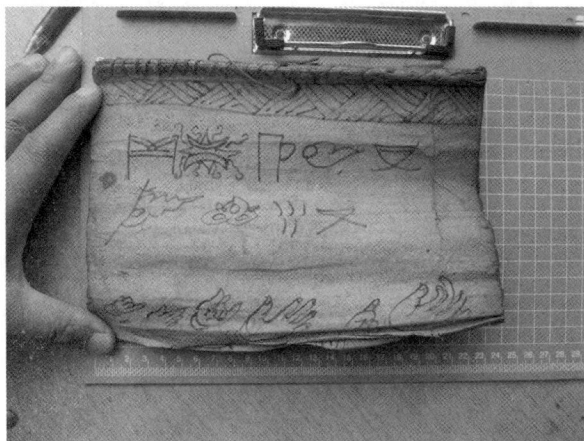

人情账簿封面。

委玛与他抄写的"历史的书"。

经济类文字的主要功能是通过记录商品生产与贸易，来帮助统治者管理治下的领地。从苏美尔与古埃及文明遗址上大型的宫殿与神庙来看，文字形成之前那里就有浓重的宗教氛围，并且宗教的影响力已经十分强大。但是，文字主要用于经济生活，也从侧面说明当时繁荣的经济贸易在国家事务中占据了相当的比重。其实在文字形成之前，苏美尔人就发明了滚印，用于国家各级机关的经济管理①。从地理上来看，两地本来相隔不远，古埃及文明发源于尼罗河流域，北临地中海，苏美尔文明在两河流域的南端，靠近波斯湾。这一地区处在亚、非、欧接壤的地区，交通便利，信息通畅，拥有发达的手工业和农业，自古就是商品贸易的重要通道。

文字本无宗教与经济属性之分，记录语言就是它的功能。本文作宗教文字与经济文字的区分，只是为了说明文字形成的动力这一方面。并不否定其他力量在文字形成中所发挥的作用。与文字起源的多元性一样，宗教文字里除了神名之外，也有不少反映农牧商等社会各行业的文字，并且也有少量经济活动的记录文献。经济文字也与宗教活动有密切关系，"埃及的文字是伴随着最早的王名出现的、用墨水写的铭文"。

而且两类文字形成之初均具有"专门性"的特点，即文字的掌握与使用被

---

① 拱玉书等：《苏美尔、埃及及中国古文字比较研究》，科学技术出版社 2009 年版，第 291 页。

限定在很小的范围并控制其向外传播。宗教文字由于宗教的特殊性，因而其文字作为宗教的一部分而被神化与尊崇，而且原始宗教祭司一般为世袭，必然导致文字只能在家族内部传承。经济文字也由于是统治者管理国家的工具，成为一门需要特熟技能的职业，这一职业所带来的明显的利益，使得这群"既得利益者"会努力防止它外流。此外，掌握文字的难度客观上也为其大众化传播设置了极高的门槛。

文字的使用面在其形成之初是如此的狭窄，与我们过去对其的理解不大相称。劳动创造了人类本身，我们也经常以为，是广大的劳动人民群众创造了文字，只不过后来被统治阶级垄断，用愚民政策以利于其长久的统治。然而，我们梳理了文字的形成过程之后，可以这样认为，单个记事符号的出现，可能来自各行各业的民众，但是把这些记事符号总和到一起，用来与语言中的词句相对应以达到记录语言的程度，却只能由社会中某一类具有特殊才智的人群，基于所从事行业的迫切需要下才可能完成。这个过程是一个文字数量持续扩充，文字记录语言的能力不断完善的过程。甲骨文中记录"某入若干"的刻辞，很可能与写在骨制标签上的记录商品名称与数量的圣书字一样，都只是以几个关键词对那次事件的"速记式"记载[①]。被学者们称为"语段文字[②]"的纳西东巴经中的图画式布局[③]，其实就是文字早期存在的普遍的字词不完全对应现象的孑遗，只不过这一"速记式"书写方法也被东巴巧妙地拿来以缩小经书的厚度。

从文字与语言的亲密度来看，经济类文字显然比宗教类文字更加密切，从而具有更加旺盛的生命力。以东巴经与东巴文的关系为例，东巴经具有长期稳定性，东巴文从字形到文字制度也保留了不少古老的形式特征。经济类文字由于要记录不断变化的交易商品与数量、交易对象与产地等信息，必须努力拉近与现实语言的距离以维持文字的活力。苏美尔文明进入到阿卡德文明之后，由于语言发生了变化，阿卡德语在沿用了苏美尔文字 500 年后，将楔形文字进行简化，并随着政权与商业而扩散到了其他地区，原始的苏美尔楔形文字只在寺院里使用，转变为专门的宗教文字后，逐渐退出了历史舞台。武王灭商之后，同样使用商国文字的周国贵族被分封到周朝各地，文字也跟随流播四方。文字的使用由甲骨占卜扩大到国家管理的更大范围，从后来的出土文献来看，除了铜器铭文外，载书、兵器、玺印、简帛都在广泛使用，至少在战国时期，各国

---

① 文字初创时，并不是以记录语言为目的，而是帮助记事，后来才逐渐选择记录语言的。参看本书第四章第一节。

② "语段文字"请参看本书第四节三小节第二个问题"东巴文书写的图画式布局"中的说解。

③ "图画式布局"请参看本书第四节三小节第二个问题"东巴文书写的图画式布局"中的说解。

的文字就已经差异很大，显示出文字已经按照一定的演变方式发生着变化，这是文字活力增强的表现。秦始皇统一中国后，利用中央集权的威力统一中国文字，汉代统治者推崇儒家思想，大力提倡办学，于是汉字被更加广泛地使用，后来虽然经历过其他少数民族政权的更迭，汉字、汉语都保持了强大的活力，汉字一直也没有失去其方块结构的特点。

德国社会学家阿斯曼提出过文化记忆的两种传播方式，即"与仪式有关的"和"与文字有关的"。[①]王霄冰以此理论分析了商周文明与中美洲玛雅文明发展的异同，认为二者"在社会结构和文化特征上有很多的相似之处，都属典型的父系社会，都以大型的祭祀为中心建立起了酋邦国家，都具有万神信仰和祖先崇拜，都发明了象形文字并用于政治宗教活动，等等，以至于有很多人认为两个文化圈之间曾在早期阶段就发生过直接的交流"，而商周文明经过一代代文化精英的文本化实践，统一在以儒家经典为基础的思想伦理之下，形成了费孝通所说的"中华民族多元一体格局"，但是"中美洲玛雅、阿兹特克等民族，虽然也发明了文字，并用文字结合图像的方式来撰写纪年文献，但无论是玛雅的纪念柱还是阿兹特克的君王征战史等，都没能从仪式行为中独立出来，保留着仪式性文本的痕迹。这样的文本一旦脱离了仪式和口传文学，就不再被流传。由于玛雅人的各种祭祀仪式在文明衰落之后就不再在公开场合举行，所以生存至今的玛雅人就没能保留下自己民族的文化记忆，而对自己的历史几乎一无所知。"[②]

我们认为，商周文明得以延续发展的内在动力，在于古文字由宗教文字的单一性质向着经济文字等多种世俗实用功能的转变，为文化的传播以及新思想的迸发提供了最重要的条件。而反观玛雅文字则不然，依然局限在宫廷、宗教内的少数人使用，而且内容单一，所以，在遭受殖民者的血腥毁灭与残酷统治之后，其民族记忆也呈"断崖式"地从玛雅人的集体意识中急速消亡。

综合本节的文字比较，我们把纳西东巴文、汉甲骨文、玛雅文、古埃及圣书字、苏美尔原始楔形文字这五种象形文字，按照文字象形程度[③]分为三个梯度，按照由高到低依次递减的顺序排列。并从如下书写工具、文字功能等几个方面作一个总结：

---

① 转引自王霄冰：《文字、仪式与文化记忆》，《江西社会科学》2007年第2期。
② 转引自王霄冰：《文字、仪式与文化记忆》，《江西社会科学》2007年第2期。
③ 象形程度的对比是一个整体性的考量，不是个别字形的对比。因为，每一种文字字形的象形程度并不是均衡分布的，比如，东巴文的"鱼"字最逼真，而玛雅文"人"字头部的表现也最细致。

文字	象形程度	典型举例	形成时期	文字载体	文字功能	演化结局
圣书字	第一梯队	犬	前3200年左右	骨质标签、石雕、莎草纸	经济宗教	三种字体分头演化，公元5世纪完全消亡。
玛雅文			公元纪年前不久	石雕、古抄本	宗教	公元16世纪消亡①。
东巴文	第二梯队		公元8—15世纪之间	东巴经书	宗教	东巴文、哥巴文。
楔形字			前1300年之前	泥版	经济宗教	前5世纪②消亡。
甲骨文	第三梯队		前1300年	甲骨	宗教（占卜）	演化成今天的汉字。

① 碑铭体基本保持不变到公元4世纪，使用了3500年；僧书体使用到公元3世纪；民书体变化最大，一直到公元5世纪。前11世纪开始流通的腓尼基字母，源自借用的圣书字和楔形字字形。
② 其他民族也学习并使用这种象形文字。之后，他们逐步调整修改、简化，最终将其发展成了字母文字。事实上，之后世界上产生的一切字母，都是由苏美尔楔形文字和埃及的象形文字混合之后而演变来的。

第三节 四川泸沽湖达祖纳西族人情账簿译释

东巴文除了记录东巴经典之外，也被用来记录地契、书信、跋语等非宗教用途，只是这种情况比较少见，流传至今的文献更是凤毛麟角，没有引起人们的注意而已。喻遂生师把这类东巴文文献称为"应用性文献"。李霖灿先生曾说："么些文字的日常应用，大致不出谱牒、记账、书信三项，谱牒、账目，我曾在么些地区着意搜求，毫无所获。书信则只见到几封最近军人的家书，这可见么些文字在日常应用上份量的稀少。而我们一收罗宗教上的经典，动辄数千册，(Joseph F.Rock 博士曾收去四千册，北平图书馆四千多册，我亦为中央博物院收集一千多册。)可见文字用在宗教上份量之重。"[①] 这是最早对东巴文非宗教文献的报道。"应用性文献是纳西族社会生活的直接反映，是本族文字的真实史料，特别是契约、账本等，更是了解当时阶级关系、土地、生产、借贷、物价的难得史料，其强烈的记实性比东巴经多是神话传说更贴近现实生活，可直接为研究纳西族社会、历史、经济服务。应用性文献相对于经典而言，遣词造句和文字使用显得更随意一些，更能具体地反映东巴文在语言中运用的真实面貌，在语言文字研究方面有重要的价值。"[②]

我们在撰写本课题的田野调查中，也注意搜集东巴文的民间应用性材料，并详细翻译整理，以成下文。

人情账簿是家庭大事中所收受亲朋好友礼金的记录。纳西族笃信东巴教，有的地区还兼受藏传佛教的影响，因此，遇到婚丧嫁娶等大事时，主人家要请祭司主持复杂隆重的仪式，全村各家乃至远亲都要过来，花费的财物和人力很多，尽管收到的钱财和物品也不少，可以缓解一时的困难，但都要登记在册，以备将来归还别人家。人情账簿反映了民族的风俗，从中可以了解当时的家庭和经济状况等方面的信息。作为东巴文应用性文献，它更是语言文字研究的宝贵材料。

由于历史的原因，纳西族民间保留的账簿很少，刊布出来的更少。李近春20 世纪 80 年代曾到达住[③]做民族调查，其中有一份汉译的祭天时各家出猪肉

---

① 李霖灿：《么些族文字的发生和演变》，《么些研究论文集》，台湾故宫博物院 1984 年版，第 65 页。
② 喻遂生：《纳西东巴文应用性文献研究》，教育部社科项目报告，第 10 页。
③ 即达祖，又名"大嘴"等，均是对纳西语的音译。

的登记册，但是没有刊布原文①。郭大烈主编的书中也曾著录了三份四川木里俄亚的人情账簿②。杨亦花等刊布并翻译了丽江塔城的两册，这是首次以语言文字的方法研究纳西族人情账簿③。

达祖村属四川省凉山彝族自治州盐源县左所区泸沽湖镇，有 140 户人家，830 人。传说大约明末清初木天王鼎盛时期，派军队从丽江来这边打仗，后来留下了 50 个士兵，他们占据了原普米、藏族（波）的村子，逐渐繁衍而成今天的规模。村民还保留着属于西部方言的丽江口音，也能听懂周围的摩梭人的语言，但是摩梭人听不懂他们的话。

2012 年暑假，我在四川凉山的盐源、木里两县调查汉语方言，结束后，专程来到泸沽湖达祖村。在走访到年轻东巴杨兵玛（ue^{55}xæ^{31}pi^{33}ma^{33}）家时，发现一大一小两本人情账本，大的是他爷爷多年前去世时请村里东巴写的，以黑笔书写在 20 页绵纸上，横宽 22 厘米，竖高 16 厘米。上部用棉线缝订成册，正文每页以手划横线分作五栏，从左至右双面书写，以短竖断句。书写格式与东巴经一致。小本是他父亲去世时的。因为时间关系，我们只能翻译大的那本。由于多是老词，31 岁的兵玛东巴只能读东巴文的音，却不明白什么意思，又请村里的朗多帮忙，三个人一起用了两天时间才翻译完。

根据释读材料和录音，并查阅各类辞书，这本账簿的字释和全文汉译已完成。因篇幅所限，只摘录封面和前 4 页字释，剩下 12 页及其释文见附件一。

① 李近春 整理：《四川省盐源县沿海公社达住村纳西族社会历史调查报告》，《四川省纳西族社会历史调查》、国家民委《民族问题五种丛书》之五，中国少数民族社会历史调查资料丛刊（修订本），民族出版社 2009 年版，第 4 页。
② 郭大烈：《中国少数民族古籍总目提要 纳西族卷》，中国大百科全书出版社 2003 年版。
③ 杨亦花、钟耀萍、喻遂生：《两本新出的民国东巴文人情账簿》，《中国典籍与文化》（总第 84 期），2013 年。

一、账簿字释、汉译举例及用字分析①

封面：

 uə⁵⁵，村。

 xæ³¹，金字。uə⁵⁵ xæ³¹，家名。死者的家名。

 to⁵⁵mba³东巴。

 ʂ̩³³，本义。借作"死"。

 me³³，雌阴；用在句尾，义为"是的、也"， 此意译为"了"。

 the³³，旗帜。

 ɣɯ³³，好。哥巴文借字。the³³ɣɯ³³，经书，凡书本一类写了字的通称。

 ua³³，五。指事。

---

① 封面及正文第一页，其余内容见本文附件一"四川泸沽湖达祖纳西族人情账簿译释"。

 me³³，雌阴；ua²¹me³³，经书常用语，用在句尾，又常省作 me³³。可不译。

全文：uə⁵⁵ xæ³¹ do⁵⁵mba³³ ʂʅ³³ me³³，the³³ɤɯ³³ua²¹me³³

译文：窝禾（uə⁵⁵ xæ³¹）东巴去世，（人情）账簿

第一页：

1. 经书开首的标志，各地东巴经的写法不同，白地写作、；俄亚作，受藏传佛教的影响，借自梵文又再各自演化的结果，可不译。

mbo²¹，梁子。此要读作 mbo²¹tho³³，"八字"的意思，即六十甲子。第二个音节省略。

mi³³，火。象形。

 la²¹，手。字形手与火字组合成，以手执火，此会意作 zʅt³³（执、拿），同时又单独成词（mi³³火）。mi³³zʅt³³汉译为"用（拿着）火"，

mbo²¹tho³³mi³³ʐ̩³³ti²¹khv³³即"八字用火一年"可译作"八字属火的一年"。

𐓎di²¹，一。

𐓎khv⁵⁵，弯弓。丽江写作ẞ。此借作"年 khv³³"字。di²¹khv³³，一年。

𐓎læ²¹，鸡。

𐓎khv⁵⁵，弯弓。丽江写作ẞ。此借作"年 khv³³"字。后省略 ti²¹khv³³。

𐓎lo²¹，山谷、沟。释作方位词"在……里"，即属鸡的一年里。

𐓎ua³³，五，此读低降调作 ua²¹。

𐓎xæ³³，月亮。

𐓎me³³，雌阴。ua²¹xæ³³me³³，五月份。

𐓎ʦhe²¹，十。

𐓎ru³³，四。

𐓎ŋi³³，二。此借作日 ŋie³³。

𐓎le⁵⁵，沱茶。

𐓎pu³³，送的意思。

𐓎se²¹，完了之义。

𐓎me³³，雌阴。

2.1.𐓎uə⁵⁵，村。

𐓎xæ³¹，金字，该字比封面的写得简单。uə⁵⁵xæ³¹，家名。死者的家名。

𐓎ʂæ²¹，血。象创口血滴之状。

𐓎ʐæ³³，男性生殖器。ʂæ²¹ʐæ³³，什罗，东巴什罗的名字。

𐓎a²¹，（招）魂。从口，口中画一曲线出来，示"喊、招"之义。这里读高平调作 a⁵⁵。

ba⁵⁵me³³，蛙。此读做 ba³³。a⁵⁵ba³³，对死去的父亲的称呼，母亲称 a³³iə³³，未去世不能喊。

çiʷ³³，（瘦）肉。象形。借作"死 çiʷ³³"字。

me³³，雌阴。用在句尾，义为"是的、也"， 此意译为"了"。

the³³，旗帜。

ɣɯ³³，好。疑哥巴文借字。the³³ɣɯ³³，经书，凡书本等一类写了字的通称。

ua³³，五，此读低降调作 ua²¹。

me³³，雌阴。ua²¹me³³，经书常用语，用在句尾，又常省作 me³³。可不译。

2.2.

3.1. （写错又涂掉了。）

3.2. mbe³³，雪。象形。[谱 0017]。

se²¹，哥巴文借字。mbe³³se²¹，家名。

phe²¹，麻布。

tsho²¹，大象。象形。phe³³tsho³³，名字。mbe³³se²¹phe³³tsho³³，是村里一个人的名字。

pe³³，门闩。

mu²¹，簸箕。象形。俄亚、达祖仍在使用这种竹编的簸箕，大小不一，

可用来盛放东西，。pe³³mu⁵⁵，白酒。俄亚调值有所不同作
pe⁵⁵mu²¹。

 xua⁵⁵，八。

 tɕi⁵⁵，剪刀。借作表汉语借量词"斤"。

 ɼo³³，四。俄亚元音舌位略高作ɼu³³，达祖"四"的元音有 o、u 两读。

 khua³³，碗（小的）。[谱 0901]。ɼo³³khua³³，四碗，此没有说四
碗什么，估计是村民间最常送的礼物，才能省略。

 phe²¹，麻布。此只借近似音，读作 phiə³³。

 tsɿ³³tsɿ³³，束、扎、捆。象形。[谱 1122]。此只读第一个音节，
且调值升高作 tsɿ⁵⁵。phiə³³tsɿ⁵⁵，票子，钞票。

 ua³³，五。

 mæ³³，尾。借作货币量词"块、元"。俄亚、丽江均没有这个量词。
俄亚作 mv³³元，丽江作 be²¹。

4. pv⁵⁵，蒸笼。

 bi³³，林，四方有树曰林。pv³³bi³³，糌粑。

 ua³³，五。

 pi³³，升，量词。由量具引申作容量单位。其他方言元音读圆唇音 py³³。

ʥe³³，小麦。

n̠i³³pi³³，二升。

ʂə²¹，哥巴文借字。

ndie²¹，交配。俄亚和丽江有词无字，读作 de²¹。ʂə²¹ndie²¹贡献，表示下一代不用还的礼物。死者生前是村里的东巴，为不少家庭做过仪式，这些村民在东巴去世后，会送来一些礼物。

从山谷字 lo²¹、烟叶 iə⁵⁵，lo²¹iə⁵⁵是汉语借词"龙元"，是背面铸有龙形的银币。

dit³³，一。

mbe³³，雪。在这里作单位量词，丽江有"be³³gɯ³³半开（银元）"的量词，所以，"dit³³mbe³³"指的是一个库平 3.6 的二号银元。"龙元"在本文中还可以与phe²¹组合，phe²¹也是单位量词，应该是"块"的意思，dit³³phe²¹应该是一个库平 7.2 的一号银元。

dit³³，一。

ʥ̩ŋʷ³³，（一）对、双，量词。"缝 tsi³³"字这里借作表示"双、对ʥ̩ŋʷ³³"的集体量词，而且，字形也很像一对摆放的两块木板，"双、对"形意俱显。lo²¹iə⁵⁵ti³³mbe³³ti³³ʥ̩ŋʷ³³，龙元半元两枚。

phe²¹，麻布。

siʷ²¹，三。

ru⁵⁵，石头。借作量词"件"。ru⁵⁵作为量词，一般针对圆、团状的物体，而ly³³多指条状的事物。

5.1. ⬠ ndʑi²¹，水。借作"房子 ndʑi²¹"。

pv⁵⁵，蒸笼。借作"下面 pv⁵⁵"，ndʑi²¹pv⁵⁵家名。

la²¹，手。读高平调 la⁵⁵。

tsha³³，咬。以手入口，会"咬"义。la⁵⁵tsha³³，名字，也是村里的一家喇嘛。

phe²¹，麻布。

字本义是喊（ɾi²¹）。俄亚写作 ⬠。头部延伸出的曲线表示"喊招"之义。俄亚字 ⬠（a²¹ʂ³³，招魂），⬠ a²¹绿松石，借作魂；⬠ ʂ³³，以曲线示"喊、招"之义，⬠ çæ³³，七，假借作"喊、招 ʂ³³"，这里起提示义符 ⬠的音读的作用。⬠[谱1179]。此文中借作 le³³，phe³³le³³，麻布。

ʂ³³，七，借作"新"。

ua³³，五。

ɾu⁵⁵，石头。借作量词"件"。

ɾu³³，四。

kha²¹kho³³，围墙。象形。转意作"聚集 dʑu²¹"，俄亚读 dʑo²¹。借作量词"双 dʑu³³"。四双什么东西，这里也没有注明，应该也是常送的礼物。

注："新的麻布5件，某物四双"用笔圈过，表示日后主人已还了这份人情。

5.2. pe³³，门闩。

mu²¹，簸箕。象形。pe³³mu⁵⁵，白酒。俄亚调值有所不同作 pe⁵⁵mu²¹。

siʷ²¹，三。

然 $t\varepsilon i^{55}$，剪刀。借作表汉语借量词"斤"。

然 ςu^{33}（四）$khua^{33}$（碗）。

然 ςi^{33}，百。藏文借字。借作"稻 ςi^{21}"。

然 $t\varsigma hua^{33}$，六。借作"米 $t\varsigma hua^{33}$"。$\varsigma i^{33}t\varsigma hua^{33}$，稻米，大米。当时，大米也是比较稀少的礼物，当地不产稻谷，需要从永胜等外地买进。

然 $\varsigma u^{33}pi^{33}$，四升。

原文：

1.$mbo^{21}tho^{33}mi^{33}z\d{l}^{t33}di^{t21}khv^{33}$，$\ae^{21}khv^{33}di^{t21}khv^{33}lo^{21}$，$ua^{21}x\ae^{33}me^{33}tshe^{21}\varsigma u^{33}\eta i^{33}$，$le^{21}pu^{33}se^{21}me^{33}$。

2.1. $u\partial^{55}x\ae^{31}\d{s}\ae^{21}\varsigma\ae^{33}a^{55}ba^{33}\varsigma i^{w33}me^{33}$，$the^{33}\gamma u^{33}ua^{21}me^{33}$

3.2. $mbe^{33}se^{21}phe^{33}tsho^{33}$：　$pe^{33}mu^{55}xua^{55}t\varsigma i^{55}$、$\varsigma o^{33}khua^{33}$、$phi\partial^{33}ts\d{l}^{t55}ua^{33}m\ae^{33}$、

4. $pv^{33}bi^{33}ua^{33}pi^{33}$、$\dz e^{33}\eta i^{33}pi^{33}$，$\d{s}\partial^{21}ndie^{21}$，$lo^{21}i\partial^{55}ti^{33}mbe^{33}ti^{33}\dz\eta^{w33}$、$phe^{21}si^{w21}\varsigma u^{55}$；

5.1. $nd\dz i^{21}pv^{55}la^{55}tsha^{33}$：　$phe^{33}le^{33}\d{s}\d{l}^{33}ua^{33}\varsigma u^{55}$、$\varsigma u^{33}\dz u^{33}$、

5.2. $pe^{33}mu^{55}si^{w21}t\varsigma i^{55}$、$\varsigma u^{33}khua^{33}$、$\varsigma i^{33}t\varsigma hua^{33}\varsigma u^{33}pi^{33}$

　　　　汉译：

1. 八字属火的一年，（在）属鸡的一年里，五月十四日，送走（死者）了。

2.1. 窝禾什罗阿爸走了，账本是的。

3.2. 贝色培措：白酒八斤、四碗、票子五块、

4. 糌粑五升、小麦二升，贡献：龙元半元的两枚、麻布三件；

5.1. 吉布拉擦：新麻布五件、四双、

5.2. 白酒三斤、四碗、稻米四升

二、疑难字的考释

1. **图** $to^{55}mba^{3}$东巴。在字形 $\sqcap$（do^{33}木板）基础上，添加区别符号 $\lrcorner$，而成表"东巴"的专字。李霖灿认为**图**字从 $\sqcap$ 从**父**（mba^{33}，大脖子），像画（划）

板上长瘤之状，此字唯见于白地①。

按：李氏合文之说基本可从。但"长瘤"一说不妥。东巴文字组中，声符在参与组合成字或者字组（合文）时，常常依着一定的物象，具有图画性。组成单字的如"甜 "、"苦 "等字，声符尽量以自己的置向表示意义。如果实在难以达到位置上的表义，也要尽量附会，如 （$\varsigma\vartheta^{55}$）像桧树在说话（$\varsigma\vartheta^{55}$）；（go^{21}爱）手中拿针（go^{21}）；$u\vartheta^{33}t\varsigma\vartheta^{33}mbe^{33}$，家名。以声符 （$u\vartheta^{33}$村）、（$mbe^{33}$雪）置于 （锅）中，会意"煮（$t\varsigma\vartheta^{33}$）"；等。组成字组的如：（$a^{21}kv^{33}zo^{33}$表兄弟），第二个音节 kv^{33} 的声符 （gv^{21}熊）置于人字的头部。这显然违背了正常的物象，但东巴们书写经书的主要目的不是"照本宣科"，而是为了提示经文。为了书写上的经济性，通过借助字符间的位置来表达其间的语义关系，应该是个不错的选择。更何况东巴文字形本身象形度很高，处于文字发展的初级阶段，文字制度也很随意，实际上也为东巴以图画方式去排列各个字提供了可能。就属此例，绝不是划板上长瘤之状。白地是东巴文化的圣地，保留了最古老的文字，此字形在达祖出现，也说明达祖文字的古老一面。

2. le^{55}，又作 ，沱茶。以前的茶叶都是压制成圆形形状的。俄亚有 le^{55}字，与此 字应是异体关系，字源有不同说法。俄亚认为 字"折断"（le^{55}），树枝折断又未断开的样子。喻遂生师有专文考证 字的字源是同音的"砖茶 、"字②，字上曲线表示此物为"喝"的茶，以区别于形近字"饵块"。并揭示了字形演变的轨迹：（圆形茶砖）→ （上部变尖）、（上部出头）→ 、、、（变瘦变直，下横省略）→ （右

---

① 李霖灿：《么些象形文字字典》，台湾博物院专刊乙种之二 1944 年版，第 90 页。
② 喻遂生：《纳西东巴文研究丛稿》（第二辑），巴蜀书社 2008 年版，第 50 页。

下笔拉平）、⼈（加笔画）。"茶"这一说更合理些。今达祖字形可以补正这

个观点，大致处在上述发展轨迹的第二至第三阶段之间，即 ⾖→⼷→⼈。

3. ⾇，此字首次出现在第一页，字上部象烟叶 ⼷，字下⼂义不明。

译至第三页的 ⾈（纸烟 $\mathrm{t}\mathrm{s}\mathrm{\eta}^{33}\mathrm{z}\mathrm{ə}^{33}$）、第七页的 ⼷（烟叶 $\mathrm{i}\mathrm{ə}^{55}$）后，才恍然

大悟。

原来⾇是一个字组，从⼷（lo^{21}山谷）省、⼷（烟草 $\mathrm{z}\mathrm{ə}^{33}$）省，读

作 $\mathrm{lo}^{21}\mathrm{i}\mathrm{ə}^{55}$，是汉语"龙元"的音借，这是一种背面铸有龙形的银币。光绪十三

年（1887），清政府批准两广总督张之洞在广东设厂自铸银元。近代中国由此

才开始正式铸造新式银元。此次铸造的银元，计有五种，其中 1 号银元重库平

7.2 钱（含银九成），2 号银元重库平 3.6 钱（含银八成六），3 号银元重库平

1.44 钱（含银八成二）。云南的半开银元，即清政府所批准的银铸币中的 2 号

银元，每两枚抵 1 号银元一枚使用，最初由湖北运入。到 1907 年 11 月，清政

府批准设立的云南造币分厂（在今昆明市钱局街）建成投产，云南开始由本省

机铸银币。云南造币分厂铸造的银元，以 2 号银元为主。在辛亥革命后至抗日

战争前这一历史时期内，半开银元成为近代云南流通中的主币（如下图）。

东巴文字组的排列具有图画性，如字组 ⾈（纸烟 $\mathrm{t}\mathrm{s}\mathrm{\eta}^{33}\mathrm{z}\mathrm{ə}^{33}$，汉借词），

字从⾈（土 $\mathrm{t}\mathrm{s}\mathrm{\eta}^{33}$）⾇（烟草 $\mathrm{z}\mathrm{ə}^{33}$）。象田中长烟叶之形。

为了图画的效果，甚至不惜对字组中的某个字做较大的省略，如上例⾇

字，又如字组⾈（$\mathrm{lo}^{33}\mathrm{\c{s}}\mathrm{u}^{33}$，洛水，地名，在达祖村上面，住着摩梭族），

从⬚（骰子 sɿ^{33}）▱（lo^{21}山谷）省，通过⬚替换▱字中的一而成。

4. ⬚di^{w21}，大酒坛。方国瑜字作⬚[谱1161]，释"大"，以为"肥胖"之形。李霖灿（李：247页）以为乃大腹便便之人形。二说均不确，实乃大酒坛之形。现在俄亚村里还有这种半人高的大酒坛（见下图）。因为相比起小酒坛（kə^{21}zo^{33}）而言，"大"意由此而来。俄亚还保留了小酒坛的字形⬚。（zo^{33}，音同"男子"zo^{33}，纳西语中"小"常用 zo^{33}，而"大"常用"母亲⬚me^{33}"。这是母系社会的家庭关系在语言文字中的遗留。）

5. ⬚so^{21}，⬚的简写。达祖东巴认为是烧香冒烟的样子。纳西东部方言"香（臭）"音 so^{21}。俄亚有⬚字，可假借作"曙光，朝"字，丽江"曙光，朝"写作⬚[谱0044]；俄亚经书中⬚也可作声符，如⬚（so^{33}，巅，山顶），丽江字作⬚[谱0097]。从字符的使用来看，达祖与俄亚用⬚（⬚），而丽江用⬚。方国瑜认为⬚字的构件⬚是"折树"之形，⬚是"山最高处暴风折木"的会意字。⬚与⬚不论从字形、读音，还是在使用上都有一定的对应关系，亦不能排除其间有字形演变的可能。

6. ⬚te^{33}，又作⬚，⬚字源不明。俄亚有一个与其形音相近的字⬚di^{w33}，常用来表"放、置"义。"放、置"在其他地区又造有专字⬚[典1290]（从锅⬚从锅庄石⬚，会"置放 tɯ^{21}"义）。动词"置放"引申出"方

位 ʈɯ²¹"义,李霖灿释 ⊤⊤ [典 1639]:"方法也、位置也、地位也、云画方位之所在。"让人难以确信。和力民先生认为字形 ⊤⊤ 象铁匠打铁的铁凳之形(如下图)。有的一边敲掉了,即成 ⌐ 形。 ⌐ 字应该是东巴不明字源后,书写随

意所致。和说可从。

钟耀萍①认为: ⊤⊤ 乃汝卡字 ♁ 的省写, ♁ "以石头所在的位置标示放置的位置和放置这个动作",但并没有解释石头 "◇" 之下的 "♈" 为何,是石头堆放的支架之类的器物,还是抽象的"位置"符号?细考 ♁ 字,实乃从 ◇、♈ 兼音和义的"亦声"字。我在白地与当地人谈到 ⊤⊤ 字的字源时,他们为 te³³ 音的"放、置"义所想到的最常用例就是"往火塘里的灶上放锅"的"放",纳西族以前的灶就是用三块石头摆成,东巴文灶的写法还保留了过去的形状:

ᙁᙁᙁ(俄亚)、◌◌◌ (东坝)、 ⋒⋒⋒ (泸沽湖达祖)、◦◦◦ (谱)

♁ 字应该是在 ⊤⊤ 字字源难明之后,添加与"放、置"义密切关系的形符 ◌◌◌ (灶)后,演变而来的加形字。 ⊤⊤ 字造字在先,而非 ♁ 字之省。

7. ✺ tʂhɯ^w33 吊、悬挂。此字在第十五页写作 ◠。俄亚"悬、吊 tɕhi³³"字写作 ᘓ、丽江作 ⼟ [谱 1177]。另有"吊死鬼 tʂhɯ^w33"作 ⸙、丽江作 ⸙ [谱 1321]。另外,我们发现 ✺ 与哥巴文 ⱄ [tshæ³³]形体相近,可证哥巴文 ⱄ 来源于表"吊、悬挂"义的字 ✺ tʂhɯ^w33。藏文字母 ⱄ [tɕha³³]与 " ⱄ [tsha³³]与 ✺

① 钟耀萍:《纳西族汝卡东巴经初探》,《中央民族大学学报》2010 年第 3 期。

字极似，语音上也有密切联系，都是舌尖和舌面的送气音，但是字形上的关系还有待考察。不过我们仍然可以看出，纳西文字不管是象形文还是哥巴文，与藏文化都有紧密的关系。

8. gv^{21}，弯腰。李霖灿作 [典 0287]，认为是指事字，腰部弧线指示字意所在。按：疑不确。 字与表弯腰、驼背之类的字" （bv^{21}，匍匐、驼背。 [谱 0586]"是一组同源字的关系。 分两笔画出下垂的两臂，而 、 一笔完成，就会在背部成一个圆包状，有的东巴自然会把 、 经过文字的"理据重构"为 [典 0287]。如果一个字可以作象形和指事两种造字方法来解释，我们认为，从认知思维的发展过程来看，象形应该处在离造字更早的阶段，而东巴文中真正的以抽象指示符号造字的指事字是极少的，这也更符合东巴文的文字发展初期的性质。

9. ma^{21}，酥油。此字第六页写作 。丽江字 [谱 0932]如俯视之形，又或似水面油花之形。

按：俄亚写作 ，像酥油放在小碗中，更具象形。前面该字还写作 ，总之置向方向很随意，由于东巴文文字制度不规范，字的书写、笔画、朝向各个东巴写法不一。 与表示"不"的否定词 （mu^{33}没有、不）相近。俄亚东巴认为 字形如手掌微收之侧面形，意为手中无物。笔者以为不确。 乃 ma^{21}（酥油）字的音近假借字，为区别起见，再改变字体笔画成 。 和 、 、 、 和 实际是本字、异体、假借字的关系。

10. W，第十四页有这样一个类似"W"的字，原句是这样的：

（$pe^{33}mu^{55}$白酒） （si^{w21}三） （$t\varphi i^{55}$斤）、 （$tshe^{21}ni^{33}$十二） 。结合全书的文例，在记录礼品时有一定的格式，如前文第一页有

"pe^{33}mu^{55}（白酒）xua^{55}（八）tçi^{55}（tçi^{55}斤）、ɾo^{33}khua^{33}（四碗 ）"；同一页还有"pe^{33}mu^{55}si^{w21}tçi^{55}、ɾu^{33}khua^{33}（白酒三斤、四碗 ）。本书还有多处同一格式的"白酒…斤、…碗"的句子，碗字的写法主要有如下" 、 、 、 "，其实是由 [F0901]忽略底座而成的 快写而来，即" → → → → → "。

碗字俄亚作 ，是一种较小的碗（下图左），它以树根部长出的疙瘩为原料，手工雕制而成；大的一种叫作 pa^{55}（小盆），也是木料雕刻而成（下图右）。纳西族民间还在用 khua^{33} 来喝酒，而 pa^{55} 只在俄亚老乡家有发现，但几乎没人在用它了。

三、异体字及用字

1. 达祖与其他纳西地区字形对照表

字义及达祖音	达祖	《文字谱》	俄亚	白地、其他
字首符号，借藏文，不读音。				
khv^{55}弯弓				
æ^{21}鸡		[谱 0292]		
xæ^{33}月亮		[谱 0003]		
uə^{55}村		[谱 0992]		

xæ³¹金		萧[谱 0135]	
ʂŋ³³肉		谱 0747]	
me³³雌阴			
the³³旗		[谱 1091]	
ɯ³³好			
le⁵⁵沱茶			、
pv⁵⁵蒸笼		[谱 0885]	
ʂæ²¹血		[谱 0749]	
ɣæ³³男根		[谱 0680]	
mbe³³雪		[谱 0017]	
phe²¹麻		[谱 0801]	
tʂho²¹大象		[谱 0382]	
mu²¹簸箕			
ndie²¹交配			[典 0542]
khua³³碗	、 、	[谱 0901]	
dze³³小麦		[谱 0246]	
zŋ³³青稞	（ ）	[谱 0248]	
tsi³³缝		[谱 1015]	、
ndʑi²¹水		[谱 0112]	

229

tsha³³咬		[谱 0378]		
ri^{t21}喊		[谱 0646]		
phi²¹吐		[谱 0660]		
khæ⁵⁵散开		[谱 1117]		
di^{w21}大酒坛		[谱 1161]		
bu³³客人		[谱 0494]		
ma²¹酥油		[谱 0932]		
z̩u³³夏（雨季）				
ndo²¹傻（鬼）		[谱 1327]		
z̩ər²¹路		[谱 1131]		
z̩ua²¹马		[谱 0367]		
ga³³战旗				
a⁵⁵z̩ɿ^{t21}猴		[谱 0407]		
gu²¹				[典 0265]
ʂu²¹铁				
bə³³脚板				
te³³铁墩		[典 1639]	di^{w3}3	

mbæ³³蜜蜂		[谱 0416]		
tʂʅ³³土			dʑə²¹	
ndiᵗ³³蕨菜				
dʑu²¹搁物架				
tʂʅɳʷ³³吊	、	[谱 1177]		
gv²¹弯腰		[谱 0586]		[典 0287]
ku²¹姜		[谱 0263]		
bv³³锅		[谱 0882]		
khi³³破开		[谱 0949]		
pu⁵⁵逮着		[谱 0604]		
khə⁵⁵篮子	、	[谱 1037]		
ɕiə³³ 舌头		[谱 0718]		
mbu²¹梁子				
gv³³弯		[谱 1171]	gv²¹	

此外，还有几例一字多词的现象，如：nda³³，砍，合体象形，俄亚作、。此字前文第七页又读作 khi³³，破开。俄亚作khə³³，丽江作[谱 0949]。

2. 用字情况分析

封面与正文首页共 96 个音节，通过统计这部分的材料，可以大致说明本书的用字情况。

1）用的字的本意的有 25 个，如：mi³³火。还有数词。

2）名词作量词的 5 个，如pi³³，升，量词。1、2 项合计占比 31%。

3）会意字一个，即，以手执火，此会意作 ʐ̩ᵗ³³（执、拿）。

4）假借字 65 个，占比 68%。

东巴文应用性文献①包括以东巴文作为书写文字的地契、账簿、跋语等等内容。一般来说，东巴经与东巴文应用性文献在文献学特征上差异较大。

首先，物质形式上，以前的东巴经要用特制的东巴纸来书写，而应用性文献则不必。

形制上，东巴经大多横长竖短，左侧装订，有封面和篇名，双面书写，每页分作四五栏，大体从左向右书写，单字之间也有作上下排列的，一般不逐词记录。应用性文献则不必。如地契就一张纸，一般折叠几下保存。而篇幅较长的账簿，也会用针线缝订成册，封面会简单注明死者的名字和时间，正文一般不分栏，文字线性排列，横行或者竖行书写，一定逐词记录。

但是，本册账本有些不同。它两面书写，每页分作 5 栏，卷首有表示开始的符号，行文中有短竖断句，这些都是符合东巴经的特征。更重要的一点事，在以左右书写为主的线性排列中，单字与单字之间还有上下排列，如第一页：

偶尔还有有情景式的排列，比如第一页的（手执火）、（咬手）、

（地上长蕨菜）等等。这些特点都表明，书写者完全是按照东巴经的书写习惯来记录的，只不过为了内容的准确而逐词记录了送礼人和礼物数量而已。

四、社会、文化、历史

这本账簿首先要解决的就是它的时间问题。它是杨兵玛曾祖父去世时的人

① "东巴文应用性文献"是喻遂生师首先注意并加以系统研究的课题。

情账，根据第一页的说明，那一年是五行为火的鸡年，即丁酉年，比较合适的是 1957 年。我们怀疑 1957 年是否还在使用龙元和银锭，我问了村里的老人，证实那时还在使用民国以来的货币，东巴教的宗教活动也还未禁止。作为一件 1957 年的文献材料，民主改革还没有进行彻底，应该还保留了很多老的文化信息，我们也可借此窥探当时社会、历史、风俗方面的面貌。下面分几个小问题简单论述。

1. 货币

账簿中提到的钱币一共有三种：

（1）"龙元"（，lo^{21}iə^{55}）。是铸有龙纹的银元，分为两种：1 号银元是重库平 7.2 钱的；2 号是库平 3.6 钱的。1 号面值一元，账簿中以"元、块phe^{21}"称数，2 号面值 5 角，又叫"半开 be^{33}gu^{33}"，账簿中以"半mbe^{33}"称数。

（2）"白锭"（，mbe^{33}ti^{33}）。账簿中以"个ly^{33}"称数。

（3）"票子"（，phiə^{33}tsʅ^{55}）。以"元mæ^{33}"称数。票子是当地从汉族方言中对纸币的俗称。记录中一次送票子最多达二十三元，最少一元；而且不一定是送整数，第四页记载多热送来票子二元五角。

达祖纳西族以前主要是以物易物的方式，猪膘肉是一般概念的等价物。同时，外面的金属货币很早也流入当这里，先后有过鸡丝银、川银、云南银元、广东银、细丝银、袁大头、云南的大龙银，还有银锭。各种纸币有云南的滇票、国民党时代的关金票等。通过查阅地方志材料，盐源县的民主改革是 1956 年开始的，由于遇到了上层头人的武装叛乱，加之位置偏远，盐塘、左所两区直到 1959 年 8 月才开始的，实行"边平叛，边改革"的办法。所以这里提到纸币不大可能是解放初期的第一或者第二套人民币，因为第一套人民币的一元价值很低，一万元面值仅能对换第二套的一元。第二套发行于 1955 年，不可能这么快流通到这里。那么这种"票子"只能是民国以来的关金券。其实"关金券"在 1948 就停止发行，改用"金元券"了。可以看到，由于达祖等偏远的地区与内地物资交换的频率和总量有限，经济上联系的程度很低，反映在货币上，就是更新滞后甚至脱节，货币的实际价值在这个封闭的小社会里免受外界经济状况的波动。

2. 农、副产品

村民馈赠的除了一些金钱以外，更多的是实物形式。物品内容以操办葬礼所耗费的食物为主，还有麻布等。从中可以了解当时的物产情况。下面分别列举并简要说明。

（1）白酒（ $pe^{33}mu^{55}$），称数单位是"酒坛"。这是村民自酿的一种酒，原料一般是大麦、玉米等。家里用约半人高的"大酒坛 di^{w21}"来储存，送礼则是用"小酒坛 $kə^{21}zo^{33}$"。

（2）白酒（ $pe^{33}mu^{55}$），称数单位是"斤"（ $tɕi^{55}$）。这是当地自酿的"苞谷酒"等，还有一种瓶（$kə^{21}$）装的白酒，从外地购进的酒，口感色泽都要好些，价格昂贵。

（3）烟叶（ $iə^{55}$），称数单位是"捆、抱"（ kua^{21}）。这是本地自种的烟叶，产量不高，自给自足。俄亚纳西族男女习惯在腰带上别着个旱烟锅，随时掏出来抽上几口。

（4）纸烟（ $tʂʅ^{33}ʐə^{33}$），称数单位是"包"（ pu^{33}）。这是马帮驮进来的香烟。

（5）麻布（ phe^{21}），称数单位是"件"（ ru^{55}）。ru^{55}作为量词，一般针对圆、团状的物体。麻是纳西族自己栽种的经济作物。依据麻质量的不同，用简陋的织机织成宽约五寸的麻布，自己缝制成衣裤和裙子来穿。也作为礼物馈赠乡邻。账簿中也提到收到"麻布做的裤子"（$phe^{33}le^{33}$ ）五件、一件两笔。此外，还有两笔"洋布（ $ndit^{55}$）"的记载，称数单位就是名词 $ndit^{55}$，这是专用于表示"洋布"的单位，依义称作"卷 $ndit^{33}$"。

（6）糌粑（ $pv^{33}bi^{33}$），称数单位是"升"（ pi^{33}，是圆木挖成的筒，有大小不同的容量。现在俄亚还在用来作捣辣椒的盛具。

），糌粑是由藏区传入的一种食品，以青稞晒干炒熟磨成粉（炒面），加入酥油与水，搅拌成面团状。

（7）小麦（dze^{33}），dze^{33}在其他纳西地区是小麦的意思，达祖人读作青稞。达祖纳西人似乎不能区分这几种相似的农作物，抑或是汉译的问题。本账簿中出现了几个写法不同而读音无别，记录农作物的字形：、（）、。字又常与火字组合成字组（），也有与天组合成字；字可与字"bi^{33}森林"组合成。但是翻译合作人将、（）、（）、四字均读作mie^{33}dze^{33}（青稞）。青稞，丽江、俄亚音zŋ^{33}，写作。俄亚与mie^{33}dze^{33}读音相近的 mv^{33}dze^{33} 是"大麦"的意思，而 dze^{33}是小麦。本文统一将释作dze^{33}（小麦），（）作mie^{33}dze^{33}（大麦），mv^{33}dze^{33}（大麦）、（）释作青稞 zŋ^{33}。而可能是当地产量最大的稗子bi^{33}dze^{33}，因为稗子是后从四川引种的作物，所以没有专门的象形文字。

（8）面粉（dze^{33}bi^{33}），称数单位是"升"（pi^{33}）。怀疑是大麦与青稞混合后磨成的面粉。

（9）苦荞（a^{33}kha^{33}），称数单位是"升"（pi^{33}）。苦荞又叫荞麦，是纳西族最古老的农作物，也用于祭祀中。

（10）豆腐（nv^{21}），称数单位是"锅（bv^{33}）"。当地种植大豆用来做豆腐和耕畜的饲料。从用锅盛放来分析，可能这里是指豆腐。

（11）豆荚（、be^{21}），即四季豆，称数单位是"锅（bv^{33}）"。

四季豆是外地传入的作物，普遍种植用作零食和牲口饲料。账簿中还有记作

" $\unicode{x2710}$ $\unicode{x2710}$ mbe²¹mbe²¹"，字从 $\unicode{x2710}$ 省作 $\unicode{x2710}$，似从四季豆上剥落下的一粒豆荚，周

围多点 $\therefore$ 即是表"多数"的义符，又是像众多豆荚之形的形符。从字形反映的

情况看，作为零食的豆荚，应该是只剥出其中的豆子煮来吃的。

（12）大米（ $\unicode{x5350}$ ₵ɕi³³tʂhua³³），称数单位是"升"（ $\unicode{x2710}$ pi³³）。达祖本

地不产稻谷，大米也是比较稀贵的礼物。

（13）麦芽糖（ $\unicode{x2710}$ mbæ³³），称数单位是"坨、块（ $\unicode{x2710}$ ʐu⁵⁵）"。因

为颜色暗红，当地又叫它"红糖"。账簿中还记录有用"盒子（ $\unicode{x2710}$ xo²¹）"

盛的"红糖"，甚至还详细记录了一笔用体积更大的盒子"大盒

（ $\unicode{x2710}$ $\unicode{x2710}$ ta³³xo²¹）"装的，这种盒装的糖应该是外地购入的"精包装"的礼

盒，味道更好。

（14）沱茶（ $\unicode{x2710}$ le⁵⁵），称数单位是"坨（ $\unicode{x2710}$ ʐu⁵⁵）"。当地以前的茶叶

都是外地马帮驮进来，压制成圆形的，以便运输。沱茶现在一般是压成方块状。

（15）盐巴（ $\unicode{x2710}$ tʂhe³³），称数单位是"斤（ $\unicode{x2710}$ tɕi⁵⁵）"盐巴在当时也

是马帮驮运进来的珍贵礼物。

（16）羊毛（ $\unicode{x2710}$ pu³³），称数单位是"团（ $\unicode{x2710}$ ʐu⁵⁵）"。本地家庭都喂养

有山羊，也用来纺线。

3. 家庭

据统计，账簿共记录了77户83笔礼单（包括：阿窝丁吉2笔、果玛阿若
4笔、朵热叔叔2笔和村头的昂噶阿措2笔），这77户中有外地来宾5户（江
边的一户、勒泽珠（地名）的贝色格杰、洛水的丁吉玛和紫塔阿初2户，依吉
来的1户）。据此可以估计出1957年达祖村的家庭户数是72户。由于账簿材
料特点，我们不能得出家庭人口和总人口数字。1960年宋恩常曾到永宁地区
调查过那里的纳西族的家庭形态，但没有找到达祖村的相关数据。1980年李
近春调查得81户，含新迁入周姓汉族5户、纳日1户，实际本村原住户为75

户，相比 23 年前只增加了 3 户，而 33 年后的今天，全村总户数几乎翻了一番，达 140 户。李文中还记录了解放前（属龙的一年，具体年份未注明）瓦尔塔房英都家记录的全村各户出祭天猪肉的账本，统计当年达祖村的住户是 53 家。从数据可以看出，民改至改革开放之间，这里的家庭数目基本没有变化，但是，随着经济社会的发展，尤其是泸沽湖旅游开发的不断升温，家庭数目急剧扩展。其中一个最主要的原因就是家庭规模小型化，以前一个家庭一般几代同堂，有的达 3 代 27 人之多。这是由较低的劳动生产率决定的，如果兄弟分家单过，无法分担种地、喂牲口、赶马、劳役等多项劳务。目前俄亚每户家庭的人口数也是比较大的。家庭规模变小，说明外部生存环境的改善和个人生存能力的增强。

4. 文化习俗

账簿所记录的礼物内容，也从侧面反映出纳西族的风俗习惯。

在总共 83 笔记录中，共有 39 笔是带酒的，合计有自酿白酒 141 斤，另有 14 小坛。纳西人好烟酒。俄亚人仍保留这一延续几百年的生活习惯，平时赶马、劳作下来，端一碗苞谷酒，就地盘腿坐下，从腰间掏出一支烟锅，边抽边喝，畅快而且解乏。而且女性也喜欢抽，尤其是年纪大的。

纳西族自己纺麻织布，再缝制成衣裤和裙子。所以麻布和成衣也是村民间经常互赠的礼品。账簿中记录了的麻布和麻布裤子有 20 笔。

此外，纳西族也受藏族的影响，习惯打酥油茶喝，所以日常盐巴和茶叶的用量也很大，这些都是礼品的主要部分。

葬礼礼品还被分作两种类型。一般的礼品是主人家将来要还回去的。一类是下一代不用还的礼物。这一类又分作两种：一种被称作 "ʂə²¹ndie²¹ 下辈" 的，因为死者生前是村里的东巴，为不少家庭做过仪式，这些村民在东巴去世后，会送来一些礼物。我们依义译作 "贡献"。这部分礼物一般都比较贵重，比如盐巴、票子、沱茶、纸烟，甚至是龙元。账簿中记载 "朵热叔叔" 送了两笔 "贡献"；另一种礼物是被称作 "tɕi³³phv³³ 朱ʊ"，又叫 "xa²¹ndər³³"，特指晚辈对长辈的报恩。而 "ʂə²¹ndie²¹" 指平辈乡亲对死者生前的关照的回报。"tɕi³³phv³³" 和 "ʂə²¹ndie²¹" 都是不用归还的礼物。

纳西族传统葬礼中，遇有家人去世，要在家门前树一根高约十米的松树，树尖留有少量枝条，顶上挂油灯，叫 "幡柱"（tv²¹ndʑi²¹ 笃梓），俄亚有专字

作 。几天的仪式完成后，要放到它并砍掉树尖的枝叶，挂上印有经文的白色幡旗，下端缝了一个口袋，里面装了肉食等祭品献给死者，一直树立在那里，以寄托哀思，如右字 ，名叫 da²¹dʐo³³（达主）。账簿中记录有韦次日啊送来带有幡布的达主两根。几天的仪式中，全村的乡亲都要陆续过来帮忙，主人家会一一招待大家，尤其在送死者上山火化那几天，来客更多，主人就会委托亲戚家帮助招待，这些也会记录在册，如记有"东巴去世的时候，（有这些家帮助）请了饭：阿窝丁吉，聚客早餐已经（由阿窝丁吉家帮助）办了；果玛阿若：聚客中餐已经（由果玛阿若家帮助）办了；朵热叔叔：敬马晚餐已经（由朵热叔叔家帮助）办了；村头昂噶阿措已经（帮助）办了送山早饭。"还记录了"阿纳舅舅背了42斤柴火到家"。

账簿中凡是划了圆圈的部分，是后来主人还掉的人情。由于此后不久，民改工作队进入达祖，以及后来多年的政治运动，使得宗教活动受到影响，所以，账簿上属于还掉的记录不多。但此项记录多是比较贵重的内容，比如"白锭一个"、"龙元十元"等。

这册账簿反映出纳西族团结友爱，善良淳朴的民族性格，这也是身处外族领地的五十个士兵，能够顽强生存了下来，并且不断壮大成今天的达祖的内在原因。

达祖村位于著名的泸沽湖畔，在强大的外来文化不断冲击下，民族文化面临灭亡的危险。但是村中一些有识之士也正在努力保护，比如通过多方努力，已经在2013年恢复了中断几十年的祭天活动。在我调查期间，所到之处，老百姓都毫无保留地提供方便，从中我能感觉到大家对传统文化保护的热情。作为一个从事研究东巴文化的新人，我也有一份义务去做好这项工作。

第四节 东巴文的性质

关于文字的性质，是文字学研究的基本问题。东巴文的性质还没有定论，如何看待东巴文的原始性和进步性，至今仍是大家讨论的学术热点。如果不能科学地认识东巴文造字表词属性，必然给后续的文字研究造成影响，甚至有可能把心理学、教育学等相关交叉学科在本领域的研究引入误区。本节试就这一问题做一个较为全面的讨论。

一、文字类型学的发展

1. 分类标准

如果世界上只有一种文字，当然也就没必要谈文字的性质。正因为世界不同民族、语言间，有着种类繁多、错综复杂的文字现象，尤其有意思的是，人类最早诞生的那几种文字，尽管体态迥异，从时间与地域上都没有任何联系，但却可以用汉字的"六书"理论去分析它们的结构①，并具有一些共同的特点。因此，从文字类型学的角度，研究者试图归纳文字形成、发展的共同规律，对复杂多样的文字作定性的分组研究，寻找客观的分类标准。前文曾经用"象形文字"和"表意体系的文字"等名来称说纳西东巴文，其实就是给东巴文贴上了某种标签。"象形"与"表意"以及"表意体系"是不同的概念，涉及到文字的性质这个根本问题，固将它留到这里来讨论。

文字的性质是学术界争论比较多的理论问题。象形文字（Hieroglyphic）这一名称来自古希腊语对古埃及圣书字的称呼，本意是"刻在神庙上的文字"。后专指纯粹利用与所代表的对象很相像的图形来使用的文字。但是，语言中还有很多无法用图形来表达的概念，因此，即使是最早的圣书字系统，也必须有很多非表形的成分。其他被称为象形文字的，如甲骨文、楔形文字、东巴文等等，都有一定比例的假借字或者纯表音字符。如果象形文字全靠字形来表达语义，那只限于最简单的交流，而无法记录语言，更不用说浩繁多样的历史文献，而这与事实并不相符。所以，"象形"这一名称只是这类文字给人的表面印象，不能充分代表这一类文字的特点。文字的分类，就成为一项十分专业的工作，

---

① 周有光：《六书有普遍适用性》，《中国社会科学》1996 年第 5 期。

必须建立在对每一文字的深入研究，并且把不同文字横向对比之后，才可能确定一些分类标准，藉此逐步建立起科学的文字分类。

"表意体系的文字"（表意文字）是近代研究世界文字发展史的学者，为被称为"象形文字"的文字而起的另一个名称。相应地把拼音文字称为"表音文字"。正如前面所述，表意文字含有大量的表音成分，而表音文字也不是单纯表音而没有表意，英语的词根和词缀就既有音也有义。

迪龄格基于世界文字"表音化"趋势的认识，20 世纪 40 年代提出了"过渡文字"的名号，认为汉字等文字处于由表意向表音过渡的发展阶段的观点，"但是，把这些有几千年历史的成熟文字体系称为过渡文字，显然也是不妥当的。"①还有一些学者提出了"词文字"、"表词—音节文字"等分类。周有光综合考察了诸家学说，从"语言段落"和"表达方法"两个方面归纳了前人的观点，提出了观察文字的三个侧面，即语音、符形、表达法，后完善为所谓的"三相"，运用"符形、语段、表达法"来综合评价文字的性质②。尽管有不少学者对周氏"三相"说提出异议③，但是，周氏把前人混乱的分类标准，从逻辑上厘清为三个层面，对文字类型学的研究是大有裨益的。

汉字的性质问题，至今也还没形成统一的认识。

裘锡圭认为，"讨论汉字性质的时候，如果不把文字作为语言的符号的性质，跟文字本身所使用的字符的性质明确区分开来，就会引起逻辑上的混乱。"两个方面中，前者说的是文字与所记录的语言单位的关系，认为汉字是"语素—音节文字"；后者相当于文字字符在表词过程中所发挥的功能，认为各种文字的字符，大体有"意符、音符和记号"三种功能，而"意符"又可以分成以形表义的"形符"，和"依靠本身的字义来表意"的"义符"④。

周有光、裘锡圭的文字分类标准主要贡献在于：提出了应该从字形本身的形态，以及文字记录语言的方式等角度来观察，而且应该以文字记录（表达）语言的方式（功能）作为主要标准。那么，依照这个观点，古汉字、苏美尔原始楔形文字、埃及圣书字、玛雅文和纳西东巴文都是"意音文字"的类型。而且，尽管汉字从甲骨文一直到演变到今天的繁体字、简化字，而且字形发生了很大的变化，但仍然保持了意音文字的特征。

---

① 裘锡圭：《文字学概要》，商务印书馆 1988 年版，第 10 页。

② 周有光：《文字类型学初探》，《民族语文》1987 年第 6 期；《人类文字的历史分期和发展规律》，《民族语文》2007 年第 1 期。

③ 王钢：《试评文字类型学中的"三相说"》，《东北师范大学学报》2004 年第 5 期；谢书民：《文字类型"三相"分类法指瑕》，《河南师范大学学报》2012 年第 3 期。

④ 裘氏判定字符功能的标准亦有缺陷，参见拙文《论汉字构形中字符的功能》，《汉语史研究集刊》（第十七辑）2014 年。

2. 历史分期

文字类型学的另一个任务，就是从世界文字发展的路径中，归纳出一般的演变趋势。周有光认为，"从形意文字到意音文字到表音文字，从音节字母到辅音字母到音素字母，这就是文字发展的总趋向。文字有三个侧面:符号形式从图符到字符到字母，语言段落从语词到音节到音素，表达方法从表形到表意到表音，这就是文字发展规律的概括。"① 施效人把世界文字发展的规律总结为"文字画——图画文字——象形文字——表意文字(或意音文字)——拼音文字"五个阶段②，总体上和周有光的三阶段说是一样的。

周氏所谓的形意文字是"兼有表形和表意"的。认为圣书字的碑铭体、原始楔形文字变为"丁头字"之前都是形意文字，后来因为字形表意程度下降，变为意音文字，并最终完全表音，而且成为后来字母文字之源。但是，我们从目前所能找到的最早文献里，还没有发现一例没有表音成分的文字系统，也就是说，周氏所谓的"形意文字"完全是把意音文字作为参照，从逻辑上推衍出来的。古埃及圣书字和原始楔形字都有相当数量的"形声字"③。甲骨文的形声字比例各家统计的尺度不统一，梁东汉《汉字的结构及其流变》估算形声字占 20%④，李孝定《从六书的观点看甲骨文字》统计形声字占 27.27%⑤，郑振峰《甲骨文构形系统研究》统计为 22.54%⑥，喻遂生统计为 26.27%，此外，姚孝遂估计甲骨卜辞的假借字占 70%以上⑦，因此最早的古汉字甲骨文已经是标准意音文字，东巴文和玛雅文亦是如此。

周氏的"意音文字到表音文字"符合圣书字与楔形文字的发展事实，这与它们所记录的语言性质有直接关系。 "五四"之后，汉字也面临过"汉字不灭，中国必亡"的时期，但是，由于汉字能够适应汉语的特点和要求，一脉相承的方块汉字所具有的知识传承性重新得到大家的认可。至少在看得见的未来，我们已经不必再为汉字的拉丁化而担心了。汉字尽管没有如其他文字变成表音文字，但是形声字的比例迅速达到90%以上。东巴文发展到其文化下游的鲁甸地区后，再衍生出完全表音节的哥巴文字，形成意音文字与音节文字齐头

---

① 周有光:《文字发展规律的新探索》，《民族语文》1999 年第 1 期。
② 施效人:《文字的产生及其发展的一般规律》，《文字改革》1965 年第 2 期。
③ 拱玉书等:《苏美尔、埃及及中国古文字比较研究》，科学出版社 2009 年版，第213、243 页。
④ 梁东汉:《汉字的结构及其流变》，上海教育出版社 1959 年版，第 125 页。
⑤ 李孝定:《从六书的观点看甲骨文字》，《南洋大学学报》1968 年第 2 期。
⑥ 郑振峰:《甲骨文构形系统研究》，上海教育出版社 2006 年版，第 43 页。
⑦ 姚孝遂:《古文字的形体结构及其发展阶段》，《古文字研究》(第四辑)，1980 年。

共进的局面，也部分印证了这一文字趋向。

二、东巴文性质问题存在诸多矛盾

东巴文主要用于书写东巴教的经典，东巴经是具有很强故事性的宗教文献，东巴经给人较深的连环画的印象。试举俄亚英达东巴的《崇搬图》中的一页，这一段故事也是很多学者常引用的。

其中第三行第二节的汉译如下：

第二天早上，鸽子飞来停靠在栅栏上，崇泽利恩拿起弓箭，瞄准三次都放下，想射又不忍，翠海苞波蜜白铁织布架又带（织布），往利恩手肘上一打，箭从弓上发，射中鸽子的嗉[①]，苦荞三颗一组掉出来了。翠海苞波蜜带着马尾细线，蚂蚁腰上勒，粗腰变细腰，[②]半颗粮食掉出来了。

较强的故事情节，通过似文又像图的东巴文表现出来，有的东巴还会着色以增加美感，捧在手里，确实有翻看连环画的味道。因此，大部分对东巴经和东巴文的评述，字里行间都充斥了"图画文字"或者"象形文字"的字眼。

但是，作为文字学意义上的东巴文性质的判断，显然不能满足于对文字字符表面的、简单的归纳。因此，研究东巴文字的学者都基于自己的理解，阐述了东巴文的性质与特征。

---

① 这就是鸽子嗉上有杂色的来由。
② 这就是蚂蚁细腰的来由。

1. 前贤总结归纳的东巴文的性质

（1）从字符本身角度来看东巴文的性质

方国瑜认为纳西象形文字尽管用图像方法写成，但与图画之惟妙惟肖求其美感不同，而是用简单笔划粗具事、物、意的轮廓来表达，并总结出"依类象形"等十种"造字方法"。

喻遂生用传统"六书"的结构理论，提出东巴文新"六书"，即：象形、指事、会意、形声、假借、借形。

傅懋勣把东巴文分为图画文字与象形文字两部分①："我在研究这种经书的过程中，越来越感到，过去所称的象形文字，实际上包括两种文字。其中一种类似连环画的文字，我认为应该称为图画文字，绝大多数东巴文经书是用这种文字写的。另一种是一个字表示一个音节，但绝大多数字形结构来源于象形表意的成分，应当仍称为象形文字。东巴文经书只有很小的一部分是用这种文字写的。"其"图画文字"的特征有：尚未形成固定的书写行款；经文中有只表意不表音的字；几个单字可组成单体、合体字组，表达很长的句子；多数词语没有写出来。其"象形文字"则在上述四项内容方面与"图画文字"形成鲜明对比。

（2）兼从文字记录语言的角度来看待东巴文的性质

讨论一种文字的性质，除了利用结构理论剖析文字本身字符的形成、演变之外，还应该考察文字记录语言段落的能力，而且后者更能体现作为记录语言工具的文字的特征。

李霖灿最早提出字形变化与表词的关系，虽较简略，无疑为后人作更进一步的字形结构研究打下了基础。其"论形字之同音假借"注意到东巴文存在较为广泛的同音假借的现象，也较早地提出了"象形字既在书画不分的阶段中，又在文字语言密切关联的条件下，若想很清楚的解决这问题，需要在图画、文字、语言三面夹攻之下方能奏效"的观点②。用今天的话来说，就是要把象形文字放在语言的环境中去研究，既要注意造字，也要关注表词，这是很有见地的。

东巴文记录东巴经往往不是逐词记录的，东巴文与经文不完全对应，"东

---

① 傅懋勣：《纳西族图画文字和象形文字的区别》，载《东巴文化论集》，云南人民出版社 1985 年版。

② 李霖灿：《么些象形文字标音文字字典》，文史哲出版社（台湾）1972 年版，引言第 20 页。

巴教门用象形文字写经书，而不把口诵的全文写下来，每段只寥寥几字，要读几句，文字符号只是帮组记忆，省略甚多……"①如俄亚英达《崇搬图》第十

三页 15 节仅有 两字，意思是 "从此，男的看到长翅的鸟兽，就用箭射下来"，读出来的经文是这样的：

tʂua²¹n̩i³³dv³³dʐŋ²¹tɕhi²¹， to²¹me³³lu³³n̩i³³khæ⁵⁵le³³sy⁵⁵，
男 的 翅 长 所有， 见 么 箭 来 射 又 杀 。

因此，有学者也认为东巴文从功能上具有"语段文字"②的特征，即用单字或者合文来记录语言中超过一个词的语言单位，这些语言单位可以是短语，甚至是较长的句子。处在由图画文字（形意文字）向意音文字过渡的状态中③。

黄思贤通过对东巴经文献中东巴文与语言单位的对应关系的比较，认为"东巴文到底与语言中的什么单位对应没有固定的答案。有些记录一个语段，有些记录一个词，有些记录一个音节，有些记录一个语素。但总的看来，记录语素的比例相对较大，所以它是倾向于记录语素的一种文字。……（东巴文）是一种不成熟的、过渡性的以记录语素为主的意音文字。"④

我们认为"语段文字"至少已经不符合今天的东巴文性质，详细论述请见本节下文。

总之，比较主流的观点认为，东巴文处于由原始文字向意音文字转变的阶段中，字形不固定，文字制度还不成熟，文字与语言单位有多种对应关系。

2. 东巴文性质研究中的几个疑问

从已有的东巴文性质的研究成果来看，无论是单从字形的体态，还是兼从文字记录语言单位的功能角度而言，所得出的东巴文性质的结论，不是用东巴文"仍处于原始图画文字向成熟文字转变"的"过渡文字"这一说法就可以搪塞过去的。事实上，很多严谨的学者正是出于其中诸多的疑惑，而没有轻易给东巴文定性。从连环画式东巴经来看，似乎东巴文还是一种连象形阶段都还没有发育成熟的文字，但其中居然有那样多的形声字和和假借字，对东巴文的性

① 方国瑜、和志武：《纳西象形文字谱》，云南人民出版社 1981 年版，弁言第 2 页。
② "语段文字"请参看本节第三小节第二个问题"东巴文书写的图画式布局"中说解。
③ 周有光：《纳西文字中的六书》，《民族语文》1994 年第 6 期；谢书书等：《从认知角度探寻纳西东巴文的性质》，《华南师范大学学报》2014 年第 4 期；张积家等：《运用命题产生法探寻东巴文的性质》，《大理学院学报》2015 年第 1 期。
④ 黄思贤：《纳西东巴文献用字研究》，华东师范大学博士论文，2008 年，第 220 页。

质该如何认识？①结合东巴文字的实际使用情况，我们觉得，有这么几点疑问值得讨论。

（1）跨度很大的文字形体如何能共处一时？

前文已述，傅懋勣认为过去称为象形文字的东巴文，实际上包括图画文字与象形文字两种。其所谓"图画文字"的特征有：尚未形成固定的书写行款；经文中有只表意不表音的字；几个单字可组成单体、复合字组，表达很长的句子；多数词语没有写出来。绝大多数东巴经都是用图画文字书写的，这些经书外在的形式给人以"类似连环画"的印象。其"象形文字"则在上述四项内容方面与"图画文字"形成对比。

显然，傅懋勣所称的图画文字比起象形文字而言，最直观的感受是前者字符外观更像图画。这一点表现得最明显的是东巴经中的"字组"，傅氏给的定义是"（东巴经中）利用几个形象合成字组，这种字组内部各成分之间一般有互相依赖的关系——这种字组有一些以一个形体为主，附加上其他成分，可称单体字组。另一些是两个字组的连合，可称复合字组"②。

单体字组比如：

图一："女厨师身体标致，穿着一身漂亮衣服。"

图二："石头裂开会说话。"

复合字组比如：

图三："早见的做人，迟看见的做马。（他们）一个做人一个做马地从人众物丰的大地上出发了。"

图四："白风从左边刮来，黑风从右边刮来。"

---

① 喻遂生：《纳西东巴文单音节形声字研究》，《语言文史论集》，西南师范大学出版社2000年版。又收入《纳西东巴文研究丛稿》，巴蜀书社2003年版。
② 载《纳西族图画文字和象形文字的区别》一文。此字组的概念不同于喻遂生的"字组理论"。

"象形文字"和"图画文字"均是从文字符号的外观角度来命名。以前人们使用"象形文字"来指称如汉字类的意音文字，而"图画文字"既可以指汉字、埃及圣书字、苏美尔楔形文字这样的意音文字，又可以指称如北美印第安符号、阿兹特克文、东巴文这样的原始文字。"象形文字"和"图画文字"在指称意音文字时存在概念重叠，后来人们更多地使用"图画文字"指称原始文字，而用"象形文字"指称成熟的意音文字。仍坚持使用这一对术语的学者努力在寻找两者的区分标准，学术界一直没有明确的界限。我们觉得除了在文字研究史上继续使用这一对术语外，建议放弃从符号外观角度命名的办法，用更为确切的"原始文字"和"意音文字"这一对术语来指称相应的文字类型。[①]

因此，两种差别很大的，处于不同文字发展阶段的文字，竟然同时储存在每个使用文字的东巴的脑海中，有两个疑问需要解决。

1）图画文字中有的抽象程度高，离图画远；而有的却一看即识。造成文字符号化分布极具不平衡的原因何在？

图画文字中有很多字形并不像图画，如图二中的表"裂开"义的)(字、图三中表"一"的 字、图四中表"白"的 和表"出来"的 字等，都是很抽象的字符，而且这些字在"象形文字"的经书中也是这么写的。

同时，图画文字中那些很具有图画性的字形，并不是只有一种写法，还有其他的简体。如图一的单体字组可以拆分为 （美）、 （裙子）和 （女）三个字；图三中的"马"字亦经常只画出头部而省略其他。这些"图画文字"中的图画字在"象形文字"的经书中也是这么写的。也就是说，这些由图画进入象形阶段的东巴文，并没有在文字形体上有多大突破，只是在行款等文字制度方面有进步，这显然有不合理之处。更不能解释为何在文字的早期，一些字就已提前具有了象形文字阶段才有的抽象程度，而那些在图画文字阶段的图画字，何以进入象形文字阶段后仍迟迟未改其原始的面貌？

2）也不符合世界文字发展的规律

这两种截然不同阶段的文字，同时存在于同一个东巴所藏的经书体系中。甚至在一册所谓"图画文字"的经书中，某些部分又是用的"象形文字"写的，如其中引用的藏语咒语，东巴在书后的跋语也无一例外是用的"象形文字"，更不用说东巴在平时用东巴文记录账簿等时，也绝少使用图画文字的。

殷商文字是单一的象形文字，商代甲骨文、商代金文仅是由于书写工具的不同而带来形体的差异。古埃及圣书字最初也有三种书体，那是因为使用者、

[①] 邓章应：《对象形文字和图画文字的认识历程》，《中国海洋大学学报》2012 年第 1 期。

书写材料等原因造成的，尽管这些差异最终还导致了不同的文字命运，但是，从共时角度看，文字学家从未把它们看成是不同系统的文字。一种文字的发展，都要经过不同的发展阶段，而且，新旧更替都是遵循渐变的过程。但是，就某个阶段而言，其初期还会保留着前一个阶段遗留的东西作为过渡，不过，那只是较小的数量，从总体上不会影响这一个阶段文字的定性。文字的发展同任何其他事物的发展一样，不应该在保留前一个阶段明显特征的同时，又发育出完整的新的特征。傅懋勣未能给东巴文的图画文字与象形文字共处现象提出合理的解释。

（2）东巴文表词方式上的超前与字形的原始二者极不协调

前文已述，除了文字外在形体之外，文字的表词方式以及结构亦是考察文字性质的主要指标。

陈梦家、刘又辛等主张文字发展要大致经过象形、假借和形声三个阶段。喻遂生统计东巴文形声字只占总字数的17%，而且其形符与声符的构字能力较低。而甲骨文形声字占比超过25%，因此，认为东巴文形声字是比较原始的。从东巴文形声字构成方式基本齐备，特别是发现有由形声字充当形符或声符的多次形声字来看，其发展已经越过萌芽期而进入初步发展阶段。但是，从连环画式东巴经来看，似乎东巴文还是一种连象形阶段都还没有发育成熟的文字，但其中居然有这样多的形声字和假借字，如果仍然定性为图画文字，显然难以接受①。

3. 已有的解释颇有商榷之处

傅懋勣关于东巴文的"两种文字说"对学术界的影响很深。

周有光赞同傅氏观点。特别针对东巴经中的字词不对应现象，周氏认为，"'东巴经'起初只有口头传说，后来写成'东巴文'，但是只写经文的一部分，不是全部写出。这不是有意的省略，而是文字还没有发展到能够全部写出语词的水平，属于'形意文字'类型。跟其他同类型的文字相比，'东巴文'是水平很高的'形意文字'"（即图画文字。着重号是我们引用后所加）。因而，周氏同意"纳西文字是多成分、多层次的文字，处于从'形意文字'到'意音文字'（即象形文字）之间的过渡状况。"因而是找寻研究人类文字史从"形意文字"向"意音文字"转化的稀有材料。

很显然，周先生完全没有注意到纳西东巴经中逐词记录语言的那部分经

---

① 喻遂生：《纳西东巴文研究丛稿》，巴蜀书社2003年版，第117、146页。

典，更不知道，东巴文很早就已经用于记录账簿等应用性文献，否则，他绝不能得出与事实完全相反的结论：东巴文之所以用少量的图画文字表述更多的语词，不是有意省略，而是文字数量达不到。

王元鹿亦持类似观点：因为东巴经中已经记录下来的词往往意义比较具体，容易用表意方式来记录，未记录下来的词则往往意义比较抽象，不容易用表意方式来进行记录。所以，东巴文有词无字现象的产生，在于其记录语言手段的不完善①。黄思贤亦持相同的观点："原始文字在记录语言单位方面是一个不断发展的过程，先是一批较为具体形象的语词获得记录，然后是一批较为抽象的实词或表语法的虚词获得记录。同时，随着文字的发展，文献中存在的大量的文字省略现象将不断减少，直至所有的语言单位得到完整的记录。②"黄文认为文字记录语言单位是一个由疏到密并最终一一对应的动态过程，但并未具体说明目前我们所见到的东巴经是处于哪个阶段的。

逻辑上，东巴文有可能处在如下几种状态：一种是还未能创造出足够多的文字，尤其是意义抽象的字形，因此不能完全记录经文；二是东巴文已经创造了足够的字形来记录语言，但是经书中并没有完全写出来；三是处于前面两种阶段之间的过渡状态。周先生显然持第一种观点，我们推测黄思贤可能持第三种观点。

事实上，有不少学者已经注意到东巴文外在的原始字形，与内在完善的表词功能所形成的巨大反差，他们试图通过自己的研究来解释这种现象。

（1）黄思贤详细统计了纳西经典《崇搬图》中各种词性的词语被文字记录的情况，发现各种语言成分都能得到东巴文的记录，而且"各类虚词也都有了对应的文字记录，并且一些虚词的记录水平还很高。"③这一结论首先纠正了上述周有光所谓的东巴文字数不够用的结论。黄文进一步得出对东巴文性质的认识，"总之，东巴文在文字制度和外部形态两个方面都表现出进步性和原始性，过渡性和摇摆性。它是一种不成熟的过渡性的意音文字。"④

黄文总结了东巴文的两个具体特征，其一，"东巴文的成熟程度与符号体态的发展很不相称。从东巴文的记录语言方式及其记录语言单位来看，东巴文已经距离成熟的意音文字不远了。但是，大多数的东巴文的符号体态却仍表现得很原始。可见，文字的符号体态并不是文字发展程度的根本标志，即文字的

---

① 王元鹿：《汉古文字与纳西东巴文字比较研究》，华东师范大学出版社 1988 年版，第 124 页。
② 黄思贤：《东巴文献的用字比较与东巴文的发展》，《新余高专学报》2010 年第 3 期。
③ 黄思贤：《纳西东巴文献用字研究》，华东师范大学博士论文，2008 年，第 74 页。
④ 黄思贤：《纳西东巴文献用字研究》，华东师范大学博士论文，2008 年，第 210 页。

成熟，并不意味着文字符号体态的成熟。"其二，"东巴文符号体态发展的不平衡。在东巴文中，成熟的符号体态和原始的符号体态同时并存，这体现出文字符号体态发展的不平衡性。产生这种不平衡的一个原因可能是东巴文没有经过规范化，书写者的主观随意性很大，时而繁，时而简。另一个原因可能是外族文字的入侵，影响了东巴文的正常发展轨迹。这说明外在因素在文字的发展中也起到非常重要的作用。"

黄文总结了东巴经中东巴文的两点特征。对于第一条的文字符号的体态为何可以与文字的成熟程度如此不相称，丝毫没有作出解释；第二条关于文字符号体态不平衡的解释也是有问题的，同样没有经过书同文的鲁甸等地的经书，文字却可以与语言——对应，从字形的体态到文字制度都要规范得多，这该如何解释呢？置于黄文所提的"外族文字的入侵"影响了东巴文的发展轨迹，则根本没有见到进一步的阐述。

（2）范常喜用"超常发展现象"来解释。"东巴文是一种十分原始的图画文字，……从文字形态来看，属于文字起源的早期形态。"然而，这种连环画式的经书中出现的各类形声字和会意字，说明东巴文虽然处于语段式的图画文字阶段，但是"同早已形成成熟文字体系的商代甲骨文中的形声字相比，东巴文形声字的这一发展程度无论是数量还是质量都是超前的。"①显然，范文尽管没有强调东巴文包含了两种阶段文字，其研究的前提依然是基于东巴文的原始图画性。范文总结了东巴文之所以会"超常发展"的理由，即"假借"促进了形声字的产生、经书中专有名词促进形声字产生、注音式形声字可以提高记录东巴经的效能、东巴祭司较高的智商等等。仔细推敲，似乎都还未能解释"超常"的原因，因为任何文字都是由民族中的"智者"创造出来的，而几乎所有的原始文字都是为了记录宗教或者经济的目的，都有如何高效记录语言的内在动力，为何独独只有东巴文可以超常发展呢？

总之，从字符形态和文字制度上，把东巴文分为图画文字与象形文字；从文字记录语言的紧密度上，将目前的东巴文看作由图画文字向象形文字过渡阶段的观点，本身有着诸多疑问。周有光由于没有实地调查过现实中东巴和东巴文的生存状况，对东巴经的材料掌握不全面，大大低估了东巴文记录语言的能力，所下结论偏误严重。黄思贤用科学严谨的研究说明了东巴文具有完全记录语言的能力，但终究未能突破前人对东巴文性质的固有认识。无论是黄思贤的"东巴文两个特征"，还是范常喜的"超常发展现象"，东巴文性质的讨论仍然停留在"重描述，轻解释"的状态。即便给出了各种解释，但都缺乏应有的

---

① 范常喜：《从汉字看东巴文中的超常发展现象》，《中央民族大学学报》2006 年第 5 期。

说服力。

三、两个被忽略的问题

在东巴文性质的问题上，学者们至今还没有一致的定论，各自的解释也不能令人满意。究其原因，应该是在某些环节上出现了偏误。表现在两个问题上：首先，在东巴文的研究材料上，几乎没有考虑东巴经之外的非宗教文献，而这块材料与纳西族社会生活最为密切，也最能反映东巴文的发展现状；其次，在东巴经的文字研究中，没有充分考虑其中图画性布局的根本作用，以致无法解释原始性与进步性之间的裂痕。下面分别阐述这两个方面。

1. 纳西东巴应用性文献的文字没有引起足够的认识

"纳西东巴文应用性文献"①是喻遂生针对东巴经经典之外，用东巴文书写的非宗教性文献而起的一个术语。

李霖灿是较早注意到这类材料："么些文字的日常应用，大致不出谱牒、记账、书信三项，谱牒、账目，我曾在么些地区着意搜求，毫无所获。书信则只见到几封最近军人的家书，这可见么些文字在日常应用上份量的稀少。而我们一收罗宗教上的经典，动辄数千册，(Joseph F.Rock 博士曾收去四千册，北平图书馆四千多册，我亦为中央博物院收集一千多册。)可见文字用在宗教上份量之重。"② 由于东巴文较少用于书写非宗教文献，能够保留下来的文献更是十分稀少，因此很长时间以来，研究东巴文的学者基本上只关注东巴经这一种文字材料，对于宗教以外的文字使用情况知之甚少。喻遂生总结的这类文献包括医书、账本、契约、谱牒、歌本、跋语、规程、书信、日记、文书、对联、墓铭等等。

应用性文献由于必须详细记录事情内容，所以必须逐字记录语词，文字的书写行款与语序保持一致，很多干脆直接将文字作线性排列。下面分别简要论述其特征。

（1）字词关系上具备完整的记录能力

前文已述，有学者认为东巴文不能充分记录纳西语。因为文字的字数不够，

① 喻遂生：《纳西东巴文应用性文献研究》，教育部"十五"人文社科项目报告，2001—2004年。
② 李霖灿：《么些族文字的发生和演变》，《么些研究论文集》，台湾故宫博物院1984年版，第65页。

250

语言中很多的词，如虚词等还没有造出来，所以，不得不用写得稀疏的文字来记录大段的话。这个观点显然是经不住推敲的。

文字数量当然是逐渐增多的，最早阶段的文字确实也难于完整记录语言。但是，本章第二节"文字形成的动因及其类型"已述，文字最开始并不是作为记录语言（口语）的目的而设计出来的。它是满足日常记事功能的产物，或者是出于占卜、君王功绩的记录，或者是商品交易记账的需要，或者是给已经熟背的经文、诗歌等所作的提示，等等。有学者认为，苏美尔原始楔形文字文献是速记式的，甲骨文亦并不能完全反应殷商时期的汉语面貌，这是有一定道理的。因此，文字最初就不是被设计用来精确记录语言的工具，而是备忘、记事的助记手段。我们完全可以推测，最早的文字应该都是表示有关物品的名词和数量词等实词，而表达语法意义的虚词都是后来为精确记录语言，才逐渐进入文字系统的。

文字数量不够，不代表人们就不可以用少量关键词语把需要表达的意思浓缩后，用文字记下来。比如，在过去惜字如金的电报年代，编写尽量精简的文字以传递最多的信息，也同样可以满足文字传输信息的功能。但这与东巴经的字词不对应不是一回事。首先，东巴经之所以可以用少量字记录那么多内容，是有先决条件的，东巴对经文早就熟背于心，写下几个字只起提示的作用。所以，严格来说，东巴经的文字不是记录经文，而是提示经文。其次，除非东巴本人，别人甚至其他的东巴也不能完全读得懂东巴经书的内容，在这个意义上来说，东巴经的文字反而是一串待解的密码，失去了文字最根本的交际功能。因此，东巴经所保留下来的字词稀疏的形式，不是早期文字匮乏的结果，而是另有目的，关于这一点，将在后面第二个问题中讨论。

当然我们现在并不知道在东巴文匮乏的早期，东巴们写的书信、地契是什么样的，估计很可能是类似"电报"一样的形式。我们目前看到的应用性文献，由于大比例地用同音假借的方式，都有很高的记录能力，可以几乎百分之百地记录语言。喻遂生师的《东巴文白地买古达阔地契约译释》[①]一文统计了这份地契的记词率为 100%，即如汉字一样完全记录语词。本章第三节所译释的达祖人情账簿也是 100% 记录。

（2）书写行款基本与语序一致

书写行款（字序）是文字制度的一部分。东巴经的字序只有一个大致的走向，字与字之间多呈图画式、依照事理关系来安排位置。而我们在民间看到的大量地契、书信和经书后面的跋语等，则与东巴经的字序截然不同。这些应用

---

① 喻遂生：《纳西东巴文研究丛稿》(第二辑)，巴蜀书社 2009 年版，第 170 页。

性文献中，文字与语言呈严格对应的关系，字序自然也依着语序呈线性的排列。一般从上到下、从左至右的行款顺序，有的则是横行逐字成线性顺序。

2. 东巴文书写的图画式布局是东巴经形成、发展中的强势规则

东巴经是东巴教祭司举行仪式中吟诵的经文，每个东巴在正式主持仪式之前，需要花费较长的时间和精力去背诵很多篇经文，因此，记忆力的好坏很大程度上决定了能否学成出师。如果能在记忆力最佳的青少年时期就开始跟师傅学习，成功的机会比那些成人之后才开始学的要大得多。

由于先有经文，后才有经书，而且需要东巴事先把经文背下来，所以，创造文字把经文记下来，大约不出如下原因：

第一、提示经文。尽管东巴可以背诵下经文来，但也不能保证在仪式上一点不会忘记。一本经书短的要念十几分钟，长的可能要一两个钟头，难免不会遗忘。尤其有的仪式长达好几天，需要念的经书多达十几本，有经书的提示，就减轻了记忆的负担；

第二、经书也是教授学徒的教材。学徒在开始学习的阶段，师傅一句一句地教授经文，间或也会讲解文字的形音义，徒弟下来可以借助经书来温习、背诵，因而大大提高学习效率。

如何用少量的符号记录更多的内容，对于原始象形文字阶段的东巴来说，最有效的办法，就是利用文字形体较高的象形程度，以书面的图画形式反映出经文所描述的故事场景。再辅之以东巴脑中的记忆，经文就容易被复述出来。在书写经文的过程中，由于不需要把经文逐字逐句地记下来，（当然，也与当初文字数量有限有关系。）所以，文字与所记录的语言（经文）最开始就不是一一对应的，而是用文字符号记下故事的关键点，比如人物、数字、物品、地点等，而人物间的行为与关系，尽量靠字形本身去表达。对于经书的使用者来说，为了更准确地念诵，除了事先下足功夫背下来之外，就是要习惯利用经书所提供的图画和关键字复原经书描述的情节。因此，东巴仪式中手拿经书唱诵经文的情景，与其说是在念经，不如说是在类似脱稿"演说"，时不时地瞅一眼底稿要更准确些。

但是，这种图画式经书对于初学者来说，却是非常痛苦的经历。俄亚大东巴英达回忆自己学徒的过程说道："纳西文书（指东巴经）呢，文字，一个字一个字地，写不全，不像汉文书。汉文书呢，一个字一个字，写全了的。纳西文书呢，写不齐全。有的字，写在后面的，但读的时候要读在先；有的字，写

在前面的，但读的时候却读在后。这种情况很多，这一点学起来很费劲。"①所以，英达现在自己带徒弟后，也尝试把经文逐字记下来，方便他们学习。但是，正式用于仪式的经书都还是尽量照着老经书的样式抄下来。英达东巴认为，如果全部的字都写出来的话，会"非常费纸"。旧时的东巴纸是比较昂贵的，即便是在白地，产量也是十分有限。而其他地方所用的东巴纸都靠从这些地方购买，运输起来更是十分不便，所以，东巴抄写经书都采用这种方法以节省纸张。另外，东巴外出主持仪式，少则三五本，多的需要十多册经书，这种速记式的经书携带起来更轻便。

除了节省纸张的目的外，旧时东巴非常不愿意自己家族的东巴经被外族的东巴学了去。把经书尽量写得让别人看不懂，也是出于保护的目的。即便经书丢了，捡到的人也没办法偷学。俄亚大村两百户人家，平时大家一起劳作，但是遇到祭天、丧葬等重要事情的时候，家族之间的区别就体现出来了。俄亚大村分为三个大的家族，各有固定的东巴来主持家族内部的仪式活动。泸沽湖达祖的纳西族祭天时，会按照不同的家族（称为"斯汝"②）来组织。此外，从纳西经典中近百个东巴的名字来分析，纳西族曾按照对自然界的认知去布局东巴，以使各个方面都有专门的东巴来管辖。东巴所从事的各项祭祀活动，其内部有严密的分工③，而且各东巴之间形成了一定的竞争关系。现在纳西村寨中，哪个东巴的仪式做得好，就更受欢迎与尊重。由于各有司职，因此经书内容一定有区别，为了防止被别的东巴偷偷揽走自己的"活计"，这种不写完全的经书事实上也起到了防止泄露的功能。

久而久之，东巴们已经习惯于使用这种写得"疏散"的书。和云彩东巴解释认为，（这种写得"疏散"的书）便于吟诵时自由调节拖音的时间，以应仪式中的鼓点和节奏。否则，书写得"太紧"就不好诵读了④。显然这是已经十分熟练的东巴才有的体会，因为他已经不必依靠盯着经书去念了。

总之，最初的东巴经由于只是提示经文的需要，也是受文字匮乏的局限，采用了没有逐字记录语词的图画式布局形式。加之纸张稀缺、防止泄露、方便携带等实际功效，呈现出今天所见的这种字词对应稀疏的经书样式。也因为其作为宗教经典的缘故，逐渐成为东巴经的固定格式，成为宗教教规的一部分，

---

① 鲍江：东巴访谈录，"话说" http://www.huashuo.org.cn/a/wenzizuopin/2011/0802/8.html。

② 李近春：《四川省盐源县沿海公社达住村纳西族社会历史调查报告》，国家民委民族问题五种丛书之一 中国少数民族社会历史调查资料丛刊 四川省纳西族社会历史调查，民族出版社 2009 年版，第 15 页。

③ 李国文：《人神之媒——东巴祭司面面观》，云南人民出版社 1993 年版，第 59 页。

④ 李静生：《纳西东巴文字概论》，云南民族出版社 2009 年版，第 139 页。

被一代代传承下来而不能随便更改。

由于东巴纸使用和保存的时间也有限，目前我们所能见到的东巴经肯定已经不是最早的样式了。按照我们推测的东巴文形成的时间上限，东巴文记录经书已经有一千三百多年的历史。李霖灿认为目前最早的经书是康熙七年（公元1668 年）[①]，和继全认为李氏释读有误，应该是咸丰元年（1851）[②]，所以，现存最早的东巴经距今也只有两三百年，之前已经发展了一千年。从逻辑上来推测，三百年前的东巴文文字的数量比现在要少，经书也应更多地运用图画式的布局，很多字形的符号化程度很低，因而保持了较高的象形性。

但是，由于东巴经的图画式布局被作为一项宗教传统一直传承下来，我们仍然可以从今天的东巴经中找到早期东巴文字和经书样式的痕迹。

（1）造字层面的图画性

东巴文与图画的关系是显而易见的，有的学者甚至把东巴文称为"图画文字"，当然，"图画文字"是个模棱两可的概念，还不是严格文字学意义上的名词。可以从几个方面来看待东巴文与图画的关系。

1）东巴文本身就是来自原始绘画艺术

从考古成果来看，人类创造文字之前，有很长的绘画的历史，最早的岩画可以上溯到四万年前的旧石器时代。纳西族生活的金沙江地区陆续发现了一条岩画的文化带，可能与东巴文有一定的联系[③]。（下图为鲍文所绘岩画摹本。左边画的是羊，右图是牛。）

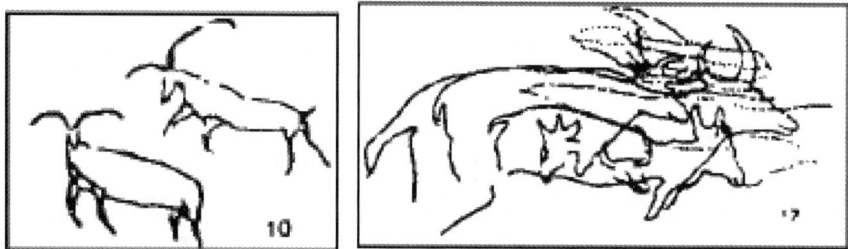

东巴文与原始东巴教的画神造像有直接渊源。东巴在仪式中要使用木牌画、神轴画、神路图和占卜的纸牌画等"东巴画"。东巴教还在没有文字的阶

[①] 李霖灿：《关国国会图书馆所藏的么些经典》，《么些研究论文集》，台湾故宫博物院1984 年版。

[②] 和继全：《李霖灿"当今最早的么些经典版本"商榷》，《民间文化论坛》2010 年第2 期。

[③] 和力民：《金沙江岩画研究》，载《和力民纳西学论集》，民族出版社 2010 年版；鲍江、和品正：《金沙江流域中甸县洛吉岩画》，《云南民族学院学报》1999 年第 1 期。

段就已经在宗教仪式中使用绘画，至今，在没有文字的东部地区，东巴教的祭司达巴仍然会手绘各种神像和星宿。西部地区的东巴在创造自己的象形文字时，自然也把东巴画里的很多图像移植到了文字中来。

俄亚东巴的神轴画（左）。画中的菩萨、神、鬼、虎、马、龙、鸡、火、天、云等形象与东巴文字相似。图右上是手绘的"八格图"，右下是该画背面的东巴文。

比较象形文字"猪 、山羊 、獐子 "与图中相应的动物画像，二者的差别仅仅在于涂色与否。

东巴经中有一类叫作"规程"的经书，是用东巴文记录东巴经仪式制度的宗教应用性文献，包括仪式说明、画谱、舞谱等小类。以《全集》第34卷的《禳垛鬼小仪式规程》为例，其中包含了一些讲解如何制作仪式所用的面偶的"半文字图画"[①]，就是介于图画与文字之间的符号。如下图为木牌画谱：

---

① 史晶英：《东巴仪式规程文献研究》，西南大学硕士论文，2013年，第70页。

《禳垛鬼小仪式规程》中第 11 页　　　　　《禳垛鬼小仪式规程》中第 14 页

其中的 为虎头鬼，东巴文有专字作 ， 表示女神，东巴文有专字作 ， 画的一头牦牛，东巴文写作 。

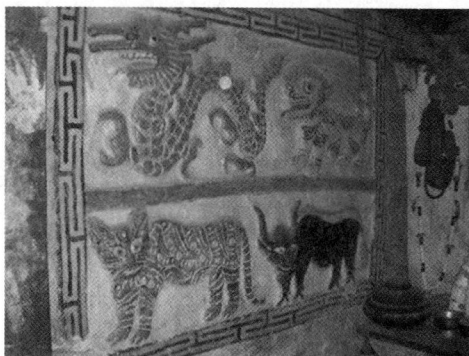

上图是俄亚雕画，动物图像与对应的东巴文高度相似，如：龙（[吴]、）、狗（[吴]）、虎（[谱 0377]）、猴（[俄 0390]）等。

2）东巴文体现了诸多绘画技法。

东巴画是从纳西族底层土壤中生发出来的民间艺术形式。绘画内容主要以宗教故事为主，画面既可以展示完整的故事，也常表现某一个情节。表现手法以单线平涂，造型夸张，用笔粗狂简练。这种古拙的风格，自然也带入了象形为主的东巴文字形当中。比如：涂色的"乌鸦"字，全身涂黑；透视法表现立体关系，二维的平面可以通过透视来表现三维立体的事物关系，如"藤"的缠绕、"栅栏"的立体交叠、"夫妻"共穿一身衣服、"背"的挎刀；等等。最有意思是，动画中常用曲线来描绘多种动态的效果，如人的运动（下

256

图左①）、眼光（图中）和身体发抖（图右），东巴文也采用了这种曲线来表示抽象或者动态的效果。在造字法中，我们把这类现象归入"广义形符"。

逃跑、下山　　　眼睛、看　　　抖、怕

绘画是用构图表意，文字的图画式布局其实就是运用构图表达经文的内容，借用绘画的手法也属必然。

3）会意字的构件组合依照现实的位置关系。

合形会意字本就是会和两个形符以表较隐晦的意义。东巴文会意字也通过多个形符的意义及其位置关系，提供明确的思维指向，达到表示词义的目的。

如：（雨）字中"天"和"雨水"的上下关系；（栖息）字中"鸟"在

"树枝"上；（啼）字表声音的曲线在鸡的嘴边；（铜）字中表铜的

颜色属性的"火红"字符是位于"铜锅"的内壁，等等。古汉字的会意字也是

依据形符之间的现实关系来布局，如雨（ ）、集（ ）等。东巴文与甲骨文

合形会意字所占总字数的比例比较相近，据我们统计，东巴文大约在 35%，甲骨文占 38.1%②。但是，东巴文的形符之间的位置关系更加直观，比如（前者为汉古文字）：

休（ ）—靠（ ）　梦（ ）—梦（ ）　伐（ ）—杀（ ）

尿（ ）—尿（ ）　食（ ）—吃（ ）　亡（ ）—躲（ ）

东巴文有一类我们称为"字形联想"的会意字，如（[俄 1069]ŋgæ²¹，

① 选自张乐平的《三毛流浪记》。
② 拙著《俄亚托地村纳西语言文字研究》，第 160 页；郑振峰《甲骨文构形系统研究》，上海教育出版社 2006 年版，第 59 页。

257

夹、剪），从手指在 ⸙([谱 0172]，柴)中，"夹"义由 ⸙ 呈剪刀状岔开的笔画而来，从 ⸙([俄 0161]ndʐη[21]，树)、⸙([俄 0330]mæ[33]，尾)等字可以看出，"v"形处并不表示有可夹物的空隙，[俄 1069] ⸙(ŋgæ[21]，夹、剪)字的构意仅仅来源字形，而不是形符所像之物。

4）声符的置向具有图画表意功能。

形声字由形符与声符构成，形符表示词义的类属，声符提示该字的读音，两种字符之间一般没有意义上的联系，只是造字时分工不同。汉古文字中形符与声符之间有多种位置关系，左形右声是主要的形式。东巴文形声字的一个明显的特征就是，即便声符与形符没能找到合乎逻辑的位置关系，也要尽量利用各种方式组合成一幅图景。如：⸙（khu[33]，母族），声符 ⸙ （ka[55]，藤）缠绕在表人的形符上；⸙ （tsha[33]，亲戚），声符 ⊠ （tshe[33]，盐）置于人的口中；⸙ （zη[t21]，拿），声符 ⸙（zη[33]，青稞）在形符人的手上；⸙ （tsho[21]ze[33]ri[33]yɯ[33] 崇仁丽恩，又作 ⸙ 。）纳西传说中的人类的祖先，字形中的长鼻表示读音 tsho[21]（大象 ⸙），头上长角表示读音 yɯ[33]（牛 ⸙），两个仅表读音的声符（大象和牛），被造字者分别摘取"大象头或鼻子"、"牛角"这两个显性特征替换"人的头部"；⸙ （a[21]kv[33]，舅父）用音近字"熊 gv[21]"的头部 ⸙ 替换人的头部。等等。形声字中超乎现实逻辑的字符组合，体现的是一以贯之的图画式布局思维习惯。

（2）造句层面

成熟的文字系统在书写记录语言时，文字的排列是与语序一致的。东巴经在这个层面依然延续了原始文字阶段的图画性，甚至一些纯图画的因素也在这种图画式布局中得以保留。尤其在东巴经中，东巴文的图画性表现比较复杂，我们将分为几个问题分别讨论。

1）组字表场景。

有限的几个字组合成一幅图画，表示一长段经文。如：

这是俄亚英达东巴的《崇搬图》第十三页，最后两格（即第 15/16 小节）的经文如下：

（15）tʂua²¹n̠i³³dv³³dʐŋ²¹tɕhi²¹to²¹me³³lɯ³³n̠i³³khæ⁵⁵le³³sy⁵⁵，（16）mbu³³n̠i³³zʅ²¹tɕhi³³to²¹me³³, pu³³n̠i³³bæ²¹le³³sy⁵⁵。

汉译作：从此，男的看到长翅的鸟兽，就用箭射下来；女的看到蛇，就用艾蒿扫开了。

23 个音节也就是 23 个词，仅用了 🖋（khæ⁵⁵射箭）、🐟（zi³³鸟）、🚶（mbu³³女）、🌿（mbu³³艾蒿）、🐍（zʅ²¹蛇）五个单字，通过它们组合成一幅场景，提示这段经文。

再如本册经书中的第十四页：

第二行的 🖼 读作：ka⁵⁵phu²¹dv³³le³³n̠i⁵⁵，汉译作"（崇泽利恩）藏在白鹤的翅膀底下。" 干 是白（phu²¹）的意思，置于白鹤（🐦 ka⁵⁵鹤）字旁提示读音，画人（崇泽利恩）（🕴n̠i⁵⁵藏）在白鹤的翅膀下。

由于图画构图的缘故，因此，东巴经中保留了一些图画元素的痕迹，这些图画痕迹一直未能从图画中独立出来，成为独立记录词语的文字，而是附着在文字上来辅助表意。如第十六页：

最下面一行中的 ▒▒▒ 读作：$a^{33}phu^{55}ri^{33}dv^{21}bu^{33}$，$i^{33}phu^{55}ri^{33}phv^{55}ne^{33}$，

汉译作：左手带着种子，右手撒这种子。"撒种"在俄亚有专字作"▒▒▒[俄0624]"，但是为了记录这两句经文，改变人（崇仁丽恩）的体态，画成左手拿着盛了种子的木盆，右手播撒的场面。本节中的 ▒▒▒ 字，在 △（梁子）字上画数点表示在梁子上撒满了种子。表示种子的"点状符号"通过附着在 △（梁子）字上，起到辅助表意的作用，包括 ▒▒▒ 中左手木盆中的中的种子，离开了具体所依附的字符，"点状符号"都不能从图画中独立出来表示"种子"，俄亚"种子"另有专字作 ▒▒▒ ，象麦穗种盛于碗中之形。这个字 ▒▒▒ 被写在旁边提示"播种的是种子"。

▒▒▒ 这节经书记录了崇仁丽恩为了迎娶衬红保白，在岳父的刁难下，一天就播完整座山的种子的故事。这一节包含了 ﾊ（崇仁丽恩）、▒▒▒（手）、▒▒▒（种子）、▒（九）、▒▒▒（挖锄）、△（梁子）等六个单字。其中把 ﾊ（崇仁丽恩）、▒▒▒（手）二字添加"装种子的木盆 ▒▒▒ "组合成 ▒▒▒ ，△（梁子）字附加"点状符号"而成 ▒▒▒ 。由于有对应的经文，学者把经书

中 这类符号称作"语段文字"，而把 这类在经书中没有对应经文，仅起表意作用的称为"图画文字"。我们不同意这样的划分，认为二字没有本质区别，后文再陈述理由。

2）合文（字组）。

合文是汉古文字的概念，指在书写过程中，将两个以上的单字写在一个字的范围内，看似一个字，但是认读的时候，该合文还是要分别读那几个字的音。

甲骨文的合文主要是用于记录数目字（如： 九十、 一月）、先公先王称谓

（如： 祖甲、 报丁、 中母己）、熟语（如： 大吉）、时间（如： 翌日）等等。合文是文字刚从图画脱胎出来，作图画式平面排列的书写方式的遗留。随着文字制度的完善，这些合文都逐渐分书为几个独体字[1]。也就是在合文之前，参与组合成合文的各单字另有来源[2]，只是在书写的时候，把一些固定搭配的词语组合合写在一起，而不是照着语序作线行排列而已。合文的条件有三个方面，即：由几个独立的单字构成；合文的读音就是这几个单字的读音；外形上，整个组合结合紧密像是一个字。如果按照汉古文字给合文的定义，纳西东巴经仍然保留了非常多的合文，如： 山麓 ndʐʅ^{21}khɯ^{33}（山 ndʐʅ^{21}，脚 khɯ^{33}，"脚 "字位于"山 "字的底端，利用相互位置来表"山脚"这个方位词的意义。经书中也常把二字分书作 ，就是两个单字了。东巴文中除了合两个单字以成合文之外，还有合三个、四个，甚至五个单字的合文，下面分别举例：

两字： 树根、 屋后、 水尾、 下册、 树干、 红眼

三字： 夏三月、 秋三月、 依古地、 舅父、 做变化

四字： 开天辟地、 白地白水（河）

五字： 石鼓老巴山

---

① 喻遂生：《甲骨文、纳西东巴文的合文和形声字的起源》，《中央民族大学学报》1990 年第 1 期。

② 洪笃仁：《卜辞合文商榷》，《厦门大学学报》1963 年第 3 期。

　　李静博士对东巴文的合文有系统整理①，从合文所记录的词语来看，东巴文合文除了记录地名、时间、人名外，也常用于熟语、方位，而且大量用于一般的词组，似乎只要可能，都可以把几个字凑到一堆，其运用范围明显大过甲骨文的合文。

　　合文是把多个字写成一个字，由于这几个字表达一个相对完整、稳定的语义单位，文字的使用者干脆把这个语义单位看作一个独立成分参与句意的表达，这个思维认知上的意义单位，对应在视觉符号上，就是用相对紧凑的方式合写在一起，达到视觉上相对明晰的边缘界限，便于与其他意义单位相区别。所以，合文这一文字形式，是思维上的认知单位外化为视觉形式的结果，本质上还是图画性思维造就出来的。

　　3）语段文字。

　　前文多次提到"语段文字"，在此，将详细讨论其本质。

　　顾名思义，学术界把东巴文（主要在东巴经中）的一个单字记录多个音节（语素或者词）的现象称为"语段文字"。由于东巴文中除了一个单字记录语言中的一个词语外，还有这种"记录"（我们认为不是记录，而是速记式的提醒。暂时沿用"记录"这种说法。）语段的现象，因此有学者把东巴文称为"语段文字"。语段文字本质上是字词对应问题，是原始文字形式的孑遗。而且一种文字系统中，不是所有的单字都是记录语段的，那么，这种用局部特征为整个文字系统命名的方式，起码就显得不够客观和科学。

　　由于涉及到文字单位与语言单位对应关系，因此，在说明这个问题之前，有必要简单介绍下纳西语的词语和音节的关系问题。纳西语属于藏缅语族彝语支和羌语支之间②，语序和虚词是主要的语法手段，缺乏形态变化，有丰富的量词；语素以单音节为主，声调具有区别意义的音位功能，往往一个音节就是一个词。这些特征与同为汉藏语系的汉语非常相似。由于古汉语语素以单音节为主，基本上是一词一个音节，词法缺乏内部屈折的形态变化，不像词形变化丰富的印欧语，需要在一个音节内部改变读音以适应造句的需要，因此，文字类型上不必转向"表音"以适应屈折的语法手段，可以一直保持表意的方块字，汉字是典型"语素—音节文字"。

　　纳西语和汉语具有很多一致的地方，尤其是单音节语素、一词一个音节为主的条件，特别适合"语素—音节文字"的文字类型，事实上也的确如此。"从《崇搬图》来看，东巴文到底与语言中的什么单位对应没有固定的答案。有些记录一个语段，有些记录一个词，有些记录一个音节，有些记录一个语素。但

_____

① 李静：《东巴文合文研究》，《兰州学刊》2008 年第 12 期。
② 孙宏开：《纳西语在藏缅语族语言中的历史地位》，《语言研究》2001 年第 1 期。

总的看来，记录语素的比例相对较大，所以它是倾向于记录语素的一种文字。在《崇搬图》和《古事记》的比较中，可以发现东巴文的记录比例在不断的提高。"[①]东巴经的演变中，单字正力图逐词对应，而东巴文应用性文献早就是一字一个音节。但是很少有学者把东巴文归为"语素—音节文字"，反而多以"语段文字"来表述。原因主要是这些学者多以字词不严格对应的东巴经为研究材料，而且，没有对这种语段做仔细分析。

让我们举几个"语段文字"的例子。如：

[谱 0111] ndzʐ^{21}na^{55}za^{55}ɾa^{33}，"居那什罗"山，字形像神座上竖一木牌之状。它是西南诸多民族传说中的神山，因在各地方言不同，又被称为"居那若罗"等。其中，"ndzʐ^{21}"义是山，"na^{55}"义为"黑、大"，"za^{55}ɾa^{33}"很可能是来自藏语的佛教词，多用于神名，汉译作"释理"。"居那什罗"的意思是"大神山"。那么，字记录的是一个含四个音节、至少三个语素的专有名词。如果按照一个音节一个字的话，就应该写四个字。纳西族现在的仪式中，还会

用一个铁的犁铧（[谱 0846]）摆放在道场中央，代表"居那什罗"神山，

可以推测，字的造字理据应该是类似祭祀道场代表"居那什罗"神山的某种法器。理论上说，给"大神山"这个专有名词造一个合适的东巴文，可以有多个方法，最直接的就是象形造字，"画成其物"就行，取向那个代表它的法

器；或者用形声字，分别用"△ ndzʐ^{21}山"、"● na^{55}大"、"东巴什罗[谱1274]"人字下部的标音成分来记录。但是，造字者选择了最简单直接的象形法。唯一的不足就是，这个字也只能专门用于表示"居那什罗"神山，其再造字的能力基本丧失，尤其不能用作声符参与组合新的字。因为，它读作四个音节，而纳西语的语素是单音节为主的，如果只需借用其中的某一个音节，字无法拆分，而借用整字去表某一个音节的话，反而会带来混乱，不如用其他单音节的东巴文来得更简单。因此，我们在东巴文应用性文献中，几乎再也看不到这个东巴文，除非需要用到"居那什罗"这个词的时候。所以，我们可以推测，字是个很早就造出来的字形，尽管其造新字的能力很低，但是，东巴经图画式布局的记录语言的特殊方式，使得这个单字还保留了下来。

还有前文所举的，读作：a^{33}phu^{55}ɾi^{33}dv^{21}bu^{33}，i^{33}phu^{55}ɾi^{33}phv^{55}ne^{33}，汉译作：左手带着种子，右手撒这种子。

---

① 黄思贤：《纳西东巴文献用字研究》，华东师范大学博士论文，2008 年，第 219 页。

　　"语段文字"的界定一定要遵循两个原则，首先，从记录语言的角度，该单字记录的是多个语素或者词，是大于单纯词的语言单位；其次，从结构上来说，该字不是字组（合文），合文的特点就是把记录的几个词全部写在一个字里面。下列例子均不能判作"语段文字"，是字组。

　　首先，字形包含了字的读音所表达的所有语素。

　　[图][谱 0442]zi^{21}（蛇）$xæ^{21}$（青）kha^{33}（角）$dz\eta^{21}$，义为"有角之青蛇"。该字形由蛇、角两部分组成，是部分记音的"字组"，不是单字，所以不是"语段文字"。类似的[图][谱 0443]（ru^{21}（龙）dzo^{33}（飞），飞蛇）、[图]（$\eta go^{33}tshu^{21}$（骏马）$tsh\eta^{33}$（疮）thv^{33}（出），"骏马生疮"等即属此类"字组"[①]。

　　其次，一字有多种读法，或为多音节的语段，或为单音节的词，并且该字更可能是为记录后者而造的。比如：

　　[图]$\eta i^{33}me^{33}$太阳，此字看似记录的是两个语素 ηi^{33}（日）、me^{33}（词尾），但是，"太阳"在纳西古语中读 bi^{21}，用作计时的"日 ηi^{33}"字也是单音节，所以，不能把该字看成"语段文字"。"月"（[图]$xæ^{33}me^{33}$）字亦属此类，因为古音作 le^{21}，又音 $xæ^{33}$。

　　当然，我们也要注意，不要把经书中常常省略掉的词语，也算在某个写出来的那个字的头上，然后认为该字是记录了多个词语的"语段文字"。因为在东巴经中，写出哪个字，省略哪些字，在不同的东巴手里不一定一样。比如，假设一句经文有 9 个字（词），东巴甲写了第 1、5、9 号字，而东巴乙只写了第 5 号字，你不能据东巴甲的经书得出如下结论：第 1 号字是记录了"1234"的语段文字，第 5 号字是记录了"5678"的语段文字，第 9 号字是记录了"9"的单字。因为如果以此类推，我们也可以根据东巴乙的经书得出"第 5 号字是记录了全部 9 个词的语段文字"，那么，至少在关于"第 5 号字"的问题上出现了明显的前后矛盾，岂不荒唐可笑！

　　东巴文中的"语段文字"多为东巴文创设之处产生的，而且多为专有名词，除了前述的[图] $ndz\mathring{1}^{21}na^{55}za^{55}ra^{33}$（"居那什罗"）之外，还有表示星象的，如：○○$dzi^{21}kv^{33}$（"水头"星）、[图] $zy^{21}xæ^{55}$（"猴耳"星）等等。这也比较好理解，这些字形在东巴眼中是非常熟悉的，一见就能马上联系到背后的意义（词语），而且在文字形成早期，可使用的文字数量有限，加之图画造字的思维习

---

　　① 拙著（第 326 页）论及此字[图]时，误作"语段文字"，没有坚守"单字"的原则，特作更正。

惯，径画该短语所表之物，比逐个记录该语段中的诸多音节要更加省事、明了。

（3）图画性思维模式贯穿了东巴文造字、造句的全过程

文字学家为了科学严谨的目的，创设了"字符"与"单字"等概念。字符按照功能作意符、声符、记号，其中的意符又作形符与义符的区分，又将单字按照内部功能结构分为象形、会意、形声等小类；在记录语句的层面作合文、语段文字、有词无字和有字无词的归类，等等。但是，在东巴文的实际创设者，以及使用者一方来说，从来就没有这么多的规矩和框框，只有一个思维贯穿东巴文文字的始终，就是"以形表意"。把要表达的意思依着一定的认识组合成具有视觉提示作用的布局。这也直接导致了其文字制度还很不完善。

1）东巴经中，造字、组合多字造句往往依着同样的图画模式。

会意字"骑"与经文中读作"ka^{55}phu^{21}dv^{33}le^{33}ɲi^{55}（崇仁丽恩）藏在

白鹤的翅膀底下"一句话的；"播"与读作"a^{33}phu^{55}ɾi^{133}dv^{21}bu^{33},

i^{33}phu^{55}ɾi^{133}phv^{55}ne^{33}，（左手带着种子，右手撒这种子）"一句的；形声

字"塞tsɿ^{t33}"（"束tsɿ^{t33}"声）与经书中①记录"端格、优麻作变化，似

猛虎跳跃一样，把红眼仄鬼吞吃"的等等。

合文是将多个单字写成一个字，但是在构图上与单字是一样的图画模式，

如合文"水尾"，与会意字"同胞tʂ̩ɿ^{33}"（从蛋破尾，胞族后裔。又

作。）如果不是前者要读两个音节，但从字符的组合构图上，是无法区分哪个是合文，哪个是单字的。

汉字也称为方块汉字。在早期的甲骨文阶段，也有不少合文，而且字的大小也不太均衡，到了西周初年后，才逐渐趋于行列整齐。这一过程深深受到了"天圆地方"观念的影响，并由空间延伸至其他认知领域，如时间上的春天与东方相配，由木主持；夏季与南方结合，由火主持；秋季与西方结合，由金主持；冬季与北方结合，由水主持；土则监管四季，代表人。"方形特征"成为一种广泛的认识世界的思维模式，如八卦、五声都呈方形，四合院等建筑以方

---

① 《纳西东巴古籍译注全集》第12卷，云南人民出版社1999年版，第48页。

形对称为美。纳西族也有这种方形思维特征，"⌒⌒天、▨地、▩天地之中"等字和字组都暗示了类似汉族"天圆地方"的宇宙观，其中▩亦体现了"东西南北中"的五方观。东巴文字组将多个单字尽可能地按照事理关系组合在一起，如❀树根、❀树干等。如果组合的单字较多，表示读音的单字实在难以找到合适的事理依据组合在一起，也尽量把各部分安排在一个方块区域中，提示这是一个表意单位，以区别于其他的内容。如▩依古地（丽江）、▨石鼓老巴山，等等。这与东巴经中往往将一个故事情节，在视觉上要对应于某一块区域一样，遵循的是同一个模式。

东巴在书写经书中，单字的构造与句子的表达上，其实遵循的是同样的思维模式。

2）文字制度不健全。

东巴经反映出了东巴文的文字制度还很不完善。成熟的文字是一个系统，包括一定数量的笔画、部件（字符），以及相对稳定的笔顺、字体、用字、字词对应等文字制度。图画是二维平面，甚至三维立体的，而语序（或称"语言单位的顺序"）是一维线性的，因而记录语言的文字也是呈线性排列的。经书中的东巴文因为保留了早期记事图画的特征，文字制度上必然有诸多不合之处。这主要表现在以下几个方面。

第一，笔画基本是"随体诘诎"的曲线，甚至还夹杂着"●"、"▩"这些图画性的字符构件，还没有演化出类似汉字"横、竖、撇、点、捺"之类规则的笔划。

第二，字的大小不一，位置也可以倾斜甚至倒置，异体字比较多，文字的规范性不够。比如俄亚《崇搬图》第十七页：

经书第二行第三格的鸽子 ，比在第三行第二格中的大很多；表示否

定词"不"的 字，在第四行逆时针旋转九十度成 ；第四行的 画丽

恩以手抓岩羊之状，对应的经文是"（丽恩）先应该去山崖利抓一只岩羊"，

其中的"抓、逮"字东巴文另有有 、、 等字，这种异体字被称为

"情境异体字"，即根据故事情节使用不同的字形表达同一个词。非常明显，
在图画式布局中，字形大小作为构图的一部分，自身形状的大小与位置，要受
到与其他部分的相互关系的制约，异体字自然也是为了符合情境的需要。

第三，文字结构上的字符层次界限不清晰。

文字学家受语言学的结构理论启发，将文字系统分成笔画、字符、单字、
字组（合文）等多个层级，每一个文字单位只与同一层级的发生关系，组合进
入高一层的文字单位。但是，东巴经中的文字单位常常出现跨级组合的现象。

比如被称为"黑色字素[①]"的字符 （na^{21}，黑、毒），是不能单独成字的
字缀。按照其所处文字层级，只能与别的字符组合成单字，如作为义符"毒"

与"花"组合成会意字 ndv^{33}（巨毒，该字又作 [谱 1188F3]）。但是，字缀

却经常与别的单字组合成合文： 33na^{21}（黑石岩）、v^{21}ɾi^{t33}na^{21}（雪

山黑）、ndʑi^{33}phəɾ^{21}ndʑi^{33}na^{21}（黑水白水）等等。显然，合文中的字缀 又

一跃而成"成字字素"了。因为字缀 不能单独成字，所以借藏文 （na^{21}，

黑）而成字，俄亚不明字源，讹作 ，又作 。

不仅不同层次的字符可以跨级组合，同一层次的字符在组合时，也非常随
意。胡文华研究了形声字的形符和声符的关系，发现在东巴经中呈现出十分丰
富的特点，具体有形符声符的位置不稳定，结构或疏或密、形符和声符的位置
可以随意变动、形符和声符可以随意改换、在一节经文中几个字共用形符、在
一节经文中几个字共用声符，以及声符承担装饰作用等情形[②]。从这些特征我
们可以感受到，东巴在书写过程中，还没有单字和字符的观念，不受形符与声

---

① 字素是李圃先生提出的概念，地位类似我们的字符（部件）这一级。字素根据是否
能单独成字分为成字字素与非成字字素，后者又称字缀。

② 胡文华：《从纳西东巴经看纳西东巴文形声字形符与声符的关系》，《华西语文学刊》
（第五辑）。

符要挨着写的束缚。其经书的书写，就是将东巴文的书写单位（单字或者字符）打乱，然后完全按照图画方式进行构图。

第四，字词不对应。指东巴经中的"有词无字"、"有字无词"的现象。所谓东巴文是"语段文字"的论述亦属此类问题。

东巴经中的"有词无字"、"有字无词"的现象，前贤已经研究得比较多，此不详述。其本质也是图画式布局的结果。就以上页第四行第一节为例，经文须念作："利恩来又说，您女儿给忠厚的我吧，祖父又说么，你想要我女儿但不能给你，先应该去山崖利抓一只岩羊说，"可是只写了八个字"⚡ 丽恩、🎀 祖父、👤 女儿、〜 不、🪰 祖父、👤 丽恩、🦗 岩羊、△ æ²¹ 山崖"，其中👤—⚡、🎀—🪰 是两组异体字。还有"来、又、说、您、给、忠厚、我、吧、又、说、么、你、想、要、我、女儿、但、能、给、你、先、应该、去、一、只"等语词没有写出来，属于"有词无字"。⚡字画丽恩以手自指，表示"（把你女儿给）我"的意思，当东巴凭着记忆念经到此处时，自然可以把省略的文字（词）补充完全。

"有字无词"即经书中写了某个字形，但念经的时候不读出来，该字只起表意的作用，如下图第二行第一格：

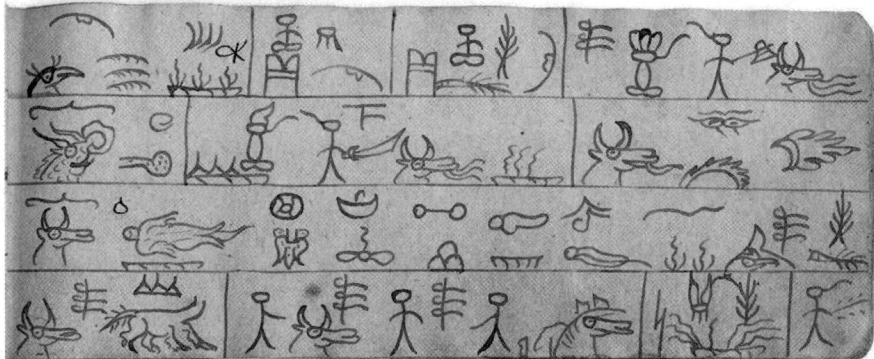

该节读作：mu^{33}（天）ηgv^{33}（雷）$lu^{55}lu^{33}$（象声词）gv^{33}（一样），译作：叫声如同雷鸣隆隆而过一般。其中，🐉（ri^{t21}龙）字此处不读音，表意是"龙"发出的雷声。

第五，字序不定。是指文字书写排列的顺序与语言单位（词语）的线性关系不匹配。比如上图第二行首节中，按照一般的顺序，应该从上往下读，但却先读 ŋgv³³（ ⌇ 一种做炒面的炊具），后读 gv³³，（ ℰ 弯曲，象条状物体弯曲之形，此处借音作"一样"。）与书写顺序相反。

　　英达东巴跟我聊起学徒经历时候，认为最难学的地方，就是（经文）念一大段，却只写那么几个字。还有一些字，当念到它的地方的时候，却不能马上读出来，要跨过它，等念到后面时再返回来读这个字。东巴经中的文字排列大概的顺序是自左往右、从上往下，但是具体到每个字与字之间的排列来看，并不是左右、上下关系那么直接，而是呈上下（🔲）、夹持🔲、右上（🔲、

🔲）、右下🔲等各种位置关系，前三个例字还是具有图画的理据性，后两个则完全没有道理可循。东巴经中这种任意摆放的例子较多，我们认为有两个缘故。首先，不是语言中所有的词语都可以用理据性的图画来表达的，比如语言中的虚词"又、和、呢、吧"，还有一些意义抽象的词语如"（打）三下、在、要"等等，这些词语无法入画，但对于提示经文又很重要，于是，只能勉强记在有关的字旁边。其次，我们可以推测，很早的经书应该比今天看到的要更多地采用图画式布局来记录经文，原因之一是那个阶段还没有足够的字形被创造出来，随着后来字形的丰富和假借字的大量使用，东巴们习惯用假借法来记录意义抽象的词语，经书中的图画变得少了，字词对应关系更加趋于一致了，那么，很多字形要从原来的图画中脱离出来，在没有进入到依语序排列的阶段之前，失去了图画式的位置关系的字形也只能随便找个就近的空位了。

　　由于东巴们在书写和诵读经书时，并不在意视觉上的文字符号与记忆中的经文是否严格对应，所以文字符号之间的排序当然也就不必那么清晰。代代东巴将这种书写习惯逐渐固化为一种东巴经的范式，以至于东巴经流传到下游的鲁甸后，这里的东巴受汉文化影响较深，尽管已经逐字记录经文了，却仍然不敢违背祖先的规矩，完全写成单一的线性排列方式。

如上图鲁甸和世俊的经书①，每页用横线分作几行，每行用竖线分成几格，每格之内各字按照先上下，再右行的顺序书写，我们可以与前面所举的俄亚经书比较，鲁甸经书总体上看，仍保持了传统经书的书写格式。

东巴经文字的图画性布局是图画性思维的表现形式。可以看出，书写单位对应的人脑中的各种意义单位，有的时候是一幅场景，并不总是遵循严整的字词对应关系。文字的内部层级之间，所记录的词、短语乃至到句子，体现在视觉的书面符号上，还没有明显的界限。

（4）经书文字与实用性文字的脱节

图画式布局作为宗教经典的书写范式，使得东巴经成为类似古代汉语的"文言文"，与东巴文的实际发展状况脱节。

"文言"是以先秦口语为基础而形成的上古汉语书面语言。文言文，也就是用文言写成的文章，即上古的文言作品以及历代模仿它的作品。文言文作为一种定型化的书面语言，沿用了两三千年，长期占据统治地位。在中华数千年历史中，语言的口语变化非常大，可是文言文却保持先秦以来的词汇和句式。文言越来越不能反映实际的语言状况，人们口头上说的是古代白话，书面上写的是仿先秦的文言文，造成了口语与书面语的脱节。五四运动前后展开的文白大论战，使白话文得到全面推广，并促成了言文合一的"国语运动"。20世纪30年代关于大众语文的论战，进一步巩固了白话的地位，使白话更加接近大众的口头语言。言文脱节是汉语史上的一种奇特的现象。

东巴经是一千多年前开始记录古老的东巴教的经书，前文已述，东巴经书写得比较稀疏，文字经常呈现图画式的布局。这一范式的形成，源于原始记事图画的记录习惯，出于保密、节省纸张的目的，以及旧时文字数量有限等多种缘故。但是，由于东巴经作为宗教经典的特殊性质，这种文字书写的范式逐渐成为东巴经神圣的一部分，后世东巴也不敢轻易改变。而在东巴经之外的使用中，则较少受到它的制约，文字得以自由发展。因此，同一种文字，由于使用的场合不同，而呈现出很大的区别，二者长期相互渗透，呈现出下面这些特征。

1）图画式布局，最大限度地保留了文字的象形度。

任何原始文字都来源于图画记事，东巴文也不例外。我们认为，现在很多东巴经中的连环画式的文字组合，一定程度上反映了原始图画记事的痕迹。但是，当东巴文发展到已经可以逐字记录语言的每个词语的时候，由于宗教传统等原因，在抄写东巴经这个特殊的场合下，东巴们沿袭了那种图画布局的方式。

---

① 丽江东巴文化研究所：《纳西东巴古籍译注全集》第68卷，云南人民出版社1999年版，第309页。

东巴经中的东巴文，单字只有保持足够的象形度，才更加容易与其他单字组合成表意的图画（字的组合），因此，单字保持最大象形度，与图画式布局构图形成了牢固的"联盟"：图画式布局要求参加组合的单字足够象形，同时，单字通过保持字形的象形度来保证其"出镜率"，最终为图画式布局的沿袭提供了可能。

现在，我们从同一个东巴所抄写的东巴经、所写的其他应用性文献中，找出同一个字的不同写法，说明由于东巴经的图画式布局，如何保存了文字的高象形。而换到了非图画式布局的应用性文献中，该字却可以失去这些象形的成分，而以一个较简单的符号形式去记录语言中的词。

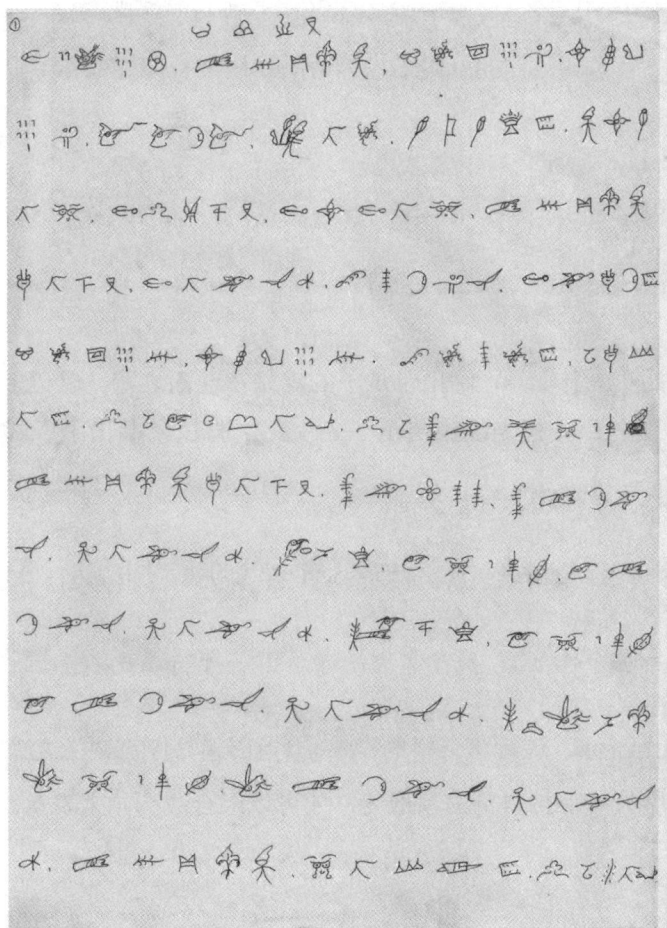

（小故事）

俄亚的英达东巴应我的要求，将民间的一个故事用东巴文写出来（上图）。可以明显看出，这是按照故事的语言顺序逐字记录的，甚至还添加了标点符号，除了个别合文外，基本没有作图画式的布局。因此，这是一份典型的应用性文献，与东巴经是完全不同的类型。可以从中举几个例字与英达所写东巴经中的字形作对比。

æ²¹鸡（上图三行第五个字）在英达的《崇搬图》第二页（下图）出现

有两处，分别是第一行第三格的 、第三行 2 格的 ， 字形表示神鸡由天上飞来，鸡后的曲线表示飞行的轨迹，为了表现鸟飞的状态，画出的是鸡的整体；

而在该经书第四页写作 ，画出带爪子的鸡站在地面之状，以记录经文"母亲是长着爪子的种族，但是没生出爪子先生出了脚板，踏出了广阔的大地。"在第五页作 ，画鸡头有长羽。

虎字（"小故事"图中第二行第三个字）在英达的《崇搬图》第八页

（下图）的第二行第三个作 ，意指老虎游泳。第三行的 意指 （水

獭）在 （水）上游泳、该行第三格的 指白鹇鸟停在树上之意，经书中的这几个动物字只有保持自身的象形度，才可以组合成图画来表意。

上图中有多个人字，有 [图] "崇泽利恩" 五兄弟、[图] "吉蜜" 六姐妹，有打斗的 [图]、[图] 是利恩兄妹乱伦惹怒了天神、[图] 是 "崇忍丽恩" 开山、[图] 是放牧、[图] 是 "崇忍丽恩" 耕地、[图]、[图] 是坐着的男神和女神，等等。其实，东巴经中的 "人" 字异体很多，既是为了表达 "人" 所具有的多方面属性，也是为了真实记录人的各种状态。在纳西人的概念中，尽管也存在一个区别于其他动物的普通的 "人[图]xi³³"，但是东巴们在造与 "人" 义有关各字时，却很少用到这一现成的 "义符"，（其实[图]是个表一般'人'义的形符。）而是不厌其烦地造各种人字："[图]男" 和 "[图]女" 通过帽子之形区别性别；头发长的是 "[图]爷爷" 和 "[图]奶奶"；靠头饰特征区别民族 "[图]傈僳族"、"[图]汉人"、"[图]藏族" 靠头饰特征区别民族；"[图]" 是站立； "[图]" 是蹲之形； "[图]" 是男奴干活；"[图]父子" 字中小个儿的是儿子。

古汉字也有比较丰富的 "人" 字。[图]是侧立，[图]是正面，[图]是跪坐、[图]是女人、[图]（毓）是女人生产、[图]（若）像人举手踞足，等等。象形文字在造字之初，都有丰富的、象形程度很高的字。但是，古汉字发展到战国阶段，字形的象形程度就开始下降，到了小篆进一步减弱，直至隶书之后，汉字进入今文字阶段，基本笔画取代了之前象形的线条，汉字的象形程度大大降低，今天我们

273

一般人已经不知道，"印 "字的"卩"旁、"光 、兄 "字下的"儿"都是由人形演变而来，更多古文字中的人形部件早就面目而非。但是，东巴文发展了一千多年，其字形仍然保留了如此高的象形度，与东巴经的图画式布局具有最为直接的关系。而古汉字不仅用于记录经文，也广泛使用在其他地方。如果依据我们对东巴文文献的分类标准来看，甲骨卜辞就是一种应用性文献。尽管甲骨文还保留了原始文字的高象形，但是并没有用图画式来安排各字的位置，而是作与语序一致的线性排列，因此，各字都是独立记录语言中的单位，而不必考虑字与字之间的图画组合，当这种关系持续下去之后，对于文字的使用者来说，字形的象形与否已经不重要，仅仅是一个熟悉的、代表语言单位的符号而已，因而为字形的符号化留下了越来越大的空间。

但是，东巴经中的东巴文则不然，字形如果不够象形，就不能依据字形与其他象形符号组合成其他的图画，即便在某段经文中不参与组合，但还要在其他地方组合图画场景。因此，保持较高的象形度，就是保存自身的活力。每一个单字个体字形的演变，要受到其周围其他单字字形的制约。这有点类似英语等屈折语中词的状况。名词、动词等词类的词有丰富的词形变化，每个词当它进入造句中时，应该如何变化，要受到句中其他词的制约。东巴文系统中的单字不能随心所欲的演变，图画式布局就似有一张无形的网，大大减缓了文字的符号化进程。

2）东巴文的符号化程度不平衡。

前文已述，文字的符号化是指象形文字的构件或者整体的形态由具体、写实向抽象、写意方向发展的过程。任何事物的发展都存在不均衡的现象，其中的原因十分复杂。东巴文符号化的不平衡包括多个方面，首先，是各地东巴文的进程不一致，有的地区字形更加古拙，比如汝卡地区；有的地方则相对简略。其次，单就某一个地域而言，有的字形写起来非常细致，象形度强，而有的则寥寥数笔，已经看不出字源。总之，文字系统内符号化的进程是不平衡的。本文仅对后一种情况作些讨论。

作为一种起源于图画记事，而且演变了一千多年的文字，字形的符号化是必然的，只不过速度快慢不同而已，这是文字与图画截然不同的本质决定的。在东巴经中，图画式布局与文字符号化的关系，表现在以下这些方面：

首先，经常要组合成图画的文字，其象形度高，反之则符号化相对发达。前者如表示山、地、工具、人物、动物、神灵、鬼怪等之类的字。相对应地，较难参与组合图画的字，则在符号化的进程中走得更加快一些。最典型的例字是否定词" （mu^{33}不、没）"，作为经书中"出镜率"最高的字之一，表达的是抽象的否定义，语言学上归为副词，在有的语法体系中，副词和其他助词、叹词、语气词是归为虚词一类，没有词汇意义，只有抽象的语法意义，无法与表实词的字组合成图画，但是它表意的作用不可替代。

我们举俄亚《崇搬图》中一页作例子：

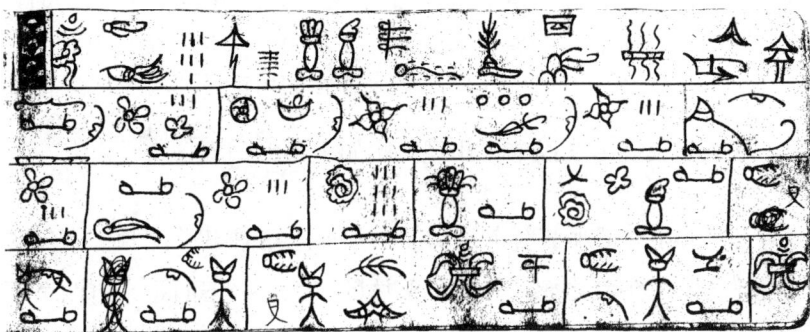

上图从 1.1 至 3.2 所记录的经文如下：

1.1a^{21}n̩i^{33}la^{21}ʂ̩^{33}n̩i^{33}, <u>mu^{33}ɾi^{55}tʂʰ̩^{33}ku^{21}dʑi^{21}</u>, du^{21}se^{21}xo^{21}ku^{21}dʑi^{21}, ʂ̩^{33}dʐ̩^{21}
很早以前， 目利董 代 给 时， 董色结合给时， 树有

ndʑi^{33}ku^{33}dʑi^{21}, ɾi^{33}ŋgɯ^{33}ta^{55}ku^{33}dʑi^{21}, tɕi^{w33}ɾi^{33}n̩io^{55}n̩io^{33}dʑi^{21}, ɾi^{33}n̩io^{21}tʂʰ̩^{33}tʰa^{33}
走 会 时， 石 开 说 会 时， 土 石 稀 湿 时， 田 稀 铧口 锋利

dʑi^{21}, 2.1mv^{33}n̩iə^{21}dy^{21}mu^{33} tʰv^{33}be^{33}tʰi^{w33}dʑi^{21}, mv^{33}a^{21}dy^{21}a^{21}ʂ̩^{55}sy^{33}tʰv^{33},
时， 天 和 地 没 出 做 他 时， 天 影 地 影 三 样 出，

2.2 bi^{21}n̩iə^{33}le^{21}mu^{33}tʰv^{33}be^{33}tʰi^{w33}dʑi^{21}, bi^{21} a^{21}le^{21}a^{21}ʂ̩^{55}sy^{33}tʰv^{33}, kɯ^{21}n̩iə^{33}za^{21}
日 和 月 没 出 做 他 时， 日 影 月 影 三 样 出， 星 和 星

mu^{33}tʰv^{33}be^{33}tʰi^{w33}dʑi^{21}, kɯ^{21}a^{21}za^{21}a^{21}ʂ̩^{55}sy^{33}tʰv^{33}, ndʐ̩^{21} n̩iə^{33}lo^{21}mu^{33}tʰv^{33}be^{33}
没 出 做 他 时 星 影 星 影 三 样 出， 山 和 谷 没 出 做

tʰi^{w33}dʑi^{21}, 3.2ndʐ̩^{21}a^{21}lo^{21}a^{21}ʂ̩^{55}sy^{33}tʰv^{33},
他 时， 山 影 谷 影 三 样 出，

经文中"𞤘mu^{33}，没有、不"字反复出现，东巴之所以不厌其烦地写而不省略，在于经文中"不出现的"与"出现的"是一对不同的物象，"𞤘mu^{33}，没有、不"只有写出来，才能让东巴明了哪些是"不出现"的。而且，为了让东巴从视觉上一目了然，"不𞤘"的字形也被充分利用起来，即把"𞤘"看成

一个"}"括符，被其涵盖的就是属于"不"管辖的对象，如 是"天和地没有出现"， 是"日和月没有出现"，在 "山和谷没有出现"中，"𞤘"字则特意改变其朝向作""，指向"山、谷"。可见，"𞤘"字尽管难以入画，但是，东巴还是利用其字形类似"}"括符的特点，将否定副词修饰的对

象置于其下，从而给以视觉上的认知便利，依然具有另一种图画性。"♪"字应该是个符号化很重的例字，字源难以辨别，有说是日落之形，有说是手掌侧形，可以肯定的是，该字与汉字"不♪"一样，是同音假借的结果。

汉藏语系诸语言中，虚词是个特别的词类，具有很重要的语法功能。除了"♪"字之外，东巴文还有不少记录虚词的字，字形也是假借自其他象形字，当用作虚词意义时，书写中几乎没有组合成图画的可能，随着东巴经记录语言逐步紧密，这些字也逐渐在经书中出现。比如主语助词人、♥，句尾助词只，连词♪等等。如果非要把那些起语法功能的词加入这种具有图画性布局的构图中，反而使得构图有零乱之感，降低了整体的表意性。下面是来自两个不同版本的经书，但是记录的是同一句经文，大意是"那时山和谷也还没有出现。"

左图写的比较疏，只出现了"山∧、谷♪、没有（不）↩、出（现）〜⊣"四字，其中"山、谷"两字组合成山旁有深谷的状况，"不（没有）"、"出"是假借字；而其他五个词"和、也、还、那、时"没有写。右图则多写了连词"和☰。"和所表的"并列"义本来通过"山、谷"的置向已经传达给了东巴，添加了字形"☰"且放置在"山、谷"之间，并无多大的必要。如果再将"还、做、他"等字书写下来，首先面临的就是放置在哪个位置的问题，"☰"尚可依义放在"山、谷"之间，"还"字写在哪儿好呢？另外，满满一堆字，也给识读造成不小麻烦。如果一定要写，只有彻底打破构图的置向，重新变字序为语序才行，结果就只能是成倍加大书写量，而这并不符合东巴教徒的观念。

黄思贤认为东巴文中象形字的发展程度不平衡的原因，是文字使用频率高低造成的[①]。它用了两组字来作对比，一组是"不、大、高、雌、（世）代、角"，一组是"蚂蚁、鱼、日、山羊、手"。在《崇搬图》这册经书中，第一组的使用率要远高于后一组，前一组各字为了书写方便，势必简化抽象，造成象形度不平衡。

黄文给出的理由看似合理，然而，总有点隔靴挠痒之感。首先，仅就一册

---

① 黄思贤：《纳西东巴文献用字研究》，华东师范大学博士论文，2008 年，第 21 页。

经书来统计某字在整个文字系统中的的使用频率，显然有失偏颇，至少其中的"日 "字的使用频率在很多经书中的使用次数，都要高于前一组的"角 "字；其次，黄文没有继续深究为何前一组的使用频率要高于后一组。不难看出，前一组各字所记录的多是语言中的表意比较抽象的形容词和否定词，而后一组都是名词。从概率上说，这两类词和虚词要比名词的使用率高，即使如此，也并不一定就导致了书写上的求简。我曾当面看老东巴抄写经书，经常在一些字上精雕细琢，而且不厌其烦地变换，以证明自己写得比别人技高一筹。东巴抄写经书就好似画画，即便有些频频出现的字，哪怕笔画再复杂，每次写起来也一点不含糊。

东巴经中的东巴文字形如果不够象形，就不能依据字形与其他象形符号组合成其他的图画，即便在某段经文中不参与组合，但还要在其他地方组合图画场景。因此，保持较高的象形度，就是保存自身的活力。每一个单字个体字形的演变，要受到其周围其他单字字形的制约。这有点类似英语等屈折语中词的状况：名词、动词等词类的词有丰富的词形变化，每个词当它进入造句中时，它应该如何变化，要受到句中其他词的制约。东巴文系统中的单字不能随心所欲地演变，图画式布局就似一张无形的网，大大减缓了文字的符号化进程。

我们认为，在图画思维主导的东巴经构图之下，一个字的字形与所表意义之间的紧密程度，才是造成该字字形抽象程度的主要原因。前一组字造字时都是象形字，但是用的都不是其本义，而是隔了几层的引申义，或者是拐几道弯的属性义，甚至是仅有音近关系的假借义，字形与词义的关系，远不如用作名词的象形字那样直接，一目了然。

前文所述表否定的" mə³³"①字，字源上与 "月亮 xæ³³me³³"有直接关系，"mə³³"与月亮的第二个音节 me³³读音较近，遂借过来表抽象的否定义。我们可以推测" "字最初的写法应该与 字差别不大，但由于字义与词义没有关联，遂简化成符号，而用作象形字的" 月亮"，至今仍然保持着很高的象形度。

东巴在写字过程中，当他要写"蚂蚁 "、"不 "两字时，前字立刻在头脑中投射出一个具体的物象，以及该物象与其他物品组合成的现实环境，"蚂蚁"一字自然就跃然纸上。比如，下图是黄文研究的《崇搬图》中的一节，

---

① 李霖灿亦认为" 不"字与"月亮"字有演化关系，只不过李氏认为二者有词义衍生关系，"象月缺无光之形，云系画月尽夜月薄无光之形，故 、 皆有厚度而此独无"。我们认为" "字用单线条替换有"厚度"的部分，是文字历时演化的结果，用的是很常见的文字符号化手段，而不是造字采取的表意方式。

该节汉译为：蚂蚁黑是出不会，夏大夏三月里出，蚂蚁腰细力不有……①。经文中没有写出"腰"、"细"两个字，这里的"细"而是通过蚂蚁的形体来会意"腰细"之意。如果"蚂蚁"字不够象形，如何表示出"腰细"之意？

相反，"不"字的字义是抽象的否定义，与其字形所表示的字源已经没有关系，换句话说，字形 ⟋ 和"否定"有的只是同音关系，视觉和思维上都没有任何联系，东巴自然没有必要把字形写的足够象形，只要自己知道它表示否定义就够了，久而久之，⟋ 字就越来越看不出本来的面貌了。构图的图画性思维才是主导东巴文抽象程度的本质力量。

其次，东巴经和应用性文献这两种形式的文字也在相互影响。因为后者必须逐字记录语言，所以应用性文献在字的排序、字词对应等文字制度上与东巴经明显不同，东巴经中很多的"语段文字"也很难进入应用性文献的文字中来。但是，这两种文献形式的文字长期共存，相互影响。东巴经写得越来越紧密，文字记录语言更加详备，很多学者通过多地经书的对比已经看出这一特点。现在经书中的图画式片段一定少于经书创制之初。这一变化多少受到了应用性文献逐字记录语言方式的影响。同时，我们从俄亚"小故事"中也可找到图画式的语段字组，如 🌿水桶肩（来背）、🌾老鹰树（上住）、🌿宝珠背（满带）等，平时抄经书形成的习惯依然影响到了文字的日常应用。然而，在以表意造字法占优、图画式布局的文字系统，阻碍、延缓文字符号化的力量仍然是主流。

四、现时阶段东巴经的文字形式是东巴文历时演化成果的杂糅

1. 认识东巴文的性质

关于东巴文包含了不同阶段发展特征的观点，前贤从不同角度多有述及。喻遂生等学者认为东巴文兼有如此大跨度的特征，提出了"混合型"文字

---

① 黄思贤：《纳西东巴文献用字研究》，华东师范大学博士论文，2008年，第21页。

的观点。黄思贤总结出东巴文的两个具体特征，即东巴文的成熟程度与符号体态的发展很不相称；东巴文符号体态发展的不平衡。范长喜以"超常发展现象"说明。钟耀萍针对东巴经书中字词不对应的现象，认为"实际上反映的是多个时期的东巴经流传到近两三百年的抄本面貌，也就是说历时的过程叠加到了共时的平面。呈现在眼前的三种字词关系，虽然分属于不同时期的东巴经，但是因为东巴经断代的困难，无法分别出历时层面。"①

我们前文评述过黄、范两位的观点，认为他们并没有解释现象的本质和形成原因。更多的学者把东巴文中保留的象形程度很高的字形这一现象，归结为文字处于从原始图画朝象形文字过渡的产物，是东巴文发展不成熟的表现，但却置其他"超常发展现象"于不顾。钟耀萍似乎已经涉及到现存东巴经是历时过程的叠加这一内容，但未能进一步解释形成这一状态的理由。总之，目前还没有一个合理的解释。

东巴文演化了一千多年，由于诸多客观原因，我们能看到的仅仅是距今一、两百年的经书，早期经书是何种状况，已不可确知，只能就现在的材料，做一些推测。前面我们根据经书的对比，认为早期的经书中，图画式布局的比例要更高，符号化程度更低，假借表词的地方要少于现在等等。但是，不同于其他事物的发展阶段往往呈现的是上下层叠的关系，东巴经里将跨阶段历时演变的东西都一并呈现出来，把不同文字阶段的特征杂糅在了一起。

首先，东巴经特殊的图画式构图范式保留了东巴文的象形性。

前文已述，东巴经是帮助东巴提示经文的，加之在文字初创时期，受记事图画的表达习惯还很强，而且文字数量有限，所以，东巴文记录经文重在提示大概，而非语言本身。而且，我们可以推测，在最初的东巴经中，图画式构图的比例更高。随着文字系统的演化，尽管文字数量已经可以满足使用，但是，东巴出于保密、便于携带等目的，故意把经文写得很稀疏，而且出于宗教虔诚的考虑，不敢随意更改经书的书写方式，遂成了今日东巴经这样特殊的形态。

图画式构图的保留，导致了很多以形表义的字形不能脱离所表之物象太远，否则，该字无法与其他文字组合成图画来记录语言片段。字与字之间相互制约，唯有保持足够的象形度，才能争取更多的组字机会。尽管文字演化的力量会推动字符的简化、抽象，但是，东巴文作为宗教文字的特殊属性，仍然保留了很原始的字形特征。东巴经及其图画式布局对文字符号化进程的阻碍是很强的。当字形以本义来记录词语的时候，哪怕用在应用性文献中，东巴也习惯表现其理据义。表意文字带给书写上的麻烦，终于让鲁甸的东巴尝试摆脱传统

---

① 钟耀萍：《纳西族汝卡东巴文研究》，西南大学博士论文，2010 年，第 106 页。

的束缚，创制了一套用简单符号直接记录语音的哥巴文。

其次，东巴文使用的双轨制，造成了形态上的错层共现。

东巴文一直存在着文字的双轨制，除了用于东巴经之外，也早就被用于应用性文献。这两种文体对文字演进路径的影响显然也是不同的，前者用一套固有的构图模式牢牢地禁锢着文字，保留了部分文字的高象形度；后者则释放了图画性对字形演变的制约，以实用、效率的原则促推文字的发展。两股相反的力量共同作用于相同的一群东巴身上，文字在两种文体中反复转换，难免会将经书中的构图意识带入应用性文献，也会将更加简化、紧密的字词关系渗透进经书的书写过程中来。长久而来，东巴经中既有受早期图画式布局而保留的原始文字形式，又加入了东巴文发展到新阶段所具备的诸多特征。社会进程中，事物的发展往往呈现的是上下层叠的关系，然而，东巴经则将跨阶段历时演变的东西都一并呈现出来，把不同文字阶段的特征杂糅在了一起，上演了一出现实版的"关公战秦琼"。

这种局面可以拿汉语的文白关系来打比方。由先秦口语发展而来的文言文，由于统治阶级的推崇，写公文、考试做官等要严格遵守文言的句法、行文格式，逐渐与实际的口语脱节。当然，历代的文言文也会吸收一些当时口语中的成分，但总的来说，还是沿袭旧的那一套体系的。显然，若我们想说明清代的汉语面貌，不去考察那些代表了清代口语的文献材料，反而去研究清代文人所写的文言文作品，真的就是南辕北辙。东巴经就是纳西族文字的"文言文"，而应用性文献就是"白话文"。东巴经因其特殊的使用途径，保留了很早时期的图画性和稀疏的字词关系，也包含了一些后代文字演变的成果。这有点像地层关系被破坏之后的现场，如果不仔细分辨哪些是远古的遗物，哪些是后世的东西，统统都看成是现代的材料去研究，其结论当然会给人以捉襟见肘之感了。

任何事物的发展都是一个渐变的过程，尽管在其演进的过渡阶段，会兼有新旧两种特质，可是，这些新旧特质之间的差距也不能太悬殊，几乎从未见过融事物发展的两极同时融于一身的"怪物"。但是，东巴经中的文字却发现了诸多这种奇特之处。比如，经书中的东巴文既有最为原始阶段的图画式的象形字，以及图画式构图，同时，在经书中居然还有那么多的只有文字发展到成熟阶段才有的形声字，而且出现了用形声字充当形符或者声符的"多次形声字"，即便在现代汉字中也不多见。显然在这一点上，东巴文形声字已经超越了萌芽阶段①。

东巴经并不能反映东巴文作为记录语言的文字系统的真实状况，东巴经是

---

① 喻遂生：《纳西东巴文单音节形声字研究》，《语言文史论集》，西南师范大学出版社 2000 年版；又收入《纳西东巴文研究丛稿》，巴蜀书社 2003 年版。

东巴文使用的一种特殊文体，有必要仔细研究这种像连环画的东巴经中文字的图画特征，并与那些后期的逐字记录经文的经书及其他实用性文献的文字使用作对比，仔细甄别哪些是旧的遗留，哪些是后起的，才可以给现在的东巴文性质作出合理的判断。

2. 东巴文性质的认识对相关学科的研究也具有导向意义

近年来，纳西东巴文成为学术界非常感兴趣的研究课题。不仅文字学家在做，其他学科比如心理学、人类学的学者也纷纷从不同的角度来研究。这是一个非常好的现象，因为文字的背后，可以折射出人类的心智、社会生活诸多方面的信息。而文字学的研究是其他研究的基础，文字学家整理出的字形、字库，以及对文字性质的认知，不仅为其他学科的研究提供材料，而且可以作为理论基础，甚至是方向引导。

张积家教授带领学生利用其心理语言学的优势，试图从新的角度，为东巴文的性质之争提供解决方案，也确实给东巴文的研究注入了新的活力。比如，利用专业的心理实验，证明"东巴文认知与图画认知较为相似，与汉字有显著差异，……东巴文的独体字就类似于图画，有整体性，东巴文的合体字相当于多个靠近图画的独体字的整合。"[①]

但是，由于未能认清东巴经的特殊性，以及经书中的文字不能完全代表东巴文的作为记录语言的实际状况，因此，在设计实验路径上就已经偏离，最终实验结果认为："东巴文在性质上是处于靠近图画文字阶段的一种正在初步转型的文字，这种转型导致东巴文字在认知上既与图画相似，又有明显的不同。……东巴文处在由语段文字向表词文字发展的过渡阶段。本研究结果与这一看法相符。即，东巴文是一种靠近图画文字的正在转型的语段文字。"这一结论其实毫无新意，与其他学者的提法一样，用所谓"过渡阶段"来解释东巴文新旧杂糅的现象。

为了弥补心理语言学在东巴文性质问题上实证研究的不足，张积家进一步运用"命题产生法"，希望从语篇角度为东巴文的性质研究打开一个缺口。

被试是既能说纳西语、会东巴文的东巴，他们又能说汉语、写汉字。实验设计的想法是：首先请东巴文的权威研究者尽量客观严谨地用汉语翻译《创世纪》的前三页，作为翻译的标准篇。然后把这三页经书给被试，"让他们用汉语翻译出来，从而产生汉语文本，通过计数与分析不同的东巴所产生的汉语文本的字数和命题数，就可以从一种新的角度为东巴文的图画性质和表意的不确

---

① 谢书书、张积家等：《从认知角度探知纳西东巴文的性质》，《华南师范大学学报》2014 年第 4 期。

定性提供证据：如果东巴文是一种近似于图画文字的语段文字，不同的东巴所产生的汉语文本就具有看图说话的性质，这些文本在字数和命题数上就会存在着较大差异。因为不同的人在讲话时的言语风格不同，有人讲话言简意赅，有人讲话表达详尽；如果东巴文在文字发展阶段上近似于意音文字，那么，不同的东巴所产生的汉语文本就具有译文的性质，译文与译文之间在字数和命题数上虽然也会存在某些差异，但却存在着相当大的一致性。"①

这个实验的设计思路存在两项严重的错误，将导致其结论大大失真，甚至是完全错误，让这项研究变得没有什么价值。

第一，在不同的地域、教派、师承关系之间，所读出的《创世纪》的经文原本就会不同。

由于东巴教师承流派不同，加之地域阻隔，东巴之间信息交流不畅，对经书的释读会有不少差异。尽管同名经书所讲的故事内容大致一致，但各版本之间还是有非常多的差异②。

《创世纪》是纳西族东巴教的重要经典，又称《么些族的洪水故事》，还可依纳西语的读音称作《崇搬图》。已经有很多学者的译本出版，我们也翻译过云南白地和志本东巴、俄亚英达次里东巴的《崇搬图》。

下面选取我们翻译的俄亚版与李霖灿版的第一页，作一简单的对比。

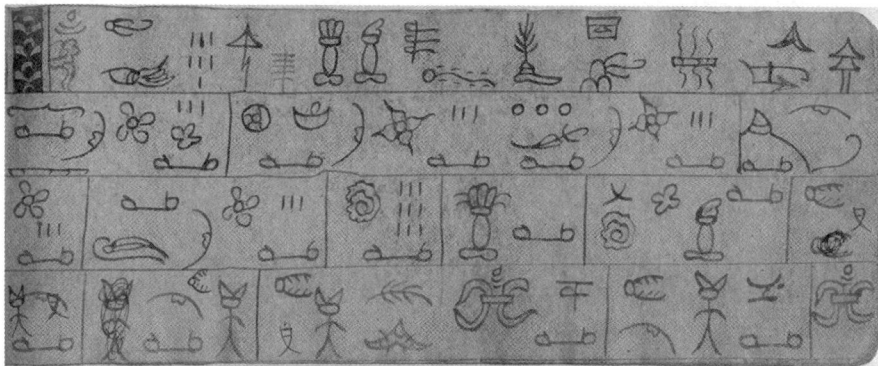

上图是俄亚本。

---

① 张积家等：《运用命题产生法探寻东巴文的性质》，《大理学院学报》2015 年第 1 期。
② 我们在俄亚《崇搬图》的译释中，多处与李霖灿所译的《么些经典译注九种·么些族的洪水故事》作对比。李本采自丽江长水乡的东巴和泗泉，由鲁甸的和才读经。

上图是李霖灿本。

首先，抛开它们各自的字迹、文字体态之间的差异不说。在相对应的经文中，两本所写出来的字、字数的稀疏程度都不同。

其次，经文的内容在这里已经开始不一样了。

俄亚本第一格的后段 读作： $tçi^{w33}ri^{t33}ŋio^{55}ŋio^{33}dzi^{21}$，

$ri^{33}ŋio^{21}tsŋ^{33}tha^{33}dzi^{21}$，汉译作：（天一直下雨）地上稀湿的时候，（由于土很稀，使得）犁地的铧口（显得）很锋利的时候。

李本对应的经文是第四格 ，纳西语的经文完全不一样，汉译作：大地的土石动荡出现的那时候。

这还仅仅是第一页首行就有这么明显的差异，后续不同的地方更多。东巴并不是照着经书念经，而是先熟记于心，所以经书不必写得仔细，只须把主要的词语写下来，仪式中念诵时，经书只是提示作用而已。尤其经书中经常有大段的经文没有写出一个字来，别的东巴是不会察觉的。

这个实验只有在如下设定的理想状况下，才能保证实验基数的稳定：如果被试的这几位东巴恰好是同一个流派，甚至是一个师傅教授出来，而且他们背诵的经文都准确无误，所翻译的《崇搬图》经正好与师傅教的经文也一样。那么，可以肯定的是，这几位被试读出来的经文也会差异极小，那么，实验的结果就会与发表的完全相反。

第二、将纳西语经文翻译做汉语，会有很多不稳定的因素，也没有必要。

语言之间的转译，本身就是不稳定的过程。会受汉语能力、个人习惯等诸多不定因素的制约。即便是同一个人，前后对同一段译文的处理也会有区别，更何况是不同的东巴将有差异的纳西语经文翻译成汉语。当然，张文已经注意到语言的转译会有变量，"译文与译文之间在字数和命题数上虽然也会存在某些差异，但却存在着相当大的一致性"，但这个差异一般是多少范围之内？如何界定成一个可描述的变量，以便在实验中筛除这个变量来保证实验结果的准确，张文都没有提及。那么，实验结论所得出的"东巴的译文无论是字数还是命题数，都与标准译文有显著差异，说明东巴文并非是一字一意的意音文字，它在性质上接近于图画文字，在文句组织上属于语段文字。东巴文在表意上还具有相当程度的不确定性，正处在由图画文字向形意文字过渡的阶段"之结论，至少因为没有参数对比，也没有多少意义了。

此外，如果想验证东巴文是否是一字一意的意音文字，应该只需记录被试东巴读出来的纳西语经文就够了，为何还要转译成汉语呢？东巴文是否是意音文字与汉语一点关系都没有。既然早就知道从纳西语转译到汉语的过程，会有变量对实验数据的干扰，却仍然增加这个环节，我们所能想到的唯一的理由，就是可以省却实验人员因为不懂纳西语，无法自己统计其中的命题数的不便，于是不顾转译所带来的变量干扰，将纳西语翻译作汉语的工作，一并交由被试完成了。

由于一些其他学科的学者没有充分了解清楚东巴文的真实状况，没有理解东巴经文字使用的的特殊性，对东巴文应用性文献几乎没有关注，所以，他们的研究从一开始的实验设计阶段，就已经偏离了正确的轨道。

第四章 东巴文的师承教育

电影《英雄》有这样一段极悲状的片段：秦军的强弩万箭齐发，如乌云遮天蔽日般地扑向了赵国的陉城，面对如此强大的敌人，抵抗已经变得毫无意义。书院房里正在读书写字的童子们纷纷中箭，四处逃窜，突然，一位白发老者拦住大家道："你们记住，秦国的箭再强，可以破我们的城，灭我们的国，可亡不了赵国的字。今天你们要学到赵国的字的精义！"说完，带领大家冒着如雨一样的箭阵，回到沙盘前继续练字……

古人对文字的崇拜要大大超出今人的理解。对个人来说，文字受之于师父，是祖先圣人传下来的宝物；对国家而言，"百工以义，万品以察"，文字是治理天下的工具。在统治者看来，文字可以"宣教明化于王者朝廷，君子所以施禄及下，居德则忌也"。"盖文字者，经艺之本，王政之始，前人所以垂后，后人所以识古。故曰'本立而道生'，'知天下之至啧而不可乱也'。"因此，历代文人对本国的文字都看得非常重。

纳西族虽然人口只有三十多万，分布的区域也不大，但是却有着古老的传统文化，而且在一些偏远的村寨还保留得相当完整。在信息、经济突飞猛进的时代中，纳西传统文化同样也面临着诸多外在的挑战。本章将以功能主义理论的视角，阐述东巴文在纳西族文化结构中的作用及其演变，考察东巴文的生存现状、师承危机，并提出我们的对策与建议。

第一节 东巴文在纳西族文化系统中的功能

一、结构功能理论的创建及批判

1. 结构—功能主义——社会学理论的构建[①]

功能主义源自社会学的鼻祖，法国哲学家奥古斯特·孔德。他借用自然科学的模式，认为：社会与生物有机体一样都具有结构；与生物有机体一样，一个社会要想得以延续就必须满足自身的基本需要；与构成生物有机体的各个部分相似，社会系统中的各个部分也需要协调地发挥作用以维持社会的良性运行。社会中的各部分对社会的稳定都发挥了一定的功能。因此，从功能主义的视角来看，社会是由在功能上满足整体需要从而维持社会稳定的各部分所构成的一个复杂的系统。

文化功能主义的代表人物，英国人类学家马凌诺夫斯基，使功能主义成为一种社会分析方法。认为文化功能强调"需要"，"所谓功能意味着经常满足需要"，需要理论是功能理论的基础。从功能主义的视角看，一个特定的文化特征的存在是由于其履行了某种重要的社会功能。在回答为什么某个文化特征能够存在的问题时，功能主义往往会从"它承担了什么功能"这个主题开始。

A. R. 拉德克利夫·布朗进一步发展了功能主义理论，他强调结构—功能论，一是讲功能，二是讲结构。他强调功能是一种要素在整体当中，或者为了整体的存续而发挥的作用，"是整体内的部分活动对于整体活动所作的贡献"。认为结构和功能是连在一起的，功能是整体内的部分活动对整体活动所作的贡献，结构是他的中心概念，结构是各种不同社会、文化现象内部以及它们相互之间的联系，各种不同的结构构成社会系统，结构是通过功能维系这个系统的[②]。

在美国，塔尔科特·帕森斯（Talcott Parsons）是将功能主义发展为社会学分析中一个全面而系统的理论的领袖人物。他认为一个社会只有满足了四个基本需求，才能发挥其功能，也就是说才能维持其秩序和稳定。这些有时也

---

① 本小节除标注之外，参考并综合了马效义的博士论文、百度文库等资源对"结构功能"的评述。

② [美]戴维·波谱诺著，李强等译：《社会学》，中国人民大学出版社 2002 年版，第 142 页。

被称为功能性必需（functional requisites）的四个基本需求是：目标的获得，对环境的适应，将社会不同部分整合为一个整体，以及对越轨行为的控制。帕森斯尤其强调社会整合功能的满足，认为这需要社会成员接受和遵守社会的共享价值观。他认为是这些共享价值观将社会"粘"在了一起。如果过多的人拒绝接受这些价值观，社会稳定将会崩溃。

美国社会学家 R.K.默顿是结构功能主义的主要代表人物之一，他发展了结构功能方法。他提出外显功能和潜在功能的概念，前者指那些有意造成并可认识到的后果，后者是那些并非有意造成和不被认识到的后果。进行功能分析时，应裁定所分析的对象系统的性质与界限，因为对某个系统具有某种功能的事项，对另一系统就可能不具这样的功能。功能有正负之分，对群体的整合与内聚有贡献的是正功能，而推助群体破裂的则是负功能。默顿主张根据功能后果的正负净权衡来考察社会文化事项。他还引入功能选择的概念，认为某个功能项目被另外的功能项目所替代或置换后，仍可满足社会的需要。

2. 冲突理论对结构—功能主义的批判

冲突理论以率先反对当时占主导地位的结构功能主义而著称。它强调社会生活中的冲突性并以此解释社会变迁。其思想渊源可以追述到 19 世纪德国伟大思想家马克思和韦伯、齐美尔、帕累托等，都对社会冲突理论的发展作出过重要贡献。

功能主义在许多问题上受到了批评，其中，最严厉的批评来自于被称为冲突主义论者（conflict theorists）的学派。主要是因为它所反映的社会观从本质上是保守的。由于它强调共享价值观并且将社会看成是由为整体利益共同发挥作用的各部分所组成的，功能主义似乎给不赞同这些社会价值观并企图改变它们的人们只留了极少的空间。批评家指责功能主义在很大程度上忽视了对社会的不满和社会冲突，斥其所立足的基础是虚构的"乌托邦"。由于功能主义是如此依赖秩序、稳定和共识，它甚至可能曲解了社会的真正本质。批评家们指出，与生物体不同，社会的各个部分并不总是为了整体利益而通力合作的。社会中的某些组成部分处于冲突之中；某些部分的获利则是以其他部分的利益受损为代价的。冲突主义论者认为功能主义视角在研究稳定的社会时也许是十分有用的。但放眼今天之世界，社会在飞速变迁，冲突不是例外而是规律。

从冲突论的视角看，文化之所以存在是由于它保护或促进了某一社会集团的利益。这一视角的基本假设是，一个社会存在着，或者说也许存在着许多相互冲突的文化要素，不同的文化要素代表着不同利益群体或社会阶级的利益。通过这一视角，社会学家试图发现哪个集团支持哪种观念和价值观，并试图弄清楚原因。这种冲突论视角的核心概念是意识形态——指某一阶段、群体或其他社会部分在其他群体为争夺特权与统治的斗争中，为使自己的利益合法化或正当化的一套文化信念。当各个文化特征相互之间具有逻辑上的一致性时，我们说这个文化体现了很高程度的文化整合。但是，各文化要素之间也可能是相互矛盾的。也就是说，它们在逻辑上可能不一致。社会学家有时把这种人们所信奉的观念和实际行为之间的冲突，称为理想文化和现实文化之间的冲突。文化矛盾也可能在另一种情况下发生，如外来文化的某些要素与本土文化部分要素之间的冲突。当这种冲突发生时，作为接收一方社会的成员往往会对改变中的价值观和规范持有一种矛盾的心情。文化要素间也可以是既不一致，也不矛盾，而是一种中立的关系。①

二、纳西族的文字系统

纳西族在南迁渡过无量河后，分成了东西两大支，语言上也分作东西两个方言区。东部区包括云南省的宁蒗县、四川省的木里、盐源、盐边等县；西部区主要居住在云南省丽江、中甸、维西、永胜等县，是纳西族的主要聚居区。除了语言上的差距之外，东西两支最明显的差别就是文字。一般认为东部是没有文字的，达巴念经主要靠记忆背诵。近年已经发现了少量看星象算日子的经书，里面有少量象形符号。而西部方言区却存在好几种文字，除了东巴文之外，还有哥巴文、汝卡字、玛丽玛莎文，以及1957年国家帮助创制的纳西拼音文。

1. 东巴文

又称东巴象形文，是东巴教祭司创制用于记录东巴经的一种原始象形文字。纳西语称为"森究鲁究"，意为"画在木片、石头上（的文字）"，单字总数约1400个②。东巴文在经书和应用性文献这两种使用途径上，呈现出了不同的特点：东巴文在经书中经常呈"图画式"排列，记录经文用"速记式"，不是严格的字词对应；东巴文也经常用于非宗教的应用性文献，大量使用同音假借的用字方法，基本可以完整记录语言。由于以抄写东巴经为主，一些单字字形仍然保留了很强的象形性，而一些表意较为抽象，或者字本义已为假借义替代的单字，其字形则符号化水平较高。因此，应用性文献中的东巴文则多笔

① 马效义：《新创文字在文化变迁中的功能与意义阐释》，中央民族大学博士论文，2007年，第19页。

② 喻遂生：《纳西东巴文研究丛稿》，巴蜀书社2003年版，第33页。

画简洁，符号化较高；而东巴经中东巴文既有图画性很强的单字和字组，也夹杂了符号化很高的单字字形。

2. 哥巴文

"哥巴（格巴）"在纳西语中是"弟子"的意思，故"哥巴文"是东巴经师后世弟子们创造出来的一种文字。哥巴文是一种表音的音节文字，这是东巴们通过对已有象形文字的抽象和简省，并借用汉字、藏文中部分字形等方式创制的[①]。李霖灿《么些标音文字字典》收字符 2464 个。但是哥巴文未经规范，同一个音节经常可有几个，甚至多达三四十个字来表示。如果把异体字排除掉，常用字并不多，李书后附《音字简表》记有 239 个，方国瑜、和志武《纳西象形文字谱》所附《纳西拼音文字简谱》为 206 个。学术界一般认为，哥巴文的创造和使用可能始于公元 7 世纪，是比东巴文后起的文字。李霖灿通过考证认为，到了清末，哥巴文在鲁甸地区得到了快速发展，有专门用哥巴文写成的经书，标志着纳西族拼音文字的正式确立[②]。但是，哥巴文只在纳西迁徙的下游区域流传，所写的经书数量很有限。

3. 汝卡字

汝卡（阮可、若喀），是纳西族一个支系的名称。汝卡纳西族可能来自东部方言区，主要居住在"在金沙江 N 字大湾上之北端，即丽江奉科对江一带，在永宁之西，中甸（引按，即今香格里拉县）之东，当东经 100°—101°，北纬 27.5°—28°之间。主要村寨有洛吉河、俄亚、苏支、药眯（引按：即今油米）、上下海罗等。当丽江、中甸、永宁土司地、木里土司地接壤之处"[③]李霖灿从汝卡地区搜集到 80 多个字，分析认为汝卡字"可能为象形文字之原始区域"[④]。"汝卡东巴文在文字结构上与一般东巴文还有一定距离，符号形态上符号化程度还不够高，简化不够充分。"[⑤]除了这 80 多个汝卡字外，汝卡经书中使用的字与东巴文没有什么不同。汝卡东巴和纳西东巴彼此都能区分对方的经书和文字的不同，东巴文化呈现出不同支系相互融合、支撑的关系。下表举几个汝卡与俄亚、丽江文字的形、音的对比：

[①] 毛远明：《哥巴文性质再认识》，载《玉振金声探东巴——国际东巴文化艺术学术研讨会论文集》，社会科学文献出版社 2002 年版。

[②] 李霖灿：《么些族文字的发生和演变》，载《么些研究论文集》，台湾故宫博物院1984 年版，第 65 页。

[③] 李霖灿：《么些象形文字字典》，文史哲出版社（台湾）1972 年版，第 125 页。

[④] 李霖灿：《么些象形文字字典》，文史哲出版社（台湾）1972 年版，第 141 页。

[⑤] 钟耀萍：《纳西族汝卡东巴文研究》，西南大学博士论文，2010 年，第 141 页。

汉义	汝卡	音	俄亚	音	丽江	音
头		o^{33}		$kv^{21}ly^{33}$		kv^{21}
舌头		$\varsigma \vartheta^{33}$		εi^{33}		ςi^{33}
红		xy^{21}		xy^{21}		hy^{21}
折断		mn_io^{21}		khi^{33}		$t\d{s}h\vartheta r^{55}$

4. 玛丽玛莎文

玛丽玛莎，是"木里摩梭"的变读。玛丽玛莎人是在三百余年前从木里拉塔（现属四川省盐源县）迁来[1]，现在主要居住在云南省维西傈僳族自治县塔城乡，有一百户左右。据学者的调查，玛丽玛莎人初来时并没有文字，后来向当地东巴经师学会了一些东巴文，从中挑选了一些字形简单的来记录自己的方言，又添加了部分新的字，逐渐达到一百多个字，用于日常简单的记账、通信。由于文字数量十分有限，不能完整记录语言，识读起来很困难，使用越来越少。

5. 达巴文

东部方言区的纳西人自称纳日，习惯称为摩梭。他们的祭司叫"达巴"。一直认为，达巴是没有文字的，全凭记忆背诵经书。田野调查发现，达巴有一种专门记录看星象的《卜书》，上面有三十来个符号搭配组合来记录一年的360天[2]。达巴文是一种特定用途的符号，不能记录经文和语言，字数更少，所以还不能看成是文字系统。邓章应把卜书中的符号分为三类：28 个表星宿的象

形符号，如：蛙、蝌蚪、泉水、水塘、海螺等；7 个表七曜的象

形符号，如：太阳、月亮、眼睛、手等；以及 10 个抽象线条符号，

如：等。将这些象形符号与意义相同的东巴

---

① 郭大烈整理：《维西县纳西族玛丽玛莎人聚居地五区二村乡的调查》，载《纳西族社会历史调查》（三），云南民族出版社 1988 年版。
② 宋兆麟：《摩梭人的象形文字》，《东南文化》2003 年第 4 期。

文作对比，字形大多不同，认为东巴文与达巴文不属于同一来源的符号系统[①]。达巴文总共不到五十个文字符号，其中就有十个抽象线条符号，足以说明，文字起源于图画记事，而不仅仅是图画，还包含了古人帮助记事的刻划符号。学术界曾讨论"六书"中"指事"和"象形"造字法孰先孰后的问题。从达巴文的情况看，至少说明，在达巴的眼中，象形字和刻划符号都是表意的符号，没有抽象与具象的区别。况且，犹如甲骨文中表数的契刻符号（如：四三、十丨、二十∪、三十∀、四十∭等）是记数的筹策，埃及早期数字阿拜多斯标签数字亦脱胎于实物记事一样[②]，"𐎗𐏓𐎊𐎂𐎟𐎍𐎐𐏒𐎅𐎀𐎟𐎛"极可能也来自于达巴记事的某种算筹之物。那么，"纯指事符号"也是"象形"之一类，只不过表意抽象而已。

6. 纳西拼音文字

1957 年创制的拉丁字母形式的纳西文字，经中央民族事务委员会批准，在云南原丽江纳西族自治县少数地区试验推行。1983 年，根据国务院规定的设计字母的原则，再对纳西文字方案做了修改，在丽江办了三个扫盲班，用纳西拼音文字创办了丽江小报，推行文字实验。纳西文字方案和汉字拼音方案使用一致的设计原则，先整理出丽江语音的音位，音节分为声母、韵母和声调三部分，通过 26 个拉丁字母的单、复等规则组合与成国际音标对应的记音。纳西拼音文字为扫盲教育、文学创作等方面起到了很好的作用，发行了大批拼音文字的出版物。但是，拼音文字的前途并不值得乐观。很多人认为拼音文字不是真正的纳西族文字，"文字作为民族象征性的文化符号，也是民族认同和民族意识的反映，对文字的感情反映了文字的使用态度。……（东巴文）是东巴文化的载体，是纳西民族文化的精髓，同时文字本身也是一种艺术，可以用来作为记事的载体。……纳西族拼音文字在丽江地区的使用情况已经被东巴文化的氛围冲击得很淡漠了，以至于纳西拼音文的使用范围被蜷绩在很小的范围内，东巴象形文字的影响力已经影响到丽江地区的经济、旅游、教育的方方面面。"[③]

人口很少的纳西族，竟然同时使用着六种文字，我们将纳西族这六种文字的情况制成下表，便于对比了解：

---

① 邓章应：《摩梭达巴文初步研究》，《中国文字研究》（第七辑），广西教育出版社2006 年版。

②拱玉书等：《苏美尔、埃及及中国古文字比较研究》，科学技术出版社 2009 年版，第192 页。

③ 马效义：《新创文字在文化变迁中的功能与意义阐释》，中央民族大学博士论文，2007 年，第 124 页。

	汝卡字	东巴文	哥巴文	玛丽玛莎文	达巴文	拼音文
创制时间	东巴文早期	唐中期之后	7世纪	17世纪后	不详	1957年
现状	在用	在用	在用	不用	在用	渐少
文字用途	经书和其他	经书和其他	经书	记账、通信	仅用在卜书	较广
字数	100多	约1400	200多	100多	近50	26字母
同义字形比较 日						
月						
手						
目						
耳						
虎						
雉						
鹰						
蛙						
泉						
角						

　　从上表可以看出，纳西族这六种民族文字之间的在功能上分成两类，一类是以宗教为主，兼作日常应用，汝卡字、哥巴文、东巴文、达巴文属此类；一类是专用作日常应用，玛丽玛莎文由于字数较少，仅能简单应用，而且已经淘汰，拼音文字在政府的推广下，广泛使用在社会应用中。

　　从文字的性质上，哥巴文和拼音文字都属表音文字，只不过哥巴文是借象形文字作为表音的符号，拼音文字是用专门的记音字母。其他四种文字都属表意文字，字形与字义有直接对应关系。从上表 11 个同义字的对比，尽管字形上不一致，但是取象的方式基本没有区别。

我们将记录 28 星宿的达巴文、俄亚字和代表丽江地区的《文字谱》的字词做过对比，发现三地星宿的名称高度一致，证明我们前文的观点，即纳西东巴教和达巴教是同一个源头。东巴文与达巴文这两种文字虽然是异源关系，但创制的目的均是为了记录宗教的占卜经。因为给 360 天打卦算日子，又没有故事情节，单靠记忆是很难背下来的，也没有必要，所以，文字最开始是出于帮助记事的需要。

汝卡东巴经中除了这一百多汝卡字之外，其他的字和周围纳西东巴经的文字没有区别。说明在长期文化的交往中，汝卡人仍然可以保持自己的文化精髓。

拼音文字目前的使用范围仅限于丽江，这与其文字的功能分不开。拼音文字是用 26 个拉丁字母来拼合语音，由于纳西族各地的方言分歧十分明显，在未形成一个较为通用的民族语之前，想让其他地区的纳西族看懂丽江的拼音文字是不可能的。当初制定汉语拼音方案，主要目的也是为了推广普通话。因此，纳西拼音文字如果不能推广丽江话到其他纳西方言区，希望它能承担纳西民族文字的功能，只能是空中楼阁。而东巴文不与语音直接挂钩，又有很深的民族情结在里面，浩瀚的东巴文民族文献需要整理继承，在这样的现实情况下，拼音文字在完成其"两基"任务之后，逐渐让位于东巴文、汉字也是必然。但是东巴文要站上民族文字的位置，还有很长的路要走。我们在本章后面几节将详细讨论。

纳西族文字系统及其内部关系可以表示如下图：文字系统由三个独立部分组成，即达巴文、东巴文、拼音字母，彼此之间没有渊源关系，使用的地域、人群也不同，承担的职能也不一样。东巴文是最主要的文字，汝卡字是东巴文最早的形态，东巴文发展到了民族迁徙的下游地区鲁甸后，又以东巴文字形为表音符号，创造了新的表音文字——哥巴文。玛丽玛莎人借用东巴文的一小部分字形，用来记录自己的方言，实际也是东巴文派生出的枝叶。

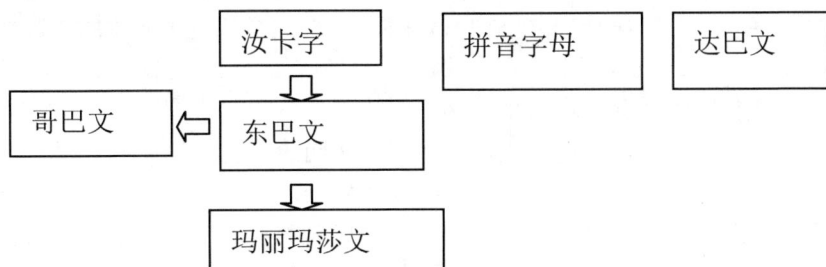

三、象形文字在社会系统中的功能

文字有表意与标音两大类型，这是从文字记录语言的方式归纳出来的。然而，从文字的社会功能角度，二者也有诸多差异。

1. 象形文字曾经历由"速记式"记事向记录语言的转变

文字是记录语言的书写符号系统。几乎所有的教科书都是这样给文字下定义的。先有语言，后才有文字。"声不能传于异地，留于异时，于是乎书之为文字。文字者，所以为意与声之迹也。"（清陈澧《东塾读书记》）文字的发明克服了语言交际在时间和空间上的局限，使一发即逝的语言可以"传于异地，留于异时"。似乎文字就是从属于语言，文字的功能就是将语音转变成可视的符号。

但这个定义也许更适用于较晚才有的"拼音文字"。对于象形文字，甚至当象形文字进一步演进入意音文字阶段，文字都有自己的一套运行规律，并不仅仅是语言的附属物。

拼音文字是用一套记音符号来记录语言的语音（音位或者音节），而且对于屈折语而言，语言中很抽象的语法规则，也可以通过语音的外在形式——词形变化，在文字上体现出来。语音历时的演变结果最终也会体现在单词的词形（字母）上，从而让文字与语言保持一致。象形文字则不然，语音变化对字形的影响几乎是绝缘的。

（1）原始文字的创制，本来就不是出于记录语言的目的

我们前文已述，包括楔形文字、圣书字、甲骨文、东巴文在内的原始文字，都是古人用于帮助记事的工具，文字的书写符号与语言单位并不一一对应。图画文字或者句意文字，是国内外文字史专家对处于最初阶段文字的普遍称呼。这种文字表达的是信息的总的内容，而不是语言逐字逐句描述的内容。如东巴文中保留的字组记录较长语段的例子。伊斯特林亦认为是由于那时语言中的词，尚未从图画中分化出来的缘故。[①]

"但是，如考古资料所见，文字产生初期的情况并非如此。属于古埃及零零王朝的大批标识物品产地、数量的象牙标签，西亚古苏美尔人记录神庙财物的泥版文书，都是相对孤立的名物字（或以名物代表地名、族名）与数字，是

---

① [苏]B. A. 伊斯特林著，左少兴译：《文字的产生和发展》，北京大学出版社 1989 年版，第 11 页。

刻在石板上的藏文、东巴文经咒（俄亚大村）

俄亚卡瓦村由丁东巴家的经堂

由丁东巴和他的经书

喇嘛与东巴一起作仪（泸沽湖达祖村）

制作面偶的压模（俄亚大村）

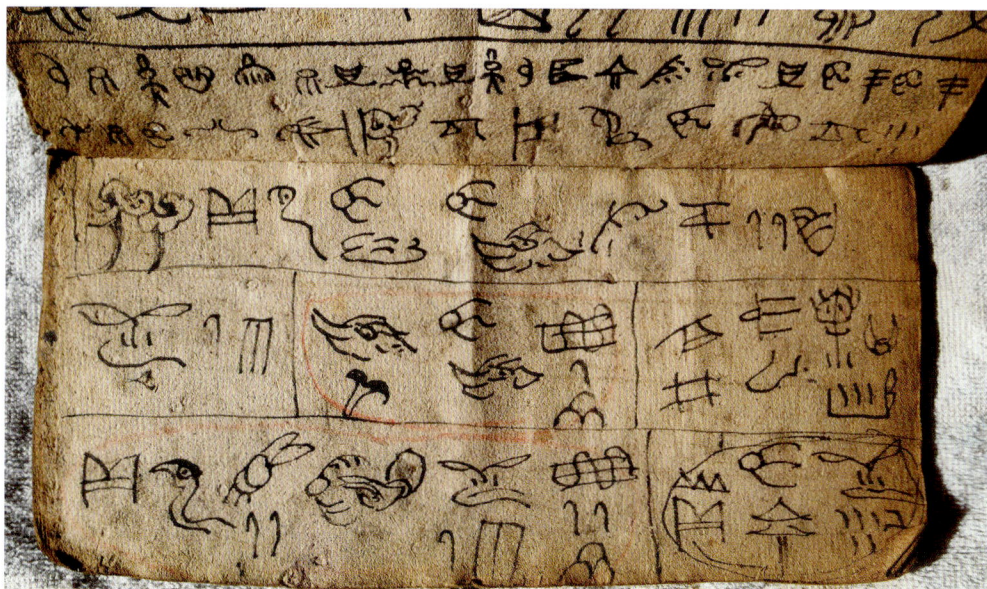

"多热德什玛（女死者名）"葬礼账本（写于 1963 年）

纪念死者而树立的经幡"笃梓"（俄亚大村）

经幡下端贴了一张指引死者魂灵回归的祷词，布袋中盛放着祭品

从一种叫作"火草"的树叶背面撕下白色的薄膜，捻成长线。晾晒干之后，与麻线混纺制成特殊的"火草布"（俄亚大村）

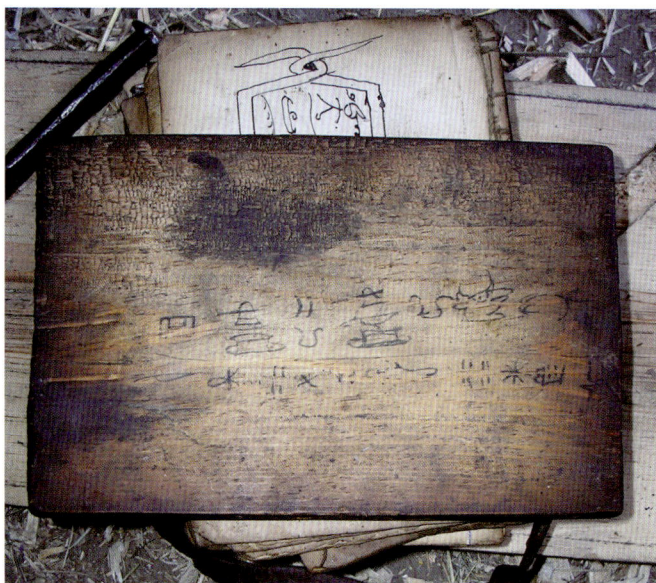

俄亚木瓜林青东巴在夹书板上记的账

纳西新年烧天香

新年的希望（俄亚大村）

四川凉山依吉乡甲波村央扎
若东巴家藏老经书

东巴画（俄亚大村）

泸沽湖达祖村杨甲阿家藏的东巴文人情账簿

一种类似经济文书的的东西，所记录的文字应当是相关事项的主要成分。……中国史前在某些特定器类的的特定部位上所刻划的具有特定功用的记数符号或表义图形，虽然不是完备的语言形式，但应当是相关语言中的重要成分。"①

关于甲骨卜辞是否忠实记录语言也曾有争论。

有人认为甲骨契刻困难，所以语言简约。朱庆之认为，"早在甲骨文金文时代，由于书写工具的限制，即文字的数量较少和用于书写的材料的匮乏，实际语言在写下来的时候不得不被大大减约，以致于写下来的书面语成为一种只有极少数发明者或经过专门学习的人才能看懂的提示性的符号群，并逐渐成为某种特权的象征"。②对这些问题，喻遂生认为，从材料看，殷商供卜用的龟甲绰绰有余，大多数甲骨空白很多，书写的材料不存在匮乏的情况。而且殷人具有高超的微刻技术，锲刻技艺不是文字简约的主要原因。③郭锡良指出，甲骨卜辞反映的是在当时口语基础上加工而成的书面语。④陈年福通过对卜辞中的省略、重复、语序和直接由一句话构成的命辞四个方面的考察，认为很可能甲骨文直接记录的是口语。⑤

以上学者认为，由于贞卜内容和辞法的缘故，甲骨卜辞文体单一，篇幅较短，但出土了十多万片，总量巨大，基本反映了当时的口语面貌，与先秦以来的汉语发展一脉相承。

但是，甲骨文确实有大量的省略现象。除去辞法上的省略之外，陈年福认为口语特征也是卜辞省略的原因之一。可还是没能很好地解释如下这类省略：

1）來乙未侑祖乙牢？／

勿侑？／

于妣庚？／——不省则当为"侑于妣庚牢？"

勿于？（721 正）——不省则当为"勿侑于妣庚牢？"

2）贞，王夢福，唯禍？

王夢福，不唯禍？

王唯？——不省则当为"王唯禍？"

不唯禍？

---

① 拱玉书等：《苏美尔、埃及及中国古文字比较研究》，科学技术出版社 2009 年版，第 121 页。

② 朱庆之：《佛教混合汉语简论》，首届汉语史学术研讨会论文，1997 年（成都）。

③ 喻遂生：《甲骨语言的性质及其在汉语史研究中的价值》，载《甲金语言文字研究论集》，巴蜀书社 2002 年版。

④ 郭锡良：《汉语历代书面语和口语的关系》，载《汉语史论集》，商务印书馆 1997 年版。

⑤ 陈年福：《甲骨文的口语特征》，《浙江师范大学学报》（哲社版）2001 年第 2 期。

贞，其？——不省则当为"其唯祸？"

不？(905)——不省则当为"不其唯祸？"

这类省略既不符合语法，口语也断不会如此，只好归为"偷工之省而造成的苟简"。

甲骨卜辞基本上是殷王占卜之辞。殷人信鬼，古人说："国之大事，在祀与戎。"当时有巫史专人负责祭祀占卜。在他们看来，占卜之辞就是人与神对话，一字一句，必然恭敬谨谨地记录下来，不会轻易简省。

我们认为，如果把这些省略看作古人"速记式"记事习惯的遗留会更好一些。文字最初的功能只是记事，随着对记录内容精准需求的提高，必然会选择转向逻辑更严密的语言（口语）作为记录的内容，从而扩充文字的数量，开创同音假借的用字途径，以达到逐步记录语言的目标。

甲骨文单字有 4600 多个，而现代汉语常用字也才 3000 个，所以，从文字数量，以及高达 70%的假借用字来看，甲骨文已经是发达的的文字系统，可以逐字记录语言。殷商之前一直到陶器刻符之间这段时期的文字情况，目前还没有出土文献，只能推测当亦走过一个"速记式"的阶段，后来才往语言记录方面转变，日趋完善。甲骨文由于占卜文体的缘故，才保留下了一些远古文字"速记式"记事的特点。

（2）文字的组合结构同语言的语法结构不是同一套规则

语法规则是语言中最重要的要素，根据语言的语法特征，语言可以分成屈折语、黏着语、复综语、孤立语四种结构类型。前三类都是通过一个词的内部结构来表示某种语法功能，一个词的语音上的改变能起到一种或多种语法作用，因此，选择拼音文字可以更直观地记录语言。这也就是为何苏美尔、古埃及民族摒弃了原始的象形文字，逐渐将文字拼音化的内在原因。而古汉语属于孤立语，缺乏词形变化，语序和虚词是主要的语法手段，一个词的内部语音结构基本不与语法产生关系，因而，古汉字可以继续保持以形表意的类型，没有朝着专门标音的拼音文字方向发展。纳西语从类型上与汉语高度一致，纳西东巴文理应如汉字一样地发展。

（3）象形文字有着自己独立的演化规则

语言的变化，几乎不会导致文字字形的改变。古今汉语的语音、语法和词汇已经发生了很大的变化，但方块汉字依然保持下来。而历史上，汉字字体的每一次演化，如小篆转隶书、再草书、楷书，以及后来的繁转简等，都不是语言演化的结果，而是文字为了适应书写的目的，遵循着文字自身演变的规律。

或者说，文字的功能，历史上确实经过了一次转变，由单纯记事朝着更加准确地记录语言的方向去发展。因为作为思维外化的语言，比起图画而言，可以运用逻辑、推理等思维活动，运用各种抽象思维方式，更加准确地传达复杂的信息。从甲骨文、楔形文字所记录的文献来看，很像是速记式的记事性文体，还不是对口语的精确记载，但是，文字通过同音假借等用字途径，逐渐可以完全记录语言中全部的词语，从而具备完全记录语言的能力。

2. 蕴含民族文化信息的象形文字完全能够适应信息社会的需要

任何文字都有字形、字音、字义三个要素。象形文字是通过字形表达一定的意义，进而间接获得了字音。而表音文字以字形记录音义结合的语言单位的语音，同时也具有了意义。

明清之际，西方传教士加戈神父曾把"魂、生、日、月、天、人"等六个汉字介绍到了西方，引起了很大的震惊，许多学者表达了自己的看法。培根说：中国人使用了一种真实的字符，而不像拉丁文的拼音那样，与具体事务是脱节的。哲学家莱布尼茨敏锐地看出，汉字不是语言而是物，不是简单的文，应该引入欧洲。韦伯甚至认为汉字就是最早的字源。

前文介绍了象形文字及其结构方式，说明古文字蕴含了先民的社会生活状况、思维方式等非常丰富的内容。人类文明进程中所积累的各种知识，包括艺术、建筑、文学、历史等等多个方面的成就，都是大脑思维与生活实践相互促进的结果。象形文字造字的理据就是"以形表意"，通过字形及其相互的关系，表达思维认知的过程与结果。因此，后人可以透过字形的分析，了解古代社会的方方面面。这是拼音文字所不具备的。过去，我们对汉字的价值认识并没有达到现在的高度，甚至差一点就像垃圾一样丢弃不用了。

19 世纪末期，鸦片战争、甲午中日之战重挫了中国。原来汉字圈的国家产生了"脱亚入欧"的思想，纷纷进行了所谓的文字改革，弃汉字而改拼音文。中国的学者们也把国运的衰微归罪于汉字，认为汉字难写难认，不如西方拼音文字简洁。谭嗣同于《仁学》中首次提出了废汉字的主张。辛亥革命之后，掀起了文字改革的"切音化运动"。五四运动高呼汉字革命。钱玄同发表《中国今后之文字问题》，主张用世界语："预废孔学，不可不先废汉文；预驱除一般人之幼稚的野蛮的顽固的思想，尤不可不先废汉文。"北大学运领袖傅斯年认为："中国文字的起源是极野蛮，形状是极奇异，认识是极不便，应用是极不经济，真是又笨、又粗，牛鬼蛇神的文字，真是天下第一不方便的器具。"鲁迅甚至断言"汉字不灭，中国必亡。"

新中国成立后，继承了汉字革命的传统，但是没有采取全盘否定、废除汉字的过激主张。毛主席主张汉字"要走世界文字共同的拼音方向",形成改革分两步走的构想。先完成汉字简化、推广普通话、汉语拼音方案,最终实现汉字拼音化。

"文革"之后,经过拨乱反正,许多学者提出要全面、科学地看待汉字。张志公《汉字鸟瞰》系统地分析了汉字的优劣。认为当前重点任务是推广普通话,整理和规范汉字。"拼音方案"不是替代汉字的拼音文字,汉字的前途到底如何,那是将来的事。并制定了《中华人民共和国国家通用语言文字法》,促进了现代汉字学的兴起。

1984 年 9 月,由王永民发明的"五笔字型"汉字编码输入法在联合国做操作演示,达到每分钟输入 120 个字的速度,每个汉字及词组的输入最多 4 键,从此,计算机的汉字输入问题得到了根本的解决。"五笔字型"输入法使汉字输入技术真正达到普及化,实用化。改革开放不仅仅带来了迅速提高的国民经济水平,同时也提升了民族的自信心,让国人重新审视包括汉字在内的传统文化。正是这种理智的心态之下,古文字学、训诂学等一大批传统学科焕发了新机,还诞生了一批如汉字文化学、比较文字学的新兴学科。如今,我们不仅以汉字作为民族的骄傲,越来越多的外国人也对汉字和汉语感兴趣。"汉字拉丁化"的主张已经完全失去了市场。

东巴文是纳西族的传统象形文字,东巴文记录的内容涉及到文学、历史、经济、天文、医药等多个方面,是纳西族传统文化的主要载体。尽管只是很少部分的纳西族人懂得和使用这种文字,而且东巴文比起后期的拼音文字哥巴文更难写,但大多数的纳西族还是认可东巴文作为民族文字的地位。①

3. 东巴文具有传承知识、促进教育的功能

知识通过语言转化成系统的信息储存在人脑。文字的出现,本就是帮助记事的目的。当文字选择与语言结合,就可以承载更加精准的信息,传达丰富的思想感情,具有了传承人类文明成果的功能。

(1) 象形文字通过字形的视觉"表象"帮助提升人的记忆能力

表象,又称意象,是心理学的一个重要概念。是指当前不存在的物体的心理表征。表象是知识表征的一种重要形式,在人的信息加工中有重要作用。两千年以前,亚里士多德就曾提出概念来自表象的观点。而文字是概念在人脑中视觉化的结果。因此,分析文字的结构,就是逆向解剖概念以表象的形式在人

---

① 马效义:《新创文字在文化变迁中的功能与意义阐释》,中央民族大学博士论文,2007 年,第 115 页。

脑中的存在方式。

相比于用拼音文字所写的单词，象形文字的字形给人提供了更直接的表象表征。1973 年，斯坦丁在一个使用了 10000 张图片的实验中，对比研究了被试者对 1000 个单词、1000 张普通图片和 1000 张有生动情节图片的记忆效果。如单词为"狗"，普通图片为"一条狗"，有生动情节的图片为"一条嘴里含着烟斗的狗"，学习与测验的间隔时间为 2 天。结果发现，被试者在头脑中保存的生动图片为 880 张，普通图片为 770 张，单词为 601 个[①]。实验再次证明，人们对图片材料的记忆，比对单词材料的记忆容易，而对情节生动的图片又比对一般情节的图片更容易记住。

记忆的好坏取决于可供选择的记忆代码的数量。东巴文以及东巴文的组合方式具有较强的图画性，每一个东巴文单字都有其读音和意义。也就是说，东巴文既能调动表象表征，又能联系言语表征，因而能提高记忆的成效，并且超过对单词的记忆。非常明显的例子就是，本来是同一个宗教，东部地区没有文字的达巴，依靠记忆能掌握的经书据说最多不到百部，而且这个数字下滑得很快，现在能背二三十部的达巴已属难得。而西部有文字的地区，东巴手中的经书多达四五百册。新出的《纳西东巴古籍译注全集》100 卷，所含经书接近 1000 册。而且东、西部同类经书比起来，西部经书的内容要更长、更丰富。

（2）文字可以促进大脑的思维，促进知识的更新与创造

文字不仅仅是被动地记载信息，更大的作用在于，当信息因为借助文字而获得了持久、广阔的传播之后，反过来，也极大地促进了人类更新信息，创造新文明的能力。

纳西东巴文文献涉及到非常广泛的内容，单就文学一项来看，东巴文的应用，为人类留下了灿烂多彩的文学历史遗产。东巴经中有大型神话史诗，如《创世纪》、《黑白之战》；有古典殉情长诗，如《鲁般鲁饶》。既有铁马金戈的古朴豪迈，又不乏小溪细语般幽怨低回。这些作品都是诗体文学，由三、五、七、九、十一、十三等奇数音节的诗句组成，长短错落相间，再配合东巴唱诵时苍凉或哀婉的腔调，庄严肃穆的仪式氛围之下，给人以强烈的震撼。这些大型的古典文学作品，不太可能是某个人一时完成的，而像是融合了不同时代东巴的智慧，不断加工修饰之后才形成的杰作。丽江地区的东巴们还创作了很多新的经书，如凄美的《祭风经》来超荐殉情的男女等。据调查，没有文字的达巴教现有口诵经三十多本，而有文字的东巴经仅丽江东巴所整理的经书即达 1400多册。可以想象，如果不是通过东巴文的帮助，使得后人能有机会长期大量阅

---

① 彭聃龄：《认知心理学》，黑龙江教育出版社 1990 年版，第 209 页。

读东巴经中的作品，培养起了深厚的文学欣赏和创作水平，绝不会有愈来愈多优秀作品的出现。同样，它们也对塑造纳西族的民族精神和个性，形成纳西人自己的审美情趣，起到了潜移默化的作用。

（3）文字也是促进教育，提高教学效率的必要手段

新中国成立后，国家面临新的经济建设形势，为了迅速扫除文盲，提升全民文化水平，在汉族地区推广普通话，制定汉语拼音。同时，先后帮助 12 个少数民族创制了 16 种拼音文字。促进了民族团结、边疆稳定、民族平等与国家统一。

文字对民族文化的传承同样有利。东巴教经过历次运动后，遭到了严重的破坏。俄亚大村的经书基本都被付之一炬，只有一个名叫次里的东巴，偷偷把经书藏在山洞才躲过一劫。20 世纪八十年代恢复宗教活动之后，次里将经书借给村里其他的东巴抄写，经书的数目逐渐增加到两百多册。如果没有文字，仅靠东巴个人的记忆，那些从运动中过来的老东巴，能记得的经书一定会十分有限，绝大部分也难逃失传的命运。

东巴文最重要的作用表现在传承东巴文化上。由于有了自己民族的象形文字，古老的纳西传统文化才得以保存至今，"象形文字使它们免去了湮没于幻化的时空、寂灭于多变的世路之命运。"[1]本章后面几节将详细呈现这个内容。

---

① 杨福泉：《纳西族文化史论》，云南大学出版社 2006 年版，第 71 页。

第二节 东巴文传承东巴文化的功能

萨丕尔在《原始语言中的概念范畴》一文中精辟地阐述道："人们不仅仅是生活在事物的客观世界之中，同时也不仅仅是生活在社会活动的世界之中——像我们通常所想象的那样；他们在很大程度上还处在该社会用来做为交际工具的那种具体语言的影响之下。假如认为，我们不求助于语言的帮助就可以完全认识现实，或者说认为，语言只是解决文际和思维的某些局部问题的辅助手段，这就错了。实际上，真实世界是在该族人的语言规范的基础上不知不觉地建立起来的……，我们这样或那样地看到、听到和感知到某种现象，主要是由于我们社会的语言的规范预先规定了一定的表达形式。"①

人类心智的形成与发展，与宗教的影响有很大的关系。对于笃信东巴教的纳西族而言，朗朗上口的东巴经文就是他们的第二语言，人们藉此获得一些认识世界的基础经验和模式。经书中的善恶美丑、各种人物关系，也影响了一代代纳西族的价值标准与处事原则。萨丕尔和他学生沃尔夫所提出的语言决定思维的观点，在理论语言学界被称为"萨丕尔—沃尔夫假说"，因为语言和思维均过于抽象，彼此关系要更为复杂。东巴经在纳西民族性格的培养、道德标准的建构上，显然是具有更加关键的作用。本小节首先对东巴经作出分类，然后结合具体经文，介绍东巴经在对自然的认识、文化传统以及人伦道德等方面的教化作用。

一、东巴教及东巴经的分类

东巴教是纳西族本土原生的一种古老宗教形式。是以西南原始宗教为根基，先后融合了苯教、原始道教、佛教等诸多外来宗教思想，吸收了汉、藏、白等其他民族文化元素的综合体。东巴教信奉多神崇拜、万物有灵论，至今还保留着无寺庙、无系统教义教规、无统一组织、无至高无上的最大神、无传教活动等原始宗教的特征，处在由原始（蒙昧）宗教向人为（文明）宗教过渡的阶段②。

---

① 转引自《语言学资料》1963 年第二期的中译文，第 9 页。
② 和力民：《论东巴教的性质》，载《和力民纳西学论集》，民族出版社 2010 年版。

　　东巴经是用东巴文书写记录的东巴教经典。东巴经源于民间口头文学，内容至少包括了历史传说、神话故事和歌谣。经过历代东巴的搜集、整理而编成口诵经，代代相传。一直以来，东部的达巴教凭口说教义，语言精练，易于记诵，保持了东巴教早期的状况。大约唐中期之后，居住在今天中甸汝卡地区的东巴创造了象形文字并用来记录口诵经。东巴文记录口诵经并不是简单机械的过程，而是口头形式向书面形式的转变，东巴经比起口诵经来，在创作和使用过程中，可以反复比较、斟酌经文的内容，仔细推敲语言，因而语句更加完整，结构紧密，行文简洁。

　　东巴经的总数是多少目前还没有统计。据杰克逊初步统计，世界各国公私收藏的东巴经有 21 800 多册，中国国内收藏约 13 000 册[1]。这个数字也不够准确，杨福泉估计还有一万多册东巴经被美、英、法、德、瑞士、瑞典、西班牙的私人所收藏[2]。国内公私收藏的也还有遗漏[3]。以上数字还没有统计民间活态的、正在被东巴使用的家藏东巴经，而这一大块经书不仅数量巨大，而且具有更高的研究价值。

　　十年浩劫，民间的宗教活动受到压制，东巴家里的经书、法器等基本上被付之一炬。新的民族宗教政策颁布之后，各地陆续又有经书出现。通过我们田野调查的情况，这个数字巨大得出乎预料。白地是东巴文化圣地，据统计，保留了近 800 册老经书，新抄经书约 2000 册。俄亚因为地域偏僻，宗教氛围更加浓烈，幸存的老经书有近千册，还有 5000 多册后续新抄写的经书[4]。一般东巴家藏的经书少则四五十册，多的有四五百册。泸沽湖达祖村现有三个东巴，家藏经书总共有近百册。如果能对所有纳西村寨的东巴经做一个统计，这个数目应该会大大超过上述各收藏单位的藏书量。

　　民间经书更为重要的价值在于，这些经书是正在被使用的活态文献。经书的文字如何解释，经文怎么念唱，如何与仪式结合等等问题，是藏在博物馆中的老经书所不具备的。而且因为方言、东巴个人秉性的差异，加之流传过程的不同，使东巴经具有较强的地域性特征，经书离开了原来所在的村子，其他地方的东巴大多读不懂别人经书的内容，释读错误也是常有的，更何况是几百年前的老经书，因此，民间活态的经书提供的是更加可靠的研究材料。笔者近年申报的几个项目，都是以田野调查来搜集、整理纳西村寨的东巴经，然后再做

　　[1] 杰克逊：《纳西族宗教经书》，载《东巴文化论》，云南人民出版社 1991 年版，第622 页。

　　[2] 杨福泉：《纳西族文化史论》，云南大学出版社 2006 年版，第 73 页。

　　[3] 喻遂生：《纳西东巴古籍整理与研究刍议》，载《纳西东巴文研究丛稿》，巴蜀书社2003 年版。

　　[4] 喻遂生等：《俄亚、白地东巴文化调查研究》，中国社会科学出版社 2016 年版。

语言文字的释读与研究。我们认为这块材料非常宝贵，又极其脆弱，需要加快保护和研究的步伐。

俄亚卡瓦村由丁东巴的藏书阁。藏书超过 500 本，且多为老经书。

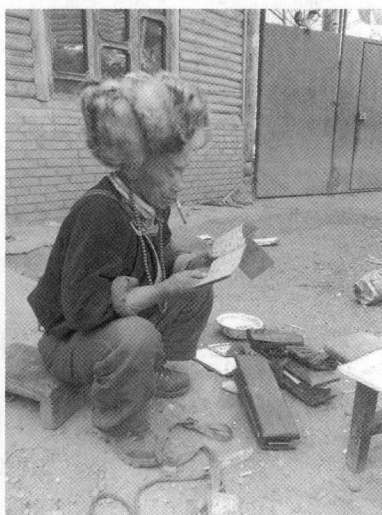

左为泸沽湖达祖村何扎石老人家传的老经书。右为达祖扎西杜基东巴。

东巴经去重之后到底有多少本，现在也还没有准确的数字。《纳西东巴古籍译注全集》一百卷收经书936种，还未包括白地、俄亚的经书，所以东巴经的总数会超过一千种。东巴经的分类也有多种，方国瑜编过东巴经的书目，分为 16 类共 394 种[1]：祭天经、解秽经、祭山神龙王经、祭风（超度枉死）经、替生（消灾）经、求寿经、赶瘟经、解死厄经、祭释理（东巴祖师）经、燃灯经、祭劳姆女神经、开路（开丧）经、荐死经、祭军将经、零杂经、"左拉"卜经。方氏分类标准不一，既有按照宗教仪式名称分类的（如"祭天"），又有按经书内容分类的（如"燃灯"、"零杂"等）。

俄亚东巴英达次里把自己的 200 册经书分为六类，即：开路（丧）经（001—054）、卜书（055—070）、零杂、除秽经（071—102）、驱鬼经（103—136）、什罗超荐经（137—161）、汝卡经书（162—169）、送凶死者经（170—200）。

和志武划分为"祭山神龙王经"、"除秽经"、"祭风经"、"消灾经"、"开丧经"、"超荐经"、"求寿经"、"退口舌是非经"、"零杂经"（包括"祭天经"、"解死厄经"、"赶瘟经"、"卜经"等）等类。每类经书下，包含经书少者十几种或几十种，多者上百种。

经书还没有形成大家一致的分类，主要难在仪式类型和经书内容都不是合适的分类标准，因为很多仪式要使用多部经书，不同的仪式会共用相同的经书；而按照经书内容来分，大家对内容的理解、标准的尺度把握也不一致。如英达次里东巴就把"祭天经"放在"开丧经"下，和志武则把"祭天、卜经"放在"零杂经"之中了。

另一种经书分类的方式，就是按其反映的纳西族古代社会生活的情况，比如《全集》一百卷中有：

宗教方面的经书，主要是与东巴教相关的内容。如，《在屋顶上祭胜利神》（第 4 卷）、《署的来历》（第 5 卷）、《祭景神和崩神》（第 4 卷）、《点燃神灯》（第 5 卷）。

文学方面的经书，它是东巴经的主要组成部分，包括神话、传说、故事、史诗，每一类都风格独特，各具特色。如，《神鹏与署争斗的故事》（第 6 卷）、《董术战争》（第 25 卷）、《九个天神和七个地神的故事》（第 26 卷）、《请猴子•接狐狸》（第 32 卷）。

艺术方面的经书，涉及到舞蹈、音乐、绘画等艺术门类。东巴教的仪式中经常都有与之相配合的舞蹈，记录舞蹈的专用经书，即舞谱，对每一个舞蹈动作都有详细的描述，特别是其中的动物舞，生动、形象地展示出了每种动物的形象特点。如：《舞蹈的出处和来历》（第 100 卷）。音乐方面，有《东巴什物来历经》记述了牛皮鼓、手摇鼓、白海螺号角、铃等的出处。东巴仪式中经常

---

① 方国瑜、和志武：《纳西象形文字谱》，云南人民出版社 2005 年版，第 594 页。

使用木牌和面偶来布置道场，规程类经书中有专门的画谱，教授需要制作的祭物的图示和模本，是一种以文字结合图画的文献。如《木牌画稿》（第21卷）讲述木牌的制作和画法、《祭端鬼仪式规程》（第48卷）是各种神偶的模型等。

哲学方面的经书，这是古代纳西族对世界来源、人类起源、五行观念等哲学问题的自我理解与认识。如，《虎的来历，分虎皮》（第65卷）、《白蝙蝠取经记》（第40卷）、《创世纪》（第35卷）。

天文方面的经书，叙述了纳西族人们对天文知识的初步认识。如，《祭星》（第3卷）、《占星·看日子·看天狗降临日》（第94卷）。

牧业方面的经书，纳西族历史上曾以游牧的方式生活，这方面的经书描述了纳西族在游牧时期的相关内容。如，《创世纪》（第35卷）、《马的来历》（第64卷）。

医药方面的经书，它是对医药知识的记载。如，《医药之书》（第100卷）。

甲骨学能有今天的水平，与对甲骨卜辞的分期断代研究密不可分。1910年，罗振玉根据甲骨文和古文献考知河南安阳小屯村为商朝"武乙之墟"。这不仅为其推断甲骨文乃"殷商贞卜文字"提供了有力的证据，而且甲骨文的研究也起到了巨大的推动作用。1914年，罗氏《殷虚书契考释》一书出版。该书分为：都邑、帝土、人名、地名、文字、卜辞、礼制、卜法等八篇。首开了甲骨卜辞分期分类研究的先河。接着，王国维、董作宾、陈梦家等甲骨学者将这项工作推向了更加系统科学的新高度。

东巴教内部教派众多，各地在仪式种类、经书内容等方面有不小的差异。而且东巴的经书中基本不会留下抄写的时间信息，给经书的定时、断代带来很多困难。东巴经的分域、分期以及分类研究，既是一项对东巴文献整理的基础工作，也是深入探讨纳西文化的根本途径。

二、东巴经的教化作用

纳西族是我国民族大家庭中比较特殊的一员。以区区二三十万偏居西南深山河谷之间的人口，却创造了世界文化史上独树一帜、举世瞩目的灿烂文化。著名学者吴泽霖说："在我国各种边民中，无论在集体成就或个人造就上，么些族实在是首屈一指的。"[①]任乃强在《西康图经》论及滇边诸族曰："么些为康滇间最大民族，亦最优秀之民族也。"[②]

① 转引自杨福泉《纳西族文化史论》，云南大学出版社2006年版，第3页。
② 转引自方国瑜《么些民族考》，《民族学研究集刊》1944年第4期。

纳西族是十分温和善良的民族。我们多次进入封闭偏远的纳西村寨，与当地村民在山路上相遇，尽管语言不通，他们都会面带微笑地看着你的眼睛。在狭窄的村巷中相遇，会早早地将身子贴在墙上给你留出通道。一百年前，洛克在游记中这样记录首次到白地的感受："这里的人迎接我们过分礼貌，使我们感到尴尬。"

纳西族又是十分崇尚知识，善于学习的民族。"东巴"在纳西语中是"智者"的意思，只有掌握了知识，又道德高尚的人才能胜任这一称呼。"kv^{33}"有"头"的意思，村民称阅历丰富、见多识广的老者为"kv^{33}（长老）"，"东巴"和"kv^{33}"都是很受尊敬的人物。东巴经中有一类被称为"规程"的经书，是专门解释仪式制度的宗教文献，各地的叫法不一样。俄亚称"ku^{33}规程"，语源上可能与"kv^{33}"有联系，意指"长老所说的规矩"。其他地方称为"督母 $du^{33}mu^{21}$"，其中，"督 du^{33}（有的音译为"董"、"卢"、"都"等等）是东巴教中一个重要的神祇，名叫美利督阿普，与其妻子"色"神是一对无所不会的神，是知识和道德的化身。"母 mu^{21}"在纳西语是"模子"之义，"督母 $du^{33}mu^{21}$"就是做仪式要按照督神所传授、所规定的程序进行的意思。到后来，"督母 $du^{33}mu^{21}$"词义扩大，泛指一切社会行为规范的来历和准则，用来代指"文化"一词。

纳西传统文化中，知识和智慧被推举到了与"神"一样的高度，所以才造就了崇尚知识的民族风气。清代"改土归流"解除了土司制度下对汉族文化的禁锢，纳西人又以极大的热情投入到汉学的学习中来，出现了大批能诗善文的知识分子。丽江纳西族中先后产生了翰林、进士、举人、副榜、优贡以及其他贡生多人，不少诗文被收进《古今图书集成》、《四库全书》等大型丛书。

可能是母系氏族社会遗留下的习俗，纳西族妇女承担了家庭大部分的劳动，是家里的主要支柱。在丽江生活了九年的俄国学者顾彼得慨叹："她们是当家人，是家庭繁荣的唯一基础。娶个纳西族女子就获得了人生保险，余生可以过安闲懒散的日子了。"[1]丽江的男性可以安闲地种种花，喝喝茶，或者写诗作画，颇有文人风骨，无疑是得益于家中女性成员无私的付出。

一个民族的文化特点与个性，绝不是凭空就有，而是该民族长期社会实践中创造、积累的结果。我所接触过的很多东巴，尽管长期生活在与世隔绝的深山僻壤，但你从他们的眼中看不到一丝木讷、野蛮之气。他们举止庄重优雅，思维机智敏锐，颇有学者之风。这是与他们浸润于东巴经书，长期受东巴文化的熏陶分不开的。

《诗·周南·关雎序》言："美教化，移风俗。"《汉书·董仲舒传》："治

---

① 顾彼得著，李茂春译：《被遗忘的王国》，云南人民出版社 2007 年版，第 129 页。

天下，莫不以教化为大务。"在儒家思想影响之下，汉代以来的中国社会特别推崇伦理观念，教育主要是道德教育，因此"教化"突出了道德感化，也包含着意识形态灌输的内涵。随着基于理性之上、以"科学"为特征的现代知识的传播，当今教育的"教化"更多地包含了知识、技术等的传递。教化的理念基于对已有知识与价值的认可与接纳，致力于将既定的知识、价值进行灌输，将人教化为社会的一员，教育便成为"社会化"的基本手段。尤其是传统社会的生活变化非常缓慢，一代人重复着上一代人的生命，教育也更多地致力于对传统生活的延续。在人类文明发展的漫长历史中，教育在传递人类精神财富、发挥人类创新能力上起了基础性作用，教化也成为教育的基本内涵[1]。

限于篇幅，本文拟从自然、道德两个方面，结合东巴经的原典和仪式，讨论东巴经对人的教化作用。

1. 与自然和谐发展

东巴教与周边其他诸多的民族宗教具有同源关系，都发源于更早的西南原始宗教。东巴教保留了原始宗教的万物有灵的思想。当原始人类具备相当的智力，形成了血缘家庭关系之后，开始观察人和周围自然，并思考主宰世界的超自然力量，于是产生了灵魂观念，逐渐形成了以自然崇拜为主的宗教。

"东巴教宇宙论注重纵轴，整个宇宙分作上、中、下三界，上界为祖先、神灵的区域；下界为鬼魅的地方；中央界包括自然与人文两界，'史'[2]为自然野生世界的主体，人在此界依托自然经营文化生计。"[3]

纳西族生活在横断山脉间的河谷缓坡，那里山高林密，动植物异常丰富，面对大自然的一切，纳西族的远祖形成了"万物有灵"的观念，为身边的山林、植物、蛇、鸡、马等事物的来历、及其与人的关系设计了美妙的故事，赋予它们以人一样的灵魂。这一系列故事被放入一个大的关于宇宙的格局之中，东巴经吸收了这些故事，流传至今，影响着一代一代的纳西儿女。

1）署神，，又称龙王神。东巴文字作蛙头、人身、蛇尾状，是统辖自然界的神灵。

俄亚英达东巴 130 号经书[4] （《署的来历》）讲述了署的

---

① 魏波、才立琴：《作为教化与解放相统一的教育》，《北京大学教育评论》2010 年第 2 期。

② 其他学者音译作"署、术、孰"等等，本文从"署"。

③ 鲍江：《象征的来历》，民族出版社 2008 年版，第 148 页。

④ 参看拙著《俄亚托地村纳西语言文字研究》"英达次里经书编目及整理"。

故事。署就是水神 ndʑi²¹kha³³，住在水塘、水井边，村里吃水的人在那些地方不能做不干净的事，以免得罪署神。

《全集》①有同名经典，讲述在美利达吉神海里，由一棵细如头发丝的树作变化，产生了一个金黄色的蛋。这蛋作变化，产生了金黄色的大蛙。大蛙产下白、绿、黑、黄、花五种颜色的蛋，这些蛋孵化出东南西北中各地各方的署。

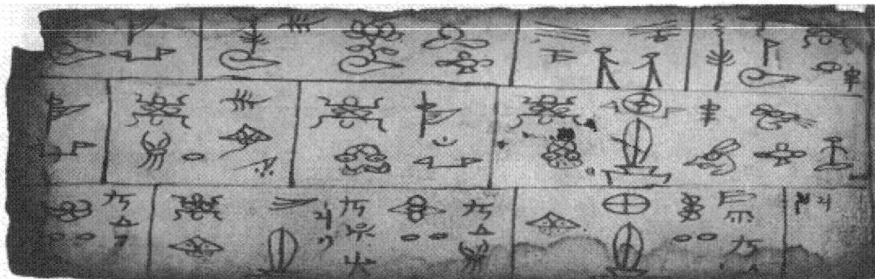

译文："在美利达吉海里面，变出了一棵头发般细的树苗，由它作变化，开了金银似的花。左边吹白风，右边吹黑风。美利达吉海子里面，这棵头发般细的树苗作变化，产生出一个金黄色的金蛋。这个金黄色的蛋作变化，产生出来金黄大蛙。这金黄大蛙，一年住在若罗神山的东边，眼看着东方，在白银般的高山上，白银般的白蛋篮里，像母鸡般摇摆啼叫着，生下一对白银般的白蛋。这金黄大蛙，一年住在若罗神山的南边，住在绿松石般的高山上，在绿松石般的蛋篮里，像母鸡般振翅啼叫着，生下一对绿松石般的绿蛋。这金黄大蛙，一年住在若罗山的西方，住在墨玉般的高山上，在墨玉般的蛋篮里，像母鸡般摇摆啼叫，生下一对墨玉般的黑蛋。"

神的白蝙蝠骑着白海螺般的大鹏，到十八层天上，请来东巴什罗到地上，帮人们孵蛋翻蛋。于是：

译文："东方，一对白银般的白蛋作变化，白色的署与龙从这蛋里出而来。

---

① 丽江东巴文化研究所：《纳西东巴古籍译注全集》第 5 卷，云南人民出版社 1999 年版，第 159 页。

南方，一对绿松石般的绿蛋作变化，绿色的署与龙从蛋里出来。西方，一对墨玉般的黑蛋作变化，黑色的署与龙从蛋里出来。北方，一对金色的黄蛋作变化，黄色的署与龙从这蛋里出来。天地中央，一对花玉般的花蛋作变化，杂色的署与龙从这里出来。三天之后，一对白银般白的白蛋作变化，产生出了白色的署与龙。署酋久补套优出来了，尼酋土温克梭出来了，刹道酋寿道登温出来了，巨掌红虎从山巅上产生出来。"

于是，署从陆地的水井、大树、沟壑、山顶等等地方产生出来。同时，蛇、蛙、虎、猴、孔雀、大象等动物也产生出来。这个情节实际表示了署对自然的主宰。在另一部祭署仪式用的《开坛经》中，传说克都精思和克都木思为同父异母的兄弟，后来克都精思成了人类的祖先，克都木思则成了署龙的祖先。署龙有三大龙王，分别掌管天上、海里、山里的一切。人类则掌管农耕、畜牧。人与署和睦相处，大地才会风调雨顺。既然是兄弟关系，意味着相互有来有往，人类可以到署那里打猎、砍点树来修房子等，但是不能过分捕猎、滥采滥伐，以免打扰署神，这样大自然才会给予人类源源不断的物资。在《署的来历》中，有几页经文说到，署的领地遭到了侵犯，东巴需要在仪式中替人类向署作解释，并且为日常的索取向署来献祭偿还。如：

"这一家主人家，没有像都沙敖吐似地去杀纽莎许罗，没有像普蚩乌路似地开新天辟新地，没有像涅格劳瓦似地去杀蛇与蛙，没有像吾鲁蚩堆的蚩堆三子似地去射杀鹿和野牛。没有射杀松林中的黄野猪，没有去拿水中的鱼，没有去取高崖的蜂，没有射杀松林间的白鹿，没有诱捕林中的野鸡和箐鸡，没有射杀岩间的岩羊，没有射杀黑杉林中的巨掌红虎，没有挖雪山上的银子，没有去淘江中的金子，没有杀树上的蛇、石上的蛙。有一年九山被大火所烧，绿颈小蛇被火烧干，这事主人家也没有去干，是由上方的古孜氆氇儿子来干的。有一年发大水，七条沟壑中的青蛙手爪被石头砸而死。这事也与主人家不相干，是由班喜构冷补来干的，是由不懂事的找柴仆人干的，是由不知事的打水女仆干的。长手女人没有挑蛇，长脚男人没有踩蛇。没到署与龙的地界里开新天、辟新地。没有砍大山上的树，没有去放大沟壑的水，没有去破高崖的石。所有的署与龙，虽不偷但会来找偿还的价钱，虽没有仇斗但会来找祸事的价钱，又会来找给年岁、寿岁的价钱，给灵魂的价钱。会来索山上砍了树的债、深壑取了水的债、高崖取了石的债。会来索鹿和野牛、熊和野猪，会来索麂子和獐子、野鸡和箐鸡，会来索蛇和蛙，会来索金、银、绿松石、墨玉石：让这一家主人家，白天做不成活，要搓的绳搓不紧，会生烂疮。太阳晴好的这一天，主人家使年轻捷足者，到有三百六十种卜具的寨子里，去占卜盘算，卜骨中出现了署与龙作祟的兆纹。这一家主人家，使年轻捷足者，去请能干的祭署东巴尤聂季恭来作仪。用白羊毛毡子铺设神坛，用白铁铧竖作神石，倒上青稞和白米作神粮，用金、银、绿松石、墨玉石作给神的酬物。做九个署寨，做九节署塔，做九千块白木牌，做七百块花木牌。做九丛竹子、九片白杨林。做麦面蛇蛙，做面饼。用红麦做署的神粮，白羊毛做署的被窝，白麻布做署的桥。"

不滥捕滥伐一直是纳西族传统观念中的重要的价值观。人与署要如兄弟般和谐相处，在这个观念支配下，斧斤以时入山林，与自然保持着有序的平衡关系。有一块立于道光二十八年的民约碑称："晓谕封护主山永禁采挖牧放以培风脉，……庸工食力之流，希图近便，任意拔石挖土，采樵牧放，年深日久，每遇水潦，时有倾坏以致山骨暴露……"[①]这块碑与纳西族古老的自然观一脉相承，所起的劝诫作用来自东巴经的教诲，是对破坏生态环境的制度性约束。

人与署这对兄弟也不是一直相处得和睦融洽的。在《神鹏与署争斗的故事》（《全集》第六卷）这本经书中，传说由于人类在署家的泉水边杀生出血，污染了泉水；在署家的山上伤害动物，放火烧山。因此署不让人类开垦荒地，建屋筑寨；不让砍柴取水，山上打猎。这样人的日子过不下去了。人们商量，只有请东巴什罗和神鹏下来，才能解决此问题。人类把东巴什罗和神鹏从十八层天上请下来，神鹏和东巴什罗治服了署酋。最后在东巴什罗的调解下，解决了署与人类之间的矛盾。署与人类签订了互不伤害的条约，人类又得以生存。

污染水源、山林将直接导致人类生存环境的恶化，也是纳西传统道德不能容许的。直至20世纪五六十年代，纳西人还恪守着这些行为规范，如泉水边不得杀鸡宰猪，不能血流满地，衣裤不得在井边洗涤，污水垃圾也不能随便倒进河沟，不能往河中吐痰，小孩也不可以拉尿在河中，如有犯戒，灵魂将被署龙拴住，造成疾病。

2）祭署仪式。

纳西族每年农历正月属蛇、龙的日子，或者二月的时候，都要举行祭署仪式，向署祈求福泽子嗣，消灾避难。在东巴教的观念中，"署"是人类的"债主"，人类要维持生计，必须向自然索取资源，因而对"署"构成了侵犯，所以"署"以灾害、疾病来报复。为了保佑人类自身的安全，请来人神之媒——东巴作为中间联络人，主持仪式补偿"署"，向署献以祭品，达到双方的平衡。

一般的程序为：1. 除秽，清除火鬼与臭鬼，洗秽；2. 祭署，将各地各方之署请进署寨，作仪人家与署之间，由东巴的手架起调和之桥，解除人、署之间的纠纷，不让结仇；3. 署要赐予作仪人家福泽子嗣之路会由猛鬼与恩鬼拦劫抢

---

① 转引自李静生《祭署龙仪式及其社会功能》，载《东巴文化论》，云南人民出版社1991年版。

夺，并会给主人家放来病灾，故要祭猛鬼、恩鬼，并把猛鬼、恩鬼杀掉，杀而未绝的猛鬼、恩鬼送回到它们的住地山上，不让它们回头再来；4.署宫的门会有九个傻署把守，它们也会阻拦署给人福泽子嗣之路，会放来病灾，使人畜得病，庄稼受灾，故要祭傻署，要给傻署偿债，然后请神鹏把傻署镇压下去；5.家人的灵魂会压在署的下面，要用东巴之手把魂招回；6.给署施药，竖"署巴"；7.给署财物，祈求福泽和子嗣。[①]

祭署仪式分为两种，一种是为单个家庭举行，主要是某家单独请东巴上家里来，为主人家解除疾病，排解厄运；另一种是全村都来参加的集体仪式，祈求风调雨顺，牲畜平安。尤其是在后一种仪式过程中，东巴运用参与群众共同形成的庄严肃穆的现场氛围，大声念诵东巴经中有关人与署龙的故事，向大家宣读所要遵循的规矩，加深大家对触犯禁忌的恐惧心理，达到规范村民行为的目的。

"夷（署）龙的宗教观念，其实是纳西人对自然世界结构与变化规律的一种投射。……人类与龙类为同父异母的兄弟关系，兄弟关系则意味着不是你征服我，我征服你的关系。夷（署）龙观念约束人类破坏生态平衡，对自身生存有害的行为，以求生存环境的均衡与干净，有效地克服饥饿与疾病。"[②]宗教尽管有其消极的一面，但是，如果我们不含偏见地审视其内涵，传承千年的东巴经所代表的某些观念，在人类面临着日益恶化的生态难题的今天，却依然起着不可忽视的积极作用。

2. 道德教化

道德是一种社会意识形态，是人们共同生活及其行为的准则与规范。道德往往代表着社会的正面价值取向，在一定社会区域内，作为行为评判的标准。道德是指以一套善恶的标准，通过社会舆论、内心信念和传统习惯来评价人的行为，调整人与人之间以及个人与社会之间相互关系的行动规范的总和。

人类具有某些普世的善恶标准，因为在道德标准上，不同民族往往有类似的追求，只不过彼此之间在内容上各有侧重，或者于程度上轻重缓急不同而已。东巴经是千年来逐渐形成的宗教文献，经文都是通过讲述人、神、鬼之间的故事，以达到表示某种诉求、灌输一种信仰的目标。所以，东巴经里面反映了不

① 丽江东巴文化研究所：《纳西东巴古籍译注全集》第5卷，云南人民出版社1999年版。
② 李静生：《祭夷龙仪式及其社会功能》，载《东巴文化论》，云南人民出版社1991年版。

少纳西族对善与恶的判断，以及处理个人与个人、个人与社会之间的关系的行为规范。

1）善良。

善良是一切道德的基础，表现形式有很多方面。中国有句古话，"百善孝为先"。纳西族同样非常看重子女对父母、长辈的孝顺。葬礼上，东巴念诵大段的经文来赞美老死者的子女，"你的儿子是好孝子，养育了好儿子，就是为了防老。在田里撒上好粮种，在田里播上好粮种是为了防饥饿。娶来好媳妇，媳妇要报答岳父岳母的养育之恩，报答父亲的养育之情，报答母亲的生育之恩，报答母亲背着你去干活、累了还给你喂奶的养育之恩，报答父母的精心照料之情，报答父母给你的保福和保佑。"[1]日常生活中，也处处体现对长辈的尊敬，吃饭要先给坐在上座的老人端饭，子女 13 岁举行了成人礼后，就要全面参与家庭的劳动以减轻父母的负担。

父母去世之后，晚辈要杀一头牛，请东巴来做好几天隆重的仪式，全村和附近的亲朋好友都要来参加葬礼。纳西族通过十分繁杂的葬礼仪式，表达了家人对亲人去世的哀痛之情，同时，这种悲哀的气氛，也深深感染了现场的每一个人。俄亚葬礼中要用到一本叫作""的经书，讲述了火葬父母的故事：目利董的九个兄弟在母亲去世之后，从四方赶回家，用尽了各种办法都没能安葬母亲的遗体，眼看着母亲的尸骨暴露在外，九兄弟内心悲痛万分，最终，历经万般磨难，才找寻到一种火葬的办法，砍了七背柴才把母亲火化了。从此，纳西族就一直用九背柴来火化死去的男人、七背柴火化死去的女人的规定。

老人去世后，家人还要在门口竖一根高约十米的经幡，（俄亚叫"笃梓 $tv^{21}nd\varepsilon i^{21}$"，，幡柱。）下端有一个布口袋，经常给里面祭献一些食物，以寄托全家对老人的怀念。

善良也体现在如何对待他人方面。《创世纪》中记载，人类由于兄妹婚产生了秽气，遭到了洪水的惩罚，只有崇仁丽恩一个人活了下来。在"董"神的帮助下，去天上娶仙女为妻，繁衍了新的人类。但是，在择偶的时候，崇仁丽恩挑选了代表美貌的竖眼姑娘为妻，而没有选代表善良的横眼姑娘。在纳西人的观念中，善良比美貌更重要。至今，纳西古谚还有"脸盘美不如眼睛美，眼镜美不如心善良。"因此，竖眼老婆婚后为他生了很多怪胎。这个情节暗示了

---

① 《祭呆鬼仪式》，载《纳西东巴古籍译注全集》，云南人民出版社 1999 年版，第 46 卷，第 147 页。

品德在人们心中的重要性。

东巴经中有各种专门祸害人类的鬼魅,人们认为疾病、灾害、死亡都是由某个鬼怪作祟所致。但是,东巴很少情况下才斩杀恶鬼,一般都是做法事驱鬼,或者以施食去安抚各方的恶鬼。如《全集》第17卷《小祭风·施食》唱道:

"把云鬼和风鬼的快马引回到上边的地方去。把所有的云鬼和风鬼,送回到达勒肯蚩崖上去,送回到红色的拉瓦山崖的崖嘴上去。把他们送回到九十个白色的崖面上去,把他们送回到七十个红色的崖嘴上边去。给云鬼和风鬼插上木牌,给云鬼和风鬼烧天香。做过祭祀之后,这一户主人家不再发生疾病,不再发冷、发抖了。

世上产生了三万种东西,天下也有十二种东西的出处和来历。但是,若不说说呆鬼的出处和来历,就不能做有关呆鬼的任何事情。呆毒哈拉斥补是呆鬼的父亲,尤米麻坞戈居是呆鬼的母亲,白铜是呆鬼的父亲,白铁是呆鬼的母亲。呆鬼的父母相交合,产生了头上长鼠头,身上长猛虎斑纹,肋间长鸡翅的呆鬼。在认真祭祀呆鬼和佬鬼的日子里,认真地给呆鬼施食,好好地招待呆鬼。用白色的稻谷做白米饭团,用白色的稻谷做饵块,饵块建成寨。

用琵琶肉架成桥,腊肉插成栅栏,鸡蛋垒成灶石,做肥肉坨坨、瘦肉坨坨,用水中的石花菜做酸菜,酸菜中多放咸盐,让呆鬼吃得饱饱的,喝得醉醺醺的。让所有的呆鬼和佬鬼,将抽出的刀放回到刀鞘中,把拉弯的弓又放直,把搭在弓上的箭又放回到箭囊之中,把放出去的黄鹰隼又架回到手上。不让呆鬼和佬鬼,再到这一户主人家中偷摄这一户主人的魂魄;不让呆鬼和佬鬼到这一户主人家中施放疾病;不让呆鬼和佬鬼再来索取这一户主人未曾偷盗的赔价,索取这一户主人未曾杀人惹祸的赔价,索取未曾杀人的命价;不让呆鬼和佬鬼索取这一户未曾猎到野兽的兽价。让所有的呆鬼,把他们放出去的鹰隼架在手上领回去,让呆鬼把他们的狗套上项圈牵回去。"

在对待鬼魅的方式上,东巴尽量不去杀戮,而是每年不断地做仪式、献牲来感化,表达的也是一种善意和仁慈。

2)勤劳。

《创世纪》讲述崇仁丽恩去天上拜见孜劳孜阿普,请求他把女儿嫁给自己。孜劳孜阿普提出了近乎苛刻的条件,说道:"就算你能干,就算你聪明。你既然聪明,就给我砍伐九十九座山林来。"崇仁丽恩想法完成后,孜劳孜阿普又要他"把九十九片林地烧成山地"、"把九十九座山都撒上种子"、"把九十九座山上的种子全部拣回来"等等,虽然是故意刁难他,但也是出于考验他是不是勤劳能干靠得住的想法。

《祭毒鬼仄鬼·分天地·哈斯争战》讲了哈氏族和斯氏族分天地而引起的

争战。哈和斯本是同父异母兄弟，在他们分家产时，斯氏族因钟爱大山而得到了高山、野兽、森林；哈氏族因勤劳 得到了田地、村寨、牲畜。当斯氏族因自己的选择而生活贫困时，又向哈氏族发动了战争，企图夺取哈氏族的天地、财物。

"在分村寨和高原时，斯族九兄弟说，高原最好，他们要高原，结果高原被斯族分去，斯族认为不好的不要的村寨分给了哈族九兄弟。在分田地和荒山时，斯族九兄弟要了荒山，哈族九兄弟得到了田地。在分牲畜和野兽时，斯族九兄弟认为野兽好，他们要野兽，野兽便分给了斯族九兄弟，哈族九兄弟得到了牲畜。哈族九兄弟住在辽阔大地上，在黑石堆下边，用黄土筑高墙，房子修得比山高。划来七百块白木板，盖在又高又大的房头上，不让夏天的雨水漏进屋。从七个深箐中，砍来绿竹，绿竹编篾席，围在房周围，篾席上边抹黄泥，不让冬天凛冽的寒风刮进屋。冬天收获白色的稻谷，夏天收获红麦，四季有粮吃，不受饥饿的煎熬。哈族九兄弟就像栖在树上的白鹇鸟，忙着下地干活，忙着为自己筑窝。哈族九兄弟穿上白色羊毛擀制的衣服，喝着酥油，吃着奶渣，赶着自己饲养的绵羊，到松林里去放牧。哈族九兄弟，自己做活，自己放牧养活自己。斯族的这一代人，住在高原上，高原上冬天飘着白雪，冬天的严寒使人受不了；高原上夏天下大雨，地下湿漉漉地坐不住。"

这段故事用一勤一懒作对比，揭示了只有辛勤劳作才能获得生活的安康。

俄亚经书是在丧葬仪式使用的经书。东巴一边用杜鹃树枝蘸水清洗即将祭献的牺牲，一边要唱诵这本经书，大意是"你（死者）生前辛苦饲养了这么多的牲口，养育了一大家子，开了这么多的荒田，现在我们把这头牛（羊）洗干净，请你带走，作为送给祖先的礼物。"东巴要用大量的篇幅赞美死者生前的勤劳、能干等美德，后人应该继续象死去的老人一样勤俭持家，希望死者能顺利地回到祖先居住的地方，保佑这一家顺利平安。在这个仪式中，死者家属，包括参加葬礼的村民一起缅怀死者辛勤的一生，同时也受到了一次教育。

3）宽容。

古代部族之间，往往因为抢夺资源等原因而发生械斗甚至是战争。东巴经里众多的战争故事正是这一时期的现实反映。但是，大部分战争都不是以你死我活作为结局，而是双方在其他神灵的调和、仲裁下，重新达成了和平互利的关系。纳西族有不少倡导不计前嫌、维持和谐的古谚，比如：

tsho²¹sy³³zo³³dʑŋ²¹bu²¹be²¹le²¹do³³，   zua³³khu³³zo³³tshe²¹ xə³³be³³le²¹do³³。

人 杀 男 父亲 对待，   马 宰 男 朋友 对待。

大意是：像对父亲一样地侍奉杀亲者，如对朋友一样地善待害马贼。为了求得一个安定的环境，甚至连杀父之仇都可以转化为和平的力量，这份宽容之心显然需要极大的勇气，也需要具备一种长远的眼界。

不光是对待敌人可以宽容，纳西族历史上从来不抗拒外来先进的文化，都以宽大的胸怀，以兼容并蓄的方式，转化成自己的文化和力量。东巴教融合了藏、汉、白等多个民族的苯、佛、道、儒等宗教思想。丽江历届纳西族土司尤其对汉学倍加推崇，开办各类学堂，聘请汉族的先生过来教授汉族的文化知识，丽江很快成为商贸、手工业的中心，吸引了很多内地其他民族的精英来到这里发展，木天王的势力迅速增强。

宽容既是一种品德，亦是一种禀性与能力。东巴经把纳西族古老的品德，用故事的形式保留下来，在仪式中一次次地重复，熏陶着下一代，让这一传统继承下来，并潜移默化成了民族的优秀品质。

3. 文化记忆与仪式、文字

东巴经《创世纪》中，孜劳阿普问崇仁丽恩："你是何等的种族？"崇仁丽恩回答："我是九个开天神人的后代，是七个辟地神人的后代。是海螺般洁白狮子的种族，是金黄色大象的种族，是玖嘎纳布大力神的种族；是把酒水江水似地接在我的口中，也醉不了的种族；将居那若罗山揣在怀里，也累不倒的种族；将三根骨头一口吞下，也鲠不了的种族；将三升炒面一口吞下，也呛不了的种族；是站在九十九道山坡上，九十九个夸奖的种族；是守在七十七道坡上，七十七个夸奖的种族。"

千百年来，纳西族常引用这段充满自信与骄傲的诗句来标示自我。正因为保存了大量民族的文化传统，东巴经成为纳西族整个民族集体记忆的源头。

德国学者扬·阿斯曼（Jan Assmann）在 20 世纪九十年代提出了"文化记忆"

的概念，它是一个民族或国家的集体记忆力[①]。所要问答的是"我们是谁"和"我们从哪里来、要到哪里去"的文化认同性问题。文化记忆的内容通常是一个社会群体共同拥有的过去，其中既包括传说中的神话时代也包括有据可查的信史。

每个民族都会有自己的文化记忆，阿斯曼将这些记忆从传承方式上分为两种类型："与仪式有关的"和"与文字有关的"。文化记忆来源于更远古的神话与传说。根据阿斯曼的观点，当仪式和文本（包括口传或者文字两种形式）被经典化(Kanonisierung)之后，就上升为文化记忆。所谓经典化，就是文本和仪式内容，经过权威机构或人士的整理之后，被确定为典范的过程。文本和仪式一旦成为经典，就不允许随便更改，同时具有了神圣性，成为传承的范本。

阿斯曼认为，不同的社会阶段下，文化记忆的形态和功能也会不同。在早期阶段，仪式是较为主要的文化记忆形态。随着文本不断丰富，尤其当文字出现之后，文本逐渐成为文化记忆的主要形态。比如现代社会阶段，文本性质的历史、档案、博物馆等是文化记忆的主导形态，而庆典、仪式则退居次要的位置。

但是，在泛仪式化的语境之下，仪式不仅仅是宗教意义上的庆典、仪式活动，也包括日常的礼俗等，而不必非得受"集团成员的全部到场和亲自参与"的限制。海德堡大学的 60 多名学者成立了一支以"仪式动力"为主题的学术团队，认为"由文字形成的文本文献只有在仪式化之后才能发挥集体记忆的功效；书本知识需要学习传授和反复朗诵才能嵌入大脑；纪念性的建筑物如果不举行定期的庆典仪式(如奠基礼、揭幕礼、定期的拜谒等)就不会引起任何人的关心和注目；管束人们思想行为的经典文本，也必须将其内容转化为可见可感的仪式规范之后才能发生作用。总之，仪式对一种文化的意义，远远大于我们迄今为止的认识。它不仅和文本相辅相成，而且在很大程度上还具备了超越和驾驭文本的巨大潜能。特别是在视听文化越来越发达的今天，庆典仪式已不再受到时的限制，而是可以通过电视转播和录像等形式达到比文字文本更大的公开性、更广的传播空间和更加机动灵活的时间性。"

文化记忆理论可以很好地解释纳西族民族文化的传承。东巴教起源于西南原始宗教，当地古老的神话、传说被吸收进东巴教之后，经过了东巴祭司的整理与规范，成为经典化的文本，尤其当东巴文字被创设出来之后，更加速了文本经典化的过程。几乎同时，仪式也一起完成了这个经典化的过程。东巴经中的画牌、舞谱、仪式规程等一类文献，对仪式的全程作了详细的规定，这类起

---

① 关于文化记忆的理论介绍均转引自王霄冰的《文化记忆与文化传承》，载《江西社会科学》2007 年第 2 期。

规范仪式作用的东巴经，与其他经书一道被代代传习下去。

对于东巴来说，东巴仪式与东巴经同样重要，甚至有过之无不及。东巴能念诵多少本经书固然重要，但是，他能熟练主持多少种仪式，在仪式之前布置好道场，仪式中掌控好各个细小的环节让仪式顺利完成，念经时如何调整自己的音调以掌控局面，跳东巴舞的舞姿是否优美、逼真，等等，都决定了这个东巴被村民认可的程度。东巴从学徒开始，师傅就带他亲自参加做仪式，事实上，东巴所掌握的经书就是在仪式中跟着师傅边做边念才记下来的。

仪式与文本相辅相成，相互依托。东巴经书中不仅有专门的仪式规程，还有大量记录仪式、为仪式服务的象形文字。这些象形文字直接取象于仪式现场，或者是对仪式虚拟角色的描写，所以象形程度很高。而且由于这些文字在经书中主要用作提示场景的作用，其符号化进程非常缓慢，与其他东巴文形成鲜明对比，我们把它们称为"仪式性文字"，下面按照意义类型举例并说明。

（1）描绘仪式道场的

仪式举行前，东巴要按照规程布置道场。如：

py^{21}，祭。字形如树枝做的"树人"。

$ndiæ^{21}$，吃素鬼。东巴仪式中，东巴要手绘三个木牌，左边三个代表三兄弟，右边用树枝做的 叫 $ndiæ^{21}xo^{21}la^{55}tsi^{33}$，献饭时要见血肉。

$tshi^{33}khə^{55}$，祭笼。用于祭吊死者仪式。在树枝上挂一个竹子编的小笼子，下系十二个麻杆，代表 12 位署神。

$tv^{21}ndzi^{21}$，笃梓，幡柱。

$şu^{21}mi^{33}$，香火，仪式中常点燃柏树枝条。

$na^{21}khə^{33}$，用麻线、树棍编成，象征鬼域。

zi^{21}，表示"神的坐处"。仪式中，在竹子编的箩筐中，撒上五谷的种子，插上犁铧、柏树枝，还有面偶做的神像及油灯等。

（2）法器

py³³mba²¹，祭水壶。

kha⁵⁵，鬼牌。

phy³³by³³，降魔杵。

mv³³thv³³，法杖。

bə³³di^{w21}，法珠。

tsi^{t33}ɾər²¹，板铃。

（3）记录仪式进程

py²¹，东巴盘腿念经状。

ɕæ⁵⁵ɾər³³tsho³³（跳），东巴跳舞。

，经书中的提示字，字形提示东巴进行到此处，要敲一次鼓。

be²¹，东巴在仪式中用树枝扎成一个圆箍戴在主人家每个人的头上，然后用一个削尖的树枝再把它挑走，象征着把附在人身体里的口嘴鬼赶走。

ka⁵⁵mbu²¹，东巴撒祭米于神石

ŋa⁵⁵a²¹zə³³（给），受祚（赐福）。字形如东巴以松枝沾酒洒在主祭者的头上，表示将死者的贤能传给后人。

（4）神灵

ndzๅ²¹na⁵⁵za⁵⁵ɾa³³，"居那若罗"神山。

ka³³la²¹tshy⁵⁵，"高勒趣"。

mu³³ɹi^{t55}du²¹ndʐɹ²¹，善神。

le⁵⁵tɕi³³sɹ³³phv³³，西方魔王。

sɹ³³mu³³ma²¹ty³³ku³³ʂɹ³³ma²¹，女魔王，什罗第 100 个妻子。

sɹ²¹，暑，自然神。

la³³dʐə³³tɕi⁵⁵dʐə²¹，战神。

据我们测算，"仪式性文字"占东巴文单字总字数的比例超过 10%，显然数量不算少。与其他东巴文比起来，它们有这些特点：

第一，"仪式性文字"很可能是最早进入文字系统的那部分字形。它们基本上都是直接由图画简省而来，而且仍然保持了较为完整的图像特征，字形的线条十分繁复。由于图画起着诸多提示的功能，因此部分字形在经书中并不需

要读出来，或者该字干脆就没有读音，只起到仪式提示的作用，如 字经常在规程类经书中出现，该字并没有读音，只提示东巴到此要打一下鼓的意思。严格来说，该字缺了字音，不能算作文字的。这类文字处在文字的最原始状态。

第二，"仪式性文字"使用效率最低。这类文字所记录的多为语段，因而大多要读多个音节。而前文已述，纳西语是单音节词为主的语言，所以它们绝少被作为借音字符去记录其他词语。这些文字除了在原语境下用作本义之外，几乎不能用于其他语句之中，更谈不上具有与其他字符组合成新字的造字能力。所以，离开了东巴经，它们作为文字来说，效率是十分低的，应用性文献中基本不会使用这些字。之所以东巴经中还在用这些字，与东巴经的宗教性质有很大的关系。而最根本的原因，还是前文所提出的观点，即东巴经的图画式布局，给象形度很高的"仪式性文字"保留了施展的舞台。同时，也幸亏有了东巴经的这种原始图画式记录方式，才为我们了解和研究原始文字最初的存在形式提供了最直接的材料。

第三节 东巴文的师承状况

东巴文历史上一直是作为记录东巴经的文字，尽管也经常用于记账、书信等，文字的使用者仍然局限于东巴这个小范围。可以说，东巴是东巴文的创造者、继承者和传播者。东巴文的教与学，是东巴教师承的一部分，逐渐形成了一套传承的规矩，使得文字长期被世袭的东巴家族所垄断。

"父传子"是东巴最主要的沿传制度。如果因为某种原因的限制，爷爷传孙子也比较常见。民国时期的《中甸县志稿》载："凡为东跋（东巴）教者，均系子孙世袭其职。"我们访问的所有东巴，均称自家祖上是东巴世家，而且能熟练背诵各代的名字，多的可达十几、二十代，甚至每位祖先在哪个方面最为擅长等细节，均能娓娓道来。

"舅舅传外甥、叔传侄"也是比较普遍的沿传方式。前文已述，东巴的选材比较严格，学习过程亦很辛苦。当自己的子孙中无人接班，而兄弟姐妹的孩子也想学，东巴就会教他们的外甥、侄子跟自己学习。因此，东巴师徒之间一定是有着某种亲戚关系才行。

学习过程大致要经过两个阶段。首先，一般是夜晚的时候，坐在火塘边，师傅带着跟读经书，白天放羊的时候再温习。当徒弟学会了几本经书之后，师傅就会带徒弟到仪式上去当助手，感受现场的氛围，有时还会让徒弟念上一小本经书。这可以算进入了第二个实践的阶段。在仪式的现场，可以观察师傅们如何做法事，还可以学到其他东巴的念经。一些聪明的徒弟会借这个机会学到更多的知识，甚至很小就能独立主持宗教法事。俄亚克米局村的撒达杜基东巴，四五岁时就跟爷爷夏纳和父亲学习，小学五年级的时候就可以替爷爷到别人家做仪式，成了村里十分认可的小东巴。

可见，要成为一个东巴，既要学习很多的东巴文化知识，包括念经、算卦、看天象、布置道场、跳东巴舞等等，还要具备很强的实践能力，将所学的知识和技能运用得十分熟练。东巴学徒一般需要至少跟随师傅学习四五年之后，才能够出师，而且日后还要不断跟其他的老东巴学习，扩充能力。

一、东巴师承个案调查

东巴文的学习，与学习做东巴并不是一回事。我们前文已述，达巴教的师承方式与东巴没什么区别，但是，达巴教是没有文字的，达巴全凭记忆背诵经典。事实上，甚至有一些东巴也是不会写字的，尽管能看书念经，提笔却一个字不会写。所以，东巴文的认、读、写，必定区别于东巴学习过程中对其他知识内容的掌握。我们在田野调查中对数位东巴做过访谈，仔细询问了他们当年学习的过程、方式等问题。

1. 四川盐源县泸沽湖镇达祖村东巴——杨兵玛

时间：2012 年 8 月 6 日

曾：您的名字叫什么？

杨：ue³³xe²¹bi³³ma³³（委禾兵玛）。

曾：您今年多大？

杨：三十二岁，八一年的。

曾：师傅是谁？

杨：就是村里的扎西杜基。他今年六十六岁。

曾：你几岁开始学的东巴？跟他学了几年？

杨：从十二岁开始，学了五年。

曾：后来又跟哪个师傅学过东巴吗？

杨：有的。十九岁去依吉乡学了两年半快三年。头一个师傅叫高土，已经没了（去世）。后一个师傅叫库佐，现在还在念经（在世）。

曾：你现在村里主要做哪些仪式？

杨：村里有人结婚、生孩子，小孩子穿裙子穿裤子（成人礼），有人生病，还有烧香。

曾：你父亲是东巴吗？为什么要学东巴呢？

杨：我父亲不是，但我爷爷曾经是村里很厉害的东巴。现在的师傅就是我爷爷的徒弟。

曾：师傅都是怎么教你学东巴的？

杨：开始就是跟着师傅一句句读，然后背下来。什么意思都不知道，后来才慢慢知道念的内容。

曾：你写字是怎么学的呢？

杨：就是自己抄经书会的。我师傅只认得字，不会写字。

曾：那你为什么又去依吉拜师傅呢？

杨：我六岁时候，父亲车祸去世，请的是依吉的东巴来家做的迷信（葬礼仪式），就认识了。后来我十九岁那年就去找师傅继续学习。

曾：那你住在师傅家学习吗？

杨：是的，白天干活，早上和晚上学习。在那里什么活都干，路也陡得很，不像家里这边是平的，总之非常辛苦。学了差不多三年。

曾：你现在会念多少本经书？

杨：差不多五十本吧。

2. 四川盐源县泸沽湖镇达祖村东巴——扎西杜基

时间：2013 年 2 月 2 日

曾：您的"家名"叫什么？

扎西杜基："瓦卡"，名字是"东巴"。两个名字，汉族名字是"杨戛阿"，我家姓杨，我的名字是"扎西杜基"。

曾：这是你的纳西名字？

扎西杜基：嗯，纳西名字。我从十三岁，汉族嘛是十二岁，十三岁就是一个"节根"，那一年穿裤子了。十三岁一个"节根"，二十五一个，三十七一个，二十九一个，六十一一个，七十三，我今年七十三了。

曾：身体好！

扎西杜基：同志是叫啥子名字？

曾：我给个名片给你啊。您是哪一年出生的？

扎西杜基：这个记不得了，今年七十三了，年过了就七十四了，今年是属龙。

曾：您属啥？

扎西杜基：我属龙的。

曾：您是哪一年开始学东巴的？好多岁学的？

扎西杜基：十三岁就学了。十三岁那年穿裤子那年，学东巴了。

曾：您跟哪个（师傅）学的？

扎西杜基：英达次里。

曾：他是你的亲戚吗？

扎西杜基：不是亲戚，但是，还是，他徒弟五个六个学了成功不起，但是我就必须啊成功，就成了侄儿的关系了。

曾：他是你的叔叔是吧？

扎西杜基：叔叔不是，辈分上来算嘛是，叔叔了。

曾：他跟你爸爸是兄弟吗？

扎西杜基：兄弟不是，

曾：您当时跟师傅学的时候是十三岁？

扎西杜基：嗯，十三岁。

曾：你们学是怎么学的，是白天学呢还是晚上学呢？

扎西杜基：白天他家里做工作，晚上学习。

曾：当时你的师傅多少岁？

扎西杜基：那时候是四十几。

曾：你跟你师傅学了多少年啊？

扎西杜基：学了一年，一本书学了一年。不认识，老是忘，他就扭我耳朵。他抽烟厉害，我不想学了。

曾：你师傅吸鼻烟，（所以你）不想学？抽烟抽得比较厉害？

扎西杜基：不想学，他的徒弟一个，在江边在，这儿不行了，就江边去学了。徒弟名字是支普德拉。

曾：徒弟多少岁了呢？

扎西杜基：他那时候大概六十几，七十有了，七十满了。

曾：你跟你的师傅学了一年。那你师傅当时多大了呢？

扎西杜基：四十几。

曾：那他的徒弟六十多岁了？

扎西杜基：他的老师。

曾：哦，他的老师在"江边"，你跟你村里这个师傅学一年，他吸烟吸得凶，学得慢，你不想学了，然后你到你师傅的师傅那儿去学。是这个意思吧？

扎西杜基：是的。江边的老师教我就是一天一本地学了。

3. 云南中甸三坝乡吴树湾东巴——和树昆

作者与和树昆合影。

时间：2013 年 8 月 11 号下午，作者与武晓丽在和树昆家。

曾：你是哪一年出生的？

昆：我是 1984 年，农历的 5 月 24 号。

曾：你的纳西族名叫什么？

昆："阿毅日"。

曾：家名叫什么？

昆："捏巴乌"。

曾：您的文化程度？

昆：小学毕业。

曾：小学上了多久？

昆：小学上了八年。

曾：你是哪一年上小学的？

昆：八岁。

曾：1992 年上的小学。

曾：哦，七岁上小学，就在这里上的吗？

昆：白沙小学。

曾：小学读了几年？

某：六年。我们习惯是算那个虚岁。

曾：我们也是这样算的。那为什么不再上初中，继续往上读呢？

昆：当时身体不好，不想学。语文是一窍不通，还有那些什么……一窍不通，所以我 1998 年小学毕业就不读书了。

曾：那你什么时候开始学的东巴？

昆：1998 年不读书以后，就开始学了。我不读书的时候已经，我们村里，和（树荣）老师和他们举办了一个东巴学校。

曾：就 1998 年你们开始的吗？

昆：已经毕业的时候，学那个东巴文化，去他家嘛。当时我去学的时候，已经有十七个学生了，但是那十七个学生一个都一窍不通，对那个东巴文化，一个都不知道。

昆：我们也不知道。都不知道。因为这个东巴文字对于我们来说，不知道是什么文字，不知道那么重要。

曾：你为什么对语文不敢兴趣，却对东巴文化感兴趣？按理说语文跟东巴文化差不多啊。

昆：当时我们学的时候也没什么兴趣，有些时候因为自己（不想学）还不去学校，在外面到处逛逛，玩。

曾：你上这个学校是你爸爸让你来的，是你家里人让你学的？还是自己想学的？

昆：那时候爸爸妈妈不管你做什么。因为我们想去的时候就去，不想去的时候就不去。

曾：就是和老师当时动员你们去的？

昆：和老师就指出了一个就是，纳西族的东巴文化，所以我们刚开始学的时候，一个都不知道那个东巴，当时就没有兴趣。

武：那个老东巴是怎么开始教你们的呢？你们一点都不知道。

曾：第一堂课是和占元老师教的。

昆：因为，我听说，我们还毕业的时候，他们是讲那个关于纳西族的故事，我们的东巴文化就是故事和经书，经书和故事有些大概是一致的。很多老年人不会念那个经书，但是会讲这本经书的故事，无法念，所以我们开始学的，先给我爸爸讲那个关于纳西族的故事，然后我们去学的时候，第一天晚上学了，学会回来，第二天去的时候绝对是忘记了。

曾：是，开始的时候都这样，没有基础。开始他从故事入手，这个方法很好啊。讲了多久的故事？

昆：因为讲故事的时候我还在上汉族（学校），还没有毕业。

曾：那个纳西族的故事你感兴趣吗？

昆：感兴趣，因为以前我们这儿也没有电视，当时学校一放学回来，家里的爷爷奶奶很喜欢讲故事，晚上要缝那个衣服、鞋子，没有机器，边搞边讲。

曾：当时是在哪里学习啊？

昆：就在我家，家里的爷爷奶奶会讲的。但是这个故事和那个东巴文化的故事还是有点差距，他们给我们讲的就是以前有女鬼，牙齿这么长啊，经书里面没有，不会有，和老师他是东巴，他讲故事跟一般的那些老师是不一样的。

曾：你觉得有哪些不一样？

昆：因为前面那些讲故事，现在我才认识到他们不是对于那个经书，他们专门讲那个以前的故事。但是和占元老师的那些故事是对于东巴文化的故事，是经书里的故事。当时自己不知道东巴经书，也不知道代表什么含义，自己心里觉得他给我讲了一个故事。但是现在慢慢想起来，是专门讲那个东巴文化的故事。

曾：当时讲故事是在什么地方？在哪儿？就在那个传习馆的地方吗？

昆：刚开始的时候我们从讲故事开始。

曾：算起来，你现在学了有十四年了哈？跟和占元老师学了多少年？

曾：和占元老师是哪一年去世的？

昆：他是2009年去世的。

曾：和老师去世之前，你都是跟他一个人学吗？还有没有跟别人学过？

昆：学过的，去"三江口"。我2008年去"三江口"，2009年去"俄亚"。

曾：你在"俄亚"学了多久？

昆：俄日的昂嘎。还有俄亚大村的夏嘎若。

昆：他跟我说过，当时我2009年去他们那儿的时候，他跟我说，他们村有五个人来到我们这儿学东巴。他爸爸和他爸爸的四个伴儿。

曾：也就是说，"俄亚"那些东巴，以前来你家学过。

昆：嗯，我家大姨家。

曾：你去"俄亚"待了多久？

昆：那边待了十多天吧。

曾：你除了和占元老师，还跟这两个学过是吧？

昆：是，还有"三江口"那个。

曾：什么村的？

昆：油米村的杨扎实。

曾：和占元老师怎么教你们的？

昆：在黑板上抄经书，一晚上教一个黑板。一句一句地教。

曾：但是有的经书会很长，你们记不住怎么办？

昆：第二天再去问老师。

曾：为什么要专门来学做东巴呢？

昆：从1998年开始，也是跟着老师学，但没有刻苦。2005年的一天，要做一个比较重要的仪式，老师让我穿上代表大东巴的袈裟，主持仪式。但我那本经书学得不好，不敢上去念。师傅只好自己来，因为念那本经要站着，师傅年纪那么大了，身体也不好，站在那里念了半过多钟头，我的眼泪都流下来了，心里很愧疚。回到家里，我就跟父母说，从今天开始，我要全部精力学东巴，家里的农活我就不干了。第二天，我吃过早饭，就去师傅家了。

曾：也就是说，你是2005年正式认真学东巴的？

昆：是的。

曾：现在你能背的有多少本经书？能读的有多少本？

昆：能背的有五十多本，能读的有两百多。

曾：老师教过你的有多少本？是不是有自己学的？

昆：都是老师教的，因为东巴经如果老师不教，我们是不会读的。我最多的时候一天跟师傅学四本经书。

曾：你学习的时候，和老师有没有给你讲每个字的本义是什么吗？

昆：有时候要讲的。钟耀萍老师在我们这翻译经书的时候，对每一个字的本义，在经书中的意义。还有每一句话的意思都调查得非常仔细，也让我觉得很有意义，所以我后来去各地看别人的经书时，碰到不认识的字，也会请教字的写法是怎么来的，而且有意去比较各地经书，增长了见识。以前的老东巴互相不来往，以为自己懂得最多，其实，别人有的经书，可能我没有，我不懂的，别人会懂。

曾：树昆说得太好了！我觉得你这么年轻，又有这么高的觉悟和境界，今后可以做各地经书的比较和整理工作，恢复经书的本来面貌。这也只有你才能做好。

曾：你的老师有多少本经书？你有多少？

昆：老师有一百五十多本，我有二百多。

曾：那你多出来的经书是哪里来的？

昆：是我从别人那里抄来的。我也把我们这没有的字抄下来。

曾：树昆你真的是认真做着传承东巴文化的事，而且思路、眼光都很开放，你一定能完成和占元老师的遗愿，把吴树湾的汝卡文化发扬光大！

4. 云南中甸三坝乡东坝村东巴——习尚洪

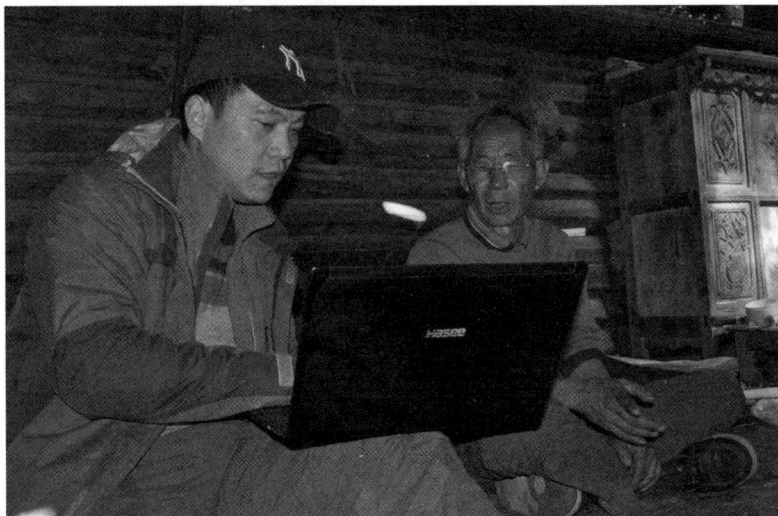

作者与习尚洪。

时间：2013 年 1 月 23 日，白地东巴谷。

曾：习老师，您今年多达年纪？

习：虚岁七十了。

曾：您手头的经书有多少？

习：差不多三十来本。

曾：您记得习阿牛老东巴家里有多少？

习：也差不多是三十多本。"文革"中都烧了，（这些）都是他脑子里记得（后来）写下来的。

曾：损失很大啊！

习：是啊！

曾：您是什么时候学的东巴？师傅是谁？

习： "文革"以后才学的。跟习阿牛、观机村的和裕才学的。我家祖宗也是村里的大东巴。现在我们三坝的很多仪式都不搞了，俄亚那边还在搞。"文革"后，只有 2006 年还搞过一次祭天仪式，当时是习阿牛做主持的。

曾：是大家不会念，祭天才不搞的吗？

习：不是，是没人组织了。祭天要用三本经书。

曾：您为什么 "文革"后要学东巴呢？

习：有三点理由。第一，我以前有点害羞，不太想做东巴。但是，我的父亲留下了几本书，如果我不学，就没有用了；第二，现在年轻人到处赚钱做生意，这些留了几千年的东西就没人看了，我决心要一点点恢复过来；第三，老百姓需要东巴来做心理治疗，也是对社会服务。

曾：您认为老百姓需要它，那么，东巴经还有什么别的好处？

习：有的，东巴经里面有很多教人做事的道理，有很多生动的故事。比如说，上辈子杀父的仇人，下一代人又可以成为一家人，道理就是，仇恨到一定时候要消掉。

曾：您家里以前也是东巴吧？

习：是，我爷爷的爸爸是大东巴，叫根巴阿。我父亲习裕才也是有名的东巴。

曾：您多大开始学的东巴？

习：四十六岁那年开始的。以前小的时候学过一点，后来上小学就没学了。

曾：您是怎么学的呢？

习："文革"后，乡文化站的和尚礼组织了一个东巴培训班，请了习阿牛、和裕才几个老东巴教的。那是一个黄金年代，老东巴还在，可以有老师教。白地的和志本、和占元，我们当时都在一起学。

曾：那你们是同学了。

习：和志本的舅舅是东巴，他经常在旁边听舅舅念经做仪式，就慢慢学会了。和占元"文革"时也没有学，他是公社的保管员，跟着村里的树银甲等老东巴后来学的。以前的东巴会念的经书很多，仪式也经常做，后来的东巴仪式做的少，不能算是大东巴了。

习：东巴文有两种，一种叫"斯究"，用来记账，一个字一个字地记录；另一种是"比究"，就是只写几个图画字，就可以念很多句话出来，这种文字主要用在东巴经。东巴经里有很多古语，现在丽江那边的东巴都不会纳西古语，读出来的经书都是大白话了。

曾：你现在有几个徒弟？

习：有四个，一个叫习建明，一个叫裕才、一个叫克阿，还有两个参加工作后来跟我学的，一个在中甸工作的和万宝，他是东坝完小的教师，每天晚上来学，学了一年。还有一个在叫阿华，在昆明读大学的，跟我学过几本经书。

曾：你的子女有没有跟你学？

习：没有学。有点遗憾。

5. 一位东巴文化的虔诚信徒——松加委玛

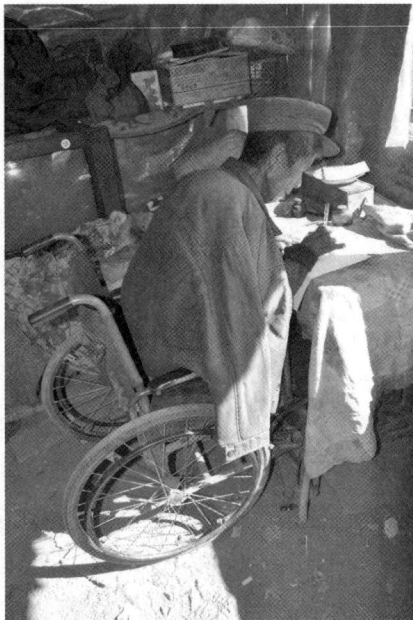

与英达老师聊天中，谈到大村里有一位残疾的老人，自己不是东巴，但是，坐在轮椅上，也长年坚持每天都要写写东巴文，还经常向东巴请教某个字的写法和意思，成为全村唯一一位不是东巴而会写东巴文的人。出于极大的好奇，第二天，我们就请英达做翻译，带我们登门拜访这位不平凡的人。

曾：您今年多少岁？

翻译：六十六岁。

曾：你不是东巴，为什么要抄经书啊？

翻译：他没有学才写的，但家庭以前是一个东巴的，以前是有东巴的，然后呢，他，到时候他孙子和那些会不会学，在他们面前就抄一些东巴经书，

曾：现在六十六岁，有几个孩子？

翻译：四个孩子，他现在孙子都这么大了（比划一下）。

曾：你为什么不让你的孙子或者儿子学呢？他们不愿意学吗？

翻译：就是他的儿子以前拜过师，但是已经失败了。

曾：学过的？

翻译：嗯，学过的，但是失败了，不干了，就是不想学。

曾：为什么不想学呢？

翻译：他希望孙子还有第二代孙子（重孙）嘛，看那些会不会学。

曾：我问他，他的孙子为什么不学呢？

翻译：一方面，是他们家只有一个独儿子，没有时间学。另一个方面，他也不喜欢做东巴。

曾：哦，不喜欢做东巴，还是有人不喜欢做东巴的啊。

翻译：嗯。

曾：那你抄东巴经，你会念吗？会读吗？

翻译：会念。这本他全都会念。

曾：除了抄的这本经书，还有没有抄别的经书？抄了几本？

翻译：（一纸箱的经书）全部是他写的。

曾：还有吗？

曾：在这里抄吗？

曾：在你年轻的时候，为什么不学呢？

翻译：他是来做他们家的女婿，舅舅是他们家的东巴，好多年才去世的，名字叫"奔地"的一个，他是后面来的，

曾：上门女婿。

翻译：对。

曾：他自己家以前是没有东巴的？

翻译：他是我们一个家族里面出来的，是来他们家上门的。就他们家舅舅"奔地"是一个东巴。还有一个也是东巴，只有两代东巴。

曾：你是什么时候开始抄经书的？

翻译：三年前，他专门学这个东巴文有三年了

曾：这个抄经书，你也会读，也会念吧？

翻译：他写过的那些全部不会念，他只会念的就是刚才那本，这本也是"打卦"的，他会念。别的东巴的经书都不会念。

曾：抄的是哪个东巴的经书？

翻译："东巴加若"家和"瓦布"家，借过来抄。

曾：那就只会抄不会读。

曾：个别的字会读吗？一个一个的字会读吗？

翻译：一个字一个字的他会认识，这本就是他全会念的，"打卦"的。

曾：跟谁学的呢？

翻译：就是那个"杜家瓦布"，老东巴。

曾：你脚都不好怎么学嘛，你过去学吗？

翻译：请过来，请到家里来。

曾：他这个认字，是先跟着读，再抄？他怎么学的这些字？

曾：这个字念什么？（随便指了一个字）

翻译："紫"。

曾：什么意思呢？

翻译：他翻译不出来的。不知道的。你说这个象形字是代表什么意思，什么东西，他是不知道的。

曾：我想问问他，这个字他是怎么学的？他肯定不会一个个字地学，肯定是读经书嘛。他是跟着师傅一个个读，读下来然后再抄，还是跟你们一样学呢，还是怎么学呢？

翻译：不是，他的学法是这样的。他不是跟我们一样的，这样一句一句地念，不是这样的。他是这个字叫什么，这个字叫什么，单独问这个字这样学的。

曾：哦，就是一个个问的？

翻译：嗯，一个个问的。

曾：那你问的时候有没有做笔记呢？不然怎么记得住呢？

翻译：记在心上，没有笔记。

曾：哦，他是一个字一个字地问，比如你是东巴，我是他，我问你："师傅，这个字怎么读？这个字怎么读？"

翻译：对。我每次来的时候，他都会问我这个字怎么读的。

曾：但是他不会念经，个别的经书，"打卦"的经书才会读。

曾：他抄这个经书是什么目的啊？为将来他的孙子是吧？

翻译：对。

曾：我想问他，他自己喜欢学东巴吗？

翻译：他心里面是想做一个东巴，但是他脚也不行了，还有一个方面，以前就没有拜过师。

曾：他这里写的什么？历史的书，五十元？

翻译：他的意思就是想做一个东巴，还要一个方面，历史的书，五十元。

曾：这是他写的吗？什么意思？

翻译：意思是如果要买的话，这本经书卖五十块钱。

曾：哦。这是拿什么笔来写的？

曾：就是用那个粗的画画的笔，买的现成的笔。

曾：以前他腿脚好的时候为什么不学呢？

翻译：就是他们家的舅舅还在，一个家庭里面没有两个东巴。

曾：一家人为什么不能有两个人学东巴呢？

翻译：一般基本上都很少的。他说，要在你们面前写几个字。

曾：哦，太好了，谢谢！

6. 四川木里县俄亚乡东巴——英达次里

我和英达次里东巴是 2010 年认识的。当时我要完成博士论文，请他做我的调查合作人。在俄亚，我与英达老师每天在一起十个小时以上，一起合作了一个半月。详细地调查了俄亚的语言系统、整理他的经书，还逐字翻译了一本经书。2013 年，我再次进俄亚，英达老师还陪我到卡瓦村，一起拜访了藏书最多的由丁东巴。我与英达做过多次访谈，话题涉及个人学习、东巴传承等很多方面。现将这些内容整理如下。

瓜达·英达次里（kua^{33}tɕæ^{33}i^{33}nda^{33}tshɳ^{55}li^{33}，第二个音节又随机读作 tʂa^{33}，二者任意替换。）是俄亚大村第五组托地村的村民，瓜达是家名，英达次里是名字。1968 年生，属猴，因为读完了小学制初中班，所以汉语交流基本无碍，与白地、丽江、昆明等外地的东巴学者保持着联系。因为会念的经书、会做的仪式最多，加之聪敏过人，是大家公认"最厉害"和最有前途的东巴。

英达家所在的托地村有七户人家，坐落在距离大村约半小时的山腰上。这里原是村民的庄房①，二十多年前，大村因人口增加，这些人就分家出来，搬到庄房来住了，但与大村的联系相当密切，语言和文字与大村里无异。

英达次里出生在大村，在家中排行老二，有一个哥哥，一个弟弟和三个妹妹。目前因为妻子体弱多病，没有子女。父亲 uə^{33}ɕia^{21}，六十五岁，属猴，母亲 uə^{33}ma^{55}，五十七岁。

英达次里十三岁小学毕业，十八岁开始跟伯父 kua^{33}ʈæ^{33}pə^{33}tə^{33}学做东巴。白天干活，晚上到庄房跟师傅学。开始时一本书要学好几天，后来一晚上能学会四五本。不仅会念，他还不停地抄写经书。开始都是跟别的东巴借来抄，还的时候再借新的来抄，抄的过程又是一轮复习。由于他受过基本的文化教育，还现场跟当时的多位老东巴学习过，所以，对仪式的理解更是别的同辈东巴所不能比拟的。因此，三年后，就开始独立完成较小的仪式，并逐渐成为俄亚大村新一辈东巴的代表，许多重大的仪式，大家都会邀请他和大村较有威望的东巴主持。

瓜达家族是来俄亚之后才发展起来的，东巴加若家族（to^{33}mba^{33}tɕa^{55}zo^{33}）才是由丽江木天王派来的最早的东巴。瓜达弯布（kua^{33}ʈæ^{33}ua^{33}mbv^{33}）跟木瓜家的东巴学习，成为家族首任东巴，代代相传，到英达已是第七代，这七代的名字依序是：

第一代：瓜达弯布（kua^{33}ʈæ^{33}ua^{33}mbv^{33}）

第二代：瓜达扎西（kua^{33}ʈæ^{33}dzạ^{33}ɕi^{33}）

第三代：瓜达纳木若（kua^{33}ʈæ^{33}na^{33}mu^{33}zo^{33}）

第四代：瓜达杜基（kua^{33}ʈæ^{33}du^{21}tɕi^{33}），40 岁去世。

第五代：瓜达高土（kua^{33}ʈæ^{33}kau^{33}thu^{33}），60 岁去世。

第六代：瓜达布得（kua^{33}ʈæ^{33}pə^{33}tə^{33}），80 多岁去世。

第七代：瓜达·英达次里（kua^{33}ʈæ^{33}i^{33}nda^{33}tshʅ^{55}li^{33}），现年 53 岁。

英达次里现有四个徒弟，两个在本村，一个在大村，最满意的一个在邻近的克孜村，名叫 ɳe^{55}zo^{33}（捏若），今年十九岁，从十三岁开始跟英达学习，现在已经可以独立完成小仪式了。克孜村是个汝卡村落，村中有个八十多岁的东巴叫 ko^{33}tʂho^{33}，我问捏若为什么不跟自己村的东巴学习，他回答说 ko^{33}tso^{33}功力不行。捏若家的祖先也不是东巴，之所以自己要学习，是因为村子里需要东巴来给百姓做事，他表示，将来结婚生子后，也会继续让自己的后代继承下去。我们看到，俄亚大村的东巴从很久开始，就摒弃传统的门户偏见，东巴不仅传给自己的后代，也同时教别的家族的孩子，而且可以跨越到纳西不同的

---

① 大村历史上常受到周边强势藏族的袭扰，集中居住在龙达河边，背靠悬崖的缓坡上，因耕地离家较远，所以各家在外都另建有房屋，供农忙时居住，叫作"庄房"。

支系。

　　谈到学习的过程，英达说，当初自己学的时候，师傅指着经书带着自己一句句读，其实开始还不认识几个字，只是靠记性背下来，一晚上只能记住两三页的内容，一本书要学好几天，其实是好几天才背下来。后来认的字多了，而且经书中大段的内容是相同的，所以才学得快一些。这个过程考验的是徒弟的记忆力和耐性，很多人都是缺乏这方面的能力而失败。英达现在自己带徒弟也基本是按照过去师傅教自己的办法，拿一根棍子指着经书领着徒弟读，一遍遍地反复进行。不同的是，英达会让徒弟把经书带回家抄写，而且自己写经书的时候，尽量把每句经文都写全，这样徒弟抄的时候可以完整地复习，而不至于落下了某句经文。

　　至于为什么以前东巴写经书的时候不把念的字都写完，英达认为主要是出于保护经书内容不外泄。因为如果字都写全了，别的认识字的人拿到你的经书就可以念经了。还有一个原因，过去东巴纸比较贵，一句很长的经文只写上几个字，显然可以节约不少纸张。于是我问英达，你现在写经书把字写得比较全，不怕别人拿了把经文偷学走了吗？英达说自己从来不担心这个问题，经书平时就放在柜子里，也不上锁，徒弟来了可以随便看。

　　英达告诉我，附近的几个汝卡村的老东巴去世之后，他们的年轻东巴都在跟俄亚的纳西族东巴学习，除了克孜村的捏若外，克密句村的撒达 $sa^{21}ta^{33}$、苏达村的六斤 $nu^{21}tci^{33}$ 都经常来大村跟纳西族师父学习，而且这种传承已经有很长的历史了，大部分汝卡人使用的经书都是从大村这边传抄过去的。当然，汝卡作为纳西族的一个支系，尽管在强势的纳西族宗教文化的影响下变得逐渐趋同，但是，他们仍然保留了自己的文化因素。就在英达的经书当中，我们翻到了八本来自汝卡的经书，无论在字形还是读音上，有明显区别于纳西族的地方。但是这份欣喜，不足以抵消我们对汝卡文化的担忧。汝卡东巴作为自己民族文化的精英代表，在努力传承东巴文化的同时，其实更承担了一份挽救自己的文化特色的责任。

　　随着纳西传统文化的恢复，英达作为东巴文化保留得最好的俄亚的代表，也得到外地宗教团体和学术研究机构的注意。近十年来，他多次前往白地、丽江、成都等地做文化交流。他与白地也有密切联系，一直在帮助抄写俄亚地方的经书，他手抄的这些经书都收藏在白地纳西文化的倡导者和尚礼的"东巴文化村"。

　　通过对这几位东巴的访谈，我们从中可以归纳这么几项共同点：

　　首先，东巴文字在过去传统的学习，是伴随着经书的学习过程完成的。或者说，东巴文学习的目的，就是为了帮助念经。如果你不是东巴，没有先学到经文，哪怕你会认会写多少个东巴文，你仍然不能念经。比如大村的松加委玛，尽管那么诚心地学习写字，一本经书也念不下来。

其次，学东巴的过程，重点在经文的背诵。这也可以解释为什么各地都出现过像达祖村扎西杜基那样，只会背经书，念经书，但是不会写字的东巴。可见，东巴教早期的那种口耳沿习的传统师承方式，在文字创造出来以后，还仍然一定程度地保持了影响。

此外，过去的师傅也不会专门地讲解每个字的结构和道理，只会手指在经书上，一句一句让徒弟跟着读，直到背下整本书的内容。这样反复多次下来，加上东巴文本身的象形度很高，徒弟是可以知道大部分文字的读音和意思的。碰到字形弄不明白的，徒弟一般也不会多问，因为师傅自己也很可能不会明白，所以并不能给你一个满意的答案。这有点类似汉族古人在私塾读书一样，你首先是要把先生教的书背下来，至于是否能马上理解不太重要。当你能背诵的文章足够多了，你也就能慢慢明白所学的内容。

抄写经书，是东巴文学习过程中最有帮助的一个环节。师傅教完一本经书，有时候会让徒弟另外抄写一遍。很多时候，师徒两人就在放羊的时候，捡起一根木棍在地上写写画画。看、背、写，三者同时进行，达到了眼、脑、手的相互对应，加深了对文字的认识与记忆。

至于东巴之间用东巴文互通书信之类的情况，在整个文字的使用上来看，都是极少的、偶尔为之的行为。抄写东巴经还有个祖宗留下的母本作为写字的规范，应用性文献在用字上只要语音相近，几乎不受多少约束，所以，小范围内东巴之间可以用东巴文互通信息，因为彼此语言相通、用字习惯趋于一致。但是，如果让其他地方的东巴来读的话，难度上就基本与天书没什么差别了。

二、现代东巴文教育

传统东巴文教育只是宗教祭司师承教育的一部分，掌握文字只为了念诵经书这一项目的。宗教祭司一直都具有很浓厚的家族垄断的背景，因此，文字的使用范围也局限在很小的范围之内，成为了东巴这一特殊人群的独有技能。

但是，这个局面并不是铁板一块，不可逾越。至少到民国时期，纳西族的宗教教育十分兴盛，在教育模式上也做出了新的探索，民间已经出现类似学校的东巴教育形式。如20世纪20年代，在丽江坝子的长水、木保的东巴和泗泉、和学道在家办起了东巴学校；40年代末，和志武家办起了东巴学校，请五台的大东巴和芳任教①；云南中甸金江乡士达村的东巴和士治解放前曾在家乡有个学徒班，投师门下的学徒达二十多人，遍布周边村寨；丽江县鲁甸乡新主中村有大东巴和世俊，约 1932 年前后去世，终年八十多岁。他的水平非常高，扬名于鲁甸及与鲁甸接境的迪庆州维西县境。先生因为东巴学识和社会声望过人，因此曾提出过开办东巴弟子学徒班的建议和设想，并且以各种训练方式在鲁甸新主上、中、下等村培养了约二十多名东巴，当中有他的孙子和文质、侄子阿布勒和内亲外戚和正才、和消志、和土有、杨向之、和建勋、和占阳、阿布松糯、和有志(阿布有志)、常贵巴等人。其中和文质、和正才等人，都是后来非常有名的大东巴。而且从他们手上培养的弟子，一直沿传至今，遍布鲁甸各地②。

与传统的族内单线传承不同，办班传授这一新的模式至少有这么几个优势。首先，它不排除外族外亲的人参加学习，扩大了范围，有利于选拔更加优秀的人才加以培养。东巴在选才上有一套严格的标准，学习过程也比较艰辛，需要很高的悟性。扩大生源，择优教之，无疑可以大大增强东巴人才培养成功的概率；其次，多个学徒同班学习，可以互相促进，形成内部竞争，这种一对多的培养方式，比起一对一而言，对学习效率会有相当明显的提升；最后，一批学徒出师后，可以把东巴知识扩散到更远的村庄，吸引更多的人从事东巴这一职业，巩固并挽救濒危的东巴教。事实上，办班传授形式的出现，也是东巴教及其文化日益被边缘、传承日益艰难形势下的妥协之举。如果继续坚持传内不传外、严控东巴经防止外泄的旧思想，东巴经的传承会越来越难，终究难逃失传的厄运。

20 世纪末期，丽江纳西族地区开始了大规模的旅游开发，民族传统文化面临前所未有的冲击，各地纳西族的有识之士，利用经济好转的条件，积极探索东巴文化的传承途径。逐渐形成了两股传承力量，一个就是在纳西族的乡村社区，利用民间的东巴开展的原生态的东巴文化传承；二是在公办小学里进行的，以东巴文化知识和素质培养为主要内容的传承。笔者走访了几个较有影响的文化传习点，它们传授的对象不同，采用的教学方法也有差异。我们各选一个具有代表性的传承点来做一简单介绍，主要比较他们在东巴文文字传授方面的经验。

1. 丽江黄山小学东巴文化教学点

1999 年，纳西族学者郭大烈在丽江黄山小学开办了东巴文化教学点。教

---

① 郭大烈主编：《纳西族法制史研究》，云南民族出版社 2011 年版，第 276 页。
② 李国文：《人神之媒——东巴祭司面面观》，云南人民出版社 1993 年版，第 41 页。

学点依托学校教育，教授学生东巴文化基础知识。教学中，淡化了东巴文化的宗教成分，强调图画、文字、歌舞等内容。教学对象是小学三年级学生，利用每周四下午的两节兴趣课的时间，一直到小学六年级小学毕业。在四年的学习中，由专门聘请的东巴、相关学者和研究人员来授课，并陆续编订了一批教材和读物。如文字教学类的：《纳西象形东巴文》、《纳西东巴文字帖》、《纳西东巴象形文字应用》、《通俗东巴文》；文化背景类读物，如：《纳西谚语——科空》、《纳西东巴古籍选读》、《纳西文化诵读本》，以及为诵读本配套的 CD 等，均免费送给学校学生使用。

在课程设置上，教学组经过反复研究，达成了这样几点共识：

1）突出文化性，淡化宗教性；

2）抓住东巴文这一重点，突出文字教学的特色；

3）重艺术，将东巴音乐、舞蹈、美术作为文化传承的基本课程；

4）重视纳西母语教育，与纳西古语、格言、谚语等传统文化结合起来[①]

从下面这张课程设置表可以看出，东巴文字课一直是东巴文化教学中的重要课目，基本上每学期上 5 到 6 次，10 到 12 课时。

班级	课目1	课目2	课目3	课目4	课目5	课目6	课目7
99级	东巴文	东巴经名著	东巴音乐	东巴舞蹈	东巴书法	纳西族历史	东巴文化欣赏
01级	东巴文	东巴经名著	东巴音乐	东巴舞蹈	东巴文学	东巴文化常识	纳西民歌
03级	东巴文	东巴文化常识	东巴音乐	东巴舞蹈勒巴舞	东巴文学	纳西母语	东巴绘画
06级	东巴文	东巴文学	纳西母语	纳西民歌	东巴舞蹈	东巴美术	
08级	东巴文	东巴文学	纳西母语	纳西儿歌	东巴舞蹈	东巴绘画	纳西民歌

黄山完小东巴文化传承班 10 年东巴文化传承的课程设置列表

经过十多年的教学传承，可以让多数学生掌握 400 个左右的东巴文的读、写，了解字的基本含义。此外，能背诵几段东巴经典，牢记一些东巴格言警句。

但是，黄山完小的东巴教学实践中也存在一些问题，比如外聘教师不够稳定，影响了教学进度；教材还不能根据学生的进度形成系列梯度，经常出现几个教师使用一本教材，造成重复学习，影响了学生的学习热情等。这个问题实际是教学大纲在设计上还不够详细造成的，没有为每个年级阶段制定具体的学习目标，以及根据教学大纲形成的梯级教材。已经开发出的教材多是通论性质

---

① 和力民：《黄山完小 10 年东巴文化传承考察研究》，载《纳西母语和东巴文化传承与实践》，云南民族出版社 2012 年版。

的读物，小学生还不能理解与接受。当然，这也与该课程定位于课外知识拓展性质有主要关系。在这样少的课时里，要灌输给学生文字、语言、文化背景知识，还有艺术技能等如此丰富的内容，而且不能增加学生的学习负担，能坚持这么多年，已经是非常成功的尝试了。

2. 迪庆州东巴传习馆

迪庆州三坝纳西族乡，辖江边、哈巴、瓦刷、白地、东坝、安南6个行政村，是纳西族东巴文化的发祥地。其中，白地有闻名遐迩的"仙人遗田"泉华奇观"白水台"，第二圣祖阿明什罗的修行处——阿明灵洞，各地东巴争相来此朝拜，有"没到过白地，不算真东巴"的说法，是东巴教的圣地。

1997年白地八大纳西村中只有三位东巴大师，吴树湾村和占元大师、古都村和志本大师、波湾村树银甲大师，而水甲村、恩水湾村、布主湾村、阿鲁湾村、恩土湾村没有一个能正规掌法事的大东巴，白地的历史地位与现今事实极不相称，白地东巴面临着消亡的危险。时任白地完小校长的和树荣老师与老东巴和占元、民间歌手和德明多次聚议，在三人倡导下，在吴树湾开始动员青年人学习东巴文化，村里一开始有不少年青人参加了东巴文化学习小组，在村里掀起了学习东巴文化的热潮，由此开始了东巴文化传承的历程。因参加学习的人越来越多，而且也得到了村委会及村民的广泛支持，到了1998年3月16日，终于开办了迪庆州第一所东巴学校，请吴树湾村汝卡东巴大师和占元任教师，学习上课时间以夜晚学习为主。但随着课程的深入，夜校远远满足不了学员们的学习欲望，2000年春，吴树湾村委会提供校址，和树荣老师捐助2所木楞房（一所为快班教室，一所为慢班教室），并安装了照明设施，配备了教学用具等，把夜校办成全日制学校，取名为"白水台东巴学校"。2009年4月28日，州文化局、民政局下文批准成立了"迪庆州纳西东巴文化传习馆"，并于2010年3月22日，举办了白水台东巴学校建校十二周年庆典暨迪庆东巴文化传习馆挂牌仪式。

迪庆州东巴文化传习馆成立后，传承范围辐射到整个迪庆州境内的纳西族的村落社区。目前传习馆传承基地主要涵盖了三坝乡、洛吉乡、金江乡、上江乡、州开发区、维西县等地区，传习馆在这些乡村建立了传承基地，并聘请了主要召集人、负责人，从而使以前零散、无序、各自为政的传承局面得到了有机的整合与联系。2010年6月21日至27日和树荣、和树昆、杨玉春等在三坝、洛吉两乡进行了东巴文化摸底调查，并在三坝、洛吉两乡成立了12个迪庆东巴文化传习点：第一传习点设在白地谷都，第二传习点设在白地波湾村，第三传习点设在白地水甲村，第四传习点设在哈巴告湾村，第五传习点设在东坝日树湾村，第六传习点设在东坝各迪村，第七传习点设在东坝科目村，第八传习点设在东坝次恩支付，第九传习点设在东坝松八村，第十传习点设在瓦刷上只恩村，第十一传习点设在瓦刷下只恩村，第十二传习点设在白地阿鲁湾村，第十三传习点设在洛吉乡洛吉行政村中村。

这些传承基地以吴树湾村为传承中心，与上述村落传承点达成了点、线、面的传承网络机构，在传承过程中实行相互学习、互通有无，相互扶持的合作机制。另外，在传承模式上实行了平时集中在点上学习，一年举行几次集中交流座谈活动。有经验大家共同分享学习，有困难大家共同集思广益来解决，从而为东巴文化的传承打下了扎实的基础。

吴树湾村的"白水台汝卡东巴学校"办的时间最早，也最有特点。他们制定了严格的作息时间表。和树昆、杨玉春、杨秀光、和贵武、和根利、和学初等白天轮流向汝卡东巴大师和占元学习，晚上再传授给白天没有时间学习的其它东巴学员。开班十四年来，陆续来学习过的学员有三十八人。课堂上同时来学习的可以多达十七八人，最少也有四五人。其中，年龄最大的八十多岁，最小的十四岁。传授方式几乎与传统的没有差异，授课的教室就是一间有火塘的木楞房，为了大家学得方便，安置了一块学校用的黑板，老师每天会提早把要教的经书抄一页在上面，学员也照着抄在自己的本子上。然后，由老师带领大家念诵这一页的经文。据我的观察，老师基本不会讲解某个字或者某句经文的意思，学员也没有提问，大家所有的时间都在背诵之前以及当晚学过的经文，一遍又一遍，气氛一直非常热闹，直到夜深各自返家。

东巴学校在长期传承实践中形成了"农忙与农闲结合、白天与晚上互补"的传承模式。2009 年和占元东巴去世之后，年轻的和树昆担负起教员的工作。为了补充自己的东巴知识，常到著名大东巴习阿牛、白地和志本、宁浪县永宁乡加泽村、余米村汝卡纳西居住村跟石布不大东巴、阿八茸东巴、俄亚乡俄日村阿高大东巴等处拜师学习，已学会掌握了上百本传统的东巴经书，六十六种东巴咒语，二十四种东巴宗教祭祀仪式，能算、卦、卜、签，成为当地最年青的大东巴。

边学边实践，参加实际的仪式活动，是传统师承的另一个重要环节。东巴学校的学员经常组织起来，为本村及附近村民的婚丧、疾病、起新房等去做仪式，此外，每年还有很多固定的宗教活动，如祭天、二月八节日等，都要举行比较大型的仪式。

东巴传承学校师生通过广泛动员群众、多处搜集、抄录，迄今为止，共搜集到了两百多册东巴经书，使这些东巴经典得到了活态的传承。同时，把民间一度已经失传的一些仪式抢救并恢复起来，如：祭家神"恒孙"仪式、祭天仪式、祭畜牧神仪式、求雨仪式、压口舌仪式、祭"堵不"仪式、祭自然神仪式、除秽仪式、祭东巴什罗仪式、驱邪禳灾仪式、冷误蹉仪式等十一类大的仪式，还有十余种小型仪式。

经过十多年的努力抢救，迪庆东巴学校确实取得了不小的成功，也吸引了国内外纳西学者的关注。但是，即便如此，这里的东巴文化仍然危机四伏。最大的问题就是东巴大师奇缺。白地解放前有很多东巴大师，但是经过历次运动之后，东巴人数大大减少。1997年时，白地八大纳西村中只有三位东巴大师，而水甲村等其他村庄里村没有一个能正规掌法事的大东巴。白地的历史地位与现今事实极不相称，白地东巴面临着消亡的危险。

此外，还存在学员年龄偏小，以及文化生态恶化、外来商品经济冲击等诸多危机与困难。迪庆州对东巴文化传承投入不足，传习馆多次申报"文化生态建设村"、"东巴祭天"、"阿卡巴拉即呀哩哩"歌舞等申报"非物质文化遗产"项目都一直未果。

另外，大部分学员已到了结婚年龄，一旦他们结婚成家，对可持续传承也会产生不良反应。和树昆以前因为父母尚可下地干活，家里姐姐也可以帮助一点，他这些年才能全身心地投入进来。但是，2014年和树昆也结了婚，马上也要面临养家带孩子等问题，势必要影响东巴学校的工作。

其他同批的学员都不能长期在家学习，多数去县城开出租车、打工养家。一些中学毕业生也倾向于到城里打工。费时误工参加东巴传承培训，在家计收入方面并无多少实质性帮助，这些都严重制约着东巴文化的传承[①]。

---

① 承蒙东巴学校和树荣校长提供的部分文字材料。

和树昆往黑板上抄写要教的经书。

学习的氛围十分快乐。

抄写经书。

为了真切地了解学员的学习情况，我们听了几堂课，并对几位学员作了访谈。

1）杨荣，二十一岁，在青海师大读大三。

曾：你在青海读大学，将来应该没有可能会做东巴了，为什么还要来学习？

杨：对，但是，我觉得作为一个纳西族，如果不会东巴文，太说不过去了。

曾：你是从什么时候开始学的？

杨：我是从出去读高中就开始学的，有六年了。

曾：你已经读大学了，学起东巴经来，肯定比一般同学有更加深入的理解，在你看来，学习之后，对你有哪些帮助吗？

杨：有的，东巴文写起来必须一笔一画，不像别的文字可以写的潦草一些，这就告诉我们，做人也要认真，一步一步地走好人生的路一样。

2）和德志

曾：您今年多少岁了？

和：六十一岁了。

曾：你学东巴有多久了？

和：二十多年了。

曾：我看你今天只坐在这里跟着读，没见你抄经书啊。

旁边人解释：他不认识字，也不写字的，可以背诵一些经书。

曾：您能背多少本啊？

和：差不多六七本吧。（并马上用唱腔开始诵经起来，唱过两三句后，想不起下句了。）

曾：还是要抄下来，不然会忘记的。

和：嗯嗯。

旁边的人：但是他天天来听，十多年没有缺席过一次。而且我们做仪式的时候，他也都在旁边看、帮忙。

曾：太不容易了！

3）杨记志

曾：您今年多大？

杨：五十八了。

曾：学了多久了？

杨：天天来学的。

曾：平时做不做东巴，为什么要来学呢？

杨：我是纳西族，害怕东巴经失传了。

曾：你儿子多大了，有没有来学呢？

杨：三十多了。

旁边的人：你还记得村里的东巴杨玉春吗？他就是他爸爸。

曾：哦！你们父子都在学啊？您儿子可是比你学得要好噢。

曾：但是，他现在去县城开出租车了，你就替他来学吧？

杨：是，他经常还回来做仪式的。

多年来，三坝乡中心小学也经常请吴树湾的东巴去给学生上课。开始请的是和占元老东巴，2009 年去世之后，他的学徒和树昆继续走进课堂，教五年级的孩子们学习东巴文。与丽江黄山小学不同，这里没有教材，也没有安排固定的课时。和树昆教授的内容与方式同在东巴夜校是一样的，只不过选择了一本常用的简单些的经书。每次上课抄一页在黑板上，让同学先抄写在本子上，然后带领大家反复朗读，以达到认字的目的。因为是针对十岁左右的孩子，也会对一些象形字的字形做出解释，帮助他们理解。由于这里的纳西母语还保持得很好，东巴教的氛围比较浓厚，所以学生学起来阻力更小。

通过对吴树湾村东巴学校的调查，以及对老人小孩的走访，我们能从中深刻地感受他们强烈的民族自豪感，以及对东巴文化现状的担忧。所以，当初东巴学校的倡议很快得到村民的认同与支持，在几乎没有任何回报的情况下，夜校每天晚上都会有学员过来学习。除了这些因素之外，我也相信大家确实从中得到了精神上的慰藉，获得了相当的愉悦。东巴经美妙的语言，富有哲理的经典故事，十分贴近村民的日常生活与感受，容易被人接受并形成共鸣，尤其是这里的村民大多是东巴教的忠诚信徒的情况之下。

第四节 东巴文记录日常纳西语情况的调查

东巴文创始于纳西族民间，除了用作记录经书之外，这种文字必然会与世俗的生活发生关系。前文详细考释了一本达祖村的人情账簿，那是 20 世纪中期，民族改革之前的材料。东巴文"从宗教走向世俗，从原始走向成熟"[①]的进程应该很早就开始了，而且从未停止。

但是，东巴文还不是纳西族的基本文字。一是掌握文字的人数还十分稀少，只有东巴会写会认。俄亚乡的大村是目前东巴文化保留最好的纳西古寨，2010年时，全村 1470 人，新老东巴共 23 人[②]，占比 1.6%。如果放大到整个纳西族，这个占比数还要再稀释十倍不止。二是文字使用的频率也很低。我们走访的东巴除了抄经书之外，平时亦很少用东巴文作别的用途。国家颁布制定的拼音文字基本限于丽江，而且使用率也不高，所以，纳西族还没有自己真正意义上的普通文字，汉字仍是通用的文字。这对于拥有东巴文、哥巴文两种自源文字的纳西族来说，既是遗憾，似乎也有点说不过去。

东巴文承载了纳西族丰富的传统文化，还有数量巨大的民族古文献，如果文字不能摆脱濒危的境地，所谓的文化保护就只能是空中楼阁。如果文字不能不能普及推广，纳西语的衰退会更加迅速。

如果要为纳西族确定一种基本民族文字，东巴文当然是不二选择。而且从民族情感来说，东巴文拥有普遍的认可。但是，东巴文要发展到全民通用的基本文字，还有相当的路程要走。除了前文所述应在教育推广工作上要做好之外，东巴文文字本身也有诸多需要规范、调整的工作。

本节将调查东巴文在日常使用中的情况，从东巴文逐步成为记录纳西书面语的基本文字的角度，考察它还存在哪些问题，以及如何规范文字的使用。

一、东巴文民间应用案例调查

为了更确切地了解文字的使用情况，我们设计了一份问卷，里面提供了几句日常句子、纳西谚语，还有几句较为书面语风格的语句。请四个地方的东巴

---

① 赵丽明：《从宗教走向世俗，从原始走向成熟——从白地、油米、宝山东巴文书等看东巴文的两大突破》，《语言学研究》2013 年第 1 期。
② 拙著《俄亚托地村纳西语言文字研究》，民族出版社 2014 年版，第 17 页。

作为调查人，分别用东巴文写出这些例句，然后进行比对。藉此考察不同人在文字使用中的差异，对东巴文的记录能力做出适当评估，并从中总结出一些文字使用的规律性办法。他们四位是白地吴树湾的和树昆东巴、东坝的习尚洪东巴、丽江的和力民东巴、四川泸沽湖达祖的杨兵玛东巴。

例句：

1. 我假如有钱，一定去卖一匹马。

2. 你家有几口锅？

3. 我应该帮他修房子。

4. 说过的话收不回。

5. 只有好好读书，娃娃将来才有出息。

6. 发展体育运动，增强人民体质。

7. 齐心协力保护、抢救、传承东巴文化。

8. sʅ³³ ndʐɑ³³gu²¹lɯ³³iə³³, tsho²¹sy³³dʐu³³diʷᵗ²¹ iə³³;
　　柴　湿　揸　重（助），人　杀事　大　（助）；

大意：湿柴揸更重，杀人孽最深。

9. tsho²¹sy⁵⁵zo³³d̠ʐʅ²¹bu²¹be³³le²¹do³³, ʐṳɑ³³khu³³zo³³tshe²¹xə³³be³³le²¹do³³。
　　人　杀　男　父亲　对待，　马宰男　朋友　对待。

大意：像对父亲一样地侍奉杀亲者，如对朋友一样地善待害马贼。

下面以每条例句为单位，将四位东巴所写的放在一起，便于对比评析。

1. 我假如有钱，一定去买一匹马。

1）和树昆

ŋa²¹ŋv²¹ky³³lɯ⁵⁵by²¹（iə²⁴），ʐṳɑ⁵⁵di²¹phu³³xæ³³。
我　银子有 假如 （助），　马　一　匹　买。

字释：

ŋa²¹，我。从人手指自己。

ŋv²¹，银子。银饰之状。

ly³³ko⁵⁵ndʐo³³，蔓菁菜。类似萝卜，其根圆而肥大可食。此处借其第三个音节表"有 ndʑo³³"义。

ɾi³³，牛虱。

py33，升，由量具引申作容量单位。

ʐuɑ³³，马。象形

diw21，大酒坛。假借作"一"。

pv²¹，烤（太阳）。

xæ33，买。从人持金。

2）习尚洪

ŋɑ²¹ŋu²¹dʑu³³ɑ²¹bi²⁴, ʐuɑ²¹ti²¹phu²¹xæ²¹ti³³。
我 银子 有 假如，马 一 匹 买 到。
字释：

ŋɑ²¹，我，手指自己。

ŋu²¹，银子，字像银饰。

dʑu³³，手镯。

py³³，升，量词。由量筒引申作容量单位。

ʐuɑ²¹，马。

ti²¹，大。字像大酒缸。

phu⁵⁵，支，字像一支角、双耳。

xæ²¹，金，像金饰。

ti³³，字源不明。

3）和力民

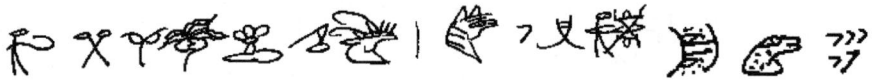

$ŋo^{21}tɕi^{55}iə^{33}ndʑy^{33}to^{33}be^{33}se^{55}$，$ʐuɑ^{33}ti^{33}me^{33}xɑ^{21}be^{21}dʑo^{21}uɑ^{21}$。
我　钱　有　假如　呢，　马　一　匹　买　要　会　是。

字释：

　$ŋo^{21}$，我，手指自己。

　$tɕi^{55}$，剪子。

　$iə^{33}$，烟叶。

　$ly^{33}ko^{55}ndʑo^{33}$，蔓菁菜。象形。借用最后一个音表"有 $ndʑo^{33}$"。

　$to^{33}mbɑ^{33}$，东巴。

　be^{33}，做，干活。

　se^{55}，岩羊。

　$ʐuɑ^{21}$，马。

　ti^{33}，一，数字。

　me^{33}，雌阴。此借作量词"匹"。

　$xɑ^{21}$，买，从人持金。

　be^{33}，带子。

　$dʑo^{21}$，壁虎。

　$uɑ^{33}$，五，数字。

4）杨兵玛

ŋə^{21}ŋu^{21}dʑu^{33}ŋo^{21}be^{33}，ʐua^{33}di^{33}kv^{33}xæ^{21}be^{33}。
我 银子有 要是（助），马 一 匹 买（助）。

字释：

 ŋə^{21}，我，手指自己。

 ŋu^{21}，银子，字像银饰。

 dʑu^{33}，搁物的架子。

 ŋo^{21}，臼齿。

 be^{21}，四季豆。

 ʐua^{21}，马。

 di^{33}一，数字。

 kv^{33}，蒜。借作量词。

 xæ^{21}，金，像金饰。

 be^{33}，法冠上的铁架。

评析：

第一，四人相一致的有"我、马、买"这三个词，"钱"三家是用的表银饰的""，其余的词写出来的字都不一样。相同率为21%—44%；

第二，四人写的字数不一。最少的是和树昆的 9 个字，和力民的有 14 个字。主要是语法差异的缘故，如和力民的后一分句有 3 个副词，表意更加细腻，而和树昆的连一个都没有；

第三，音近义同的词，借用的是不同的字。如"有 ndʑo^{33}"这个词，有、、三种。表"一 di^{33}"的词有、两种，等；

第四，词汇不同。量词"匹"有"kv33、me33、phu55、pv21"

四种；至于表"假如"义的情态副词，四家则完全不一样。

2. 你家有几口锅？

1）和树昆

nv³³u³³bu³³ze³³ly³³ky³³
你 家 锅 几个 有？
字释：

nv³³，字源不明。

u³³，超荐，像献饭。

bu³³，锅。

ze³³，生育之神。

ly³³，长矛。

ly³³ko⁵⁵ndʐo³³，蔓菁菜。类似萝卜，其根圆而肥大可食。此处借其第三个音节表"有 ndʐo³³"义。

2）习尚洪

na³³ʂu³³bu³³ze³³ly³³dʑu³³？
你家 铁锅 几个 有？
字释：

naɑ21，黑，藏文字形 ⼾（naɑ），与 ◢（黑）组合而成。

ʂu³³，铁，由斧头转意。

bu³³，锅。

ze²¹，生育之神。

351

丰 ly^{33}，长矛。

dʑu^{33}，手镯。借作表"有"。

3）和力民

nv^{33}iə^{33}ko^{21}bv^{33}ze^{33}ly^{33}dʑu^{33}le^{33}？
你　家　　锅　几口　有　呢？

字释：

nv^{33}，你。从 ，豆 声。

iə^{33}ko^{21}，家庭。从房 、、 声。

bv^{33}，锅。

ze^{33}，生育之神。

丰 ly^{33}，长矛。

dʑu^{33}，手镯。借作表"有"。

le^{33}，獐子。

4）杨兵玛

　nv^{24}bv^{33}ze^{33}ly^{33}dʑu^{33}？
你家　锅　几个有？
字释：

nv^{24}，从人，豆 声。

bv^{33}，锅。

ze^{33}，生育之神。

ly^{33}，长矛。

dʑu^{33}，搁物的架子。

评析：

第一，四家一致的是"锅、几个（口）"三个词，相同率43%—60%；这一组句子较简单，字数也最少，语法区别小，相同率高也属正常。

第二，词汇上，表"你家"的短语，四家完全不同；而表"有"义的词，有三种写法。

3. 我应该帮他修房子。

1）和树昆

ŋɑ^{21}kv^{33}nɑ^{33}thɯ^{33}kɑ^{33}kɑ^{55}dʑi^{33}zʅ^{21}ndər^{33}。
我 应该 他 帮助 房 修 要。

字释：

ŋɑ^{21}，我，手指自己。

kv^{33}，弯，像人低头。

nɑ^{21}，黑，藏文字形 ↗（nɑ），与 ◣（黑）组合而成。

thɯ^{33}，喝。

kɑ^{33}，借自藏文字符 ㄱ。

dʑi^{33}，房。

ɑ^{55}zʅ^{21}，猴子。借其第二音节表"修 zʅ^{21}"。

ndər^{33}，毡廉。

2）习尚洪

ŋa²¹thi³³dʑi²¹zʅ²¹æ³³mo²¹。
我 他 房 修 应该。
字释：

 ŋa²¹，我，手指自己。

thi³³，喝。

dʑi²¹，房子。

zʅ³³，拿，从人，（zʅ³³，青稞）声。

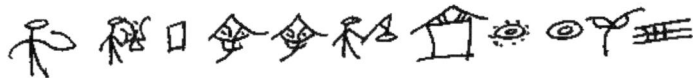 æ²¹，鸡。

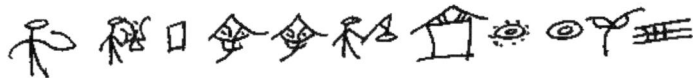 mo²¹，菌子。

3）和力民

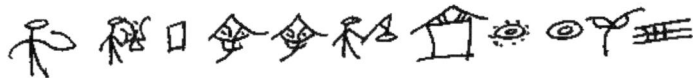

ŋə³³thi³³to⁵⁵pɑ³³pɑ³³be³³，dʑi²¹mɑ⁵⁵mɑ⁵⁵mɑ³³iə³³də³³。
我 他（助）帮助 （助），房 修理 给 应该。
字释：

ŋə³³，我，手指自己。

thi³³，喝。

to⁵⁵，木板。

bɑ³³me³³，青蛙。

be³³，干活。

[图] dʑi²¹，房子。

[图] mɑ⁵⁵，面粉。

[图] mɑ³³，酥油。

[图] iə³³，烟叶。

[图] də³³，毡廉。

评析：

第一，只有"我、他、房"三个词一致，相同率为27%—50%；

第二，语法不同。"应该"一词，和树昆置于谓语前，其他的放在句尾；和力民句用的助词多余其他几家。

第三，词汇不同。"帮助、应该、修"等的读音都不一样，字也不同。

4. 说过的话收不回。

1）和树昆

[图]

ɑ²¹mi³³ʂər³³ndzʅ³³kə³³le³³zʅ³³mə²¹thɑ³³。
出去 说 时候 上 来 拿 不 能。

字释：

[图] ɑ²¹，应答之声。

[图] mi³³，火。

[图] ʂər³³，哥巴文，借自汉字"上"。

[图] ndzʅ³³，倒挂，像人过溜索。

[图] kə³³，上、高。

[图] le³³，茶，字源不明。

[图] ɑ⁵⁵zʅᵗ²¹，猴子。

[图] mə³³，不。

⪥ tha^{33}，塔。

2）习尚洪

$\text{⪥ ⏢ 上 秊 ⪥ ⏢ ⏢   ⏢ 人 ⏢ ⪥}$

kə^{55}ʂʅ^{33}ʂə^{33}se^{21}me^{33}，ge^{33}le^{33}z̩u^{21}mə^{33}tha^{55}。
话　说　完（助），回来　拿　不　能。

字释：

⪥ kə^{55}，星。

⏢ tʂʅ^{21}，土。

上 ʂə^{33}，哥巴文，借自汉字"上"。

秊 se^{21}，完，字源不明。

⪥ me^{33}，雌。

⏢ ge^{21}，上、高。

人 le^{33}，茶，字源不明。

⏢ z̩u^{33}，猴子。

Ǝ mə^{33}，不。

⪥ tha^{33}，塔。

3）和力民

$\text{⏢ ⏢ ⪥ ⏢ ⏢ ⏢ ⏢ ⏢ ⏢ ⏢ 金}$

ʂə^{55}se^{33}me^{33}kə^{33}dzʅ^{21}zi^{21}，le^{55}tɕy^{21}zy^{21}mə^{33}tha^{55}。
说　完（助）话（助），回来拿　不　能。

字释：

⏢ ʂə^{55}，说。

se³³，岩羊。

me³³，雌，字源不明。

kə³³，星星。

dzʐ²¹，爪。

ʑi²¹，漏，蛋液流出之状。

le⁵⁵，獐子。

tɕy²¹，鸣。

ʑy²¹，绵羊。

mə³³，不。

thɑ³³，塔。

4）杨兵玛

ʂə³³ndʑi²¹me³³le³³mə³³ɹi³³。
说时候（助）回　不（助）。

字释：

ʂə³³，哥巴文，借自汉字"下"。

thuɯ³³dʑi³³，时候。用第二个音节表"时间 ndʑi²¹"。

me³³，雌。

le³³，茶，字源不明。

mə³³，不。

ᴉ33，牛虻。

评析：

第一，四家仅表"说、不"两词的字一样，其余均不同。相同率为18%—33%；

第二，句子繁简不一，表意精准性有差异，这是个人习惯的不同。

第三，同为白地乡的和树昆、习尚洪的差异明显要少于其余两位，说明方言也是决定着文字书写的效果。

5. 只有好好读书，娃娃将来才有出息。

1）和树昆

kv^{33}na^{33}the^{33}ɤɯ^{33}so^{21}na^{24}çi^{33}，le^{21}ky^{33}piə^{33}lo^{21}。
好好　书　学　应该，　以后　成　将。

字释：

kv^{33}，弯，像人低头。

na^{21}，黑，藏文字形 （na），与 （黑）组合而成。

the^{33}ɤɯ^{33}，经书。这里泛指"文化"。 （旗帜 the^{33}）， 是经书之形。

so^{21}，高，借自藏文字母。

çi^{33}，稻谷。

le^{33}，茶，字源不明。

tçy^{33}，鸣。纳西语音 k—tç 有对应关系。

piə^{33}，成功，字源不明。

lo^{21}，（黑）麂子。

358

2）习尚洪

the^{55}ɣɯ^{33}gu^{33}la^{21}lɯ^{55}so^{21}，ti^{21}sy^{21}piə^{33}da^{21}。

书　好好　来　学，　一　样　成（助词）。

字释：

 the^{55}ɣɯ^{33}，经书，从经书，旗帜（the^{55}）声。

gu^{33}，蛋。

 na^{21}，黑，藏文字形 （na），与 （黑）组合而成。

 ri33，牛虻。与 lɯ^{55} 音近。

 so^{21}，藏文字母。

 ti^{33}，大，字像大酒坛。

 sy^{21}，锡块之形。

 piə^{33}，像系在身上的某种配饰。

 da^{21}，织布器具。象形。

3）和力民

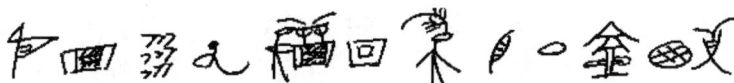

the^{33}ɣɯ^{33}kv^{33}na^{33}so^{21}tha^{55}，çi^{33}tçhy^{33}gv^{33}tha^{55}mu^{21}me^{33}。

书　认真　学 只有，　人　一样 好 可以 （助）。

字释：

 the^{33} 旗帜。

经书。

 go^{21}，九。

nɑ³³，黑。藏文字母。

so²¹，学习。

thɑ⁵⁵，木匣。

ɕi³³，人，从人（），稻（ ɕi³³）声。

tɕhy³³，黍。

gv³³，蛋。

thɑ³³，塔。

mu³³，簸箕。

me³³，雌。字源不明。

4）杨兵玛

gə³³be³³the³³ɣɯ³³so²¹，zo³³mi²¹ŋgo³³so²¹diæ²¹me³³。
只有   书   学， 子女 成   能干（助）。

字释：

gə²¹ɾər³³，弯。

be³³，四季豆。

the³³ɣɯ³³，经书。

so²¹，高。藏文字母。

zo³³，男儿。

 mi³³，女子。

 ŋgo³³，谷仓。

 diæ²¹，勇士，能干。

 me³³，雌。字源不明。

评析：

第一，四家表"书、学"两词的用字一致，相同率为：16%—22%。

第二，语法差异。"好好"一词，和树昆放在名词"书"前的句首，习尚洪、和力民放在动词"学"之前。各家助词用法也不同，造成句子字数的差异；

第三，词汇上，表"只有"义的用词几家都不同。

第四，同一个音用的假借字不同，如"kv³³nɑ³³ 好好"的第一个音节，四家用了四个不同的字；而"书"一词，四家有三家完全一样，只有杨兵玛的第二个音节ɣɯ³³ 的用字不一样。"经书"一词是东巴经的基本常用字，所以，各家写法也高度一致。

6. 发展体育运动，增强人民体质。

1）和树昆

tsho³³tsho³³ndʐə⁵⁵bv²¹ndæ²¹, gu³³mu³³lɑ⁵⁵lɑ⁵⁵lɑ³³ndæ²¹。
跳跳　　运动　　（助词），身体　　健康　　（助词）。

字释：

 tsho³³，大象。

 ndʐə³³，秤锤。

 bv²¹，炙、烧。会意。

 ndæ²¹，鬼牌。

gu^{33}，熊。

mu^{33}，簸箕。

lɑ^{55}，老虎。

lɑ^{33}，手。

2）习尚洪

fæ^{33}tʂʅ^{33}thi^{55}ʐu^{33}ʐu^{33}do^{33}，tse^{33}tɕhi^{33}ʑi^{21}mi^{21}thi^{55}dʐʅ^{21}。
发展　体　育运动，增　强人民　体质　。
字释：

fæ^{33}，去也。像两手摊开作完结状。

tʂʅ^{33}，义不明。从 、（tʂʅ^{t33}，代）声。

thi^{55}，刨子。

ʐu^{33}，羊。

do^{33}，木板。

tse^{33}，裂缝。

tɕhi^{55}，电。

ʐʅ^{21}，蛇。ʐʅ^{21}—ʑi^{21}语音有对应关系。

mi^{31}，火。

thi^{21}，刨子。

⊞ dzɿ²¹，土。

3）和力民

gu³³mu³³ly⁵⁵ly²¹ʂɿ³³be³³gv³³，ndʑi³³tsho²¹gu³³mu³³lɑ³³lɑ²¹dzɿ²¹。
身体 运功 事 做 好，人民 身体 健康 使。
字释：

gu³³mu³³，身体。

mu³³，簸箕，重复提示前字的第二个音节。

ly⁵⁵，中间。声符"丰 ly²¹"放在象征四方的圆圈之间，会意兼形声字。

ly²¹，矛。

ʂɿ³³，七。

be³³，干活。

ŋgu²¹，九。

ndʑi³³，豹子。

tsho²¹，大象。ndʑi³³、tsho²¹古音都是"人"的意思。

lɑ³³，虎。

lɑ³³，手。lɑ³³lɑ²¹，健康。

tʂɿ⁵⁵，骨节。

评析：

这句最初是白地吴树湾村院坝墙上的标语，由和树昆等村民构思书写。我把这句也让其他东巴自己来翻译写写。

第一，四家中，习尚洪用的是直接音译法，杨兵玛不能翻译。和力民与和树昆之间，只有"身体、健康"两词一致，相同率接近 40%。

第二，词汇上，纳西话没有表达抽象"运动"义的词。和树昆用动词重叠式"跳跳"来表示。习尚洪评价认为，用音近字"大象 tsho³³"，不如直接用本字" tsho³³ 跳（舞）"更加传神些。

第三，语法、造句的习惯也是造成用字差异的主要原因。

7. 齐心协力保护、抢救、传承东巴文化

1）和树昆

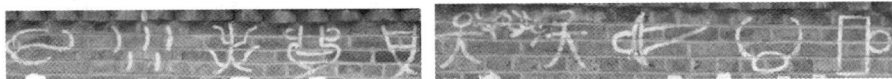

$\alpha^{21}u\alpha^{33}be^{33}\eta i^{33}me^{33}do^{21}do^{33}$，$u^{33}kha^{33}do^{33}mb\alpha33$
我们（助）心脏 相应， 汝卡 东巴

$the^{33}\gamma u\iuu^{33}t\underline{s}h\underline{ }^{33}$，$le^{33}phi^{55}z\vartheta^{33}m\vartheta^{33}\eta i^{33}$。
文化 这， 助词 丢 不能。

字释：

 α^{21}，应答之声。

 $u\alpha^{33}$，五。

 be^{33}，法冠上的铁饰。

 $\eta i^{33}me^{33}$

 me^{33}

 $do^{21}do^{33}$，两人相互对视，会"呼应"之义。do^{21} 是"看见"

之义，重叠表示"相互"态①。

 ʐ̩uᵗ³³，刀。ʐ̩uᵗ³³ 是汝卡音，纳西音 ɾi³³the³³。

 khɑ³³，角。

 do³³mbɑ³³，东巴。

 the³³ɣɯ³³（），经书。

 tʂhl̩33，悬、吊。

 le33，獐子。

 phi55，肩胛骨。

 tʂl̩³³，骨节。

mə³³，不。

ŋi³³，太阳。mə33ŋi33，不能。

2）习尚洪

kɑ⁵⁵kɑ³³lu³³lu³be³³，gu³³du³³phi³³mə³³tʂl̩²¹。
齐心 协力（助），文化 丢 不 难。
字释：

 kɑ⁵⁵，藏文字母变化而来。

 kɑ³³，藏文字母。kɑ⁵⁵kɑ³³，互相帮助。

 lu³³，缠绕。像绳子绕柱。

---

① 参看拙文《从象形文"重叠"造字法看重叠的语法意义》，《海南大学学报》2013年第 2 期。

lu³³，石头。lu³³lu³，紧紧环绕。

be³³，法冠上的铁饰。

gu³³，蒜。

du³³，"董"神。gu³³du³³，引申作"文化"。

phi³³，肩胛骨。

mə³³，不。

ndʐɿ^{w21}，坐。音近"tʂɿ²¹能"。

评析：

这一句也是吴树湾的标语。东坝习尚洪东巴认为写得不够好。首先是读起来每句长短不一，音律上缺乏美感。其次，作为另一个汝卡古寨的老东巴，觉得"汝卡东巴文化"仅是纳西东巴文化的一小部分，如果只发扬"汝卡东巴文化"就显得过于"小气"。老人家稍作思考，将这段话义译过来后，写下了以上两句，读起来确实上口。仅有一个词"丢"两家都借" phi³³，肩胛骨"字表达。

8. 古谚 1：

sɿ³³ndʐɑ³³gu²¹lu³³iə³³，tsho²¹sy³³dʐu³³di³³iə³³；
　柴　湿　揹重（助），人　杀　事大（助）；
1）习尚洪

字释：

sɿ^{t33}，柴。

ndʐɑ³³，惊、怕。字从 "（发抖），（犁辕木 ndʐɿ^{t21}）声。

gu²¹，揹子。

luɯ³³，牛虱。

iə³³，烟叶。

tsho²¹，大象。

sy³³，锡块。借作"杀 sy³³"。

khuɯ⁵⁵dy²¹，植物名。又作 ，因长满密集的仔，转义作"增 dzʮ³³"。此句借音作"事"。

di^{wt21}，大。像大酒坛。

iə³³，烟叶。

3）和力民

字释：

sʅ^{t33}，柴。

ndzɑ³³，惊、怕。

kv³³，蛋。

di³³，大。

iə³³，烟叶。

tsho²，大象。

sy³³，杀。

khɯ⁵⁵dy²¹，植物名。因长满密集的谷仔，转义作"增 dzʮ³³"。

评析：

前面 7 个句字都是口语、标语，在表述上，本来就存在个人说话习惯、文化程度的差异，何况还要经历汉语转译成纳西语，这都会增加之间的用字差别。所以，我请习尚洪东巴给我想两句家喻户晓的纳西谚语做例句，这样写出来的东巴文就能更精确地反映各家用字的差异了。很遗憾，和树昆对这两句谚语都没有印象，杨兵玛记得第二句谚语。

习尚洪与和力民二位所写高度一致，达到 80%。这在我预料之中，但是，这句纳西古谚在流播中，也不能避免出现分歧。

第一，用词上有一个不同，上句"柴湿揹重（助）"中的"重 lɯ³³"，在和力民那改成了"大 di³³"。从语言的角度，此处应该是"重 lɯ³³"，柴禾打湿之后，背起来就更重更吃力，用抽象的"大"字肯定不够准确。况且对句相对应位置也是"大"字，出句和对句同位重复，就是"失对"，显得不够巧妙。

第二，用字上，习尚洪也更加准确，不是简单只求音近，而是追求更精巧的"义真"。如上句"揹"字，习用了东巴文的本字　（gu²¹，揹子），树昆则假借了音近的　（kv³³，蛋）字。

第三，二位在写"湿 ndzɑ³³"字时，都用了音近的假借字"ndzʮ³³，惊、怕"，只不过习尚洪用的是形声字　，和力民是会意字　。从更加贴近词义的角度，其实东巴文不缺表示"湿"义的本字，　[谱 0130]、　、　 [东 0130]等都是表达"湿"的字，造字理据都是"泥土里进水变稀泥"，如果能用这个字，显然更加合适些。

9. 古谚 2：

tsho²¹sy⁵⁵zo³³dzʅ²¹bu²¹be³³le²¹do³³，ʐuɑ³³khu³³zo³tshe²¹xə³³be³³le²¹do³³。
人　杀　男　父亲（助）对待，　马　宰　男　朋友　（助）　对待

1）习尚洪

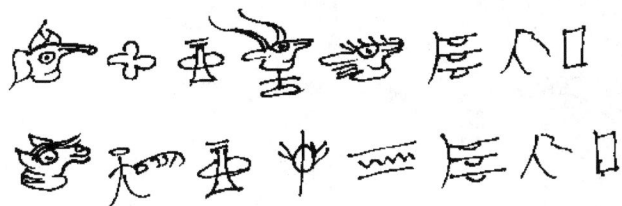

字释：

tsho²¹，大象。古语"人"。

sy³³，锡块。借作"杀 sy³³"。

zo³³，男儿。

ndzɿ²¹，犏牛。

bu²¹，猪。dzɿ²¹bu²¹，古语"父亲"。

be²¹，四季豆。

le²¹，茶。字源不明。

do³³，木板。借作"看 do³³"。

ʐuɑ³³，马。

khu³³，宰。

dze³³，麦子。音近 tshe²¹。

xə³³，牙。tshe²¹xə³³，古语"朋友"。

3）和力民

字释：

tsho²¹，大象。

sy³³，杀。

zo³³，男儿。

i³³，漏。

ndzๅ²¹，犏牛。

bu21，猪。dzๅ²¹bu²¹，古语"父亲"。

be³³，做。

le²¹，獐子。

do³³，木板。

zฺuɑ³³，马。

khu³³，宰。

tshๅ⁵⁵，山羊。

tshe²¹，从人，麦子。

xə³³，牙。tshe²¹xə³³，古语"朋友"。

be³³，做。

4）杨兵玛

 tsho²¹sy⁵⁵zo³³，三字写在一起作图画布局，是东巴经的书写习惯。

 gv²¹mbo³³，古语"父亲"。（gv³³ 熊），（mbo²¹，梁子）。

 be³³，四季豆。

 le²¹，茶，字源不明。

 do³³，木板。

 ʐuɑ³³khu³³zo³，tshe²¹xə³³

 tshe²¹，麦子。

 xə³³，牙。

注：杨兵玛开始写的是 ，即两句最后三个字读作"do²¹le³³dʑu³³"，而不是习、和的"be³³le²¹do³³"，意思上有差异。杨兵玛认为应该是"be³³le²¹do³³"，只是流传到这里后变了。

评析：

第一，三位所写在"人、马、朋友、对待"5 个音节上基本一致，相同率为 44%；而习尚洪与和力民二位一致性更高，达 62%。

第二，tsho²¹，古语"人"。三家都假借了同音字 （tsho²¹ 大象）。只有杨兵玛将"杀人的人"这个短语作图画式布局 ，习、和两位则依语序排列。年轻的杨兵玛反而保留了较为古拙的书写习惯。

371

第三，三家在谚语内容上稍有差异。和力民每句多出一个音节（第四个音节），杨兵玛的差异最大，最后三个音节为"do^{33}（宾语助词）le^{21}（助）dʑu^{33}（有、存在）"。三家谚语虽然大意一致，然而在流播中，语句已有改动。杨兵玛听过其他两家所写的内容后，认为自己学到的谚语语句不如他们好，所以又划掉重新写了那三个字。

总结对比四位东巴所写，反映出东巴文在使用中，有这么几个特点：

1. 用字相同率普遍不高。日常 5 句口语的相同率最低的只有百分之十几，超过半数的字是写得不一样的。除去语言表述的差异之外，文字的一致性还是比较小的。这主要是东巴文尽管同源，但各地还基本上处于独立发展的状态，彼此交流有限，个人对文字使用的习惯差异所致。但是，在对两句古谚的调查中，却有较高的相同率，达到了 80%。这可以说是个好消息，首先是提升了东巴文作为纳西族通用文字的信心，也为东巴文具备记录纳西语能力提供了有力佐证。

2. 带有明显的东巴经使用习惯的痕迹。东巴文的应用性文献的最大特征就是，文字依照语言单位的顺序来书写排列。字组是将记录短语的几个字，按照一定的位置关系，用图画式布局写在一起，而不是依照语序的前后关系作线性

排列的书写方式。这是东巴经所特有的，如例 5 习尚洪的 、例 7 和树昆的

、例 9 杨兵玛的 等。这几位调查对象本身就是东巴，在依语序书写过程中，难免不会把这一习惯用到其他地方来。

但是，毕竟不能像写东巴经那样去写字，而是要把语词尽量完整地写下来，于是，在一字一音的"规则"下，出现特殊的"补字"情况。 是经书之形，读作双音节（the^{33}ɣɯ^{33}），按照一个字一个音节的记录方式，于是在其前面添

加记录第一个音节的"（旗帜 the^{33}）"字。但是并不表示 字只需要读第二个音节 ɣɯ^{33}。东巴受图画布局的影响，在经书中写"经书"这个词的时候，

经常把 这两个字连写在一起 ，当成一个书写单位，字符"（旗帜 the^{33}）"用来提示读音，因为只是提示了 的第一个音节，学者们把这称作"部分标音"的形声字。但是，在一字一音的应用性文献中，却把它们分书成

两字。同样的情况还有 （gu^{33}mu^{33} 身体），（mu^{33}，簸箕）字是第二个

音节，写在 ⽂（身体）后面，但不表示前一字 ⽂ 的读音是"gu^{33}"。

本质上来看，"补字"现象其实是从图画式的稀疏字词关系向严格的一字一音过渡中的一种妥协。

3.用字规范尚待加强。东巴文在记录某些词语上已经形成了固定的字词搭配，各地东巴在书写这些词语时区别较小，如 ⼽（iə^{33}，助词）、⽂（tsho21，人）、⽂（di^{wt21}，大）、⽂（phi^{33}，丢）、几个（⽂ ze^{33}ly^{33}）等等。但是，更多的词语还没有形成较一致的用字，如："kv^{33}nɑ^{33} 认真"的第一个音节有"⽂kv^{33}，弯"、"⽂ŋgo21，九"、"⽂gu^{33}，蛋"三个写法；状语助词 be^{33} 有"⽂ be^{33}，四季豆"、"⽂ be^{33}，做"两个写法；"助词 le^{21}"有"⽂ le^{21}，茶"、"⽂ le^{21}，獐子"两个写法，等等。主要原因是东巴在选择假借同音或音近字的时候，由于个人习惯、方音差异等，会导致选择结果不同。

我们觉得，东巴文用字规范的首要任务，就是在选择用字上应该形成一定的标准。

第一，有本字的，尽量不要用假借字。如"跳"可用本字"⽂ tsho^{33} 跳（舞）"，而不用"⽂ tsho^{33}，大象"；"身体 gu^{33}mu^{33}"用"⽂gu^{33}mu^{33}，身体"，而不用"⽂gu^{33}，熊"；"学 so^{21}"用"⽂ so^{21}，学习"，而不用"⽂ so^{21}，藏文字母"；"看待 do^{33}"用"⽂ do^{21}，看见"，而不用"⽂ do^{33}，木板"；等等。

第二，统一同音假借字。这一点需要各地东巴加强交流，逐渐在用字选择上达成一致。而且有必要在东巴经各种形声字的基础上，整理出统一的，更加类化的形符、声符来组合新的形声字。如东巴文表人的字有很多，有 ⽂懒、⽂跪、⽂接、⽂逃等，但已经类化出抽象的 ⽂，并组合出了一批新的形声字 ⽂（xɯ^{21} 富）、⽂ xo^{21}（汉族）、⽂（ri^{wt33}bv^{33} 孙）等。

　　第三，通过词义的引申，可以扩大文字记录语言的范围，而不必为每一个新增的义项配备字形。如"内"有假借字"⌒ khv²¹，口弦琴"，又有形声字"木[谱 0168]"，形声兼会意字"囧"，以及汝卡的会意字"◎ko²¹，里、内"，这些字造意不同，但都有一个抽象的"内部"义，应该在词义引申的范围内得到统一，而不必同时使用这么多个字。

　　第四，可以借鉴汉字的"字族"办法。汉字的同源字记录的是一组具有共同词源的词，形成一个"字（词）族"，族内的各个字既有字形上的差异，如"戋"族字（钱、浅、线，等）用形符相区别；作为一个整体，又具有共同的特点可以与族外的字词划分开，如具有共同的构件——声符兼义符"戋"。

　　东巴文的文字系统及其文字制度还需要进行较大的调整，才能适应基本文字的目标。

二、东巴文作"国际音标"的用例

　　越来越多的学者已经逐渐认识到，东巴文是能够记录纳西语的。在我们的田野调查中，甚至发现它可以用作记录英语。白地吴树湾的年轻东巴和树昆向我们展示了自己几张小卡片，是来他家研究纳西文化的外国朋友教的几句日常用语，他用东巴文记下了读音，并有汉语、纳西语、英语对译。

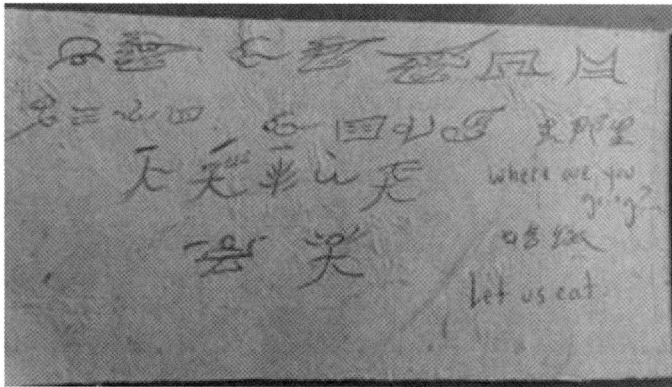

1. 英文：Where are you going?（去哪里？）

东巴文记音作：

字释及读音：

🔣xu²¹kha³³ 夜晚，"月亮 xæ³³tʂhu³³"（ 🔣 ）倒写，以相区别。这里去第一个音节 xu。

🔣 æ²¹，鸡。两字拼合作 xu，音近/wh/。

🔣 a²¹，应答之声。"ɑ"的开口度最大，与下一字的"æ"快速拼合，舌位有高低前后的变化，产生/ɑr/的音质效果。

🔣 ɑ²¹，鸡。

🔣 ʐu²¹，绵羊。

🔣 gə²¹，上。

🔣uə³³，寨。取前字声母，与 u 组合成/gu/

上面五字读作：/xu ɑr u gu/

2. 英文：Let us eat.（吃饭。）

东巴文记音作：

字释及读音：

🔣le⁵⁵，折断，树枝折断又未断开的样子。

🔣 rit³³，喊。"r"是闪音，带有一点爆破音效果，"iᵗ²¹"是紧元音，实际音质接近央元音"ə"，所以，整个音节读起来接近/thə/。比较有意思的是，此字的声母/ th/和第一个音节组合成，韵母/ə/和下一个音节组合成

🔣sl̩ᵗ³³，木、柴。

🔣i²¹，漏。蛋壳破裂，液漏之状。

🔣thiʷ²¹，喝、饮、吸。

上面五字读作：/le th ə s i th/

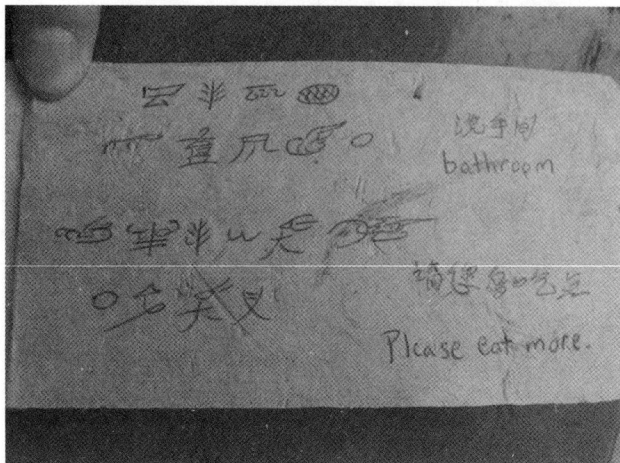

3. 英文：bathroom（洗手间）

东巴文记音：

字释及读音：

pa^{21}，字源不明。

$s\eta^{33}$，木、柴。只取声母。

$z\underline{u}^{21}$，夏。由"雨 $x\underline{u}\mathrm{w}^{21}$"转义。

mu^{21}，簸箕。只取声母。

上面四字读作：/pas um/

4. 英文：Please eat more.（请多吃点。）

东巴文记音：

字释及读音：

phv^{33}，冒出。

$ma^{21}li^{33}ko^{33}lo^{33}$，法轮。这里取其第二个音节 li^{33}。

$s\gamma^{133}$，木、柴。前三字拼合作/phvlis/。

i^{21}，漏。蛋壳破裂，液漏之状。

thi^{21}，喝、饮、吸。与前一字拼合作/ith/。

mu^{33} 没有、不，字源不明。音近/mo/。

$æ^{21}$，鸡。与前一字拼合作/moæ/，通过元音舌位的变化，产生卷舌的音质效果/mor/。

以上七字读作：/ phvlis ith mor/。

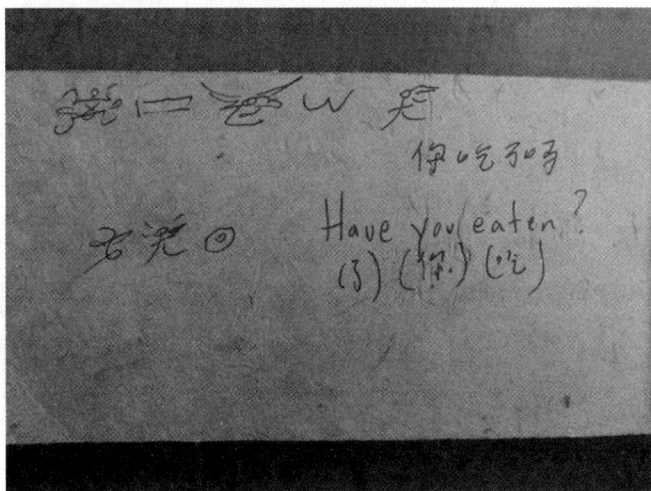

5. 英文：**Have you eaten？**

东巴文记音作：

字释及读音：

$xæ^{21}$，金。

v^{33}，房梁。

zu^{33}，绵羊。

i^{21}，漏。蛋壳破裂，液漏之状。

thi^{33}，喝、饮、吸。

以上五字读作：/xæ²¹v ʐu ith/

这几句东巴文记英语的例句中，有类似古汉语的"反切"记音的手法，即用两个字来给某个字注音。方法就是取前一个字的声母、后一个字的韵母来组合，给被注字注音。非常巧合的是，汉字也是在佛经的翻译过程中，受外来梵文的影响，遂发明了反切注音。反切注音的前提是古人已经对汉字的音节有了声、韵、调的概念，才有了对一个汉字音节内部的拆分。而用单音节的东巴文去记录多音节的英语，也是建立在对东巴文单字音节的区分之上的。事实上，东巴们很早就有用东巴文给藏文切音的用例[1]。但是，英语是没有调位（声调变化）的，所以，用东巴文切其他语言时，要把纳西语的声调过滤掉，再增加一些变调符号帮助记音。

和树昆用东巴文记录藏文字母表。

三、东巴文在社会、商业方面应用的案例分析

丽江拥有众多文化遗产。除了丽江古城、三江并流两项世界文化遗产，2003年8月，纳西东巴古籍文献被联合国教科文组织列入世界记忆遗产名录。此外，丽江还拥有国家级非物质文化遗产项目2项(东巴画、热美践)。这些具有鲜明地方特点和民族特色，有较高历史、文化的民族文化与一经与旅游产业结合，就创造了著名的"丽江模式"，被各地学习与效仿。随着丽江旅游业的日益火爆，非物质文化遗产的境遇十分堪忧，突出表现在一些非物质文化遗产项目越来越呈现出表演化、庸俗化、商品化的趋势，甚至出现了借"非遗"之名欺骗游客、收敛钱财等恶劣现象，这些现象和行为不但严重败坏了丽江的声誉，也恶化了非物质文化遗产生存与传承的环境[2]。

---

[1] 和继全：《东巴文切音字的再发现及其特征》，《民族学刊》2013年第2期。
[2] 杨杰宏：《丽江古城：盛名之下的困局》，《中国文化报》2010年4月13日第5版。

作为世界上惟一活着的象形文字，随着丽江旅游、文化的发展，东巴文字的应用日益广泛。同时也为丽江旅游文化注入了鲜明的地方民族文化特色。但是，由于多种原因，东巴文字的应用在书写、使用方面却有不正确、不规范，甚至是胡编乱造等诸多问题存在。不仅不利于东巴文字的推广，也给丽江旅游形象带来了不良影响。

我们在丽江市黑龙潭公园正门一百米内随便一看，就发现不少店铺门匾上东巴文使用的问题。这里，选择其中几块作简单评析。

1. 吉利铺小吃

东巴文写作：

字释：

$lo^{55}nd\varphi i^{21}$，洛吉，地名。字从 ▭ （地），⌒（lo^{21}，（黑）麂子）、⌒（$nd\varphi i^{21}$，水）声。这里取第二个音节"$nd\varphi i^{21}$"。

，$ri^{33}s\eta^{33}$，箭。取第一个音节。

，phu^{21}，逃跑。此字易与 ⌒[谱 0586]（bv^{21}，匍匐、驼背）混同，又作 ⌒，像人逃跑之状。

，$t\varphi i^{55}$，剪刀，假借作"小 $t\varphi i^{55}$"。

，$nd\varphi\eta^{33}$，吃。又作 ⌒、⌒。

评析：

这是一块与纳西语没有关系的牌匾，尽管使用了东巴文字，只是借用了东巴文的读音对译汉字的音读而已。"吉利"、"铺"完全是汉语的借音；"小吃"也是照搬汉语该词的结构，用纳西语对应的词来替换，可称为"音译加半意译"。也就是说，一个纳西人即便能把这几个东巴文念出来，也不会明白它的意思，因为纳西语中就没有"吉利、铺、小吃"这三个词。

2. 三川驴肉馆

东巴文写作：

字释：

, si^{w33}，三。

，自造的文字。由天、湖两部分，可能是意指"广阔的湖水"。

， do^{21}mbv^{33}，驴。

，çi^{w33}，（瘦）肉。

，nd$\mathrm{z}\underline{\mathrm{1}}^{33}$，人神之媒。又引申为"官"。

评析：

"川"在汉语中是"大江"的意思，而纳西语中"海子xɯ^{33}"和"江河 ndʑi³³"是不同的。因此，用 ⬛字对译汉语"川"字也不准确。再说，"三川"是古汉语词汇的遗留，现代汉语里，数词和名词之间需要加量词，纳西语法又有严格的量词，所以，⬛⬛二字让人无法理解。此外，用⬛（官）字对译汉语的"馆"字，也完全是借音。下图的"一心堂"用"⬛（一）、⬛（心）、⬛（厅堂）"三个东巴文对译，犯了"三川"一样的错误。

3. 腾冲饵丝

"腾冲"二字写作：

字释：

 mbɚ²¹，（水）沸。

 pi³³，漂。

评析：

地名的翻译，一般都采用直接音译的方式。这块匾却从东巴文中找到两个与汉语"腾、冲"意义上有点联系的字，既无语音上的对应，意义上也完全与地名"腾冲"无关。腾冲名字的由来，西汉时候被称为"滇越"，又名成象国。唐代时候腾冲和腾越交替称呼，现在还能见到腾越的招牌。也就是说，腾冲是由腾越改过来，而腾越又是"滇越"语音演化的结果。"腾冲"完全不是当地"地热温泉腾空上冲"的意思。

4. 瑞安客栈

东巴文写作：

字释：

，mba²¹ly³³，花蕾。

，tɕi⁵⁵kha³³，马鞍。

，bər²¹，客人。

，uə³³，寨子。

评析：

汉语"瑞安"有"吉祥安康"之意。如果说，用（花朵）寓意吉祥尚

可的话， "tɕi⁵⁵kha³³马鞍"与"安康"一点关系没有，很明显，是用汉字的

"鞍"谐音"安"：用一个东巴文的象形字所向之物的汉语读音，来谐一个汉
字的音，我不知道，绕了这么大的一个圈，跟东巴文还有半点关系没有？此外，

"客栈"也不是"客人住的寨子"之义，用字肯定不合适。

上举几例可以看出，东巴文在商业使用中，还仅仅是一个装点门面的作用，
完全没有遵循翻译的基本准则。文字翻译不是简单的字词对换，首先是语言上
的转换，既是思维模式的转译，还要符合翻译者的语法规范，当汉语招牌被翻
译成可以理解的纳西语后，才能用东巴文记录它。

2012 年，古城区曾组织联合调研组对丽江古城及周边门店标牌使用纳西
东巴文字的情况进行了抽样调查。在抽样调查的 700 块纳西东巴文字广告招牌
中，经专家和东巴鉴定，正确的仅有 35 块，正确率仅为 5%；值得商榷的有 17
块，占 2.4%；错误的有 648 块，占 92.6%。

东巴文字的不规范使用情况引起了社会各界的关注。2012 年，丽江古城
区政协委员提出了"务必规范丽江古城内东巴文字使用"的建议，古城区政协
把建议列入年度调研课题，在古城区政协民宗委牵头下，古城区政协、文广局、
城市综合执法局、大研古城管理所和丽江市东巴文化研究院、丽江古城保护管
理局以及民间东巴参加，开展联合调研，掌握了丽江古城的东巴字应用情况。
2013 年，为纠正东巴文字使用中的错误，古城区召开专题会议，组成工作组
着手编撰《丽江市古城区纳西东巴文广告用字规范手册》，规范东巴文常用广
告用字书写、汉文和东巴文互译原则、标准以及翻译方法，该书的编撰也为下
一步颁布及执行《丽江市古城区关于东巴文广告用字使用规范的办法》提供了
依据。

我们应该鼓励民间多使用东巴文，这是传承文字的必由之路，但是，也要
坚决反对并制止对文字的滥用和错用。

第五节 东巴文师承危机的分析及对策

　　丽江是纳西族最大的聚居中心，也是纳西族的经济文化中心。丽江古城于1997 年成功申报世界文化遗产名录之后，丽江一跃成为中国乃至世界最有影响力的旅游城市之一。然而，旅游开发下，曾经的纳西文化中心失去了传统文化的物质载体，下一代生活在被扭曲的传统文化当中①。东巴文化元素成为旅游展演的商品，呈现出同质化、碎片化、庸俗化、城镇化等变异②。

　　其实，早在旅游开发之前，丽江的东巴文化已经十分濒危了。改革开放后，丽江曾于 1983、1999 年举办过两次东巴文化盛会，邀请各地的东巴来参会交流。1983 年时相当数量的大东巴还健在，到 99 年时在世的已经大大减少，其中高水平的东巴十分有限。后继无人的局面之下，老东巴却在加速离世。"2001年我们统计的原丽江县境内，75—92 岁的东巴有 18 个，近两年已去世 7 位。一直以延请高水平大师级东巴著称的东巴文化研究所，如今无一位东巴。"③

　　东巴文化日益衰落与变异，东巴经、东巴文的师承危机是其中最重要的两个方面。我们首先分析东巴经及其文字日渐式微的表现和原因，进而从语言文字的角度谈谈对东巴文的保护与发展问题的思考。

一、东巴文已经成为濒临灭亡的文字

　　2010 年国家社科重大项目有一项关于西南地区民族古文字濒危问题的课题，东巴文赫然在列其一。城市的经济发展对东巴文化形成了冲击，实际上，远离旅游市场的偏远古寨，也面临着传统文化衰退，东巴师承难以为继的危机。

1. 东巴经、东巴教在逐渐失传

　　纳西族笃信东巴教，但是不同的地区情况有所区别。我们曾对东巴文化保存最为原始的俄亚乡做过调查，以下这几个方面表现明显。

---

　　① 廖冬梅、张诗亚：《丽江的旅游开发对传统纳西文化传承的影响》，《民族教育研究》2006 年第 4 期。
　　② 杨杰宏：《多元互动中的旅游展演与民俗变异——以东巴文化为例》，《民俗研究》2013 年第 2 期。
　　③ 和力民：《试论东巴文化的传承》，《云南社会科学》2004 年第 1 期。

　　首先，东巴的数量不如从前，且年龄结构不合理。四川木里县俄亚乡是目前保留东巴文化最完整的纳西古寨，全乡共有 50 位东巴，乡政府所在地大村的数量最多，大村现有东巴共 23 位，70 岁以上的 4 位，50～70 岁段只有两位，30～50 岁段有 13 位，其余 4 位在 30 岁以下。由于历史的原因，造成了大村东巴结构上的不平衡，70 岁以上的东巴已经年老体弱，或脑子不清，或听觉退化，基本不能再主持仪式和带徒弟了；50～70 岁是东巴黄金的阶段，经验和能力都在最佳，可是人数有限，只好让 30～50 岁段提前担当了主力。存在的问题是，比起他们的师父来，这一层的东巴们普遍在功力上差了不少，$la^{55}bu^{33}$（那布）面对着才去世的父亲留下的 207 本经书一直感到遗憾，因为自己能读下来的不到一半，能用在仪式上的就更少。大村的祭天仪式曾经远近闻名，前几年乡政府想把这一古老仪式恢复起来，后因各种原因而不得不放弃，将来恐更难恢复到原来的样子了。

　　东巴加若（图左），2019 年去世，享年 86 岁；杜节委布（图右），87 岁，耳朵聋了，很早就不能带徒弟做仪式了。

基册戈土（左二）东巴在卫生院一边输液，一边给我们翻译经书。两个月后因胃癌去世，享年70岁（2009年）。

木瓜林青（右），世代东巴，2016年去世，享年82岁。

　　其次，东巴经大量失传，仪式变得既少又简单。过去一个东巴要会念几百本经书，做各种仪式。俄亚只有卡瓦村的由丁家超过 400 本，其余大多为 100 到 200 本左右。大东巴基册戈土去世后，留给儿子那布 207 本经书，那布常有愧疚之感，因为他能读下来的不到一半，会做的仪式更少。祭天是纳西族最重要的仪式，过程十分复杂，所用的经书也很多。在各地陆续失传的背景下，俄亚的祭天仪式曾以正宗、完整而远近闻名。如今，祭天已经好多年不做了，一是会做仪式的老东巴干不动了，二则需要的准备工作很大，村民们似乎并不十分上心[①]。

　　20 世纪 30 年代，李霖灿曾深入中甸县洛吉乡的中村，收集到 49 个汝卡字，以此认为汝卡地域"可能为象形文字之原始地域"[②]。我们这几年每次去俄亚，都要经过李霖灿几十年前到过的洛吉，也专门去中村考察过那里的东巴传承情况，非常遗憾，村里已找不到东巴经书，最后一个大东巴也于几年前去世，东巴经也不知道流失到哪里了。也就是这个曾经非常著名的东巴村，如今已经彻底失传了。

中甸洛吉乡。

近年来，一些东巴已经失传的村子，通过到外村拜师学习，逐渐开始恢复

---

　　① 2019 年 1 月，作者正校对书稿中，英扎东巴告知，经多年努力，俄亚大村将恢复祭天仪式。

　　② 李霖灿：《么些象形文字字典》，文史哲出版社（台湾）1972 年版。本文引自其中的字形前，标以[典＋序号]。

东巴教的祭祀活动。笔者在俄亚大东巴基册戈布家里翻译经书期间，多次遇到旁边苏达村的年轻东巴 ke^{33}ʂɤ^{33}nu^{21}tçi^{33}来学习。他说，村里的老东巴都已经去世了，自己只有来大村拜师，才能够把村里的仪式进行下去。英达次里也带着克孜村的小东巴在学习念东巴经和做法事。

东巴文主要用于记录东巴经，东巴宗教活动的简化甚至失传，势必让这些仪式中使用的经书荒废，对东巴的需求降低，进而减少对东巴文的使用。

2. 纳西母语不同程度地流失

纳西族地区学校都是双语教育，由于各种原因，越来越多的纳西人已不会说纳西话。在旅游业开发以前，丽江古城居民 80% 以上为纳西族，且日常交际语言以纳西语为主。而现在留在古城中的原住民不足原来的一半，大量居民外迁，各地商户蜂拥而至。古城居民主体的置换带来的是文化的置换、变异。纳西话现在逐渐被普通话替代，大多数纳西人都不会说纳西话。丽江古城白马龙潭小学有 960 个学生，其中纳西族学生 570 个，但其中只有 110 个学生会说纳西话，认识东巴文字的人更是寥寥无几[①]。云南民族大学与丽江合办了一个"纳西族语言与东巴文化本科班"，面试中有一个环节就是要求用母语对话，将近一半的人不会讲自己的母语。

流失的另外一种情况是，在保留纳西语相对较好的地区，其语言中的词汇正在快速被其他语言中的词语替换。中国科学院 20 世纪 50 年代曾派出调查组来滇川地区做过纳西语调查，制作了含 1000 条常用词的附表[②]，我们亦用此表对俄亚、达祖、白地做了调查，情况如下表：

	俄亚	白地	达祖
掌握的纳西词	887	832	774
淡忘的纳西词	6	57	95
完全为汉语借词替换	7	11	31

三地百姓日常都是用纳西语对话，其中俄亚由于与外界交往稀少，村民中只有少数人会懂汉语，所以保留母语情况还完整；白地与外界接触较多，一些词语也会常用汉语借词替换，导致纳西词逐渐淡忘。这种情况在与外界交往更为频繁的达祖表现愈加普遍，甚至连较为常用的时间词"春、夏、秋、冬"都早已遗忘，完全用汉语借词替换了。

文字有字形、字音和字义，记录的是语言中的词语。如果语言发生了转变，

---

① 杨杰宏：《丽江古城：盛名之下的困局》，《中华文化报》2010 年 4 月 13 日第五版。
② 需要除去其中约 100 个政治方面的汉语借词，总数为 900 条。需要注明的的是，我们调查的对象都是当地五十多岁的纳西人，年轻人的语言情况会更加令人担忧。

文字就失去了作用。东巴文中 17% 的单字是形声字，其声符与语音直接联系。文字在记录口语语言时，还有高达 85% 以上的假借，所以，纳西语母语的衰退，将使得东巴文徒具一副空壳，丧失记录语言的功能。

3. 纳西传统文化的衰退，割裂了东巴文与东巴文化的联系

东巴文是记录东巴经的文字，字形保留了古代文化的很多信息，本文第二章的"文字研究"，从现实生活、宗教等方面做了具体描述。而且，古代的宗教祭祀活动逐渐演变为今天诸多的民俗活动形式，依然不同程度地活跃在民间的日常生活及节日之中。所以，如果具有比较完整的传统文化背景，学习文字过程中，对东巴文字所表示的字义理解起来要更加透彻，东巴文的读音、字形自然也记得牢靠些。反之，如果语言已经忘记，又没有在文字所描述的环境中生活过，东巴文字的学习就只能停留在表层，依靠的是死记硬背，过程会显得枯燥乏味，学习的效果自然不会太好。

廖冬梅博士通过丽江兴仁小学、白地小学两地五年级学生的调研，特别是请他们分别画出心目中的"二月八"节日，比较后可以明显反映出，在丽江孩子心中，这个纳西族十分重要的节日是不完整，甚至是扭曲和错误的[①]。为了进一步了解文化环境在文字教学效果上的表现，2013 年冬季，我们来到东巴文化教育办得不错的丽江黄山小学，和东巴文化保留得相对较好的白地小学，在两校选择六年级的学生参加我们的问卷测评。

白地过的"二月八"是以祭祀自然神"署"为主题，而这一天在丽江，大家祭祀的是另一位被称为"三多神"的"三朵节"。我们问卷中有一个问题，"参加过哪些纳西族的节日？东巴经中的哪些故事是你最喜欢的，为什么？"

丽江学生都选择了"三朵节"、祭天两项。然而也有不少回答了在东巴经中根本没有的关于"木天王"的故事，看来是弄混了。反过来，白地学生回答的内容多得多，包括"二月八"、祭天、烧天香等，人物有崇仁丽恩、东巴什罗、阿明什罗、白蝙蝠、"署"神等神灵。可以看出，白地日常的民俗活动要更加丰富。

丽江黄山小学的学生已经学了二年半的东巴文化课程，能认识的东巴文大约有 50 个；白地学生学的时间要短些，一般能认识 100 个左右。

为了客观地反映两地学习东巴文的效果，我们选择了祭天仪式经书中要涉及到的 5 个东巴文字形，请他们写出这几个字的意思。

---

① 廖冬梅、张诗亚：《丽江的旅游开发对传统纳西文化传承的影响》，《民族教育研究》2006 年第 4 期。

	白地（15 个学生）	丽江（15 个学生）
东巴教祖	全部正确。	4 个答"老东巴"，11 个答"不会"。
吃人的女鬼	11 个正确,4 个"不会"。	3 个答"女生成人礼"，12 个答"不会"。
署，自然神	全部正确。	2 个答"篝火",1 个答"抓鱼"，其余答"不会"。
除秽仪式	3 个答"烧柴"，12 个正确。	3 个答"制造钢铁"，2 个答"烧东西"，其余答"不会"。
家神	全部正确。	11 个答"酒（水）杯"，其余"不会"。

分析：

字是东巴教的教祖，东巴经常见，民间流传了很多他的故事。而且该字是从 ， 、 声（什罗）的形声字。说明丽江学生对这个人物不熟悉。

画一手持镰刀、麻袋，身背棍棒的女鬼。东巴什罗奉命去降服她先用缓兵之计娶她做了第一百个妻子，后才杀了她、丽江学生答"女生成人礼"，只看出画的是女性，完全不知道这个故事。

署神，管自然的龙王神。丽江学生完全不知道这回事。

除秽仪式。纳西族在家中经常要点燃柏树枝扫除秽气。丽江一般家庭早已不做这个仪式了。

家神。是一种竹编的小篓，把象征着家庭成员的木片放在里面，摆在火塘旁立柜的最高处。丽江已经几乎不用火塘了，立柜也很少，家神更是少见了。

东巴文字与自然、人文环境密切相关。文化背景不同，对文字的认知、理解大不一样。东巴文字的学习，必须在教学过程中让学生实地观摩传统文化现场，体会先民造字时的生活状态，才能形成文字的"图像"信息，帮助大脑的理解，否则，字形只是一些看不懂的、繁复的线条，增加大脑的记忆负担，这不仅降低了学习的效率，也会打击学生的学习兴趣。

二、东巴文作为纳西族通用文字的思考

长久以来，东巴文被当地的汉人讥讽为"牛头马面"[①]，大约明朝时丽江的木天王也是没有信心来推广自己民族文字的。今天走在丽江街头，我们随处可见用东巴文写的牌匾、门楣。在白地吴树湾，墙上刷写的标语口号也是东巴文。但是，目前还没人用东巴文来写作出版，我们采集到的不少地契、人情账本、日记等文献，有的才过去几十年，后人已经不能明晓其义。主要是因为东巴文具有强烈的地域性和个人色彩，除去方言的差别外，同一句话，不同的人可以用几乎不同的字形写下来。那么，作为"东巴文化符号"的东巴文，是否能够承担起纳西族通用文字的作用，我们又该如何保护。我们有这么几点看法：

1. 东巴（象形）文适合纳西语

语言与文字是用于交际的结构系统，一种语言可以没有文字，但是文字必须是一定语言的文字。一种语言选择哪种文字，是由语言本身的特点，以及文字能多大程度地满足记录语言的功能来决定的。纳西语属汉藏语系藏缅语族彝语支，语素以单音节为主，声调起区别语义的作用，语序是主要的语法手段，没有屈折语那样的形态变化，这些特点都与汉语十分相似。汉字之所以没有转向拼音文字，语言的特征是起决定作用的。

历史上纳西族除了东巴文以外，还出现过其他几种文字。丽江的维西、鲁甸地区的东巴喜欢逐字逐句地记录经书，因为多数东巴文字源已经不明，加上书写的劳动量太大，大约在清代时又创造了一种称为"哥巴字"的音节文字，字形多数来自东巴文的简化，还有一些借自藏文、汉文等其他民族文字的符号。哥巴字虽然书写简单，但是同音不同形的字数目很多。

1957 年，为了贯彻中央关于"帮助尚无文字的民族创制文字"的指示，国家民委经过语言调查后，根据各民族语言的特点，用拉丁字母为许多民族创制了拼音文字。新创拼音文字在当时的扫盲以及后来的民族教育中确实起了一定的作用。但是目前无论在使用范围还是民族认同上，拼音文字的前途并不被

① 李霖灿：《么些研究论集》，台湾故宫博物院 1984 年版，第 58 页

广泛看好。大家从民族文化的角度，高度认可东巴文。

单音节的东巴文特别适合单音节为主的纳西词汇，缺少词形（语音）变化的句法，也不需要拼音文字。因此，从语言结构、语言态度、宗教环境方面来看，东巴文都发挥了不可替代的功能。

2. 需要整合政府、学界、东巴三方力量，对文字、及其语言进行整理与规范

东巴文书写效率太低等自身问题也制约了文字的推广。由于没有经过"文字整理"的阶段，东巴文字形图画性比较强，可以用少量的文字组合很长的语言段落，有大量的异体字、异构字等，这一系列最为比较文字学所看重的特征，恰恰成为东巴文作为全民通用文字的重重阻碍。汉甲金文也有较强的图画特征，可以推测，在甲骨文时期之前，也曾靠字与字之间的置向关系来表意，后来才转向依靠语序这一语法手段的。汉字发展到战国文字阶段，因为异体、异构、讹变等原因，各诸侯国之间的文字差别更大。秦始皇统一中国后，采取的"书同文，车同轨"政策，是第一次较大规模的汉字整理工作。历代王朝也极为重视文字的整理与规范，修撰了很多的字书、字典。所以，尽管古今汉语的语音、词汇发生了不小的变化，汉字都顺应了这一发展过程。

东巴文一直是处于民间的底层。记录丽江木氏土司五百年家族谱系的《木氏宦谱》没有用东巴文，而是用汉字书写的。历史上，纳西首领对其他民族宗教文化采取包容并蓄的积极态度，虽然他们也信仰东巴教，却没能对自己的文字做过大力推广与整理，这不得不说是件很遗憾的事情。

新中国成立以来，国家语言文字委员会制定并实施了汉字的"定形、定音、定量"的"三定"工作。整理规范了汉字的异体字，确定了字的读音以及常用字的数量，汉字成为全民使用的方便的交流工具。

如果要推广东巴文字，首先，必须要对东巴文的异体字进行归并，确立一个基本的字形；然后，对一些符号化进行得不够彻底的单字做适当的简化，在保留"造字意图"的前提下，尽量让字形简单，在好写与好认之间达成一种平衡。最后，东巴文单字总数约 1400 个，其中还有近 200 个"仪式性文字"，这些字一般都是记录多音节的语段图画字，在日常记录口语中很难用上。现在，汉字常用字约 4000 多个，所以，用仅仅一千个字的东巴文来记录纳西语肯定是不够的，必然要大量使用假借法。汉字在各个时期都通过大量生产形声字来解决了这个难题。目前，东巴文在形声字创设出来之前，需要为假借字作出规范，约定哪些词借用哪个同音字来表示，不致各自为政、莫衷一是，给交流带来麻烦。

此外，一个较有影响的纳西"普通话"，是确立纳西语基本文字的前提。汉族历来方言分歧很大，之所以能用一套汉字系统在各地使用，与先秦即逐渐确立的普通话"雅言"有很大的关系。汉语历史上很早就形成了"普通话"，文字所记录的书面语才能在不同方言区的人们之间起到沟通的作用。可以说，汉字一直都是以记录"汉语普通话"作为主要职责，离开了普通话，汉字就不是今天的样子了。纳西族分布在川滇藏交界地区，这里山高林密，交通十分不便，纳西方言差异较大。文字是记录语言的工具，必须确立一种纳西的普通话，文字的推广才有基础，否则，两地方言不通，文字中的表音成分便无法交流。丽江是纳西族聚居的文化经济中心，丽江话是使用人口最多的纳西方言。可考虑以丽江话为基础方言，吸收各地纳西方言的词汇、语法、语音，确立一个通用的纳西普通话，推广到其他纳西地区。

在字形和纳西普通话基础做好后，应该出版一批东巴文编写的通俗读物，鼓励民间学者使用东巴文来出版各类文学作品。

3. 东巴文需要借助信息技术来促进自身发展

东巴长期沿袭的是父传子的师承制度，东巴文只在少数人当中使用与传播，加上各地东巴交往很少，因此文字千差万别。作为一种民族通用文字，必须确立语言中词语与字形的对应关系，剔除冗余部分以控制记忆总量。同时，字形要尽量在保持原有象形特征的基础上，力求笔画简单易写。显然目前的东巴文还不能胜任这些要求。

汉字是由宗教文字①扩大至社会其他功能之后才得到快速发展的。纳西东巴文一直很神秘，尽管后来也有个别东巴开馆授徒的形式出现，父子相传的规矩有所松动，但一般人还是很难有机会学习和使用东巴文。这种方式其实很不利于东巴教和文字的传承。东巴学习的过程中，大部分就是死记硬背师傅教授的经文，对于字源等问题不想也不需要知道，所以，在经文内容的理解、字的构意等方面极易出现偏差和错误，以讹传讹在东巴的学习中十分普遍。

任何文字本身都需要经过定形、定音和定量的整理之后，才能在社会更好地流通。东巴文必须被更多的人在更广泛的领域使用，而且这种使用不能是孤立地进行。各类文字使用中发生的信息能够迅速有效地传播，比如关于某个字的正确字源能够迅速纠正因理解错误而导致的错写；那些如何在众多异体字中筛选标准字形的工作，也只有得到大多数人的认可与习惯之后，才能自然地确立标准字形的地位。

---

① 甲骨文由少数参与祭祀的人员记录，极少用作其他的文献，所以可以看作是与宗教密切相关的文字。

　　近年来，纳西族地区开展了形式多样的文化传承活动，比如丽江定期举办了很多期东巴培训班，给来自各地的东巴讲授仪式、仪规等知识；白地各村建了东巴传习馆，以夜校的形式，请村里的东巴对所有感兴趣的村民培训，教他们念诵东巴经书和书写文字；在条件好一点的地区，东巴还走入当地的小学课堂，教孩子们写东巴字，背纳西歌谣。总的看来，这些活动仍然涉及的范围不大，效果有限。从我对丽江黄山小学的东巴文化传习活动调查看，普遍有这么两个问题，首先是学习的时间短，每周一两节课，以前还开了一年，现在压缩到一学期，学到的文字有限；其次是文字的教学效果不佳，几乎不能用学到的文字写一篇短文，没有实用的价值，学过后很快就忘了。

　　所以，目前的东巴文不论在推广、使用环节上都十分受局限，大家没有相互交流文字的机会。

　　网络技术给东巴文的教学与实践交流提供了这样一个平台。通过互联网，学习者可以以更经济的方式，获得更有效的学习与交流。政府应该投资创办网络平台来普及和推广东巴文，文字学者也应该迅速密切关注，研究大众对文字的使用状况，并出版"东巴文字、词典"等大型工具书供使用者查阅，还要编写各类东巴文读物，借以规范文字的使用。

　　东巴文是世界上唯一"活"着的象形文字，也是最濒危的文字之一。文字的保护是一个相当复杂的生态系统工程，东巴文必须通过自身的变革来获得更大的生命力，汉字等其他文字演变的经历，可以为东巴文的改造提供理论借鉴，而这场被寄予厚望的东巴文复兴之路，也一定会为普通文字学的发展带来新的研究材料。

附录一：四川泸沽湖达祖纳西族

人情账簿译释

封面：

全文[①]：uə^{55} xæ^{31} do^{55}mba^{33} ʂ̩^{33} me^{33}，the^{33}ɣɯ^{33}ua^{21}me^{33}

译文：窝禾（uə^{55} xæ^{31}）东巴去世，（人情）账簿

---

① 为了方便比对原文，记音和注释都跟原文尽量放在同一页。

第一页

原文：

1.mbo^{21}tho^{33}mi^{33}ʐɿ^{33}di^{t21}khv^{33}，æ^{21}khv^{33}di^{t21}khv^{33}lo^{21}，ua^{21}xæ^{33}me^{33} tshe^{21}ɾu^{33}ȵi^{33}，le^{21}pu^{33}se^{21}me^{33}。

2.1. uə^{55} xæ^{31}ʂæ^{21}ɾæ^{33} a^{55}ba^{33}ɕi^{w33}me^{33}，the^{33}ɣɯ^{33}ua^{21}me^{33}

3.2. mbe^{33}se^{21}phe^{33}tsho^{33} :　　pe^{33}mu^{55}xua^{55}tɕi^{55} 、　ɾo^{33}khua^{33} 、 phiə^{33}tsɿ^{t55}ua^{33}mæ^{33}、

4．pv^{33}bi^{33}ua^{33}pi^{33}、ʥe^{33}ȵi^{33}pi^{33}，ʂə^{21}ndie^{21}，lo^{21}iə^{55}ti^{33}mbe^{33}ti^{33}ʥɿ^{w33}、 phe^{21}si^{w21}ɾu^{55}；

5.1. nʥi^{21}pv^{55}la^{55}tsha^{33}:　phe^{33}le^{33}ʂɿ^{33}ua^{33}ɾu^{55}、ɾu^{33}ʥu^{33}、

5.2. pe^{33}mu^{55}si^{w21}tɕi^{55}、ɾu^{33}khua^{33}、ɕi^{33}tʂhua^{33}ɾu^{33}pi^{33}

汉译：

1. 八字属火的一年，（在）属鸡的一年里，五月十四日，送走（死者）了。

2.1. 窝禾什罗阿爸走了，账本是的。

3.2. 贝色培措：白酒八斤、四碗、票子五块、

4. 糌粑五升、小麦二升，贡献：龙元半元的两枚、麻布三件；

5.1. 吉布拉擦：新麻布五件、四双、

5.2. 白酒三斤、四碗、稻米四升

第二页

原文：

1. zu³³dv²¹ɾu⁵⁵gə²¹kv³³：çi³³tʂhua³³ɾu³³pi³³、pe³³mu⁵⁵siʷ²¹tçi⁵⁵、n̠i³³khua³³、（phe²¹siʷ²¹ɾu⁵⁵

2.1. ɾu³³ʥu³³）2.2. ʂu³³ŋo²¹：çi³³tʂhua³³ɾu³³pi³³、pe³³mu⁵⁵dit²¹kə²¹zo³³、2.3. bə³³tha²¹：çi³³tʂhua³³xo²¹pi³³、

3.1. pe³³mu⁵⁵dit²¹kə²¹zo³³；3.2. so²¹ʈe³³me³³tha²¹：çi³³tʂhua³³siʷ²¹pi³³、（phe²¹siʷ²¹ɾu⁵⁵）；3.3. uə³³tshʐ³³za²¹：pe³³mu⁵⁵tshe²¹ʂʅ³³

4. tçi⁵⁵；tçi³³phv³³：phiə³³tsʅ⁵⁵tshe²¹mæ³³、le⁵⁵dit²¹ɾu⁵⁵、zʅ³³ɾu³³pi³³；ʂə²¹ndie²¹：phiə³³tsʅ⁵⁵siʷ²¹mæ³³、

5. mbæ³³ɾo³³ɾu⁵⁵、tsʅ³³ʑə³³tʂhua³³pu³³、le⁵⁵dit²¹ɾu⁵⁵、phe²¹tshe²¹tʂhua³³ɾu⁵⁵、ndit³³ta²¹ʥu³³n̠i³³nʥʅ³³；

汉译：

1. 先到的江边人：大米四升、白酒三斤、二碗、（麻布三件、

2.1. 四双）2.2. 署果：大米四升、白酒一小坛、2.3. 贝塔：大米八升、

3.1. 白酒一小坛；3.2. 索地他家：大米三升、（麻布三件）；3.3. 韦次日啊：白酒十七

4. 斤；报恩；、票子十元、沱茶一坨、青稞四升；贡献：票子三元、

5. 麦芽糖四沱、纸烟六包、沱茶一坨、麻布十六件、布达主两根。

第三页

原文：

1. zu³³dv²¹ɾu⁵⁵gə²¹kv³³：çi³³tʂhua³³ɾu³³pi³³、pe³³mu⁵⁵si^(w²¹)tçi⁵⁵、ɲi³³khua³³、（phe²¹si^(w²¹)ɾu⁵⁵

2.1．ɾu³³ȡu³³）2.2．ʂu³³ŋgo²¹：çi³³tʂhua³³ɾu³³pi³³、pe³³mu⁵⁵di^(t²¹)kə²¹zo³³、

2.3．bə³³tha²¹：çi³³tʂhua³³xo²¹pi³³、

3.1．pe³³mu⁵⁵di^(t²¹)kə²¹zo³³；3.2．so²¹ţe³³me³³tha²¹：çi³³tʂhua³³si^(w²¹)pi³³、（phe²¹si^(w²¹)ɾu⁵⁵）；3.3．uə³³tshɤ³³za²¹：pe³³mu⁵⁵tshe²¹ʂʅ³³

4. tçi⁵⁵；tçi³³phv³³：phiə³³tsʅ⁵⁵tshe²¹mæ³³、le⁵⁵di^(t²¹)ɾu⁵⁵、zɤ³³ɾu³³pi³³；ʂə²¹ndie²¹phiə³³tsʅ⁵⁵si^(w²¹)mæ³³、

5. mbæ³³ɾo³³ɾu⁵⁵、tʂʅ³³zə³³tʂhua³³pu³³、le⁵⁵di^(t²¹)ɾu⁵⁵、phe²¹tshe²¹tʂhua³³ɾu⁵⁵、ndi^(t³³)ta²¹ȡu³³ɲi³³ndʑɤ³³；

汉译：

1. 先到的江边人：大米四升、白酒三斤、二碗、（麻布三件、

2.1. 四双）2.2. 署果：大米四升、白酒一小坛、

2.3. 贝塔：大米八升、

3.1. 白酒一小坛；

3.2. 索地他家：大米三升、（麻布三件）；

3.3. 韦次日啊：白酒十七

4. 斤；报恩：票子十元、沱茶一坨、青稞四升；贡献：票子三元、

5. 麦芽糖四沱、纸烟六包、沱茶一坨、麻布十六件、布达主两根。

第四页

原文：

1. a³³ŋo²¹：pe³³mu⁵⁵ŋo²¹tɕi⁵⁵；tɕi³³phv³³：le⁵⁵di^t21ɾu⁵⁵、mbæ³³si^w21ɾu⁵⁵、tʂɻ³³ʑə³³si^w21pu³³、phe²¹tshe²¹n̻i³³ɾu⁵⁵；ʂə²¹ndie²¹。

2. ndo³³ʐər²¹：ʂə²¹ndie²¹：tshe³³ɾu³³tɕi⁵⁵、phiə³³tsɻ⁵⁵

3. n̻i³³mæ³³ua³³dv²¹、mbæ³³si^w21ɾu⁵⁵、le⁵⁵di^t21ɾu⁵⁵、tʂɻ³³ʑə³³si^w21pu³³、

4.1. pu³³ma³³mie³³dʑe³³n̻i³³pi³³、pv³³bi³³ɾu³³pi³³、pe³³mu⁵⁵n̻i³³tɕi⁵⁵、

4.2. ʂə²¹ndie²¹：ɕi³³tʂhua³³n̻i³³pi³³、phe²¹

5.1. ua³³ɾu⁵⁵、

5.2. ŋa³³za²¹kə³³zo³³：tshe³³n̻i³³tɕi⁵⁵、le⁵⁵di^t21ɾu⁵⁵、dʑe³³bi³³ɾu³³pi³³、dʑe³³n̻i³³pi³³；

汉译：

1. 昂果：白酒九斤；报恩、贡献：沱茶一坨、麦芽糖三坨、纸烟三包、麻布十二件；

2. 多若：贡献：盐四斤、票子

3. 二元五角、麦芽糖三坨、沱茶一坨、纸烟三包、

4.1. 细青稞面二升、糌粑四升、白酒二斤、

4.2. 贡献：大米二升、麻布

5.1. 五件、

5.2. ŋa³³za²¹kə³³zo³³嘎饶格若：盐二斤、沱茶一坨、面粉四升、小麦二升。

第五页

原文：

1．bu²¹tɕə²¹da²¹di²¹：phiə³³tsʅ⁵⁵n̩i³³tsʅ²¹siʷ²¹mæ³³、pe³³mu⁵⁵ŋgo²¹tɕi⁵⁵；tɕi⁵⁵phv³³：le⁵⁵siʷ²¹ɾu⁵⁵、dʑe³³

2．bi³³ua³³pi³³di²¹bv³³；ʂə²¹ndie²¹：phe²¹tshe²¹xo²¹ɾu⁵⁵、2.2．zʅ³³n̩i³³pi³³；2.3.uə⁵⁵kə²¹

3.1．a²¹tʂʅ³³：ʑiʷ³³di²¹zo³³、nv²¹di²¹bv³³、a³³kha⁵⁵n̩i³³pi³³；3.2.to⁵⁵mba³：zʅ³³n̩i³³pi³³、phiə³³tsʅ⁵⁵tsʅ²¹mæ³³、

4．1.pv³³bi³³ua³³pi³³、ʑiʷ³³di²¹zo³³；4.2. a³³ŋga²¹a³³tsho³³：（pie³³ti³³di³³ly³³、ndi⁵⁵di³³ndi³³）；ʂə²¹ndie²¹：tshe³³

5．ʂʅ³³tɕi⁵⁵、pu³³di³³ɾu²¹、mbæ³³ta⁵⁵xo²¹di³³xo³³、tʂʅ³³ʑə³³ɾu³³pu³³、phe²¹tʂhua³³ɾu⁵⁵；

汉译：

1．布杰达德：票子二十三块、白酒九斤；吉普：茶叶三坨、

2.1 面粉五升一锅；贡献：麻布十八件，

2.2. 青稞两升；

2.3. 窝格

3.1. 阿赤：酒一小坛、豆子一锅、苦荞两升；

3.2. 东巴：青稞两升、票子十元、

4.1. 糌粑五升、酒一小坛；

4.2. 昂嘎阿措：（白锭一个、（洋）布一卷）；贡献：盐

5．七斤、羊毛一团、盒糖一盒、纸烟四包、麻六件；

第六页

原文：

1. pu⁵⁵ʥə³³na²¹ʥi²¹：ɳi³³mæ³³、pv³³bi³³ɼu³³pi³³、pe³³mu⁵⁵xua⁵⁵tɕi⁵⁵ɼu³³khua³³、

2.1. mie³³ʥe³³ɳi³³pi³³；ŋga³³za²¹a³³gv²¹：phiə³³tsʅᵗ⁵⁵ua³³mæ³³、（ndiᵗ⁵⁵diᵗ³³ndi³³）、mie³³ʥe³³ɳi³³pi³³、ɕi³³su³³ɼu³³pi³³

3.1. pe³³mu⁵⁵xua⁵⁵tɕi⁵⁵tʂhua³³tɕi⁵⁵；ʂə²¹ndie²¹：phiə³³tsʅᵗ⁵⁵ɳi³³mæ³³、mbæ³³ɳi³³xo²¹、phe²¹siʷ²¹ɼu⁵⁵；3.2.uə⁵⁵ba³³

4.1. riᵗ²¹tshʅʷ³³：phiə³³tsʅᵗ⁵⁵diᵗ³³mæ³³、ʥe³³ɳi³³pi³³；4.2.ndzɻæ³³tshe³³nda³³ndiᵗ²¹：phiə³³tsʅᵗ⁵⁵ɳi³³mæ³³、

5.1. zʅ³³ɳi³³pi³³；ʂə²¹ndie²¹：mbæ³³diᵗ³³xo²¹、lo²¹iə⁵⁵tiᵗ³³phe²¹tiᵗ³³ʥʅʷ³³、phe²¹siʷ²¹ɼu⁵⁵；5.2.tʂʅ³³ŋga³³：phiə³³tsʅᵗ⁵⁵ɳi³³mæ³³、pe³³mu⁵⁵tʂhua³³tɕi⁵⁵、5.3. zʅ³³ɳi³³pi³³；（ŋgu²¹ma²¹a³³zo²¹：ʥe³³ ɳi³³pi³³）；

汉译：

1. 布杰纳吉：（票子）两元、糌粑四升、白酒八斤四碗、

2.1. 大麦两升；嘎饶舅舅：票子五元、布一卷、大麦两升、谷子四升、

3.1. 白酒八斤；贡献：票子两元、糖两盒、麻布三件、3.2. 窝巴

4.1. 乐支：票子一元、小麦两升；

4.2. 扎册达德：票子两元、

5.1. 青稞两升；贡献：糖一盒、龙元一元的两枚、麻布三件；

5.2. 支嘎：票子两元、白酒六斤、

5.3. 青稞两升；（果玛阿若：小麦两升）；

第七页

原文：

1.1. uə³³n̻iə²¹：（phiə³³tsʅ⁵⁵di̇t³³mæ³³、）mie³³ȡe³³n̻i³³pi³³；

1.2. <u>le⁵⁵（tse³³）ȡu²¹</u>mbe³³se²¹gə²¹tɕə²¹：lo²¹iə⁵⁵ti̇t³³phiə²¹ti̇t³³ȡʐ̩ʷ³³、pv³³bi³³ɾu³³pi³³、

2.1. di̇t²¹kə²¹di̇t²¹ko³³xo³³；2.2. ua³³khæ⁵⁵：mv³³ȡe³³ua³³pi³³、lo²¹iə⁵⁵ti̇t³³ȡʐ̩ʷ³³、iə⁵⁵ti̇t³³kua²¹；

2.3. mbe³³se²¹mi²¹tɕə³³：lo²¹iə⁵⁵ua³³phe²¹、

3.1.（le⁵⁵n̻iɾu⁵⁵、phe²¹n̻i³³ɾu⁵⁵）、pv³³bi³³ɾu³³pi³³；3.2. di̇t²¹kə²¹di̇t²¹ko³³xo³³；

4. ku³³bu³³：lo²¹iə⁵⁵ua³³phe²¹、pv³³bi³³tʂhua³³pi³³、di̇t²¹kə²¹di̇t²¹ko³³xo³³；

5.1. se²¹；5.2. se³³ȡe³³bi³³n̻i³³pi³³、di̇t²¹kə²¹di̇t²¹ko³³xo³³；

5.3. khi³³ba³³gə²¹kɯ²¹lɯ³³？le³³di̇t⁵⁵ɾu³³、pv³³bi³³n̻i³³pi³³；

汉译：

1.1. 窝涅：（票子一元）、大麦两升；

1.2. 勒泽珠（地名）的贝色格杰：龙元一元的两枚、糌粑四升、

2.1. 一小酒坛的（苞谷）酒加一中型"裹霍"的某物；2.2. 瓦克：大麦五升、龙元（半元）两枚、烟叶一捆；2.3. 贝色弥杰：龙元五元、

3.1.（沱茶两坨、麻布两件）、糌粑四升；

3.2. 一小酒坛的（苞谷）酒加一中型"裹霍"的某物；

4. 古布：龙元五元、糌粑六升、一小酒坛的（苞谷）酒加一中型"裹霍"的某物；

5.1. 完了；5.2. 泽比尼辟：一小酒坛的（苞谷）酒加一中型"裹霍"的某物；5.3. khi³³ba³³gə²¹kɯ²¹lɯ³³？沱茶一坨、糌粑两升。

第八页

原文：

1.1. ka^{33}xæ^{55}ɾæ^{33}：ʂə^{21}ndie^{21}：le^{33}ba^{55}di^{w21}me^{33}di^{t21}le^{33}、mbæ^{33}di^{t21}xo^{21}、mie^{33}dʑe^{33}ȵi^{33}pi^{33}；

1.2. ŋgo^{33}ma^{33}a^{55}zo^{33}：

2.1. mv^{33}dʑe^{33}？pi^{33}、ʂə^{21}ndie^{21}：phe^{21}si^{w21}ɾu^{55}、si^{w21}dʑu^{33}；

2.2. mbe^{33}se^{21}mbe^{33}se^{21}：

3. phiə^{33}（tsʅ^{t55}）ȵi^{33}mæ^{33}、tshʅ^{w33}zu^{33}ȵi^{33}pi^{33}、dʑe^{33}bi^{33}ɾu^{33}pi^{33}；

4. a^{33}la^{33}a^{33}gv^{21}：sʅ^{t33}mbu^{21}se^{21}thv^{33}me^{33}ɾu^{33}tshʅ^{t21}ȵi^{33}tɕi^{55}；pu^{33}tɕə^{21}kə^{33}lo^{33}：？？

5.1. ŋgo^{33}ma^{33}a^{55}zo^{33}：？？

5.2. a^{55}uə^{33}ndʐ^{33}ʂʅ^{t}：phiə^{33}tsʅ^{t55}ȵi^{33}mæ^{33}、mv^{33}dʑe^{33}ȵi^{33}pi^{33}、zi^{w33}di^{t21}zo^{33}；

5.3. 写错涂掉了。

汉译：

1.1. 嘎何乐：贡献：大的茶饼一个、糖一盒、大麦两升；

1.2. 果玛阿若：

2.1：大麦？升、贡献：麻三件、三双；2.2. 贝色贝色：

3. 票子两元、茨乳（tshʅ^{w33}zu^{33}）两升、稗子四升；

4. 阿纳舅舅：扛了42斤柴火到家；布杰格洛：？

5.1. 果玛阿若：？？

5.2. 阿窝德什：票子两元、大麦两升、（苞谷）酒一小坛；

5.3. 写错涂改掉了。

第九页

原文:

1. uə³³tha³³za²¹: pv³³bi³³ɾu³³pi³³、ʑiʷ³³di²¹zo³³、zɿ³³ʥe³³n̩i³³pi³³;

2.1. uə⁵⁵tɕhə⁵⁵khə³³: le³³di⁵⁵ɾu³³、nv²¹di²¹bv³³、a³³kha⁵⁵n̩i³³pi³³、ʑiʷ³³di²¹zo³³;

2.2. a³³la³³a²¹bu³³: phiə³³tsɿ⁵⁵n̩i³³mæ³³、ɕi³³tʂhua³³n̩i³³pi³³、mv³³ʥe³³n̩i³³pi³³;

3.1. mi³³uə³³ a⁵⁵ŋa³³: mv³³ʥe³³n̩i³³pi³³、ʂə²¹ndie²¹: le³³di⁵⁵ɾu³³、

4.1.tshe³³di²¹tɕi⁵⁵;

4.2.uə³³kv³³a³³la²¹ : phiə³³tsɿ⁵⁵ua³³mæ³³ 、 mv³³ʥe³³n̩i³³pi³³ 、 pe³³mu⁵⁵xua⁵⁵tɕi⁵⁵、ɾo³³khua³³;

汉译:

1. 窝塔饶:糌粑四升、(苞谷)酒一小坛、青稞混小麦两升;

2.1. 窝切克:沱茶一坨、豆子一锅、苦荞两升、(苞谷)酒一小坛;

2.2.阿纳叔叔:票子两元、大米两升、大麦两升;

3.1. 下村的昂噶:大麦两升、贡献:沱茶一坨、

4.1. 盐巴一斤;

4.2. 上村(村头)阿纳:票子五元、大麦两升、白酒八斤、四碗;

第十页

原文：

1.1.la^{33}ma^{55}tha^{21}（ua^{33}）bu^{55}：phiə^{33}tsɿ^{55}di^{t21}mæ^{33}、mbæ^{33}si^{w21}xo^{21}、mv^{33}ʥe^{33}ɲi^{33}pi^{33}、

2.1. pv^{33}bi^{33}ɾu^{33}pi^{33}；2.2. çə^{33}tha^{21}ŋgo^{33}ma^{33}：mv^{33}ʥe^{33}ɲi^{33}pi^{33}、（lo^{21}iə^{55}ti^{33}mbe^{33}）；2.3. uə^{33}tçə^{33}mbe^{33}：phiə^{33}tsɿ^{55}ua^{33}mæ^{33}、

3. mv^{33}ʥe^{33}ɲi^{33}pi^{33}、pe^{33}mu^{55}ʂɿ^{33}tçi^{55}、ro^{33}khua^{33}；bi^{33}çu^{21}ɾu^{33}pi^{33}、ʂə^{21}ndie^{21}：phiə^{33}

tsɿ^{55}di^{33}mæ^{33}、mbæ^{33}di^{33}xo^{21}、

4.1.phe^{21}si^{w21}ɾu^{55}；4.2. na^{21}khə^{55}：ʥe^{33}bi^{33}si^{w21}pi^{33}、mv^{33}ʥe^{33}ɲi^{33}pi^{33}；4.3. ka^{33}xæ^{55}ɾæ^{33}ndʐ^{t33}ʂɿ^{21}：le^{33}di^{t55}ɾu^{33}、

5.1. mv^{33}ʥe^{33}si^{w21}pi^{33}、zɿ^{33}ɲi^{33}pi^{33}；

5.2. uə^{33}ma^{55}za^{21}：mv^{33}ʥe^{33}ɲi^{33}pi^{33}、tshŋ^{w33}zu^{33}ɲi^{33}pi^{33}、lo^{21}iə^{55}ti^{33}mbe^{33}

汉译：

1.1.拉玛塔（瓦）布：票子一元、糖三盒、大麦两升、

2.1. 糌粑四升；2.2. 些塔果玛：大麦两升、（龙元一元）；

2.3.窝杰贝：票子五元、

3. 大麦两升、白酒七斤、四碗；bi^{33}çu^{21}四升、贡献：票子一元、糖一盒、

4.1. 麻布三件；4.2. 纳科：稗子三升、大麦两升；4.3. 嘎何乐德什：沱茶一坨、

5.1. 大麦三升、青稞两升；

5.2. 窝玛饶：大麦两升、tshŋ^{w33}zu^{33}两升、龙元一元。

第十一页

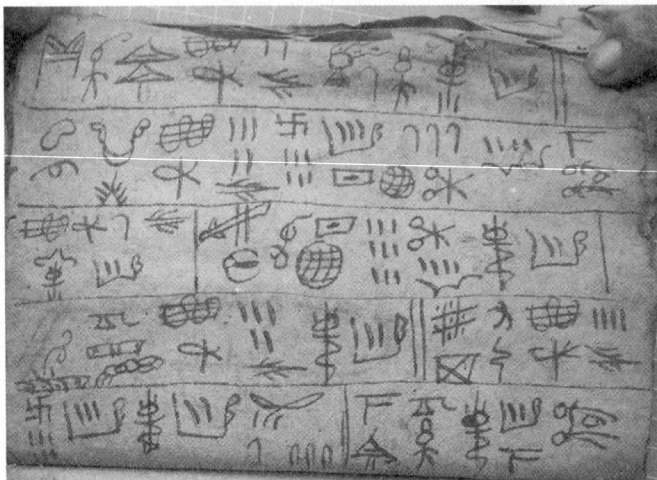

原文：

1. ua^{33t33}tha^{21}：phiə^{33}tsʅ^{t55}ɲi^{33}mæ^{33}、ʑi^{w33}di^{t21}zo^{33}、ʥe^{33}ɲi^{33}pi^{33};

2. ŋgo^{55}ma^{33}kuə^{33}sʅ^{t33}：phiə^{33}tsʅ^{t55}ua^{33}mæ^{33}、çi^{33}tʂhua^{33}si^{w21}pi^{33}、pe^{33}mu^{55}si^{w21}tçi^{55}、ɾu^{33}khua^{33}、ʂə^{21}ndie^{21};

3.1. phiə^{33}tsʅ^{t55}di^{t21}mæ^{33}、mv^{33}ʥe^{33}ɲi^{33}pi^{33};

3.2. nda^{33}kha^{33}za^{21}：pe^{33}mu^{55}ŋgo^{21}tçi^{55}、ɾo^{33}khua^{33}、zʅ^{33}ɲi^{33}pi^{33};

4.1. tsʅ^{33}ndi^{t33}ka^{33}ɾər^{21}ku^{33}：phiə^{33}tsʅ^{t55}ua^{33}mæ^{33}、zʅ^{33}ɲi^{33}pi^{33};

4.2. ndzæ^{33}tshe^{21}mbe^{33}se^{21}：phiə^{33}tsʅ^{t55}ɾu^{33}mæ^{33}、

5.1. çi^{33}tʂhua^{33}si^{w21}pi^{33}、zʅ^{33}ɲi^{33}pi^{33}、iə^{55}ti^{t33}kua^{21};

5.2. çə^{33}tha^{21}kə^{33}zo^{21}：zʅ^{33}ɲi^{33}pi^{33}、ʂə^{21}ndie^{21}:

汉译：

1. 瓦乐塔：票子两元、（苞谷）酒一小坛、小麦两升；

2. 果玛古瑟：票子五元、大米三升、白酒三斤、四碗、贡献：

3.1. 票子一元、大麦两升、

3.2. 达喀饶：白酒九斤、四碗、青稞两升；

4.1. 支德嘎乐古：票子五元、青稞两升；

4.2. 扎册贝色：票子四元、

5.1. 大米三升、青稞两升、烟叶一捆；

5.2. 些塔格若：青稞两升、贡献：

第十二页

原文：

1.1. tshe³³di²¹tɕi⁵⁵ 、 le³³di⁵⁵ɻu³³ 、 phe²¹di⁵⁵ɻu⁵⁵ ； uə³³ku³³khə⁵⁵ ： a³³kha³³ɲi³³pi³³、

2.1. nv²¹di²¹bv³³；2.2. uə³³kə²¹nda³³uə³³ ： tshe³³ɲi³³tɕi⁵⁵ 、 ʑiʷ³³di²¹zo³³ 、 ɕi³³su³³ɲi³³pi³³、be²¹di²¹bv³³；

3. tʂ̩³³ndi³³diʷ³³ndʐ̩²¹ ： phiə³³tsɻ̩⁵⁵ua³³mæ³³ 、 mv³³z̩³³ɻu³³pi³³ 、ʑiʷ³³di²¹zo³³、

4.1. z̩³³ɲi³³pi³³；ʂə²¹ndie²¹ ： phiə³³tsɻ̩⁵⁵di³³mæ³³ 、 phe²¹di³³ɻu⁵⁵；

4.2. ɕiə³³nda³³mbe³³ ： tshe³³di²¹tɕi⁵⁵、

5.1. ɲi³³khua³³、le³³di⁵⁵ɻu³³、z̩³³ɲi³³pi³³；5.2.uə⁵⁵tɕə²¹ ： mbe²¹mbe³³ɲi³³pi³³、

5.3.a³³uə³³di⁵⁵ndʑi³³ ： mbe³³ti³³di³³ly³³ 、 z̩³³ɲi³³pi³³ ， ʂə²¹ndie²¹ ： phiə³³tsɻ̩⁵⁵di³³mæ³³、

汉译：

1.1. 盐巴一斤、沱茶一坨、麻布一件；窝古克：苦荞两升、

2.1. 黄豆一锅；2.2. 窝克达窝：盐巴两升、（苞谷）酒一小坛、谷子两升、豆荚一锅；

3. 支德丁吉：票子五元、大青稞四升、（苞谷）酒一小坛、

4.1. 青稞两升、贡献：票子一元、麻布一件、4.2. 些达贝：盐巴一斤、

5.1. 两碗、沱茶一坨、青稞两升；

5.2. 窝杰：豆角两升；

5.3.阿窝丁吉：白锭一个、青稞两升、贡献：票子一元、

第十三页

原文：

1.1. la^{33}ma^{55}tha^{21}mbe^{33}ma^{55}lɯ^{33}mu^{21}：zɿ^{33}ɲi^{33}pi^{33}；

1.2. uə^{33}kv^{33}a^{33}tha^{21}：phiə^{33}tsɿ^{t55}tʂhua^{33}mæ^{33}、a^{33}kha^{33}ɲi^{33}pi^{33}、

2.1. nv^{21}di^{t21}bv^{33}；pe^{33}mu^{55}xua^{55}tɕi^{55}、ɾo^{33}khua^{33}；

2.2. a^{33}phi^{33}tha^{21}：phiə^{33}tsɿ^{t55}di^{t33}mæ^{33}、mv^{33}zɿ^{33}si^{w21}pi^{33}、

3.1. pe^{33}mu^{55}ɲi^{33}tɕi^{55}、zɿ^{33}ɲi^{33}pi^{33}；3.2. mbə^{33}uə^{33}：lo^{21}iə^{55}ti^{t33}phe^{21}ti^{t33}dʐɿ^{w33}、a^{33}kha^{33}ɲi^{33}pi^{33}；3.3. ndzæ^{33}tshe^{33}：

4.2. phiə^{33}tsɿ^{t55}ɲi^{33}mæ^{33}、zɿ^{33}ɲi^{33}pi^{33}；ʂə^{21}ndie^{21}：mbæ^{33}ɲi^{33}xo^{21}、

5.1. phe^{21}ɲi^{33}ɾu^{55}；5.2. lo^{33}ʂu^{33}iə^{21}tha^{33}di^{w21}ndʑi^{33}ma^{21}：（lo^{21}iə^{55}tshe^{21}phe^{21}）、pe^{33}mu^{55}xua^{55}tɕi^{55}、ɕi^{33}tʂhua^{33}si^{w21}pi^{33}、（ndi^{33}di^{t21}ndi^{33}）、xo^{21}tsɿ^{33}（me^{33}）di^{t21}ko^{33}xo^{33}、

汉译：

1.1. 拉玛塔贝玛拉姆：青稞两升；1.2. 村头（上村）阿塔：票子六元、苦荞两升、

2.1. 黄豆一锅；白酒八斤、四碗；2.2. 阿皮塔：票子一元、大青稞三升、

3.1. 白酒两斤、青稞两升；3.2. 贝窝：龙元一元的两枚、苦荞两升；

3.3 扎册：

4.2. 票子两元、青稞两升；贡献：糖两盒、

5.1. 麻布两件；5.2. 洛水丁吉玛他家：（龙元十元）、白酒八斤、大米三升、（布一布）、核桃一"裹霍"。

第十四页

原文：

1.1. tɕə²¹ xa³³a⁵⁵zo³³：le³³ɾu³³ɾu³³、（ndit³³dit²¹ndit³³）、dit²¹ kə²¹、dit²¹ko³³xo³³；

1.2. la²¹ gv³³ kv³³ ŋga³³ tha²¹：

2.1. lo²¹iə⁵⁵dit³³phe²¹、dit²¹ kə²¹、 dit²¹ko³³xo³³；

2.2. kv³³za²¹：zɻ³³ɲi³³pi³³、pe³³mu⁵⁵

3. siʷ²¹tɕi⁵⁵、tshe²¹ɲi³³khua³³；ʂə²¹ndie²¹：phe²¹dit²¹ɾu⁵⁵；

4. lo³³ʂu³³tsɻʷ³³tha²¹a³³tʂhu³³：pe³³mu⁵⁵siʷ²¹tɕi⁵⁵、phiə³³tsɻ⁵⁵

5.1. dit²¹mæ³³；

5.2. kv³³tshe³³ dit²¹ma³³la³³mu²¹：pe³³mu⁵⁵siʷ²¹tɕi⁵⁵、tshe²¹khua³³、phiə³³tsɻ⁵⁵dit³³mæ³³、

汉译：

1.1. 杰哈阿若：沱茶四包、（布一步）、酒一瓶、粑粑一"裹霍"；

1.2. 拉古姑嘎塔：

2.1. 龙元一元、酒一瓶、粑粑一"裹霍"；

2.1. 古饶：青稞两升、白酒

3. 三斤、十二碗；贡献：麻布一件；

4. 洛水的紫塔阿初：白酒三斤、票子

5.1. 一元、

5.2. 古册丁玛拉姆：白酒三斤、十碗、票子一元。

第十五页

原文：

1. do³³çiə²¹ndʐu³³phi³³ŋgo²¹ma³³tha²¹：pe³³mu⁵⁵n̠i³³tçi⁵⁵、

2.1. （lo²¹iə⁵⁵ti³³phe²¹ti³³dʐʅ^w³³）、xo²¹tsʅ⁵⁵me³³di³³ly³³；

2.2. tʂl̩ɳ³³tha²¹ua³³：（残缺）；

3.1. a³³uə²¹çiə³³ndo³³mbe²¹：tshe³³n̠i³³tçi⁵⁵、a³³kha⁵⁵n̠i³³pi³³；

3.2. rər³³ma³³tʂlɳ³³ku³³：le³³ʂʅ³³ru³³、tshe³³tʂhua³³tçi⁵⁵、

4.1. pe³³mu⁵⁵ʂʅ³³tçi⁵⁵、ro³³khua³³；

4.2. rər³³uə³³pv⁵⁵ly³³me³³：（lo²¹iə⁵⁵ti³³phe²¹）、pe³³mu⁵⁵si^w²¹tçi⁵⁵、Ꭷkhua³³；

5. a³³tha²¹a³³uo³³ku³³：phiə³³tsʅ⁵⁵di³³（mæ³³）、mbe²¹mbe³³n̠i³³pi³³；zu³³ʂʅ⁵⁵i⁵⁵dʑi²¹

汉译：

1. 朵些居匹果玛塔：白酒两斤、

2.1. （龙元一元的两枚）、粑粑一大"裹霍"；2.2. 赤塔瓦：（残缺）；

3.1. 阿窝些朵贝：盐巴两斤、苦荞两升；3.2.乐玛赤格：沱茶七坨、盐巴六斤、

4.1. 白酒七斤、四碗；4.2. 乐窝布吕么：龙元一元、白酒三斤、Ꭷ碗；

5. 阿塔阿窝格：票子一（元）、豆角两升；从依吉（乡）远道（而来的）

第十六页

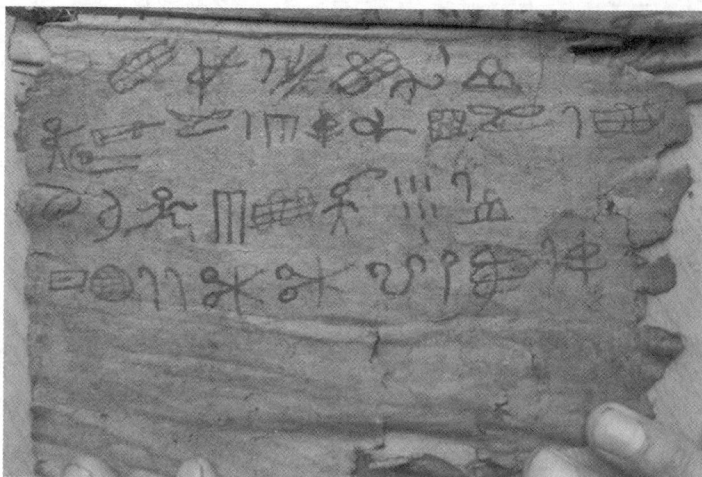

原文：

1. phiə³³tsɿ⁵⁵di³³mæ³³、phe³³le³³di⁵⁵ɾu⁵⁵；

2. i³³tɕu⁵⁵lo²¹：lo²¹iə⁵⁵（ti³³mbe³³）ti³³dʐɿ^w³³、dʑe³³tsɿ³³tɕə²¹：lo²¹iə⁵⁵ti³³phe²¹；

3. ŋgu²¹ma²¹ndʑu³³dʐɿ^w³³：phe³³le³³ʂɿ³³di³³ɾu⁵⁵、

4. pe³³mu⁵⁵n̠i³³tɕi⁵⁵、tɕi³³phv³³：ko³³xo³³di³³ly³³

汉译：

1、票子一元、麻裤一件；

2.依居咯：依居咯；泽次杰：龙元一元；

3.果玛居梓：新麻裤一件、

4.白酒两斤、报恩："裹霍"一个。

附录二：田野调查、研究工作照

东巴圣地白水台的摩岩（上图）。2013 年在东坝与习尚洪东巴（下图）。

喻遂生教授带领考察白水台阿明灵洞岩壁上前人的题辞。
上图从左至右：杨亦花、武晓丽、喻老师、笔者。

灵洞前的小块空地，是各地东巴前来举行加威灵仪式的地方。

2013 年冬在黄山完小做问卷调查。

右二为黄琳娜女士，2016 年病故，她是教学点的直接推动者。

云南中甸三坝乡（白地）吴树湾村。

三坝乡东坝日树湾村。

东坝日树湾村中。

俄亚大村。

回望俄亚大村。

417

俄亚托地村，远处山下是大村。

去卡瓦村的途中与村民访谈。

徒步走卡瓦（下面峡谷是龙达河）。下图是俄亚乡卡瓦村。

卡瓦村中一起调查文字。左起依次为笔者、英达、由丁、扎勒五斤东巴。

徒步走东坝。

四川盐源达祖村坐落在泸沽湖边，由 400 年前从丽江迁来的纳西族发展起来。

四川盐源达祖小学是一所由台湾爱心人士资助的学校，两岸的志愿者在这里教学。孩子们的课间操就是跳这种手拉手的民族舞。

造纸步骤 1：剥皮。

步骤 2：打浆。

步骤 3：抄纸。

步骤 4：贴纸。

步骤 5：晒纸。

步骤 6：成纸。

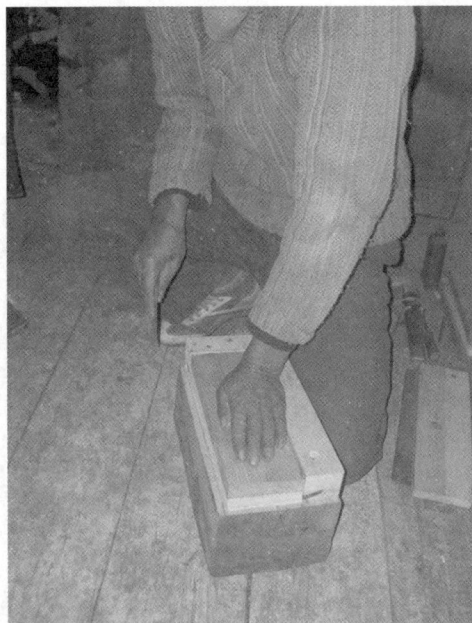

将东巴纸裁剪好，装订成册。

火塘边诵经祭仪。

白地和志本东巴（中）是"白地纸"传承人（2017 年去世）。

和志本用来抄写经书和作东巴画的竹笔和颜料。

和志本所抄经书（《崇搬图》首页）。

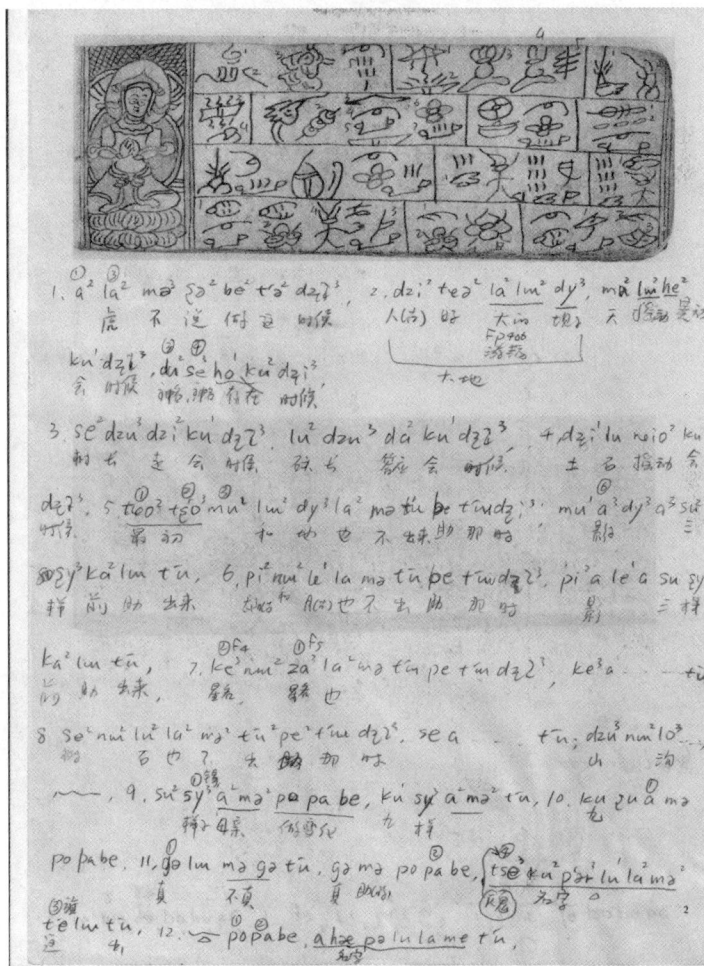

笔者在白地调查两个半月，逐字逐句翻译了三本经书，这是手写记录中的一页。

陪同达祖纳西朋友到白水台。右一和树荣，右三达祖东巴杨兵玛。

俄亚已故老东巴 la^{21}khu^{33}（拉克）所绘的画牌，用于仪式中。

俄亚卡瓦村由丁东巴家藏的东巴舞的舞谱兼规程。

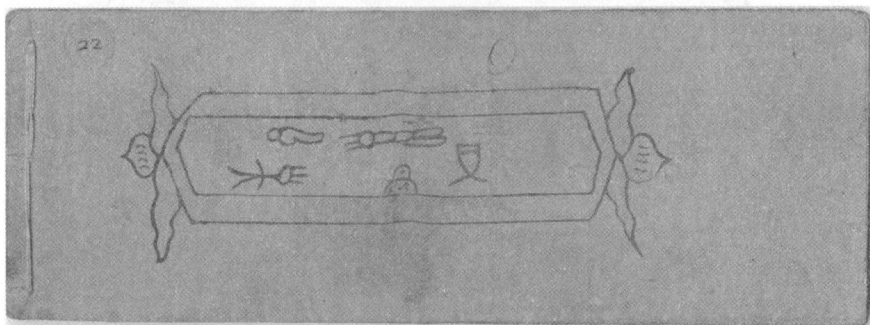

俄亚《开路仪式的规程》（部分）。记录从死到火葬整个过程仪式的规程。

参考文献

一、论文

陈年福：《甲骨文的口语特征》，《浙江师范大学学报》（哲社版）2001 年第 2 期。

戴庆厦、胡坦：《哈尼语元音的松紧》，《中国语文》1964 年第 1 期；《于纳西语的松紧元音问题》，《民族语文》1993 年第 1 期。

邓章应：《纳西东巴文线字素初探》，《内江师范学院学报》2004 年第 1 期；《纳西东巴文语境异体字及其演变》，《中央民族大学学报》2009 年第 4 期；《对象形文字和图画文字的认识历程》，《中国海洋大学学报》2012 年第 1 期。

范常喜：《从汉字看东巴文中的超常发展现象》，《中央民族大学学报》2006 年第 5 期。

傅懋勣：《纳西族图画文字和象形文字的区别》，《东巴文化论集》，昆明：云南人民出版社，1985 年。

高全忠执笔：《木里民改概略》，《木里文史》第三辑，木里政协文史委员会编，1992 年。

拱玉书：《楔形文字起源新论》，《世界历史》1997 年第 4 期。

郭锡良：《汉语历代书面语和口语的关系》，《汉语史论集》，北京：商务印书馆，1997 年。

和志武：《试论纳西象形文字的特点》，《东巴文化论集》，昆明：云南人民出版社，1985 年；《纳西应用文字举例》，《纳西象形文字谱》，昆明：云南大学出版社，2005 年。

和泰华：《白水台摩崖诗辨正引玉》，《中甸县志通讯》1994 年第 2 期。

洪笃仁：《卜辞合文商榷》，《厦门大学学报》1963 年第 3 期。

胡文华：《从纳西东巴经看纳西东巴文形声字形符与声符的关系》，《华西语文学刊》（第五辑）。

[美]杰克逊：《纳西族宗教经书》，《东巴文化论》，昆明：云南人民出版社1991年。

黄德宽：《汉字构形方式的动态分析》，《安徽大学学报》2003年第4期。

黄亚平：《史前文字符号研究的基本观点》，《中国海洋大学学报》2005年第1期。

黄思贤：《东巴文献的用字比较与东巴文的发展》，《新余高专学报》2010年第3期。

李霖灿：《论么些族"音字"之发生与汉文的关系》，《么些研究论文集》，台北：台湾"故宫博物院"，1984年；《么些族文字的发生和演变》，《么些研究论文集》，台北：台湾"故宫博物院"，1984年。

李圃：《字素理论及其在汉字分析中的应用》，《学术研究》2000年第1期。

李孝定：《从中国文字的结构和演变过程泛论汉字的整理》，《汉字的起源与演变论丛》，台北：台北联经出版事业公司，1986年；《从六书的观点看甲骨文字》，《南洋大学学报》1968年第2期。

李近春：《四川省盐源县沿海公社达住村纳西族社会历史调查报告》，国家民委民族问题五种丛书之一　中国少数民族社会历史调查资料丛刊　四川省纳西族社会历史调查，北京：民族出版社，2009年。

李静生：《祭署龙仪式及其社会功能》，载《东巴文化论》，昆明：云南人民出版社，1991年。

李静：《东巴文合文研究》，《兰州学刊》2008年第12期。

廖冬梅、张诗亚：《丽江的旅游开发对传统纳西文化传承的影响》，《民族教育研究》2006年第4期。

林超民：甘雪春著《走向世界的纳西文化——20世纪纳西文化研究述

评·序》，昆明：云南大学出版社，2005 年。

林志强：《20 世纪汉字结构类型理论的新发展》，《福建师范大学学报》2001 年第 3 期。

林向萧：《丁巴什罗时代考》，《丽江志苑》第 6 期。

刘龙初：《四川省木里藏族自治县俄亚乡纳西族调查报告》，国家民委民族问题五种丛书之一　中国少数民族社会历史调查资料丛刊　《四川省纳西族社会历史调查》，四川省社会科学院出版社，1987 年。

刘又辛：《关于汉字发展史的几个问题》，《语文建设》1998 年第 11 期。

刘尧汉：《一种罕见的象形文字》，《中国历史博物馆馆刊》1981 年第 1 期

毛远明：《哥巴文性质再认识》，《玉振金声探东巴——国际东巴文化艺术学术研讨会论文集》，北京：社会科学文献出版社，2002 年。

蒙　默：《试论汉代西南民族中的"夷"与"羌"》，《历史研究》1985 年第 1 期。

倪渝根：《论汉字的造字法和构字法》，《古汉语研究》1990 年第 3 期。

木仕华：《东巴文⋈为邛笼考》，《民族语文》2005 年第 4 期；《论纳西语动词的语法化》，《民族语文》2003 年第 5 期；《纳西东巴文与藏文的关系》，《民族语文》2001 年第 5 期。

戚桂宴：《什么是六书》，《山西大学学报》1982 年第 4 期。

施效人：《文字的产生及其发展的一般规律》，《文字改革》1965 年第 2 期。

宋兆麟：《摩梭人的象形文字》，《东南文化》2003 年第 4 期。

孙宏开：《纳西语在藏缅语族语言中的历史地位》，《语言研究》2001 年第 1 期；《藏缅语语音和词汇·导论》，北京：中国社会科学出版社，1991 年。

苏宝荣、李智：《历史地辩证地认识、评价和运用"六书说"》，《河北师范大学学报》，2005 年第第 6 期。

史金波：《我国民族古文字研究的新阶段》，《中国民族古文字》，中国民族古文字研究会编，1982 年。

汪宁生：《从原始记事到文字发明》，《考古学报》1981 年第 1 期。

王霄冰：《文化记忆与文化传承》，《江西社会科学》2007 年第 2 期。

王伯熙：《文字的分类和汉字的性质》，《中国语文》1984 年第 2 期。

王元鹿：《纳西东巴文字与汉字不同源流说》，《云南民族学院学报》1987 年第 1 期；《〈纳西象形文字谱〉详介》，《辞书研究》1987 年第 4 期；《由若喀字与鲁甸字看纳西东巴文字流播中的发展》，《华东师范大学学报》（哲社版）2001 年第 5 期；《纳西族东巴文符号化简论》，《兰州学刊》第 11 辑，2009 年。

王贵元：《汉字构形系统及其发展》，《中国人民大学学报》1999 年第 1 期。

王　钢：《试评文字类型学中的"三相说"》，《东北师范大学学报》2004 年 5 期。

魏波、才立琴：《作为教化与解放相统一的教育》，《北京大学教育评论》2010 年第 2 期。

谢书书等：《从认知角度探查纳西东巴文的性质》，《华南师范大学学报》2014 年第 4 期。

谢书民：《文字类型"三相"分类法指瑕》，《河南师范大学学报》2012 年第 3 期。

姚孝遂：《古文字的形体结构及其发展阶段》，《古文字研究》（第四辑），1980 年。

杨杰宏：《多元互动中的旅游展演与民俗变异——以东巴文化为例》，《民俗研究》2013 年第 2 期。

杨信川：《"六书"的性质和作用质疑》，《广西大学学报》1990 年第 5 期。

杨焕典：《从纳西语中的紧松元音对立看汉藏语系语音发展轨迹》，《民族语文》1991 年第 1 期；《再论关于纳西语中的紧松元音问题》，《纳西语研究》，北京：当代中国出版社，2004 年。

杨学政：《摩梭人达巴卜书及原始符号研究》，《史前研究》1986 年第 3—4 期。

喻遂生：《纳西东巴文单音节形声字研究》，《语言文史论集》，重庆：西南师范大学出版社，2000 年；《纳西东巴字字和字组的划分及字数的统计》，《语苑撷英——庆祝唐作藩教授七十寿辰学术论文集》，北京：北京语言文化大学出版社，1998 年；《纳西东巴文六书概说》，北师大民俗典籍文字研究中心《民俗典籍文字研究》第三辑，北京：商务印书馆，2006 年。

余　延：《20 世纪汉字结构的理论研究》，《汉字文化》1997 年第 3 期。

张其昀：《新造字法学说评议》，《徐州师范大学学报》2006 年第 1 期。

张　敏：《从类型学和认知语法的角度看汉语重叠现象》，《国外语言学》1997 年第 2 期。

张　凤：《东巴文基本颜色词之认知探究》，《淄博师范专科学校学报》，2013 年第 1 期。

张积家等：《纳西语颜色认知关系研究》，《民族语文》2008 年第 2 期；《运用命题产生法探寻东巴文的性质》，《大理学院学报》2015 年第 1 期。

赵丽明：《从宗教走向世俗，从原始走向成熟——从白地、油米、宝山东巴文书等看东巴文的两大突破》，《语言学研究》2013 年第 1 期。

赵心愚：《纳西族族源及与藏族的渊源关系》，载《纳西族历史文化研究》，北京：民族出版社，2008 年。

郑振峰：《"六书"理论在当代的发展——兼评王宁先生的汉字构形理论》，《湖北师范学院学报》2002 年第 3 期；《论甲骨文构形系统的特点及其演变》，《语言研究》2004 年第 3 期。

周有光：《汉字型文字的综合观察》，《中国社会科学》1998 年第 2 期；《六书有普遍适用性》，《中国社会科学》1996 年第 5 期；《纳西文字中的"六书"》，《民族语文》1994 年第 6 期；《文字类型学初探》，《民族语文》1987 年第 6 期；《人类文字的历史分期和发展规律》，《民族语文》2007 年第 1 期。

周昉：《关于"六书"的两个区分》，《江苏经贸职业技术学院学报》2005 年第 3 期。

朱长超：《从古文字看原始思维及其发展》，《上海社会科学院学术季刊》1985 年第 4 期。

朱庆之：《佛教混合汉语简论》，首届汉语史学术研讨会论文，1997 年。

曾钢城、曾小鹏：《"指事"新解》，《湖南科技大学学报》2005 年第 5 期。

二、专著、学位论文

鲍　江：《象征的来历：叶青村纳西族东巴教仪式研究》，北京：民族出版社，2008 年。

白庚胜：《色彩与纳西族民俗》，北京：社会科学文献出版社，2001 年。

白庚胜、和自兴主编：《玉振金声探东巴》，北京：社会科学文献出版社，2002 年。

白庚胜、杨福泉编译：《国际东巴文研究集粹》，昆明：云南人民出版社，1993 年。

编写组：《藏缅语语音和词汇》，北京：中国社会科学出版社，1991 年。

卜金荣主编：《纳西东巴文化要籍及传承概览》，昆明：云南民族出版社，1999 年。

陈梦家：《殷虚卜辞综述》，北京：中华书局，1988 年。

陈其光：《语言调查》，北京：中央民族大学出版社，1998 年。

陈永生：《古汉字与古埃及圣书字表词方式的比较研究》，华东师范大学博士论文，2010 年。

[美]戴维·波谱诺著，李强等译：《社会学》，北京：中国人民大学出版社，2002 年。

丽江东巴文化研究所：《纳西东巴古籍译注全集》，昆明：云南人民出版社，1999 年。

戴庆厦：《藏缅语族语言研究》（1—4），云南民族大学出版社、中央民族大学出版社，1990-2006 年。

段玉裁：《说文解字注》，上海：上海古籍出版社，1981 年影印本。

方国瑜、和志武：《纳西象形文字谱》，昆明：云南人民出版社，1981 年。

傅懋勣：《论民族语言调查研究》，北京：语文出版社，1998 年。

拱玉书等：《苏美尔、埃及及中国古文字比较研究》，北京：科学技术出版社，2009 年。

甘雪春：《走向世界的纳西文化——20 世纪纳西文化研究述评》，昆明：云南大学出版社，2005 年。

[德]格罗塞著、秦慕晖译：《艺术的起源》，北京：商务印书馆，1996 年。

[俄]顾彼得著，李茂春译：《被遗忘的王国》，昆明：云南人民出版社，2007 年。

郭大烈、和志武：《纳西族史》，成都：四川民族出版社，1992 年。

郭大烈：《郭大烈纳西学论集》，北京：民族出版社，2007 年。

郭大烈、杨世光主编：《东巴文化论集》，昆明：云南人民出版社，1985 年；《东巴文化论》，昆明：云南人民出版社，1991 年。

郭大烈主编：《纳西族法制史研究》，昆明：云南民族出版社，2011 年。

葛本仪：《汉语词汇研究》，济南：山东教育出版社，1985 年。

戈阿干：《戈阿干纳西学论集》，北京：民族出版社，2007 年。

和志武：《纳西语基础语法》，昆明：云南民族出版社，1987 年；《祭风仪式及木牌画谱》，昆明：云南人民出版社，1992 年。

和即仁、姜竹仪：《纳西语简志》，中国少数民族语言简志丛书，北京：民族出版社，1985 年。

和力民：《和力民纳西学论集》，北京：民族出版社，2010 年。

和继全：《白地波湾村纳西东巴文调查研究》，西南大学博士论文，2012 年。

侯　霞：《甲骨文与玛雅文象形字比较研究》，中国海洋大学硕士论文，

2008 年。

黄布凡主编：《藏缅语族语言词汇》，北京：中央民族学院出版社，1992 年。

黄思贤：《纳西东巴文献用字研究》，华东师范大学博士论文，2008 年。

木里藏族自治县民政局编：《四川省木里藏族自治县民政志》（1953～1995），木里县地方志办公室，1998 年。

江　荻：《汉藏语言演化的历史音变模型》，北京：社会科学文献出版社，2007 年。

[英]克劳福德：《神秘的苏美尔人》，杭州：浙江人民出版社，2000 年。

雷缙碚：《殷商甲骨文字构形系统形义关系研究》，西南大学博士论文，2012 年。

李　圃：《甲骨文文字学》，上海：学林出版社，1991 年。

李霖灿：《么些象形文字字典》，原中央博物院筹备处发行，1944 年；《么些象形文字字典》，台湾：文史哲出版社，1972 年；《么些研究论集》，故宫丛刊甲种之卅二，（台湾）"故宫博物院"，1984 年。

李霖灿、张琨、和才：《么些经典译注九种》，台湾中华丛书编审委员会，1978 年。

李国文：《东巴文化辞典》，昆明：云南教育出版社，1997 年；《李国文纳西学论集》，北京：民族出版社，2007 年；《人神之媒——东巴祭司面面观》，昆明：云南人民出版社，1993 年。

李静生：《纳西东巴文字概论》，昆明：云南民族出版社，2009 年。

廖冬梅：《节日的教育功能探析——以云南纳西族的"2.8"节为例》，西南大学博士论文，2006 年。

梁东汉：《汉字的结构及其流变》，上海：上海教育出版社，1959 年。

刘志基：《汉字体态论》，南宁：广西教育出版社，1999 年。

刘　悦：《基于异体现象描述的东巴文字发展研究》，华东师范大学博士论文，2010 年。

罗韵希等编：《成都话方言词典》，成都：四川省社会科学出版社，1987年。

马承源主编：《中国青铜器》，上海：上海古籍出版社，1988 年。

马效义：《新创文字在文化变迁中的功能与意义阐释》，中央民族大学博士论文，2007 年。

木仕华：《东巴教与纳西文化》，北京：中央民族大学出版社，2002 年。

木里政协文史委员会编：《木里文史》第三辑， 1992 年。

刘　钊：《古文字构形学》，福州：福建人民出版社，2006 年。

洛　克：《纳西语英语汉语词汇》，昆明：云南教育出版社，2004 年。

洛克著、刘宗岳译：《中国西南古纳西王国》，昆明：云南美术出版社，1999 年。

裘锡圭：《文字学概要》，北京：商务印书馆，1988 年。

施传刚：《永宁摩梭》，昆明：云南大学出版社，2008 年。

史晶英：《东巴仪式规程文献研究》，西南大学硕士论文，2013 年。

孙雍长：《转注论》，长沙：岳麓书社，1991 年。

孙常叙：《汉语词汇》，长春：吉林人民出版社，1956 年。

唐　兰：《中国文字学》，上海：上海古籍出版社，2005 年。

汪宁生：《云南考古》（增订本），昆明：云南人民出版社，1992 年。

王　宁：《汉字构形学讲座》，上海：上海教育出版社，2002 年。

王元鹿：《汉古文字与纳西东巴文字比较研究》，上海：华东师范大学出版社，1988 年。

王蕴智：《中国的字圣——许慎》，郑州：河南人民出版社，1994 年。

王霄冰：《玛雅文字之谜》，上海：上海古籍出版社，2006 年。

吴晓蓉：《仪式中的教育——摩梭人成人礼的教育人类学分析》，西南大学博士论文，2003 年。

徐中舒：《论巴蜀文化》，成都：四川人民出版社，1981 年。

许余龙：《对比语言学概论》，上海：上海外语教育出版社，1992 年。

杨焕典：《纳西语研究》，北京：当代中国出版社，2004 年。

杨五铭：《文字学》，长沙：湖南人民出版社，1986 年。

杨福泉：《纳西东巴教文化发展史论》，昆明：云南大学出版社，2006 年。

杨正文：《最后的崇拜——白地东巴文化》，昆明：云南人民出版社，1999 年。

杨冬冬：《甲骨文与苏美尔原始楔形文字象形字比较研究》，中国海洋大学硕士论文，2010 年。

杨阳：《纳西东巴文动物字研究》，西南大学硕士论文，2010 年。

叶蜚声、徐通锵：《语言学纲要》，北京：北京大学出版社，1981 年。

喻遂生：《纳西东巴文研究丛稿》，成都：巴蜀书社，2003 年；《纳西东巴文研究丛稿》（第二辑），成都：巴蜀书社，2008 年；《纳西东巴文概论》，西南大学内部刊印；《文字学教程》，北京：北京大学出版社，2014 年。

余庆远：《维西闻见纪》，北京：中华书局，1985 年。

赵汉兴：《昆明方言解疑》，昆明：云南民族出版社，2007 年。

詹鄞鑫：《汉字说略》，沈阳：辽宁教育出版社，1991 年。

张诗亚：《祭坛与讲坛——西南民族宗教教育比较研究》，昆明：云南教育出版社，2001 年；《惑论》，重庆：西南师范大学出版社，2003 年。

张斌、许威汉主编：《中国古代语言学资料汇纂·文字学分册》，福州：福建人民出版社，1993 年

张玉金、夏中华：《汉字学概论》，南宁：广西教育出版社，2001 年。

曾小鹏：《俄亚托地村纳西语言文字研究》，北京：民族出版社，2014 年。

周有光：《比较文字学初探》，北京：语文出版社，1998 年。

郑飞洲：《纳西东巴文字字素研究》，北京：民族出版社，2005 年。

郑振峰：《甲骨文构形系统研究》，上海：上海教育出版社，2006 年。

钟耀萍：《纳西族汝卡东巴文研究》，西南大学博士论文，2010 年。

[苏]B.A.伊斯特林，左少兴译：《文字的产生和发展》，北京：北京大学出版社，1987 年。

后记

本书是我在西南大学西南民族教育与心理研究中心做博士后研究的出站报告。

从 2011 年 11 月进站，在站工作了四年时间，报告撰写一度十分缓慢。因为自己原来的专业是文字学，与教育人类学还是隔得比较远，只好加大下去做田野的频度和调查时间，尽量把材料累积得充分些。

说来也颇有点意思，这本书与我的两个孩子关系非同一般。我差不多是在进站的第四年才开始动笔，正是妻子好不容易怀上了我们的第一个孩子的时候。眼看着她的肚子一天天在变化，"货"真价实所带来的安全感与日递增，而我对自己肚子里的这点"货"将来会是个什么成色却忧心忡忡、夜不能寐。我给自己下了最后通牒，必须在预产期 2015 年 8 月底之前完成所有的工作。我最终在女儿思齐出生前一周完成了研究报告，否则，带娃的日子不会允许我整日坐在电脑前，也就不会有眼前这本书稿了。

由于自己学识浅薄，又是紧赶着写完的，书中确实留下了许多不足和遗憾。我原计划是希望运用专业的心理学方法去探究古人造字的心理过程，东巴经的教化功能也应该采用更加扎实的教育学理论才能解释通透，东巴文与世界同类型文字的比较还不够深入，等等。诸多的问题只能留待自己以后去继续尝试。

丽江东巴文化研究所的和力民研究员，长期致力于东巴教的研究与传承，又是功力深厚的大东巴，请他为本书把把关、作个序是最合适不过了。和老师认真看过之后，指出了不少错漏。喻遂生教授是我硕、博学习阶段的导师，十五年来，我处处得到他的关心和指教，本书也得益于恩师指出的具体修改建议。两位在百忙之中，从头到尾仔细审读了全稿，花了大半年才把序写好给我，令人十分感动。

本书即将付梓之时，我要感谢我的博后导师张诗亚教授。研究的框架和很多具体想法，都来自与先生在说乎斋二楼书房中，一次次长谈后受到的教诲和启发。

爱人同志武晓丽和我是西南大学文献所同届的研究生，后来她到华中科技大学读比较语言的博士，我在重庆继续读比较文字。我们一起去白地、达祖做田野调查，她的研究兴趣也逐渐转向纳西族的语言文字。我们一起讨论了很多问题，因此，本书也凝结了她的智慧。

感谢责任编辑马长虹先生为本书出版所做的大量工作。

在大学里当一名古汉语的老师，这是我父亲对我的期望，如能搞一点科研就再好不过了。可惜当初我大学毕业时执意从商，荒废了十年后，才回到他给我设计的人生道路上来。东巴的师承传统是"父业子承"，请父亲给本书题写书名，希望今天自己没让他失望。

前一阵子，思行学会喊爸爸了，现在他从外面玩耍回到家，总会喊着爸爸来书房找我。最近，我的脑中多次出现这样一段画面：在前往俄亚的原始森林中，一支马帮在雪地里缓缓前行，"叮铃铃、叮铃铃"，马铃声声，在山间传荡，马背上坐着我们父子三人……

曾小鹏

2020 年 3 月 6 日于绵阳家中